Hermann Rafetseder
Bücherverbrennungen

KULTURSTUDIEN
BIBLIOTHEK DER KULTURGESCHICHTE
Herausgegeben von
Hubert Ch. Ehalt und Helmut Konrad
Band 12

Hermann Rafetseder

Bücherverbrennungen

Die öffentliche Hinrichtung von Schriften im historischen Wandel

BÖHLAU VERLAG WIEN · KÖLN · GRAZ

Gedruckt mit Unterstützung durch den Fonds zur Förderung der
wissenschaftlichen Forschung

CIP-Titelaufnahme der Deutschen Bibliothek

Rafetseder, Hermann:
Bücherverbrennungen : d. öffentl. Hinrichtung von
Schriften im histor. Wandel / Hermann Rafetseder. —
Wien ; Köln ; Graz : Böhlau, 1988
  (Kulturstudien ; Bd. 12)
  ISBN 3-205-08858-1
NE: GT

ISBN 3-205-08858-1
Satz: Raggl Supertype, Landeck, Tirol
Druck: REMAprint, 1160 Wien

Inhalt

Vorwort der Herausgeber

„Das war ein Vorspiel nur, dort wo man Bücher verbrennt, verbrennt man auch am Ende Menschen."

Heinrich Heine

Anliegen der „Kulturstudien", die sich als neue Bibliothek der Kulturgeschichte verstehen, ist die Darstellung und Analyse von Geschichte als Kultur- und Gesellschaftsgeschichte. Eine segmentierende Sicht der Wirklichkeit wird durch eine interdisziplinäre Betrachtung der Welt ersetzt. Dies ermöglicht es, die Verhältnisse der Menschen unter einer ganzheitlich anthropologischen Perspektive zu orten. Die Grenzen traditioneller Begrifflichkeit mit ihrer scharfen Trennung von „Alltag" und „Politik", von „Kunst" und „Gesellschaft" werden unter einem ethnographischen Gesichtspunkt aufgehoben.

Die Kulturstudien behandeln Grundphänomene, Institutionen und Normen des gesellschaftlichen Lebens unter einem struktur- und mentalitätsgeschichtlichen Ansatz, das heißt mit Blick auf die objektiven Verflechtungen, aber auch auf deren subjektive Wahrnehmung durch die Menschen.

Der vorliegende Band bietet eine umfangreiche und penible Sammlung und Interpretation historischer Quellen zum Thema der Bücherverbrennungen und -vernichtungen. Geht man den sich wandelnden Ursachen und Interpretationen der Zerstörung von Schriften in den unterschiedlichen Epochen und Kulturen nach, erhält man Antworten, die eine Diskussion längerfristiger Strukturwandelprozesse — Rationalisierung, Entritualisierung, Zivilisations- und Disziplinierungsprozesse — am historischen Detail bestätigen, widerlegen, in jedem Fall aber anschaulich machen. Das Verdienst des vorliegenden Buches besteht in der Entfaltung eines weitgespannten zeitlichen Bogens, der das Thema „Bücherverbrennungen" aus seiner Fokussierung auf die nationalsozialistische Schreckensherrschaft löst und damit vielfältige neue, für die kulturwissenschaftliche Forschung befruchtende Zugangsmöglichkeiten erschließt.

Wien, im April 1988   *Hubert Ch. Ehalt* und *Helmut Konrad*

Vorbemerkung

Vor rund zehn Jahren schrieb ein Feuilletonist über eine Göttinger Dichterrunde: Sie „feierten [. . .] 1773 [. . .] Klopstock mit Inbrunst und Punsch und flambierten bei dieser Gelegenheit [Christoph Martin] Wielands Bildnis und Werke. (Gibt es irgendwo einen Katalog der Buchverbrennungen?)".[1]

Eine derartige Kartei wirklich breiteren Umfangs über absichtliche — durchgeführte oder auch etwa nur verbale — Schriftenverbrennungen verschiedenster Art mußte tatsächlich erst für diese Arbeit zusammengestellt werden, bzw. ist in ständigem Ausbau begriffen.

Uns geht es hier in der Hauptsache um die Schilderung einer besonderen Methode, Schriften aller Art, also „Bücher" im weitesten Sinn, zu bekämpfen, nämlich durch öffentliche und feierliche — insbesondere vom Henker oder Scharfrichter — in obrigkeitsstaatlichem Auftrag durchgeführte Aktionen. Derartige Fälle, vor allem im 17. und im 18. Jahrhundert weit häufiger, als man glauben könnte, seien in der Folge (wenn auch mit Vorbehalten) als „Buchhinrichtungen" bezeichnet.

Es soll hier gezeigt werden, wie diese Buchhinrichtungen für längere Zeit eine nicht zu unterschätzende Rolle im öffentlichen Leben zumindest in einem Großteil Europas spielten. Daneben sei aber auch auf allgemeinere Erscheinungsformen des Phänomens „Bücher-" bzw. „Schriftenverbrennung" eingegangen. Die Buchhinrichtungen haben ja, wie sich zeigen wird, auf verschiedene Weise mit anderen Aktionsformen zu tun und sollten nicht von ihnen isoliert betrachtet werden. Überdies sind im Rahmen dieser Thematik denkbare Grenzen, beispielsweise zwischen Obrigkeitlichkeit und Nicht-Obrigkeitlichkeit, Öffentlichkeit und Nicht-Öffentlichkeit etc., alles andere denn scharf und eindeutig. So wird der erste Teil der vorliegenden Arbeit notwendigerweise zu einer allgemeineren Theorie des Schriftenverbrennens unter besonderer Berücksichtigung der Buchhinrichtungen.

Die zentrale Fragestellung dieser Abhandlung bezieht sich allerdings auf die öffentlichen Schriftenverbrennungen durch Henkershand, ein Phänomen, dessen Geschichte vor allem anhand des Schauplatzes Wien verdeutlicht werden soll.

Den Anstoß zu dieser Darstellung gaben Buchhinrichtungen in Paris und Genf, 1762 gegen Werke Jean-Jacques Rousseaus gerichtet. Im Zusammenhang damit wies mich Professor Gerald Stourzh vor nunmehr über elf Jahren darauf hin, daß zu jenem Thema keine brauchbare, umfassendere Darstellung existiert.

In der Folge entstand von Jänner 1977 bis Oktober 1982 die Dissertation „Öffentliche Bücherverbrennungen durch den Henker" — als Doktorarbeit approbiert im März 1983. Für diese Arbeit erhielt ich wertvolle Anregungen von Gerald Stourzh — meinem „Doktorvater" —, von Edith Saurer sowie vom 1981 verstorbenen Robert A. Kann. Die Gemeinde Wien förderte meine Dissertation durch ein Arbeitsstipendium. Nicht unerwähnt darf auch die Unterstützung bleiben, die mir meine Eltern zuteil werden ließen.

Exemplare dieser Dissertation sind in den großen Wiener Bibliotheken einzusehen, aber auch in der Berliner Akademie der Künste sowie beim Autor in Linz.

Jene rund 600 Seiten umfassende Studie hätte unverändert in Buchform 900 Seiten ergeben. Sie wurde deshalb 1983/84 für den Druck bearbeitet. Dabei wurden vor allem die Anmerkungen, aber auch der Text gekürzt und nur einzelne Ergänzungen hinzugefügt.

Linz, im Jänner 1988   Hermann Rafetseder

Einleitung

Forschungen über obrigkeitliche Bücherverbrennungen werden durch die Quellenlage sehr erschwert. Von Verantwortlichen herrührende Dokumente mehr oder minder amtlichen Charakters, Stellungnahmen anderer Zeitgenossen zu einzelnen Fällen oder zum Thema im allgemeinen — all das findet sich meist nur vereinzelt, weit gestreut in den verschiedensten Zusammenhängen.

Dekrete und ähnliche offizielle oder auch offiziöse Schriftstücke sind zumeist sehr zurückhaltend. Gelegentlich geht aus ihnen nicht einmal eindeutig hervor, ob ein verurteiltes Buch letzten Endes tatsächlich verbrannt wurde,[1] und wenn ja, auf welche Art und Weise. Gelegentlich liegt wohl bewußte Zurückhaltung vor. Man konnte den verbrannten Büchern ohne weiteres in vielen Fällen „Verbrechen und Schandthaten" zuschreiben, die „so groß und une[h]rbarlich" schienen, „daß man der nachkommenden Welt nichts [bzw. so wenig wie möglich darüber] hat wollen schriftlich hinterlassen" und sie deshalb in den „Gerichts-Büchern nicht protocolliret" hat.[2] Allerdings ist es bei auf Schriften konzentriertem Vorgehen kaum jemals zur Verbrennung von Prozeßakten zusammen mit „Tätern" aus Papier gekommen, wie dies bei Menschen sehr wohl vereinzelt der Fall sein konnte.[3] Zusätzlich ist der enge geschichtliche Horizont jeweils zeitgenössischer Beobachter oder Beteiligter oftmals eine Ursache von Schwierigkeiten; vor allem dann, wenn man den Beginn entsprechender Praxis bzw. die Existenz von Präzedenzfällen in bestimmten Rechtsgemeinschaften nachweisen möchte. Selbst wenn Buchhinrichtungen in einem Land erst zwei, drei Jahrzehnte zurückliegen, kann ein neuerlicher Fall als Neuigkeit angesehen werden.[4]

Die Quellenlage ist aus einem weiteren Grund unbefriedigend: Den damaligen Menschen waren schriftliche Niederlegungen über den abschließenden Vollzug von Rechtsgeschäften weitaus wichtiger und bewahrenswerter als die Dokumentation der Vorgänge, die zum Beschluß einer Exekution führten. Dementsprechend legten Obrigkeiten im allgemeinen auch keinen Wert auf sorgfältige Aufbewahrung oder gar auf Publikation von Dokumenten zur politischen und juridischen Vorgeschichte öffentlicher Bücherverbrennungen. Dies trifft vor allem auf monarchische Obrigkeiten zu, die weite Bereiche der eigenen Tätigkeit als Arkanum geheimzuhalten versuchten.[5]

Trotzdem sind hier einige ergiebige Fundorte für Dokumente zu unserem Thema anzuführen: die „Hüttnersche Sammlung" im Niederösterreichischen Landesarchiv, das „Wien(n)erische Diarium" und die „Unschuldigen Nachrichten",[6] weiters auch die Veröffentlichungen Schelhorns, auf die noch einzugehen sein wird.

Die Mehrzahl der hier verwendeten Quellen und Belege sind allerdings vereinzelte, in den verschiedensten Zusammenhängen aufzufindende Texte. Bei einem Thema dieser Art spielen daher Zufallsfunde eine nicht unwesentliche Rolle. Dies hängt auch damit zusammen, daß die zu behandelnden Erscheinungen einem Feld vergangenen — zum Teil aber immer noch gegenwärtigen — menschlichen Denkens und Handelns eigen sind, in dem auf den ersten Blick in besonderem Maß der Zufall Regie zu führen scheint. Auf den zweiten Blick entpuppen sich diese Zufälle jedoch oft genug als Phänomene, die heutiger, manchmal aber auch damals zur Schau gestellter Rationalität nur schwer zugänglich sind, ihr sogar zuwiderlaufen, und die solcherart ihre eigenen Maßstäbe von „Vernünftigkeit" bzw. „Nützlichkeit" in sich tragen.[7] Dabei kann es sich etwa um Erinnerungen oder eher unbewußte Anklänge an entsprechende Ereignisse oder Situationen der Vergangenheit eigener oder fremder Zivilisation handeln oder aber um allgemeingültigere Verhaltensmuster. Es ist im folgenden unter anderem beabsichtigt, einige solcher scheinbaren Zufälle zu verfolgen, die als Grundlage sehr seltsamer Maßnahmen im Bereich von Strafrecht und Zensur eine Rolle spielen konnten, bzw. dies zum Teil immer noch tun. Inwieweit es sich dabei auch um einen Ausdruck zählebiger Strukturen kollektiver Mentalitäten[8] handelt, wird die Analyse zeigen.

Die hier vorrangig zu untersuchenden Erscheinungen sind offenbar stark mit umfassenderen Strömungen menschlicher Geschichte verbunden. Wir werden besonders im zweiten, chronologischen Teil dieser Arbeit sehen, wie es im Bereich von Schriftkulturen immer wieder zu demonstrativen Büchervernichtungen verschiedener Art sowie unterschiedlich gelagerter Motivation kommt. Entsprechendes Vorgehen kann mit Verhaltensweisen in wichtigen Einzelgebieten des Denkens und Handelns in anderen Bereichen korrelieren, etwa mit der Haltung gegenüber eigener oder fremder Vergangenheit oder mit dem Verhältnis von Staatsmacht und Freiraum einzelner Menschen.

Anderseits scheint auch die besonders behandelte Ausformung des Phänomens Bücherverbrennung, also die Buchhinrichtung, ihrerseits ebenfalls in enger Wechselwirkung mit der ihr eigenen Zeit bzw. Gesellschaft zu stehen. Umso erstaunlicher ist die relative Seltenheit von Auseinandersetzungen sowohl mit dem Thema Bücherverbrennung im allgemeinen als auch mit den Buchhinrichtungen im besonderen. Es ist bemerkenswert, wie sehr die einschlägige Literatur an der Oberfläche des Untersuchten bleibt. Dies gilt insbesondere für die Buchhinrichtungen. Sie spielen bestenfalls die Rolle eines Kuriosums, das wie ein Fremdkörper am Rande von Arbeiten über Strafrecht, Zensur, Buchwesen etc. zu stehen kommt.

Als ein früher Vorläufer einschlägiger Literatur sei jener Byzantiner erwähnt, der im 7. Jahrhundert Zeugnisse über die Vernichtung häretischer Schriften sammelte.[9] In der ersten Hälfte des 16. Jahrhunderts werden die nunmehr häufiger auftretenden Fälle öffentlicher Bücherverbrennung von Publikationen tagespolitischen Charakters begleitet. Davon enthält die Schrift Martin Luthers aus Anlaß der verschiedenen Bücherbrände des Jahres 1520 auch allgemeinere Elemente; dies vor allem dort, wo es um Rechtfertigung eigenen Vorgehens oder um Anschwärzung gegnerischen Handelns durch historische Beispiele geht.[10] Ab der Mitte desselben Jahrhunderts erscheinen einige Werke über Strafrecht oder über Zensur, in denen antike bzw. frühchristliche Fälle kurz dargestellt oder erwähnt werden.[11] Wichtiger sind dann einzelne Abschnitte in Veröffentlichungen des frühen 17. Jahrhunderts. Hier gibt es etwa die Antwort eines süddeutschen Jesuiten auf die erwähnte Schrift Luthers, weiters die Betrachtung: „Ob man die Luthrische[n] Bücher billicher weiß verbrennet habe?" des steirischen Probstes Jakob Rosolenz sowie ein Kapitel in einer Schrift des Nürnberger Gelehrten Michael Piccart, überschrieben mit „Librorum mors ignis".[12]

Nach dem Beginn einer weiteren Verbreitung der Bücherhinrichtungen kommt es bald zu Auseinandersetzungen mit diesem speziellen Phänomen. In England veranlaßt ein neues Zensurgesetz John Milton 1644 zu seiner Schrift „Areopagitica", die in mehrfacher Hinsicht hier von Bedeutung ist.[13] Die erste bedeutsamere Abhandlung über die verwandte Erscheinung der Hinrichtung in effigie behandelt 1675 auch Strafvollzug an Büchern. Ebenso spielt die Buchhinrichtung in bald darauf erscheinenden Darstellungen über Geschichte und Aufgabe des Henkers eine — wenngleich untergeordnete — Rolle.[14] Anläßlich einer einschlägigen Affäre in Kopenhagen um Christian Thomasius entstehen 1691 mindestens zwei Schriften, die in erster Linie die Konsequenzen der Hinrichtung von Büchern für deren Autoren behandeln; ein Thema, über das weiters 1715 Franz Dietrich Freudenhöffer eine „Gründliche Erörterung" veröffentlicht.[15] In anderem Zusammenhang schreiben im letzten Drittel des 17. Jahrhunderts auch der dänische Arzt Thomas Bartholinus und der thüringische Beamte Johannes Döpler über Bücherverbrennungen im allgemeinen. Im Jahr 1670 brannte das Landgut von Bartholinus ab, und zwar zusammen mit der Privatbibliothek des Besitzers. Daraufhin gibt dieser noch im gleichen Jahr eine Abhandlung über Bibliotheksbrände heraus,[16] in der auch Nachrichten über öffentliche Verbrennung einzelner Schriften eingeflochten sind — fast nur die bisher üblichen Beispiele aus dem Altertum. Im „Theatrum poenarum" von Döpler[17] findet man ebenfalls verschiedene Belege zu unserem Thema, wenngleich auch hier kaum Neues gegenüber der bis damals erschienenen Literatur ausgewiesen ist.

Etwas umfassendere Fallaufzählungen veröffentlicht ab 1709 der pommersche Historiker Andreas Westphal.[18] Seine Arbeiten werden auch von Johann Georg Schelhorn benutzt. Letzterer, ein evangelischer Geistlicher aus Memmingen, läßt ab 1724 mehrere Sammelwerke über Literatur- und Kirchengeschichte erscheinen, von denen vorrangig das erste — „Amoenitates literariae" — zu nennen ist. Es enthält eine „Dissertatio historico-literaria de libris combustis", ein „Schediasma historico-literarium de variis poenis in libros statutis" sowie zwei Abhandlungen „de libris publica auctoritate combustis".[19] Einschlägiges Material findet sich vereinzelt in weiteren Aufsätzen des gleichen Sammelwerkes sowie in den „Amoenitates historiae ecclesisticae et literariae" und in den „Ergötzlichkeiten aus der Kirchenhistorie und Literatur".[20] Diese Publikationen zeichnen sich durch ausführliche und vielfältige Quellenzitate aus. Bei Schelhorn zeigt sich jedoch auch etwas, das für fast alle weiteren Abhandlungen des Themas typisch sein sollte: Es wird kaum ein Unterschied zwischen verschiedensten Formen der Bücherverbrennung gemacht, dies zum Teil trotz präzise scheinender Überschriften. Sogar Bibliotheksbrände durch Blitzschlag stellt der Autor mit sichtlicher Sammelfreude den öffentlichen Verbrennungen durch den Henker fast gleich.[21]

Um die gleiche Zeit fassen Johann Adolph Bucher und Johann Christian Klotz in Arbeiten über Zensur bzw. Autorenschicksale Nachrichten zu unserem Thema zusammen, gelegentlich mit eigenen Reflexionen dazu.[22] Der Artikel „Verbrennung der Schrifften durch den Hencker" in Zedlers „Universal-Lexicon" ist dann für einige Zeit der letzte hier bedeutendere Beitrag.[23]

In Frankreich sind damals die Anspielungen auf Buchhinrichtungen bzw. auf Bücherverbrennungen im allgemeinen in der Belletristik zwar recht häufig (bereits bei Molière, dann vor allem bei Voltaire), aber ansonsten gibt es in dortigen Publikationen jener Zeit nur gelegentliche, kurze Bemerkungen.[24]

In einer italienischen Veröffentlichung des Jahres 1777, der „Storia polemica delle proibizioni de' libri", welche vom Jesuiten Francescantonio Zaccaria verfaßt wurde, ist zwar auch wiederholt von Bücherverbrennungen verschiedener Art die Rede, allerdings nur in eher stereotypen, meist unklaren Wendungen.

Die nächsten hier zu nennenden Arbeiten: „Cremutius Cordus oder Über die Bücherverbote" des sächsischen Beamten Johann Ernst Gruner, „Über Injurien und Schmähschriften" des mecklenburgischen Rechtsgelehrten Adolph Dietrich Weber sowie der „Dictionnaire critique, littéraire et bibliographique des principaux livres condamnés au feu, supprimés ou censurés" des französischen Bibliographen und Philologen Etienne-Gabriel Peignot.[25] Peignot bringt besonders viele Hinweise auf Zensuraffären, die mit einer Buchhinrichtung endeten bzw. geendet haben könnten. Meistens geht dies aus den eher kurzen Artikeln nicht eindeutig hervor. Es lag eben nicht in Peignots Absicht, Unterscheidungen zwischen den im Titel seines Werkes erwähnten Möglichkeiten zu treffen.

Im 19. Jahrhundert gerät unser Thema im engeren, aber auch im weiteren Sinn vorerst weitgehend in Vergessenheit. Ausnahmen bilden hier nur einige kurze Hinweise auf einzelne Fälle.[26]

Bücherverbrennung im allgemeinen rückt erst gegen Ende des 19. Jahrhunderts wieder in das Blickfeld mehrerer Autoren. Aus dem englischsprachigen Raum sind zu nennen: James Anson Farrer mit „Books Condemned to Be Burnt" und, bereits etwas später, Louise Fargo Brown mit „On the Burning of Books".[27]

Eine französische Veröffentlichung von 1905 beschäftigt sich zwar ausführlich mit „biblioclastes et bibliophobes", an der jeweiligen Durchführungsart ihrer Aktionen ist sie aber überhaupt nicht interessiert. Der Begriff „bourreau", also „Henker", kommt dort gar nur in Verbindung mit angeblich besonders oft bücherfeindlichen Ehefrauen vor.[28]

1932 erscheint ein umfangreiches Werk des amerikanischen Geistlichen und Bibliothekars Charles Ripley Gillett über in Großbritannien verbrannte Schriften. Es bietet jedoch hauptsächlich Inhaltsangaben der betroffenen, oder besser gesagt, möglicherweise betroffenen Bücher; denn wie mit diesen verfahren wurde, interessiert Gillett letztlich ebensowenig wie Peignot oder William Henry Hart, der in einem ähnlichen Werk wie demjenigen Peignots sechzig Jahre vor Gillett die Möglichkeit der Verbrennung von Schriften durch Henkershand bloß als Teil des Untertitels benutzt.[29]

Im deutschsprachigen Raum gibt es um diese Zeit vorerst kaum nennenswerte Literatur zum Thema, vielleicht abgesehen von den kurzen, essayistischen Ausführungen Gustav Adolph Erich Bogengs über „Bücherstrafen".[30] Nach den Scheiterhaufen des Jahres 1933 beschäftigen sich wiederum mehrere Autoren zumindest mit Bücherverbrennung im weitesten Sinn. Einige Schriften befassen sich direkt mit den Ereignissen in Deutschland, bzw. nehmen diese zum Ausgangspunkt von — meist essayistischen — Bemerkungen über Geistesfreiheit und Zensur im allgemeinen.[31] Andere Arbeiten behandeln antike Fälle, verweisen aber am Schluß auf die nationalsozialistischen Verbrennungen.[32]

Ab 1940 kommen für rund zwei Jahrzehnte als Inspiration für allgemeinere Ausführungen zum Thema Bücherverbrennung auch entsprechende Ereignisse in den USA dazu.[33] Möglicherweise ebenfalls durch amerikanische Ereignisse inspiriert ist ein Aufsatz des Schweizers Marcel Beck über „Biblioklasmus". Darin wird in skizzenhafter Form eine Ausweitung jenes Begriffs aus der bibliothekarischen Fachsprache (Zerteilen von Büchern zu kommerziellen Zwecken) auf Buchzerstörung im weitesten Sinn versucht.[34] Um die gleiche Zeit übernimmt die Bücherverbrennung die Rolle eines Symbols für strenge Zensur überhaupt. Dies wird besonders deutlich in einem Aufsatz aus dem Jahr 1954 mit dem Titel: „Das Buch auf dem Scheiterhaufen".[35] Die Tatsache, daß Schriften auch in Flammen aufgegangen sind, dient dort nur als Aufhänger für Notizen zur Zensur des 19. Jahrhunderts, also hauptsächlich für die Präsentation eingestampfter Schriften. Kurt Riesenfeld erwähnt 1956 in seiner sehr kurzen Abhandlung „Bücher auf dem Scheiterhaufen" zwar vor allem echte Fälle von Verbrennung, eventuelle Henkersbeteiligung wird dabei aber nicht hervorgehoben. 1970 erscheint ein Artikel zum Thema Büchervernichtung, den der Autor, Wolfgang Speyer, 1981 in erweiterter Form herausbringt.[36] Hier finden sich auch wichtige Gedanken über Hintergründe und verborgene Motive von Buchzerstörern verschiedener Art, wenngleich nur mit Blick auf antike und frühchristliche Fälle. Kaum Neues bringen die Publikationen anläßlich des 50. Jahrestages der Bücherverbrennungen von 1933. Entsprechende Fälle der Zeit davor werden — wenn überhaupt — höchstens kurz und oberflächlich behandelt.[37] Man benötigt offenbar gerade angesichts solcher unbewältigter Ereignisse eine positive Vergangenheit; Maria Theresia, Joseph II. oder Friedrich II., die Bücher gar durch Henkershand öffentlich verbrennen ließen, sind da schwer als historische Tatsache zu akzeptieren.

Soweit zu Veröffentlichungen, die sich wenigstens teilweise mit dem Thema Bücherverbrennung befassen oder die wenigstens eine diesbezügliche Überschrift tragen. Die meisten davon sind hier jedoch weniger brauchbar als einige Arbeiten, die an sich andere Sachgebiete behandeln: Auf dem Gebiet des Strafrechtes sei das Buch von Friedrich Sturm über die symbolischen Todesstrafen erwähnt sowie die Arbeit von Wolfgang Brückner über die Funktion von Bildern im Strafrecht und bei Begräbnisriten. Auch die Forschungen Herbert Freudenthals über das Feuer sowie das „Handwörterbuch des Deutschen Aberglaubens" sind für unser Thema sehr von Nutzen.[38] Letzten Endes war jedoch die vorliegende Untersuchung der Phänomene Bücherverbrennung bzw. Buchhinrichtung nur durch selbständige Bearbeitung einer großen Menge vereinzelter, weit gestreuter Materialien möglich.

Eine Untersuchung der öffentlichen Bücherverbrennungen durch den Henker gestaltet sich aber auch deshalb schwierig, weil die dafür verwendeten Bezeichnungen unscharf sind und zudem häufig wechseln. Zu ihrer Zeit werden jene Aktionen durch keinen besonderen Begriff gekennzeichnet. Wenn sie überhaupt durch ein Wort umrissen werden, dann fast immer durch den farblosen Oberbegriff „Bücherverbrennung" bzw. durch ein entsprechendes – meist umständlicheres – anderssprachiges Äquivalent; auch in der deutschen Sprache sind dabei Zusammensetzungen üblich.[39] Gleichzeitig mit der Sache verliert im 19. Jahrhundert vorerst sogar der allgemeinere Begriff an Bedeutung. So berichtet Joachim Heinrich Campe im Vorwort zu seinem „Wörterbuch der Deutschen Sprache" zwar von seiner früheren Absicht, die Vorarbeiten zu jenem Werk als ein „Opferhundert (Hekatombe)" in einem Ofen „dem Feuergotte zu opfern";[40] im sehr ausführlichen Text selbst gibt es aber nicht einmal mehr den „Bücherfeind", der sonst des öfteren in Wörterbüchern des 18. Jahrhunderts die Stelle des „Bücherverbrenners" zu vertreten scheint. Im „Deutschen Wörterbuch" der Brüder Grimm gibt es als einschlägige Zusammensetzung nur das „Bücherverbot", während unser Gegenstand dort lediglich im weiteren Sinn als untergeordneter Sonderfall 2.c des Zeitwortes „verbrennen" vorkommt: „verbrennen als beschimpfung und strafe, [z. B.] bücher und schriften, besonders solche ketzerischen inhalts vernichten". Die angeführten Belege zeigen, daß hier eher totes Sprachgut registriert werden soll.[41]

Mit dem Erwachen neuerlichen Interesses an verschiedenen Formen des Phänomens der Bücherverbrennung im letzten Drittel des 19. Jahrhunderts geraten auch die entsprechenden Bezeichnungen wieder in Fluß: Französische Wörterbücher bringen zu jener Zeit wohl als erste den Sachverhalt „Bücherverbrennung" als übertragene Bedeutung des Begriffes „Autodafé". Bis dahin war Autodafé – wenn überhaupt – nur in anderer Verwendung in lexikalischer Form niedergelegt zu finden. Frühere west- und mitteleuropäische Wörterbücher verzeichnen Autodafé höchstens im authentischen Sinn als „öffentliches Glaubensbekenntnis am Schluß eines Inquisitionsprozesses" bzw. als

„feierliche Verkündigung der von einem Inquisitionstribunal gefällten Urteile in Gegenwart geistlicher und weltlicher Behörden nach einer Predigt und einem Hochamt auf öffentlichen Plätzen";[42]

Begriffsübertragungen werden zwar auch vereinzelt registriert bzw. ohne trennenden Hinweis vorgenommen, aber wenn, dann nur auf die den Inquisitionsprozeß beschließende Verbrennung unbußfertiger Ketzer durch ein weltliches Gericht bzw. auf „Ketzerverbrennung" im allgemeinen.[43] Weitergefaßtere Bedeutungsübertragungen werden festgehalten bei Littré — „Faites un auto-da-fé de ces papiers compromettants" und bei Hatzfeld/Darmesteter — „Action de livrer au feu. Faire un [autodafé] de ses livres". Die von Littré auch beim Stichwort „brûler" angeführten Beispiele zeigen, daß hier eher nicht lebendiges Sprachgut belegt werden soll. Ein Eindruck, der dann bei Larousse 1892 weniger gegeben ist: „Toute action de brûler: il a fait un autodafé de sa Bibliothèque".[44]

In einer spanischen Enzyklopädie ist bereits ausdrücklich öffentliche Bücher- oder Dokumentenverbrennung als bildliche bzw. umgangssprachliche Nebenbedeutung von „Auto de Fe" angeführt[45] — ein Sprachgebrauch, der im deutschen Sprachraum vorerst nur vereinzelt bei Schriftstellern, und nicht in Lexika, vorkommt.[46] Ähnliches ist im englischsprachigen Raum der Fall: Erst das große „Oxford English Dictionary" berücksichtigt diese Fälle, und zwar im Supplement von 1972.[47] Der (zehnbändige) „Grand Larousse Encyclopédique" bringt 1960 hingegen bereits mehr zu unserem Thema. Als eine von mehreren erweiterten Bedeutungen von „Autodafé" steht dort: „Destruction par le feu d'un objet qu'on désavoue, que l'on condamne: Un autodafé d'ouvrages de propagande"; „brûler des papiers" ist erstes Beispiel für „brûler", und als „allusion historique" findet man neben dem bisher öfters allein erwähnten „brûler ses vaisseaux" auch die Sentenz „brûler n'est pas répondre".[48]

Erst 1972 finden im „Oxford English Dictionary" die Begriffe „book-burner" und „book-burning" als eigene Vokabel Eingang: „the destruction of writings regarded as harmful or subversive". 1971 hält auch ein amerikanisches Wörterbuch eine Definition von „book-burning" fest: „destruction of writings or pictures [!] regarded as politically or socially harmful or subversive or produced by persons whose ideas or acts are so regarded."[49] 1948 findet sich in der „Encyclopedia Americana" die Wendung „holocaust in books", die allerdings ein Einzelfall zu bleiben scheint.[50]

In der DDR engt man — wie auch in der Sowjetunion — noch in den siebziger Jahren den Begriff Autodafé auf die ursprüngliche Bedeutung ein, höchstens erweitert auf „Ketzerverbrennung" im allgemeinen.[51] Die Enzyklopädien des übrigen deutschen Sprachraumes führen hingegen seit den fünfziger Jahren die übertragene Bedeutung „öffentliche Bücherverbrennung" für Autodafé ein: „Heute auch im übertr. Sinne, öffentl. Verbrennung von jeweils unerwünschten Büchern"; „i.ü.S.: öffentliche Verbrennung von Büchern im Rahmen politischer Verfolgung und Unterdrückung"; „Davon abgeleitet auch Bez. für die öffentliche Verbrennung von (mißliebigen) Büchern"; „öffentl. Verbrennung, z. B. verbotener Bücher" — so Beispiele aus den Jahren 1952, 1965, 1971 und 1972.[52]

Auch bei Buchhinrichtungen des 18. Jahrhunderts ist nunmehr gelegentlich von Autodafé die Rede; dies kann aber auch der Fall sein, wenn in einer städtischen Müllverbrennungsanlage im Zürich des Jahres 1961 „pornographische" Literatur vernichtet werden soll, oder auch bloß dann, wenn in ironischer Weise öffentliche Verbrennung als Schicksal von Stimmzetteln der österreichischen Atom-Volksabstimmung von 1978 bei wenig aussagekräftigem Ergebnis vorhergesagt werden soll.[53] Von einer Gleichsetzung mit Bücherverbrennung, womöglich speziellerer Durchführungsart, kann in den erwähnten Sprachgemeinschaften also noch keine Rede sein; dazu ist das Vokabel Autodafé heute viel zu unscharf umrissen.

Der Begriff „Bücherverbrennung" taucht zwar auch im 20. Jahrhundert immer wieder auf, in Wörterbüchern, Enzyklopädien und Handbüchern wird er jedoch erst seit etwa zwanzig Jahren als eigenes Stichwort abgehandelt.[54] Allerdings geschieht dies in ähnlich ungenauer Weise, wie es eben beim Autodafé zu sehen war. Wenn einmal mehrsprachige Versionen der Bezeichnung „Bücherverbrennung" zusammengefaßt werden, zeigt sich ebenfalls jene Unschärfe: So wird im ostdeutschen „Lexikon für Bibliothekswesen" zwar im eigentlichen Textteil der Begriff Bücherverbrennung auf demonstrativ öffentliche Akte festgelegt, genauer, konzentriert auf die Ereignisse von 1933. In einem Anhang mit Begriffsübersetzungen greifen die Herausgeber notgedrungen auf die üblichen, ungenauen Ausdrücke zurück.[55]

So verwendet man für die verschiedensten Möglichkeiten, ein Buch tatsächlich in Flammen aufgehen zu lassen, wechselweise einen Oberbegriff, der nur ein sehr geringes Ausmaß an gesichertem Sachverhalt vermitteln kann, und einen bereits anderweitig besetzten historischen Begriff — wobei das letztere seit 1933 nicht nur auf „Autodafé", sondern immer wieder auch auf „Bücherverbrennung" zuzutreffen scheint.[56] Gelegentlich bereits am Ende des 18. Jahrhunderts, neuerlich dann wieder ab

etwa 1900 sind außerdem Redewendungen bzw. Sprachrege-
lungs-Versuche feststellbar, welche die klare Sicht noch mehr
behindern: „Brandmarken" steht dabei des öfteren selbst für
milde Formen von Zensur. Vor allem jedoch wird „feuerloses"
Vorgehen gegen Schriften, ja manchmal sogar bloße Kritik an
bestimmten Publikationen, als Bücherverbrennung oder als Autodafé bezeichnet. 1953 war „book-burning" − nicht nur in den
USA − bereits in verbreitetem Ausmaß „a phrase which has
come to be used to describe recent removals or suppression of
books".[57] So ist es im Umkreis des Phänomens Bücherverbrennung also immer wieder notwendig, erläuternde Umschreibun-
gen zu verwenden.

Nicht zuletzt durch den eben festgestellten Sprachgebrauch erweist sich das Verbrennen von Büchern, tatsächlich oder bloß
metaphorisch vollzogen, auch als Extremfall von Zensur. In der
Tat bestehen viele Gemeinsamkeiten zwischen Versuchen, anderer Leute Lektüre − und damit auch Denken und Verhalten −
zu kontrollieren, und den verschiedenen Arten von Bücherverbrennungen, vorrangig der öffentlichen. Als Indiz dafür können
bestimmte Äußerungen gelten, die, auf bloße Zensur angewendet, Befremden hervorrufen − „brandmarken", „vertilgen",
„ein Buch [und nicht nur den Autor] verfolgen" und ähnliches.
Bücherverbrennungen der erwähnten Art stellen allerdings weit
mehr dar als ein bloßes Unterkapitel der Zensur, besonders
dann, wenn es sich um regelrechte Buchhinrichtungen handelt.
Das Schwergewicht wurde ja hiebei zumeist bewußt auf den
demonstrativen Hinrichtungscharakter gelegt. Dies legt neben
einem rein quantitativen Unterschied auch eine qualitative
Differenz zu üblichen Formen der Zensur nahe. Wenn in
unserem Zusammenhang gefragt wird, warum man eigentlich
ein Buch gerade so und nicht anders „behandelt", können Erklärungsversuche zur Institution Zensur im allgemeinen nur
wenig zum Verständnis ihres hier behandelten Auswuchses
beitragen.
    So weit als möglich soll hier über Bücher geschrieben werden,
die tatsächlich in Flammen aufgingen bzw. aufgehen, oder, besser gesagt, über Schriften aller Art mit nämlichem Schicksal.
„Buch" ist dabei im weitesten Sinn zu verstehen. Bücherverbrennung kann somit auch Broschüren, Kalender, Zeitungen,
Manuskripte, Briefe, Akten und ähnliches betreffen. Auch früher wurden dabei schließlich kaum jemals Unterschiede ge-

macht, wenn es galt, mit einem einzigen Begriff einschlägige Aktionen zu kennzeichnen.

Untersucht man, inwieweit öffentliche Bücherverbrennungen bloße Sonderfälle von Zensur sind, stößt man bald auf folgendes Problem: Sind jene Aktionen wirklich immer eindeutig obrigkeitliches Machtmittel? Und weiter: Sind sie immer nur eindeutig Unterdrückungsaktionen, wie immer wieder behauptet wird?

„Die Geschichte des Geistes und des Glaubens ist zugleich die Geschichte des Ungeistes und des Aberglaubens. Die Geschichte der Literatur und der Kunst ist zugleich eine Geschichte des Hasses und des Neides. Die Geschichte der Freiheit ist, im gleichen Atem, die Geschichte ihrer Unterdrückung, und die Scheiterhaufen sind die historischen Schnitt- und Brenn-Punkte [. . .]. Seit Bücher geschrieben werden, werden Bücher verbrannt. Dieser abscheuliche Satz hat die Gültigkeit und Unzerreißbarkeit eines Axioms. [. . .] Das blutige Rot der Scheiterhaufen ist immergrün."

Dieser Satz, so Erich Kästner 1958, habe gegolten bzw. gelte

„zur Zeit der römischen Soldatenkaiser und unter Kubilai Khan, bei Cromwell und für die Konquistadoren, für Savonarola, Calvin und Jacob Stuart, für die Jesuiten, die Dominikaner und die Puritaner, für China und Rom, für Frankreich, Spanien, England, Irland und Deutschland, für Petersburg, Boston und Oklahoma City."[58]

Beim Schlagwort Bücherverbrennung wird und wurde also fast immer nur an Aktionen gedacht, die von Obrigkeiten bzw. von in deren Funktionen eintretenden gesellschaftlichen Kräften gegen selbständigeres Denken und Handeln anderer Personen oder Gruppen gesetzt werden. Bücher sind aus dieser Sicht Symbole der Freiheit bzw. einer extrem positiv gesehenen freiheitlichen Tradition. Die „Geschichte der Freiheit des Menschen ist die Geschichte des Buches", so René Marcic;[59] wer das eine bekämpfe, meine prinzipiell auch das andere:

„Wenn die Intoleranz den Himmel verfinstert, zünden die Dunkelmänner die Holzstöße an und machen die Nacht zum Freudentag. Dann vollzieht sich, in Feuer und Qualm, der Geiselmord an der Literatur. Dann wird aus dem ‚pars pro toto' das ‚ars pro toto'."[60]

In der Tat ist es ein wesentliches Merkmal sehr vieler Bücherverbrennungen, daß durch sie mißliebigen freiheitlichen Ideen entgegengetreten werden soll. Nur allzuoft hielten Obrigkeiten das Feuer für „die nachdrücklichste Widerlegung" von Gedanken, welche die eigene Stellung bedrohten. Besonders Diktatoren vermeinten immer wieder durch öffentliches Verbrennen von ihnen gefährlich erscheinenden Schriften, „die Stimme des Volkes [bzw. Redefreiheit], die Freiheit und das Gewissen des Menschengeschlechtes" töten zu können.[61]

„Das Phänomen Bücherverbrennung ist" aber nicht so leicht „auf eine Formel zu bringen: Geist contra Caesar", wie dies Luise Rinser bei einem Vortrag im Mai 1983 in Wien versuchte.[62] Oft genug sind die „gesellschaftlichen Kräfte", die mit solchen Aktionen „ihren Widerwillen gegen die geistige Auseinandersetzung mit ihren Widersachern" zeigen,[63] eindeutig auf ein größeres Maß an Freiheit für eine große Zahl von Menschen bedacht (zumindest nehmen sie das oft selbst in ihrer „Kampfzeit" an). So wurden und werden häufig Schriften als Symbole drückend empfundener Obrigkeit verbrannt; dies entweder in feierlichen Aktionen gegen eine gezielt beschränkte Anzahl von Objekten,[64] oder aber in tumultarischer, und dann meist auch summarischer Vorgangsweise: „Warum verbrannten wir denn Kirchen und Klöster und Bibliotheken, wenn nicht um den Fluch zu bannen, der auf dem gemeinen Mann liegt, der nicht lesen kann?"[65] Diesen Worten eines jungen böhmischen Utraquisten in Oskar Kokoschkas Schauspiel „Comenius" entsprechen historisch des öfteren nachweisbare Einstellungen. Solche Handlungen mögen zwar Anzeichen aufkeimender obrigkeitlicher Haltung von Noch-Beherrschten sein, welche diese — erst einmal selbst an der Macht — genauso intolerant werden läßt wie die bis dahin gleichsam „juristisch befugten" Bücherverbrenner; dementsprechend klassifiziert auch ein ostdeutsches Lexikon Bücherverbrenner als „sowohl reaktionäre wie teils reaktionär, teils progressiv auftretende Klassen, Gruppen, Institutionen und Persönlichkeiten" — das soll wohl heißen, daß Bücherverbrennung keinesfalls „progressiv" sein kann.[66] Es ist zwar nicht von der Hand zu weisen, daß solche Aktionen falsch verstandenen Auffassungen über die notwendigen Umstände der eigenen Befreiung aus Bevormundung und Unterdrückung entspringen;[67] Tatsache bleibt jedoch, daß die verschiedenen Formen öffentlicher Bücherverbrennung einen Platz im Repertoire des politischen Handelns verschiedenster Gruppen, Personen oder Gesellschaftsschichten hatten und haben.

Eine weitere Einschränkung der üblichen Gleichungen in bezug auf jene Praxis der Schriftenbekämpfung ergibt sich, wenn wir uns dem engeren thematischen Bereich dieser Arbeit weiter nähern: Vom 16. bis zum 18. Jahrhundert versuchten Obrigkeiten in zunehmendem Maß, „den Schinder [bzw. Henker] zu nötigen, [...] unwiderlegliche Schriften zu verbrennen"; der Scheiterhaufen ist für sie „die leichteste Art, etwas zu widerlegen".[68] Gerade diese Art von Buchvernichtung ist oft schwer genug in Kategorien von „Freiheit und Unfreiheit" bzw. „Licht und Finsternis" einzuordnen. Wir haben es hier auch mit Personen als „Tätern" oder wenigstens „Komplizen" zu tun, die von den Zeitgenossen durchaus nicht als „Dunkelmänner" verstanden wurden, sich auch selbst nicht als solche einschätzten, und die selbst heute nur sehr bedingt so gesehen werden. Herrscher wie Joseph II. und Friedrich II., Privatpersonen wie John Milton und Samuel Pufendorf würde man nicht unbedingt in der Reihe der Verantwortlichen oder Befürworter von Buchhinrichtungen vermuten.[69] In der spezifisch ritualisierten Form der Buchhinrichtungen dürfte sich doch zeigen, daß nicht bloß „wer den Tempel der Artemis nicht bauen kann" aus grundsätzlichem Neid und Haß „zur Fackel greifen und ihn anzünden" muß.[70] Gerade diese Form der Bücherverbrennung ist in ihrem Wesen keineswegs grundsätzliche Feindschaft gegen Kunst und Wissenschaft.

Inwieweit sind nun die verschiedenen Erscheinungsformen des Phänomens Bücherverbrennung zu verbinden oder zu trennen?

Einerseits scheint es wichtig zu sein, die Buchhinrichtungen von anderen Arten der Schriftenverbrennung ebenso zu unterscheiden wie von bloßer Zensur. Andererseits bestehen zwischen einschlägigen Aktionen verschiedener äußerer Prägung und unterschiedlichen Ritualisierungsgrades durchaus beachtenswerte Zusammenhänge, und zwar nicht nur, was die bisher erörterten Probleme betrifft.

Hier nun kurz einiges zu Formen des Phänomens Bücherverbrennung im weiteren Sinn, wie sie in älteren und neueren Aufzählungen immer wieder neben Buchhinrichtungen zu finden sind.

Die Verbrennung von Schriften durch ihren Autor bzw. Besitzer selbst kann im Verborgenen geschehen oder öffentlich-demonstrativ sowie freiwillig oder gezwungenermaßen durch Gerichtsbeschluß. Für freiwillige Aktionen gibt es die verschiedensten Begründungen: Unzufriedenheit mit dem eigenen Werk — ob aus künstlerischen oder aus moralischen Gründen, ist oft schwer zu sagen —, die Absicht, andere Personen dadurch zu bestrafen — etwa bei Historikern, um diejenigen strafweise dem Vergessen zu überantworten, über die man geschrieben hat — oder eindeutig religiöse Bekehrungserlebnisse bzw. auch eher erzwungene „Bekehrung" am Sterbebett. So überreden etwa die Kinder und der Beichtvater den Dichter Dufresny in Paris, „alle seine Schriften/ so meistentheils in Galanterie bestunden/ in das Feuer zu werfen". Dies sei, so das „Wienerische Diarium" am 28. 10. 1724, „ein herrliches Exempel, welches vor ihm eine unzehlige Menge derer Authoren hätten thun sollen/ oder die meisten der noch Lebenden ihm nachthun sollten".[71] Weiters gibt es Fälle von öffentlicher Bücherverbrennung verschieden feierlicher Form durch Autoren oder Besitzer der jeweiligen Schriften im Zusammenhang mit gerichtlichen Verfahren gegen jene selbst, meist gleichsam auf diese Weise einen Widerruf bestätigend. Darauf kann auch gelegentlich die Verbrennung oder Vierteilung des betroffenen Menschen folgen, so etwa 1689 bzw. 1664 in Warschau.[72]

Anders verhält es sich bei Verbrennungen von größeren Mengen verschiedener Bücher. Hier gibt es einmal öffentliche Aktionen gegen Bücher Andersgläubiger, begleitet eventuell von Glockengeläute und sonstigem Gepränge, aber doch ohne stärkeren Hinrichtungscharakter. Direkte Auftraggeber können entweder weltliche oder geistliche Autoritäten sein. Dabei kann auch bewußtes Abrücken von eigentlichen Buchhinrichtungen seitens offiziöser Kommentatoren erfolgen.[73] Eine Steigerung bedeutet die Zerstörung von größeren Mengen an Kulturwerten bzw. aller erreichbarer Ausdrucksformen einer bestimmten Kultur. Die Verbrennung schriftlicher Zeugnisse ist auch dabei sehr oft, neben der Zerstörung von Bildwerken,[74] ein zentraler Angriffspunkt der Aggressionen. Als eine Spielart solcher Aktionen können die „bruciamenti della vanità", die „Verbrennungen der Eitelkeiten" bezeichnet werden. Sie kamen im 15. Jahrhundert nicht nur in Italien vor, sondern beispielsweise auch in Wien.[75]

Das Vorgehen gegen fremde Kulturen, bei deren Auslöschung Sprachdenkmäler oft erstes Ziel auswärtiger Mächte sind, hat ebenfalls Tradition, wie das Verhalten der Engländer unter Edward I. in Schottland oder jenes der amerikanischen

Behörden 1922 auf Guam zeigt.[76] „Auswärtige Mächte" können im Grunde genommen auch gesellschaftliche Unterschichten sein, wenn sie „Bücher, Urkunden und Siegel als Dokumente einer Kultur verbrennen, der die Schrift zur Darstellungsform privilegierter Zuständigkeit geronnen war".[77] Dies gilt also vor allem bei Aufständen unterer Volksschichten bzw. in deren Namen, wo man durch die Zerstörung von Bildungsträgern Standesprivilegien höherer Schichten treffen will. Dazu zählt auch die Motivation, Althergebrachtes zu beseitigen, um einer neuen, besseren Zeit Bahn zu brechen. Beispiele gibt es aus frühchristlicher Zeit ebenso wie aus unserem Jahrhundert.[78]

Aus dem bisher Besprochenen ergibt sich die Notwendigkeit einer zeitlich möglichst weit ausgedehnten Streuung von Dokumenten. Es wird sich erweisen, daß hier weitreichende Denkmuster wirksam sind. Dabei geht es in erster Linie um Phänomene, die man dem Bereich des Aberglaubens zuzurechnen pflegt, wie immer man diesen Begriff auch definieren mag, und die vielfach nur anhand von „primitiven" Kulturen der Vergangenheit oder Gegenwart untersucht wurden und werden.

Gerade bei den hier untersuchten Erscheinungen zeigt sich aber immer wieder, daß mit der Verleugnung des Glaubens an bestimmte Denkschemata keineswegs ein Verschwinden des Einwirkens der damit verbundenen gedanklichen Inhalte auf Denken und Handeln verknüpft ist. Ein „dark undercurrent of superstition",[79] der einem nur bedingt veränderbaren Innersten des Menschen zu entspringen scheint, verbindet „Primitivkulturen" mit Angehörigen von „Hochkulturen" des 17. und 18. bzw. erst recht wieder des 20. Jahrhunderts.[80] Dies läßt sich insbesondere an den gleichermaßen leicht ins Irrationale hinübergleitenden Reaktionen auf schwer zu überwindende Gegner zeigen, mögen diese nun aus Fleisch und Blut oder eben aus Papier sein. Allerdings gilt es, sich immer wieder der Problematik übertriebener „Vorstellungen von geradlinigen Kontinuitäten geschichtlicher Erscheinungen" bewußt zu sein. Deshalb wird auch zu fragen sein, welche „raum- und zeitgebundenen konkreten Variabilitäten" die eigentlichen Buchhinrichtungen verursacht bzw. mitverursacht haben und dadurch längerfristige Denkkonzepte vorübergehend zumindest teilweise abändern konnten.[81]

Was das Problem räumlicher Bindung betrifft, so kann man in gewissen Punkten durchaus ein Schweigen österreichischer

Quellen durch beredtere Nachrichten etwa aus England ergänzen. Die hohe Einschätzung der Macht des geschriebenen bzw. gedruckten Wortes kann und konnte bei praktisch allen Schriftzivilisationen zu ähnlichen Ängsten bei sich auf ähnliche Weise bedroht fühlenden Einzelpersonen oder Gruppen führen.

Es gibt also bis zu einem gewissen Grad eine „spezifische Art der psychischen Reaktion des Menschen auf eine bestimmte Klasse von Begebnissen der Auffassung und der Vorstellung".[82] Deshalb können auch weder die eigentlichen Buchhinrichtungen noch allgemeinere Formen öffentlichen Verbrennens als für ein bestimmtes Volk typisch bezeichnet werden. Versucht wurde solches Typisieren allerdings schon gelegentlich, etwa für Deutschland von Anhängern des betreffenden „Brauches" im Jahre 1933: „Wo andere Völker ihrem Temperament entsprechend enthaupten, erschießen (Rußland) oder stürmen, verbrennt das deutsche Volk."[83] Bücherverbrennungen durch den Henker sah man im 17. Jahrhundert vereinzelt als für Frankreich charakteristisch an.[84] Jedoch selbst die relative Häufung der bekannten Fälle von Buchhinrichtungen in Frankreich und England ändert wenig an deren geistesgeschichtlicher Bedeutung für die anderen Länder, wo es sie ebenfalls gibt.

Im ersten Hauptteil dieser Arbeit werden also Dokumente breiterer geographischer Streuung verwendet. Das Schwergewicht des zweiten, chronologischen Teils soll dann vor allem auf die in Wien bzw. von dort aus durchgeführten (oder geplanten) Aktionen gelegt werden. Hauptsächlich an einschlägigem Vorgehen habsburgischer Landesherren wird die Geschichte der Buchhinrichtungen sowie deren Stellung im Rahmen des umfassenderen Phänomens Bücherverbrennung verdeutlicht — dies einerseits im Sinn des „Grabe-wo-du-stehst"-Gedankens, anderseits aber auch aus rein praktischen Überlegungen in bezug auf die Quellenlage.

Nach der zeitlichen und räumlichen Abgrenzung ist schließlich noch kurz die Buchhinrichtung als solche in ihren wichtigsten äußeren Merkmalen zu umreißen — Öffentlichkeit, Beteiligung des Scharfrichters und Feierlichkeit.

Ein wichtiges „requisitum" einer regelrechten Justifikation war in früheren Zeiten „ut executio fiat in conspectu populi":[85] Menschenhinrichtungen, aber auch bestimmte Formen von Bücherverbrennung hatten also „angesichts des Volkes" zu geschehen. Es ist zwar bei den vorliegenden Quellen meist unklar, inwieweit Menschenmengen nur durch Neugierde herbeigetrieben und damit ungeplant Zeugen von Buchhinrichtungen werden; allem Anschein nach hat die Anwesenheit von gewissen Teilen der jeweiligen Einwohnerschaft jedoch für die Verantwortlichen einen tieferen Sinn. Dies gilt natürlich umso eher dann, wenn die Öffentlichkeit einer solchen Aktion etwa als „durch die Bürgerschaft geschlossener Kreis" definiert wird.[86] Dieser Kreis wird nicht durch irgendwelche Leute gebildet, sondern durch Personen, denen man eine gewisse Mitverantwortung an obrigkeitlichen Handlungen zugestehen muß bzw. kann. „Mitverantwortung" bedeutet hier natürlich mehr theoretische Konstruktion als echte Mitentscheidung. Zumindest ein schwacher Anklang an die „Hinrichtungen zur gesamten Hand" früherer Zeiten scheint dabei trotzdem vorzuliegen. Solche Anklänge gibt es schließlich sogar noch bei einem Patent Josephs I. über die „Ausrottung liederlichen Gesindels" bzw. der „Zigeuner": Mit Bezug auf neun frühere Patente von 1638 bis 1704 ist dort 1705 die Rede von „dermahlig mit gesamter Hand veranstaltender Ausrottung".[87]

Die öffentliche Form der Strafvollstreckung an Büchern hat also bereits in dieser Hinsicht zumindest potentiell tiefere Bedeutung. Es tut hier wenig zur Sache, daß „Öffentlichkeit" ein sehr relativer Begriff ist, der sogar in Abstufungen vorkommen kann. In England scheint es die Möglichkeiten „most public" und einfach „public" gegeben zu haben, wobei letzteres auch bei Schriftenverbrennung durch Henkershand vor den Mitgliedern des House of Commons der Fall sein konnte.[88] Öffentliche Bücherverbrennungen, zumal regelrechte Buchhinrichtungen, sind im allgemeinen als eine Art von Mitteilung aufzufassen, deren Adressat die Öffentlichkeit ist. Der Bestand an bewußt oder eher unbewußt dargebotener Information, den man solcherart vermitteln will, kann in seiner Zusammensetzung und in der jeweiligen Wertigkeit der Inhalte stark variieren. Dies gilt in erster Linie für die Inhalte solcher „Informations-Demonstrationen", die man eher bereit ist, sich selbst und anderen offen einzugestehen.

Ein gemeinsamer Nenner läßt sich am ehesten im Willen zur Beispielwirkung finden. Dies gilt bereits für antike Bücherverbrennungen, die „publice", „in contione", „in conspectu populi" bzw. „in comitio ac foro" durchgeführt werden.[89] Im 16. Jahrhundert läßt sich als Begründung jenes Aspektes von Bücherverbrennungen die Erbauung der Öffentlichkeit nachweisen; so etwa bei einem Pariser Fall von 1543: „le tout à l'edification du peuple".[90]

Für die Blütezeit der Buchhinrichtungen wird jedoch ein anderer Begriff im Zusammenhang mit deren Öffentlichkeit typisch: die „Satisfaction" bzw. „Genugthuung" des „Publicums", vorrangig des „ehrbaren publicums".[91] Satisfaction wird uns als zeittypisches Handlungsmotiv gerade der Buchhinrichtungen noch zu beschäftigen haben, nämlich dann, wenn es um beleidigte Einzelpersonen oder Gruppen geht. Hier ist vorerst das Publicum von Interesse. Früher verstand man unter jenem Begriff zwar auch, wie heute zumeist üblich, Zuschauer; häufiger bedeutet Publicum in einschlägigen Quellen viel mehr. Man muß es oft genug mit „Gemeinwohl", mit „gemeinem Wesen" gleichsetzen. Sakral überhöhte, fast mythisch verklärte Begleittöne schwingen dabei mit. Vor allem für die Blütezeit des aufgeklärten Absolutismus trifft dies zu: Ob etwas gut oder schlecht für jenes Publicum ist, wird damals in zunehmendem Maß beliebte Begründung für obrigkeitliches Handeln, wobei abstrakter Begriff und konkrete Zuseher kaum jemals unterschieden werden.[92] Dieses Bemühen, dem „Publico die billichmäßige Satisfaction" zu verschaffen, spielt zur Zeit der Buchhinrichtungen im Strafrecht überhaupt eine große Rolle, vor allem dann, wenn es um die Aufrechterhaltung von Ruhe und Ordnung geht.[93] Unter Publicum ist dabei jedenfalls auch die Öffentlichkeit im empirischen Sinn bei Bücherverbrennungen zu verstehen, gleichsam als Stellvertreter des Gemeinwesens, als Repräsentant eines abstrakteren Gemeinwohls. Erst Josef von Sonnenfels hat die „gewöhnlich angenommene Meinung: quod poena [und zwar vorrangig die öffentlich vollzogene Strafe] sit satisfactio ad publicum [. . .] wankend zu machen gesucht",[94] allerdings mit vorerst geringem Erfolg.

Ein weiteres konstituierendes Merkmal von Buchhinrichtungen ist die Beteiligung des Henkers bzw. Scharfrichters.

Bei den öffentlichen Bücherverbrennungen der Antike bildet die Person des Durchführenden bzw. für die Durchführung Letztverantwortlichen vorerst keine Verbindung zur Menschenhinrichtung. In einem Fall aus dem 2. vorchristlichen Jahrhundert sollen Opferdiener („victimarii") zuständig gewesen sein; bei den Fällen unter Augustus und Tiberius waren es wohl immer die Ädilen und ihre Gehilfen, also eine Polizeibehörde ähnlich dem heutigen Sinn.[95] Unter Domitian werden jedoch die

„tresviri capitales" damit betraut. Zu dem ihnen unterstellten Personal gehört damals auch ein „carnifex", dem späteren Nachrichter recht ähnlich. Möglicherweise hatten die „tresviri capitales" zeitweise sogar selbst die Todesstrafe an Freigeborenen zu vollstrecken.[96]

Bald nach der Entstehung des Nachrichter-Amtes im neuzeitlichen Sinn, mit allen entsprechenden Nebenerscheinungen,[97] übernimmt dieser Scharfrichter bzw. Henker auch die Funktion des Büchervernichters. Für das 16. sowie für das frühe 17. Jahrhundert läßt sich die besondere Betonung dieses Durchführungsaspektes eher selten nachweisen. Die Quellen erwähnen meist nur die Öffentlichkeit, in zweiter Linie die Feierlichkeit einer Bücherverbrennung.[98] Daß dies aber keineswegs eine Durchführung durch den Nachrichter bedeutet, zeigt sich etwa bei einer Verbrennung von Schriften Luthers 1521 in Rom.[99]

Einen weiteren Schritt hin zur Ähnlichkeit mit der Justifikation von Menschen bedeutet dann die Praxis, in offiziellen Dekreten und dergleichen Quellen die Mitwirkung des Nachrichters zu betonen. Dies geschieht, regional stark verschieden, etwa zwischen dem Anfang und dem Ende des 17. Jahrhunderts, verstärkt dann allgemein erst im 18. Jahrhundert. Selbst wenn nun aber zu jener Zeit, wie etwa in den österreichischen Niederlanden, ein „maître des hautes œuvres" öffentliche Bücherverbrennungen vornimmt, so braucht das nicht prinzipiell so zu sein: In gewissen, vielleicht weniger wichtigen Fällen konnte dies auch ein Gerichtsdiener übernehmen.[100] Der Henker tritt überdies gelegentlich nur formell als eigentlich Durchführender auf, die wirkliche Arbeit kann unter Umständen seinen Knechten überlassen bleiben. Selbst das gilt dann in den Augen der Zeitgenossen als „Verbrennung durch Henkers Hand".[101] Im allgemeinen erfolgt aber zumindest die Übergabe an das Feuer durch den Nachrichter bzw. durch den Henker, Scharfrichter, aber auch Schinder. Diese Bezeichnungen sind in der fraglichen Zeit nämlich nahezu austauschbar, und zwar nicht nur in der Praxis, sondern auch bei damaligen Theoretikern.[102]

Bücher waren übrigens nicht die einzigen Gegenstände, die ein Nachrichter öffentlich verbrennen mußte. Es gibt auch Berichte über entsprechendes Vorgehen bei Gemälden — abgesehen von den Porträts bei Hinrichtungen in effigie — und bei Fahnen.[103] Das öffentliche Verbrennen von Büchern war jedenfalls für eine längere Zeit ein nicht unwesentlicher Aufgabenbereich von Nachrichtern, die dafür meist gleich hoch wie für Menschenhinrichtungen bezahlt wurden.[104] Diese und jene Betätigung galten damals auch als gleichermaßen unehrlich, was an einem Fall von 1734 deutlich wird: New Yorker Provinzialbehörden stellten keinen Henker zur Verfügung; der daraufhin vom Gouverneur mit der Verbrennung ihm mißliebiger Zeitschriften beauftragte Sheriff schob die Durchführung auf seinen Negersklaven ab.[105]

Als drittes Merkmal von Buchhinrichtungen kann man die Feierlichkeit bezeichnen. Öffentlich durchgeführten Schriftenverbrennungen, zumal obrigkeitlichen, ist zwar fast automatisch eine gewisse Feierlichkeit, ein bestimmter Grad an Ritualisierung immanent, die Mitwirkung des Henkers bringt jedoch sicher eine Steigerung — bzw. hängt mit eben dieser Steigerung zusammen: Was wodurch mehr beeinflußt wird, läßt sich nicht eindeutig festlegen. Diese vermehrte Zeremonialität ist jedenfalls erst verstärkt seit jener Zeit gegeben, ab der man die Mitwirkung des Nachrichters in offiziellen Schriftstücken ausdrücklich festlegt. Damit haben wir eine Form des Strafvollzugs an Schriften „bey solenner Figur",[106] also „in feierlicher Form", vor uns, deren rituelle Elemente weitgehend denjenigen einer Menschenhinrichtung entsprechen.

I. GRUNDLAGEN ÖFFENTLICH-FEIERLICHER BÜCHERVERBRENNUNGEN

1. Arten der Rechtfertigung bzw. Begründung für Buchhinrichtungen

„Es ist eine Eigentümlichkeit des Menschen, daß er ein tiefes Bedürfnis nach der Rechtfertigung seines Verhaltens in sich trägt."[1] Diese Feststellung Hans Kelsens bezüglich jeglicher Rechtsprechung gilt auch für Menschen, die gegen Schriften fast so vorgehen, als ob es sich dabei um Feinde aus Fleisch und Blut handeln würde. Gerade hier gibt es allerdings Arten der Rechtfertigung, die mehr Fragen aufwerfen, als sie beantworten.

Warum ein Buch verbrannt wird, begründen verantwortliche Zeitgenossen sehr oft dadurch, daß sie der betroffenen Schrift bestimmte Adjektiva zuweisen. Man kann nun, dem folgend, Gruppen von Begründungen bilden. In der Hauptsache handelt es sich um Beschuldigungen auf den Grundlagen von Religion bzw. Konfession, von Moral und von Politik: blasphemisch, häretisch, ketzerisch etc.; unmoralisch, obszön etc.; aufrührerisch, hochverräterisch etc. In der Literatur, vor allem über Zensur allgemein, aber auch in Quellen, etwa in Zensurgesetzen, wendet man des öfteren Einteilungen dieser Art an. Als zusätzliche Hauptgruppe können die Schmähschriften bzw. Pasquille fungieren; auch „Famoslibell", „Schmach-Schrift", „Schmäh-" oder „Schmach-Karte" genügen – eventuell mit dem Zusatz „schändlich" – den Quellen diesbezüglich oft zur Abqualifizierung.[2]

Gelegentlich wird in dieser Richtung weiter systematisiert, oder aber man versucht, die angeführten Hauptkategorien in zeitliche Abfolge einzuordnen.[3] Häufigkeitswerte für bestimmte Einzelausdrücke aus Zensururteilen wurden ebenfalls ermittelt, so etwa von Hilger Freund für das Kurmainz des 18. Jahrhunderts. Die Reihenfolge der betreffenden Adjektiva nach ihrer Häufigkeit:

„anstößig, ärgerlich, schädlich, verboten, schändlich, beleidigend, bedenklich, fälschlich, irrig, verdächtig, gefährlich, famos, blasphemisch, religionswidrig, boshaft, anzüglich, lügnerisch, leichtfertig, wenig erbäulich, protestantisch, verführerisch, obszön, polemisch, unbescheiden, verwerflich, häßlich, giftig, verderblich, verleumderisch, sophistisch, verwegen, unehrbietig, lästernd, freventlich."[4]

Diese Liste gilt, ebenso wie die anderen erwähnten Arten von Untersuchung, allgemein für Dekrete gegen Schriften, ungeachtet der Art und Weise der Unterdrückung jeweils betroffener Bücher. Bei alleiniger Heranziehung der Quellen zu Buchhinrichtungen würde sich allerdings nur wenig ändern, solange man bei der Beantwortung der Frage bleibt, warum ein Buch öffentlich durch den Henker verbrannt wird.

Die bis jetzt angeführten Begründungen bzw. Untersuchungen sind ohnehin in mehrfacher Hinsicht wenig ergiebig. So kann man die entsprechenden Einzelausdrücke kaum sicher bestimmten Gruppen zuordnen. Beispielsweise kann ein Buch „anstößig" in religiöser, politischer, moralischer oder privater Hinsicht sein. Solche Einzelausdrücke sind ebenso wie daraus gebildete Gruppen bzw. Kategorien auf vielfältige Weise miteinander verflochten und oft austauschbar. So wird Hochverrat vor dem Hintergrund von Gottesgnadentum leicht zu angeblicher Blasphemie; umgekehrt kann eigentliche Gotteslästerung als „crimen laesae majestatis divinae" betrachtet werden.[5] Häretische oder schismatische Tendenzen im religiösen Bereich gelten meist auch zugleich als die öffentliche Ruhe störend, als aufrührerisch im rein verwaltungs- bzw. machttechnischen Sinn.[6] Ähnliche Verflechtungen gibt es bei derartigen Begründungen in jeder beliebigen Richtung.

Eine Abgrenzung von Einzelelementen, Gruppen oder umfassenderen Hauptkategorien einschlägiger Worte ist kaum in sinnvoller Weise durchführbar, zumindest nicht dann, wenn man solche Ausdrücke für bare Münze nimmt und sie im erklärten Sinn ihrer Urheber registriert. Darüber hinaus scheinen solche Legitimierungsversuche selbst in ihrer Gesamtheit nicht immer ausreichend gewesen zu sein. Dies zeigt sich an einer Aufzählung von Kategorien zu verbietender bzw. auch zum Teil zu verbrennender Bücher aus dem Jahre 1675. Neben Gruppen wie „ketzerische", „aufrührerische" oder „unnütze" Schriften – letzteres bereits typisch aufklärerisch – werden, als eigene Gruppe, Bücher genannt, die „besonderen Absichten" einer Obrigkeit widersprechen.[7]

Entscheidend ist jedoch, daß Begründungen und Rechtfertigungen der bis jetzt erwähnten Art bei allen Formen der Zensur einander ähneln. Sie sind also in Wortlaut und Verteilung weitgehend unabhängig von der Art und Weise des tatsächlichen Vorgehens. Damit geben sie nur Antwort auf die Frage, warum man überhaupt irgend etwas gegen eine bestimmte Schrift einzuwenden hat. Für die Praxis, Bücher öffentlich hinrichten zu lassen, sind also andere Arten der Rechtfertigung oder Begründung eher in Betracht zu ziehen.

Hier kommt vorerst die Vorgangsweise in Betracht, eigenes Vorgehen durch Autoritäten oder Vorgänger zu legitimieren. In der Zeit der Buchhinrichtungen ist auf allen Gebieten des Rechtslebens weitverbreitete Rechtsunsicherheit festzustellen, gerade auch im Bereich bzw. Umkreis des Bücherzensurwesens. Vielfach gab es mancherorts keine richtig umfassenden Satzungen auf diesem Gebiet, weder geheime noch öffentlich kundgemachte. In Ländern oder Städten, die doch so etwas besaßen, waren sie unter Umständen bald in Vergessenheit geraten oder wurden einfach nicht befolgt. Überdies wurden die Kompetenzen eingesetzter Zensurorgane oft nicht fest umrissen. Selbst wenn sie das aber waren, drückten sich die Verantwortlichen häufig genug vor der damit verbundenen Arbeit. So befiehlt ein Dekret der niederösterreichischen Regierung im Jahre 1655 „zum letzten Male" dem Rektor und dem Konsistorium der Universität zu Wien, endlich bei Buchführern, Buchbindern und Trödlern verbotene – vor allem lutherische – Bücher zu konfiszieren, sonst würden, ungeachtet bestehender Privilegien, andere Stellen damit beauftragt.[8] Noch bezeichnender für die damaligen Zustände ist ein Vorfall aus dem Jahr 1779: Der Rat der Stadt Frankfurt am Main ließ in Nürnberg anfragen, wie man es dort mit der Bücherzensur halte. Die Amtskollegen ließen im Archiv nachforschen; schließlich mußten sie mitteilen, man habe sich „Mühe gegeben, eine Censur-Ordnung aufzusuchen, aber keine gefunden, weil, so viel bekannt, niemals eine vorhanden gewesen".[9]

So ist es nicht weiter verwunderlich, daß auch der hier behandelte spezielle Auswuchs der Zensur mit kodifiziertem oder überhaupt mit in Einzelgesetzen festgelegtem Recht nur wenig zusammenhängt. Legislative Festsetzung der Buchhinrichtung – wenigstens in ganz bestimmten Fällen – begegnet uns zwar mehrfach: Die Josephinische Halsgerichtsordnung von 1707/08 für die Länder der Wenzelskrone, die Constitutio Criminalis Theresiana von 1768/69, das Allgemeine Landrecht für Preußen von 1794, die Konstanzer Polizeiordnung von 1738 werden uns weiter unten noch zu beschäftigen haben.[10] Auf solche Bestimmungen geht jedoch nur ein äußerst geringer Teil der einschlägigen Praxis zurück. Berufungen auf solche Gesetze stellen in Anklageschriften eine Ausnahme dar.[11] Abgesehen davon ist beispielsweise das preußische Gesetz von 1794 in bezug auf Buchhinrichtungen eine ausgesprochen posthume Hervorbringung.

Unser Phänomen ist demzufolge im wesentlichen eine außerordentliche Strafe („poena extraordinaria"). Wir haben es mit Tatbeständen zu tun, bei denen Art und Weise der Bestrafung im allgemeinen „in Rechten nicht ermessen/ und außgetruckt" (d. h. gedruckt und/oder ausgedrückt) ist, sondern „nach Rechtsmässiger Erwögung der Rechts=Sprecher, auf die Übelthätter gelegt" wird[12] — wobei die Übeltäter eben auch aus Papier sein können.

Ohne Berufung auf Autoritäten ist „rechtmäßige Erwägung [und Entschließung] der Rechtssprecher" gerade für Juristen und Beamte der damaligen Zeit undenkbar. Derartige Berufungen sind deshalb auch ein oft begangener Weg, um Buchhinrichtungen vor allem öffentlich zu rechtfertigen. Am häufigsten beruft man sich dabei auf Gesetze oder auf anerkannte Rechtstheoretiker, wobei sich kein echter Anhaltspunkt für die speziell gewählte Art des Vorgehens ergibt. Gerechtfertigt wird ausdrücklich nur die bloße Tatsache der Verfolgung eines Buches. Indirekt sind derartige Begründungen jedoch sehr wohl auch immer wieder Grundlage für Buchhinrichtungen — kein Wunder, angesichts der damals häufigen außerordentlichen Strafen sowie des damaligen absolutistischen Obrigkeitsverständnisses.

Als Beispiel können die Begründungen aus dem Reichsrecht dienen, vor allem bei Zensurmaßnahmen, welche von Reichsbehörden gegenüber Reichsstädten mit zu lax scheinendem Vorgehen insistiert werden: Sowohl bei Zensur im allgemeinen als auch für Buchhinrichtungen rechtfertigt man sich dabei vor allem durch Berufung auf die Reichspolizeiordnung von 1577 und/oder auf ein kaiserliches Patent von 1715. In Gesetzen wie diesen wird die Art und Weise des Vorgehens gegen die zu verbietenden Schriften selbst nicht eindeutig geregelt. Bestenfalls heißt es, daß „sträfliche Läster- und Schmähcharten", das heißt vor allem ohne Angabe von Autor, Drucker, Ort und Jahr erschienene Bücher, „mithin allerdings zu vernichten" seien.[13] Dementsprechend muß die Hinrichtung von Schriften wiederholt ausdrücklich vom Kaiser bzw. von den Reichsbehörden angeordnet werden. Berufungen auf das Reichsrecht erfolgen eben nur in bezug auf die bloße Tatsache einer härteren Verfolgung von Autoren und Büchern; der Bücherbrand selbst bleibt offiziell nur indirekt begründet.[14]

Eine weitere Möglichkeit für damalige Zeitgenossen war die Berufung auf das römische Recht. Dieses wurde in hier einschlägigen Urteilsbegründungen zwar offiziellerseits nicht herangezogen, was auch in der Natur dieser Dokumente liegen mag; wohl aber erfüllen jene Satzungen bei Theoretikern gelegentlich legitimierende Funktion, wenngleich meist wieder indirekt.[15] Im Corpus Juris Civilis ist zumindest an einer Stelle tatsächlich von öffentlicher Bücherverbrennung die Rede. Es handelt sich um einen Erlaß aus dem Jahr 435 gegen nestorianische Schriften; darin wird befohlen, „quos [d. i. libros] diligenti studio requiri ac publice comburi"[16] — also, fleißig zu suchen und öffentlich zu verbrennen. Die Juristen der Neuzeit halten sich jedoch im Umkreis unseres Themas nur an andere Stellen — vor allem an Erlässe gegen Famosschriften, aber auch an andere Dekrete gegen Häretiker. Bei diesen tatsächlich zitierten Stellen ist bestenfalls allgemein vom Verbrennen die Rede; entsprechende Aktionen sind unter Umständen sogar ausdrücklich vom Besitzer der verbotenen Schrift durchzuführen, also eher in privatem Rahmen.[17] Ebenso gehen ablehnende, befürwortende oder neutrale Beobachter und Praktiker auch bei anderen Autoritäten vor. Wo eine Berufung wenigstens auf feierliche, öffentliche Verbrennung möglich wäre, nützt man dies zumindest im 17. und 18. Jahrhundert kaum jemals aus — so etwa bezüglich der Bulle Leos X. von 1515 oder des Wormser Ediktes von 1521.[18]

Eine weitere Quelle der Rechtfertigung für Zensoren und Buchhinrichter ist die Bibel. Beiden Gruppen dient immer wieder eine Stelle aus der Apostelgeschichte — Kapitel 19, Vers 19 — als legitimierende Instanz: Paulus hatte, etwa im Jahr 50 nach Christus, viele Einwohner von Ephesos bekehrt. Daraufhin soll folgendes geschehen sein: „Viele andere [der Neubekehrten], die sich mit Zauberkünsten abgegeben hatten, brachten ihre Bücher herbei und verbrannten sie vor aller Augen. Man schätzte ihren Wert auf fünfzigtausend Silberdrachmen."[19] John Milton kommentierte diese Stelle 1644: „It was a privat[e] act, a voluntary act, and leaves us to a voluntary imitation: the men in remorse burnt those books which were their own; the Magistrat by this example is not appointed."[20] Obrigkeiten bzw. Leute, die deren

Funktionen gerne übernommen hätten — auch letztlich Milton selbst —, sollten spätestens seit dem Aufkommen des Buchdruckes sehr oft anders denken. Bereits für Luther ist 1520 die besagte Bibelstelle Hauptzeuge für den „althergekommenen Brauch, vergiftete, böse Bücher zu verbrennen".[21] Auf katholischer Seite benutzt man seit damals die gleiche Stelle vor allem immer wieder als Rechtfertigung dafür, warum man überhaupt anderer Leute Lektüre kontrolliert. So zeigen etwa die Titelkupfer von Ausgaben des „Index Librorum Prohibitorum" zumindest 1764, 1783 und 1786 die bildliche Darstellung des Ereignisses von Ephesos. Noch Pius XII. beruft sich 1940 für die kirchliche Bücherzensur auf die Epheser.[22] 1760 wird der „Bücherbrand zu Ephesos" in Bayern zum Thema eines Propagandastückes gegen aufklärerische Literatur bzw. gegen die — wenngleich nur relativ freigeistige — Münchener Akademie der Wissenschaften; kurz, die Aktion jener Epheser, die sich in einem „Freudenfeuer" ihrer Bücher entledigten, ist seit dem 16. Jahrhundert eine nicht ungewöhnliche Legitimierung für Bücherverbrenner und Zensoren aller Art sowie auch gelegentliche Begründung für Beobachter derartiger Praktiken.[23]

Den wohl eigenartigsten Versuch, mit einer Bibelstelle eine Bücherverbrennung zu rechtfertigen, unternahm man 1634 in Spanien bei der Hinrichtung anti-jesuitischer Schriften. Für das Titelblatt einer über die ganze Affäre berichtenden offiziösen Schrift wurden als Motto zwei Verse aus der Bergpredigt gewählt, in denen diejenigen selig gepriesen werden, die man schmäht. Weggelassen hat man dabei aus dem Vulgata-Text die Zusätze über die — auch mit Taten — Verfolgten.[24]

Eine Abart der bisher angeführten Möglichkeiten ist die Berufung auf entsprechende Handlungen von Personen anderer Denkungsweise, in der Praxis meist Andersgläubigen. Dieses Motiv findet sich bei Luther ebenso wie bei Schriften gegen ihn.[25] Dabei kann man auch so vorgehen wie ein Verteidiger der innerösterreichischen Gegenreformation: Der Probst Jakob Rosolenz rechtfertigt die öffentlichen Bücherverbrennungen durch die Katholiken 1606 damit, daß die Protestanten ja dasselbe gemacht hätten; noch schlimmer — sie hätten „solches zu verrichten dem Diebshencker zugemutet".[26] Gelegentlich gibt es in ähnlichem Sinn auch Verweise auf die heidnische Antike: So meint ein Autor 1675, daß Zauberbücher verbrannt zu werden verdienten, da dies selbst der Heide Ulpian für angemessen gehalten habe.[27]

40

Die bisher angeführten Rechtfertigungen und Begründungen geben nur wenig befriedigende Antworten auf die Frage, warum man bei Büchern, die Probleme bereiten, „fire and the executioner"[28] für die beste Abhilfe hält. Man sollte deshalb nach Rechtfertigungen suchen, die inoffizielleren Charakter tragen und durch privateres Aussehen als Begründung glaubwürdiger erscheinen. Belege dieser Art finden sich vor allem im Umkreis des Begriffes „Ehre". Die Verletzung der Ehre wird zwar auch gelegentlich in hochoffiziellen Schriftstücken konstatiert, trotzdem ist dieses Element seinem Charakter nach insgesamt eher inoffiziell. Wenn es angeführt wird, dann ist weit öfters Aufrichtigkeit spürbar als etwa bei Begründungen aus den bis jetzt angeführten Bereichen. Im Vergleich zu Rechtfertigungen dieser oberflächlichen Art scheint jenes Motiv überdies auch stärker mit Buchhinrichtungen verbunden zu sein: Mit solchen eklatanten Aktionen hofft man eben, Ehrverletzungen wieder ungeschehen machen zu können.

Eine indirekte Form dieser Möglichkeit haben wir bereits oben kennengelernt: die Abqualifizierung eines mißliebigen Buches als Schmähschrift oder Pasquill. Auch wenn bei dieser oberflächlicheren Art der Legitimierung vielfach Ehrverletzung als bekannt vorausgesetzt wird, so ist die ausdrückliche Form solcher Begründungen doch von bloßer Etikettierung des papierenen Feindes als Schmähschrift zu unterscheiden. Seit dem Spätmittelalter wird jedenfalls die Ehre ein immer wichtigerer Faktor für immer mehr Menschen; das Bewußtsein und Aufrechterhalten jener persönlichen oder korporativen Ehre wird für diese Menschen auch zum „Angelpunkt der Strafrechtspflege".[29] Insbesondere kommt es im Verlauf des 17. und 18. Jahrhunderts zu zunehmend stärkeren Standesempfindlichkeiten bei Vertretern der Obrigkeit. Das Ehrgefühl von im Staate tatsächlich oder vermeintlich maßgeblichen Personen — stärker womöglich bei letzteren — wird immer mehr überspitzt;[30] dementsprechend leicht können solche Gefühle natürlich als verletzt betrachtet werden. So kommt es, daß zu gewissen Zeiten fast alle verfolgten Schriften als Pasquille gegen bestimmte Personen oder Gruppen gesehen werden, und zwar vor allem die Schriften, die man dann auch durch öffentliche Hinrichtung der „öffentlichen Schande und Mißachtung"[31] aussetzen läßt, weil sie sich der Schädigung etwa hochadeliger Ehrgefühle schuldig machten.

Die oben erwähnten Verflechtungen religiöser, moralischer und politischer Handlungsmotivationen spielen auch hier eine besondere Rolle. So fühlen sich Obrigkeiten mit dem Selbstverständnis von Gottesgnadentum in der Lage, mit der eigenen verletzten Ehre auch eine angenommene „beleidigte Ehre Gottes auf das empfindlichste [. . .] rächen"[32] zu können bzw. zu müssen. Die entsprechende Wechselwirkung zeigt sich deutlich in einem Edikt Karls VI. über die Feiertagsheiligung: Er sieht sich veranlaßt, „nach schärfern Mitteln zu greifen, und sofort die Ehre Gottes, auch Unsere hierunter waltende selbst eigene Autorität und Hoheit mit behörigem Nachdruck zu unterstützen".[33] Die Bereitschaft zu extremem Vorgehen gegen Gottesbeleidiger — so sehr sie auch zu jener Zeit bereits bloß vorgeblich sein möge[34] — entspricht ebensolcher Bereitschaft gegenüber direkter oder indirekter Herrschaftsbeleidigung. Absolutistische Herrscher bzw. Obrigkeiten halten sich bei Angriffen gegen Instanzen, die ihnen hierarchisch benachbart sind, offenbar tatsächlich selbst für direkt angegriffen, wenn schon nicht in ihrer Eigenschaft als Mensch, so doch in ihrem Status als Würdenträger Gott gegenüber bzw. als unmittelbarer Vergeber oder Schutzherr einer ihnen untergeordneten Stellung.

Einen guten Einblick in Motivationen aus dem Umkreis des Begriffes Ehre gewähren die beiden Wiener Fälle von Buchhinrichtung im Jahre 1730: Einmal wird dort öffentliche Verbrennung durch den Henker befohlen, um „denen Hungarischen Ständen, als auch dem andurch [d. h. durch den inkriminierten Kalenderanhang] lädierten publico die behörige Satisfaction zu geben"; das andere Mal kommt es zum Bücherbrand, um „esta especie de satisfaccion" der Familie des beleidigten hochadeligen Würdenträgers zuteil werden zu lassen.[35] Im erstgenannten Fall findet kaum zufällig die Bücherverbrennung am selben Tag statt, an dem sich Karl VI. besonders deutlich offiziell als Verteidiger der Ehre Gottes ausweist: Vom selben 28. 1. 1730 ist nämlich auch das eben zitierte Edikt zur Feiertagsheiligung datiert! Ein Angriff gegen ein Glied einer damals zumindest in der Theorie noch festgefügt geglaubten Hierarchie wird offenbar als Bedrohung eines größeren Ordnungszusammenhanges betrachtet — und auch dementsprechend abgewehrt. Soweit der engere Sinn des Konzeptes von „lädierter Ehre" und „reparatio honoris" bei Einzelpersonen oder bestimmten Gruppen bzw. Institutionen.[36]

Eine besondere Spielart des eben Besprochenen ist uns bereits oben begegnet: In einem der Fälle von 1730 dient die öffentliche Verbrennung auch dazu, um dem „lädierten publico die behörige Satisfaction zu geben".[37] Auf dem Hintergrund der besprochenen Vorstellungen von verletzter Ehre ist nun bereits eher verständlich, daß jenes Publicum ebenfalls in die entsprechenden Konzepte eingebunden wird, und zwar vor allem im 18. Jahrhundert, in dem der Begriff Publicum allmählich in die Funktionen älterer Vorstellungen vom Gemeinschaftsleben einzutreten scheint.

Verletzte Ehre ist also auf verschiedene Art und Weise eine mögliche Begründung für Buchhinrichtungen, wobei die Überspitzung vor allem des obrigkeitlichen Ehrbegriffes noch lange nach dem Aufhören jenes Phänomens im Schwange ist.[38] Daraus, aber auch aus anderen Gründen ergibt sich, daß es vorerst noch wenig einsehbar ist, warum man Ehrverletzungen aller Art — ebenso wie auch anders bezeichnetes, durch Bücher erlittenes oder nur befürchtetes Ungemach — ausgerechnet dadurch wiedergutzumachen, zu lindern oder abzuwehren glaubt,[39] indem man solche Bücher öffentlich durch den Henker verbrennen läßt.

Die Öffentlichkeit — als Durchführungsweise, Adressat, Vorwand oder Forum von Bücherverbrennungen — ist allerdings auch in anderen Zusammenhängen Hintergrund gebräuchlicher Begründungen bzw. Rechtfertigungen von Buchhinrichtungen. Man bezeichnet derartiges Vorgehen auch aus Gründen der Abschreckung als gerechtfertigt: Nicht zuletzt können Schriften „andern zu einem stätigen Denckmahl/ und kräfftiger Abmahnung von dergleichen" Dingen wie z. B. „unchristlicher Beschimpffung" des Nächsten „durch den Scharffrichter öffentlich/ nicht unbillig" verbrannt werden.[40] Zwar ist man damals bereits bei bloßer Konfiskation oft auf Bekanntmachung des Urteils bedacht;[41] Publizität ist jedoch typischer für die hier zu besprechenden Vorgangsweisen. So sollen etwa „in perpetual memory" einer entsprechenden Aktion 1683 in Oxford Kopien des Durchführungsdekretes an „fit places, where they may be seen and read of all" angeschlagen werden.[42] Dazu kommt auch des öfteren die Benachrichtigung der Öffentlichkeit durch — zumindest offiziöse — Meldungen in Zeitungen (im heutigen Sinne, vor allem im 18. Jahrhundert).

Dieser Abschreckungsgedanke entspricht damals immer stärker werdenden Neigungen im Rechtsleben bzw. im juristischen Denken: Bereits in der Antike postulierten Platon und Seneca ähnliches.[43] Eine eigentliche, psychologische Strafentheorie mit weiterer Verbreitung wird schließlich im 17. Jahrhundert von Naturrechtlern wie Thomasius und Pufendorf um den Begriff der Abschreckung herum entwickelt. Auch in der Praxis wird immer mehr in ähnlicher, zumindest vorgeblich rationalistischer Weise argumentiert.

Im Zusammenhang mit dieser Entwicklung wird außerdem die Praxis der Exekutionen an Bild oder Namen stärker in das Rechtsleben integriert. Jene Hinrichtungen in effigie sind, wie wir noch sehen werden, mit den Buchhinrichtungen eng verwandt, und zwar auch in der Absicht der Abschreckung. Für beide Phänomene gilt, was ein Jurist 1675 als notwendig für die „executio in effigie" darstellt: Die Vollstreckung habe nicht innerhalb von Kerkerwinkeln zu geschehen, sondern an belebten Örtlichkeiten und mit Schrecken erregenden Anstalten, die dazu angetan sind, dem Gemüt des Volkes Entsetzen einzuflößen, damit durch das Beispiel dieser Bestrafung andere abgeschreckt würden.[44]

Gerade bei Buchhinrichtungen kommt aber immer wieder sichtbar eine zweite, der Abschreckung an sich entgegengesetzte Absicht dazu: Man möchte Schriften, bzw. die Erinnerung daran, vertilgen, auslöschen. Die „Austilgung des Bösen" als Verpflichtung des gläubigen Menschen ist eine vor allem im Alten Testament immer wieder gestellte Forderung.[45] Nicht zuletzt von dort her wird dieser Gedanke im Rechtsleben fortlaufend wachgehalten. In Spätmittelalter und Neuzeit tritt er häufig im Zusammenhang mit Tieren auf, insbesondere auch bei Sodomie im heutigen, aber auch im viel weiteren damaligen Sinn (einschließlich Homosexualität). Laut den meisten Strafrechtskodifikationen des 17. und 18. Jahrhunderts erfordern „dergleichen unnatürliche Sünden, welche in ihrer Abscheulichkeit hier nicht genannt werden können, eine gänzliche Vertilgung des Andenkens" — so das Allgemeine Landrecht für die Preußischen Staaten von 1794.[46] Derartige „Verbrechen und Schandthaten" scheinen den Zeitgenossen aber wenigstens zumeist „so groß und unehrbarlich", daß man die „nachkommende Welt" darüber in Unkenntnis belassen will[47] und diese Absicht auch einigermaßen konsequent in Taten umzusetzen bemüht ist.

Etwas anders liegt der Fall jedoch bei anderen Erscheinungsformen aus dem Umkreis der sogenannten „damnatio memoriae". Der engere, eigentliche Sinn dieses Begriffes wird von Döpler so definiert:

„eine gäntzliche abolition und Vertilgung eines solchen Übelthäters Nahmen/ Geschlechts und Andenckens/ sammt Einziehung Haab und Güther/ Benehmung aller dignitaet, Ehre/ Zierde/ Freyheit und Würden/ Recht und Gerechtigkeiten/ so er gehabt: Ja eine totale Ausrottung dessen Gedächtnüsses von dem Erdboden."[48]

In dieser Form ist die „damnatio memoriae" eine Gruppe von Zusatzstrafen bei Hinrichtungen an Personen selbst, an deren Bild oder Namen wegen als besonders schwer bewerteter Verbrechen wie Hochverrat oder schwere Gotteslästerung. Darstellungen der Zeit um 1700 bringen Erörterungen zum Thema Buchhinrichtung in mehr oder minder engem Zusammenhang mit der Besprechung der „damnatio memoriae". So heißt es bei Döpler gegen Ende des entsprechenden Kapitels:

„Hierher kann gleichfalls gezogen werden [. . . u. a.] die Verbrennung der Pasquille, item der zauberischen ketzerischen/ leichtfertigen und ärgerlichen Bücher und Schrifften durch des Henckers Hand."[49]

Nicht zu Unrecht werden bei solchen Verwandtschaftszuordnungen auch Motive des Vorgehens wie beispielsweise eben die Tilgungsabsicht als Parallelen angenommen. Derartige Begründungen treten uns bei öffentlichen Bücherverbrennungen aller Art — einschließlich der offiziellen Buchhinrichtungen — oft entgegen. So will man 1521, daß Bücher mit ketzerischem Inhalt „nit allein vermitten [vermieden] sondern auch die [selben] von aller Menschen gedechtnus: abgethan und verdilgt werden"; solche Schriften sollen, so ein Urteil von 1559, durch das Feuer „in perpetuum" abgeschafft werden.[50] Die Wiener Buchhinrichtung von 1668 ist, einem zeitgenössischen Bericht zufolge, eine „wolverdiente Büchels-Vertilg- und Verbrennung", und auch bei Buchhinrichtungen des 18. Jahrhunderts wird der Wunsch nach möglichst gründlicher Vertilgung des öfteren direkt ausgesprochen — zurückgedrängt nur dann, wenn die „Genugthuung des Publici" zu deutlich im Mittelpunkt der Begründung steht.[51]

Gleiche Argumente finden sich auch bei späteren öffentlichen Aktionen eher privateren Charakters. 1846 wird durch Mainzer Bürger in der Fastnacht mittels öffentlicher Verbrennung, bei der nichts unterlassen wird, um Aufmerksamkeit zu erregen, eine aus Zensurakten und dergleichen Symbolen vormärzlicher Unterdrückung zusammengesetzte Gestalt „der Zernichtung, der Vergessenheit anheimgegeben".[52]

Hier ist nun besonders auffällig, daß öffentliche Verbrennung demonstrativen Charakters und Tilgungsabsicht einander nicht auszuschließen scheinen. Besonders kraß tritt uns diese Diskrepanz entgegen, wenn in offiziellen Stellungnahmen zu Buchhinrichtungen von „öffentlicher Vertilgung" die Rede ist, wie etwa bei einem Wiener Fall von 1730.[53] Ähnliche Widersprüchlichkeiten — zumindest für unser heutiges Verständnis — finden sich damals auch in anderen Bereichen des Strafvollzuges. So heißt es in den Urteilen von 1671 gegen die Häupter der ungarischen Verschwörer, zusätzlich zu ihrer Hinrichtung durch das Schwert solle auch ihr „Gedächtnuß von der Welt außgetilget" werden. Dieses und die Enthauptung sei den Delinquenten „zu einer wohlverdienten Straff" zugedacht, „andern aber [. . .] zu einem Greu[e]l und abscheulichen Exempel".[54]

Solche merkwürdigen Doppelbegründungen wendet man auch bei der „damnatio memoriae" im engeren Sinn an. Derartige Gedächtnisverdammung ließe sich unter Umständen zwar mit der Absicht gleichsetzen, dem Verurteilten ein ewiges schlechtes Angedenken zu sichern; jedoch sprechen Zeitgenossen oft genug ausdrücklich vom erwünschten Ziel, dabei „das Andencken einer [. . .] abscheulichen That den Leuten aus den Augen und Hertzen" zu bringen.[55] Trotzdem läßt man derartige Aktionen ebenso wie Buchhinrichtungen in eklatanter Form vor sich gehen, meist einer Hauptstadt „zum Spectacul".[56] Wenn das Haus eines Delinquenten in der Absicht umfassender Tilgung dem Erdboden gleichgemacht wird, setzt man an die Stelle dieses Hauses dann eben auch eine Säule, „daran geschrieben wird/ was die Ursache solcher Rasirung sey".[57] Die Leute sollen wissen, wen und was sie vergessen müssen. Selten ist man an verantwortlicher Stelle damals so konsequent wie ein Schriftsteller im Jahre 1665: Er verschweigt Verfasser, Titel und auch Gegenstand einiger Pasquille, die ihm ganz und gar nicht gefallen, um „denen Unwissenden auch solche nicht kündig zu machen". Eine der Schriften, die er totzuschweigen versucht, wird drei Jahre später in Wien öffentlich hingerichtet, ihr Titel und das Verbrennungsdekret werden öffentlich verlesen, der Titel wird „auf einen Bogen Papier groß geschrieben" und an den Pranger geheftet. Zumindest ungefähr wird dadurch bekannt, wer in der betreffenden Schmähschrift welcher Handlungen beschuldigt wird.[58]

In ähnlicher Weise beschließt man 1671, einen Menschen „mit seinen gotteslästerlichen schrifften und büchern" zu verbrennen, „auf daß seine gedächtniß von der welt mag vertilget werden, ihm zu seiner verdienten straffe, und andern zum schrecken und schauspiel, die dergleichen übelthaten begehen möchten."⁵⁹ In Madrid führt man 1634 eine Buchhinrichtung unter anderem durch, um auf ewig das Gedächtnis an die betroffenen Schriften völlig zu vernichten – „ad eliminandam penitus huiusmodi scriptorum memoriam" – oder, wie es im offiziellen Dekret dazu an anderer Stelle heißt, „ad extirpandam autem funditus horum memoriam". Das meint man allen Ernstes erreichen zu können, indem man ausdrücklich verlangt, dieses sehr ausführliche Dekret solle vor der Vollstreckung mit vernehmbarer Stimme verlesen werden, damit die ganze Angelegenheit ja zur Kenntnis aller gelange – „clarâ & distinctâ voce [. . .] ut haec omnia in universorum veniant notitiam".⁶⁰

In diesen Zusammenhang gehört auch das Problem, warum selbst das Wissen um den Reiz des Verbotes bei Buchhinrichtern kaum dementsprechendes Verhalten mit sich bringt. Es geht dabei um jenen Reiz, den Zensur im allgemeinen und öffentliche Bücherverbrennungen im besonderen bewirken, im offensichtlichen Gegensatz zu den Interessen der Verantwortlichen; diese Erscheinung führt ja außer der Absicht der Tilgung auch den Wunsch nach Abschreckung ad absurdum. Für die Zensur im allgemeinen sei hier eine berühmte Stelle bei Tacitus angeführt: „Solange es gefährlich war, sie [die verbotenen Bücher] zu haben, suchten die Leute begierig danach, und lasen sie wiederholt. Später führte die Aufhebung des Bannes auf sie zu ihrer Vergessenheit." Noch allgemeiner Ovid, in der Übersetzung von Johann Heinrich Voß: „Nach dem Verbotenen streben wir stets, das Versagte begehrend."⁶¹

Verstärkt wird solche allgemein menschliche Neugierde durch derart auffällige Aktionen, wie es Buchhinrichtungen nun eben sind. Dementsprechend gibt es auch eine Reihe diesbezüglicher Sentenzen: In einem Brief des norddeutschen Universalgelehrten Hermann Conring an den kurmainzischen Politiker Johann Christian von Boineburg findet sich 1654 das Wort vom „weiten Flug der Asche verbrannter Bücher"; gemäß dem französischen Historiker Grammond lassen die Flammen eines Scheiterhaufens Schriften in hellem Licht erstrahlen, die sonst im Dunkeln geblieben wären; Voltaire soll seine Bücher mit Kastanien verglichen haben – je mehr man sie röste, desto besser würden sie verkauft.⁶² Ähnliches läßt auch Schiller den „Libertiner" Grimm vorschlagen (Die Räuber, I, 2): Man solle ein Buch schreiben und es dann „durch den Schinder verbrennen" lassen

— „und so gings reißend ab". Eine ähnliche Wirkung scheint es auch oft beim unmittelbar anwesenden Publikum solcher Aktionen gegeben zu haben. Dies zeigt sich an einem Bericht über eine Buchhinrichtung in Frankfurt am Main, der sich in den Lebenserinnerungen Goethes findet:

„Es dauerte nicht lange, so flogen die angebrannten Blätter in der Luft herum und die Menge haschte begierig darnach. Auch wir ruhten nicht, bis wir ein Exemplar auftrieben, und es waren nicht Wenige, die sich das verbotene Vergnügen gleichfalls zu verschaffen wußten, ja, wenn es dem Autor um Publicität zu thun war, so hätte er selbst nicht besser dafür sorgen können."[63]

Hier spielen vielleicht noch die Vorstellungen eine Rolle, die den Überresten einer Hinrichtung bzw. eines Hingerichteten — Strick, Leichenteile, Blut etc. — heilbringende Kraft zuschreiben.[64] Das Wissen um derartige menschliche Verhaltensweisen scheint jedenfalls insbesondere bei Buchhinrichtern nur wenig Einfluß auf das eigene Vorgehen gehabt zu haben. Sie fühlten sich in der Lage, sich darüber hinwegsetzen zu müssen oder zu können; warum, das werden wir noch sehen.

Es hat allerdings gerade im habsburgischen Herrschaftsbereich beim Strafvollzug im allgemeinen, auch im Pressewesen, immer wieder Ansätze zu konsequenterem Vorgehen in Richtung Verschwiegenheit gegeben. So entscheidet ein Dekret Karls VI. 1721:

„nicht weniger hat man auch eine besondere obacht zu haben daß, wan ein Urt[ei]l [in Preßsachen] gedruckt, die rationes decidendi [Entscheidungsgründe] nicht beygesezet, und das, was auch die particulares angehet, mit besonderer Vorsichtigkeit möge erwehnet werden."[65]

In ähnlicher Absicht kam es in Österreich 1777 zu einem Verbot des Kataloges verbotener Bücher, um nicht durch die Bekanntgabe dessen, was die Obrigkeit verbieten wollte, weiter indirekt Werbung zu betreiben.[66] Man weiß also auch zur Zeit der Buchhinrichtungen, daß „allgemeine und öffentliche Verbote bey dem leichtsinnigen und zur Neugierigkeit geneigten Hauffen eine Begierde" hervorrufen, „nach den verbothenen und voraus ihm unbekanten Schrifften heimlich zu fahren".[67] Das Handeln entspricht aber bei Buchhinrichtungen nicht jenem Wissen. Dies ist, neben dem Doppelmotiv von Abschreckung und Tilgung, ein weiteres Indiz dafür, daß hier unter dem bloßen Deckmantel offen zugegebener Absichten letztlich andere unausgesprochene oder unbewußte Beweggründe wichtiger sind.

Wir wollen im folgenden untersuchen, inwieweit die Beobachtungen Hans Kelsens über den Menschen, der anderen schwächeren Personen Unrecht zufügt, auch — mutatis mutandis — auf denjenigen zutrifft, der Bücher hinrichten läßt:

„Er ist bestrebt, sein durch Furcht und Wollen bestimmtes Verhalten durch seinen Verstand logisch-rational zu begründen. Er will die Anwendung eines unrechtmäßigen Mittels durch einen rechtmäßigen Zweck sanktionieren."[68]

Sind also in unserem Zusammenhang die bis jetzt besprochenen Begründungen eher nur Tünche über Hintergründen, die man sich nicht eingestehen will oder kann?

2. Unbewußte Beweggründe im allgemeinen

Wie bereits an einigen Merkmalen zu sehen war, bringen der Widerwille gegen geistige Auseinandersetzung bzw. die Unfähigkeit dazu etwas auf den ersten Blick Eigenartiges hervor: Sogar Leute, die sich ansonsten logisch und rational verhalten oder sich wenigstens so sehen, handeln auf eher unlogisch, ja irrational scheinende Weise.[1] Um für solche Verhaltensweisen befriedigende Begründungen zu erhalten, genügt es offenbar nicht, sich mit dem zufrieden zu geben, was an jenen Aktionen direkt oder indirekt beteiligte Menschen als Rechtfertigung des Vorgehens anführen. Man wird vielmehr Methoden anwenden müssen, die durch indirekte Interpretation von Quellen — auch gegen die Absichten von deren Hervorbringer — mehr zur eingehenden Erklärung der fraglichen Erscheinungen beitragen können.

Es ist nun allerdings kein Zufall, daß das Irrationale bis heute ein Sorgenkind der Historiker ist, die, so Henry Stuart Hughes, durch Phänomene wie etwa Widersprüche zwischen Wort und Tat bzw. Wort und Wort oder achtlose Phrasen, welche geheime Absichten verraten, für gewöhnlich in Verlegenheit gebracht werden.[2] Die Anwendung einschlägiger Wissenschaftszweige bzw. Methoden auf historische Themen ist nämlich aus verschiedenen Gründen problematisch. Sie ist bereits durch den zeitlichen Abstand erschwert. Hinzu kommt die Frage nach der Brauchbarkeit von Begriffen und Methoden, die aus der Betrachtung von Einzelmenschen entwickelt wurden. Überdies ist die eingehendere Verwendung etwa psychoanalytischer Methoden ohne einschlägige Spezialstudien und Erfahrungen größeren Umfanges bedenklich.[3]

Erklärungsversuche zu unserem Thema können aber nicht das außer acht lassen, was Marc Bloch so formuliert: „Die historischen Tatsachen [im allgemeinen] sind wesentlich psychische Tatsachen. Sie haben also normalerweise ihre Voraussetzungen in anderen psychischen Tatsachen."[4] Allerdings treffen auch Begründungen aus diesem Bereich meist gleichzeitig auf mehrere Gegebenheiten zu. Es gibt aber wohl bei keiner historischen Erscheinung nur eine schlüssige Erklärungsmöglichkeit, die jene Erscheinung in ihren genauen Umrissen, und nichts außerhalb, trifft. Man kann und muß deshalb auch hier bemüht sein, verschiedene Zugänge zum Verständnis der Handlungsweise von Buchhinrichtern zu finden — Zugänge, die bis zu einem gewissen Maß auch das Vorgehen anderer Bücherverbrenner erklären können.

Insgesamt handelt es sich bei den nun zu besprechenden Gegebenheiten um Dinge, die meist nur nebenbei geäußert werden, um mitschwingende Dinge unbewußter oder „vorbewußter"[5] Art, die gelegentlich aus einem „dark undercurrent of superstition"[6] auftauchen und die — räumlich und zeitlich von weiter Ausdehnung — jeweils unterschiedlich stark wirksam sein können, wenngleich in zum Teil zeittypischen Abwandlungen. Selten haben wir es dabei mit bewußt überlieferten Vorstellungen zu tun, weit eher mit Produkten ähnlicher äußerer und innerer Gegebenheiten.[7] Selbst ein gelegentliches Wissen um den abergläubischen Charakter solcher Konzepte in vorgeblich aufgeklärten Zeiten braucht deren Auswirkungen auf das Handeln nur wenig zu beeinträchtigen. Entsprechende Äußerungen und Handlungen scheinen oft nur Relikte überholter Zeiten zu sein. In der Geschichte ist es jedoch bis in unser Jahrhundert hinein — und vielleicht gerade da — durchaus nichts Ungewöhnliches, daß etwa Floskeln neue Realität gewinnen. Dies gilt gerade auch für unser Thema. Selbst in vermeintlich leeren Phrasen bleibt immer so viel potentielle Realität, daß man sie als mögliche Erklärung analoger tatsächlicher Ereignisse nicht außer acht lassen kann. Aufklärung und sonstiger mehr oder minder vermeintlicher Fortschritt jedweder Art ändern nur wenig an solchen Grundlagen. Man neigt gerade auch in vorgeblich aufgeklärten Zeiten zu einer „Überschätzung des Ordnungsgrades im Ereignisstrom".[8] In unserem Fall neigen eben auch Obrigkeiten dazu, Vorstellungen von einem Weltlauf zu hegen, der „geordneter, einfacher und interessierter" an ihrem Tun und ihrer Stellung zu sein hat, als er es tatsächlich ist.[9]

Wie sind nun die entsprechenden Indizien aus dem Bereich des Unbewußten zu bewerten? Bei unserem Thema gäbe es genügend oft Anzeichen für das Vorliegen innerer Konflikte: Es finden sich „antagonistische Wünsche", die „Paradoxa anregen", auch „überraschende", scheinbar „unangemessene Affekte", „schwere Phobien"; ja sogar „nicht organisch bedingte Krankheiten" spielen bei Befürwortern und Verantwortlichen von Bücherverbrennungen immer wieder eine Rolle.[10] Die Betrachtung des Problems Buchhinrichtung auch unter tiefenpsychologischen Aspekten ist also nicht abwegig, gar wenn man weiters noch unbewußte Zweckgerichtetheit als weiteres Indiz für seelische Störungen dazustellt.[11]

Ein wesentlicher Grund solcher Erscheinungen liegt in einer bereits erwähnten Entwicklung: Im fraglichen Zeitraum kommt es zu einer Übersteigerung des Ehrgefühls einzelner und bestimmter Gruppen. Damit eng verbunden, wächst auch der Autoritätsanspruch von Obrigkeiten in neue Dimensionen. Man ist dabei vor allem bemüht, das Monopol über die Aufrechterhaltung des inneren Friedens im Gemeinwesen endgültig durchzusetzen, das man zuvor nur theoretisch aufrechterhalten konnte. Zur Durchsetzung solcher und ähnlicher Ansprüche fehlen im 17. und 18. Jahrhundert aber noch vielfach die Voraussetzungen. Und was womöglich noch schwerer wiegt: Mittel zur erfolgreichen Verteidigung derartiger Ansprüche kommen zwar immer mehr in Sichtweite, sie werden auch bereits angewandt; ihre Effizienz − in den Augen der Zeitgenossen − scheint jedoch durch immer größere Erwartungen womöglich geringer zu werden. So sieht man sich beispielsweise außerstande, Bevölkerungsbewegungen[12] und Handel, insbesondere den Buchhandel, wirklich befriedigend zu kontrollieren. Auf ähnliche Weise wirkt sich die Bedrohung der Stellung besonders ehrbewußter Adeliger bzw. Amtsträger von oben − absolutistische Herrscher − oder von unten − vor allem durch das Bürgertum − in unserem Zusammenhang aus. Aber auch die Monarchen (bzw. städtische Souveränitätsträger) werden ihrer Position umso weniger froh, je mehr sie vermeinen, ihre Macht steigern zu können. Es kommt bei ihnen zu einer „gränzenlosen Empfindlichkeit" gegenüber allen Angriffen auf ihre Ansprüche „auf Untrüglichkeit, und in Absicht ihrer Würden."[13] Insbesondere für die Zeit von 1648 bis 1740 stellt sich die Situation Johann Goldfriedrich zufolge so dar:

„Damals befand sich jeder Staat und jedes Stätchen, jede Stadt und jedes Städtchen im Zustande chronischer Empfindlichkeit und Ängstlichkeit, und in Dingen seiner ‚hohen Jura‘, politische Rücksichtsnahme, in Dingen des Staats- und Stadtrecht, der Staats- und Stadtgeschichte u. dergl. ließ keine Behörde mit sich spaßen."[14]

Die Kluft zwischen Wollen und Können auf den erwähnten Gebieten beginnt erst gegen Ende des 18. Jahrhunderts für die Betroffenen spürbar erträglicher zu werden. Man bekommt den Staat von oben her immer fester in den Griff – erwähnt seien hier Volkszählungen, Kataster, verwaltungstechnisch eher kontrollierbarer Buchhandel etc. Das vielfache zeitliche Zusammentreffen dieser Entwicklung mit dem wenigstens vorübergehenden Aufhören eklatanter Sonderformen obrigkeitlicher Zensur ist wohl kein Zufall. Vorerst hat man es bei mißliebigen Büchern aber noch mit Gegnern zu tun, die besonders schwer ausschaltbar erscheinen. Veröffentlichte schriftliche Beleidigung von Untergebenen kann dabei in den Augen maßgeblicher Personen den Wunsch nach Aufbau eines völlig befriedeten, von oben her kontrollierbaren Gemeinwesens bzw. das damit verbundene Gewaltmonopol etwa ebenso stören wie offensichtlich aufrührerische Bücher oder wie Zweikämpfe.[15] Dementsprechend gereizt sind die Reaktionen auf solche vermeintliche oder tatsächlich geplante Störungen eigener Absichten. Mißliebige Bücher werden dabei zu „Angst-Symbolen", auf die man „archaisch-infantil mit dem schlichten Wunsch nach konkret-physischer Vernichtung [. . .] reagiert", um mit Hermann Broch zu sprechen.[16]

Bei Buchhinrichtungen ist man in der Lage, etwas Sichtbares, Greifbares in der Gewalt zu haben, das sich mit gefürchteten Ideen oder Prinzipien identifizieren läßt. Man möchte nun gegen solche „Geiseln" besonders kraftvoll und effektiv vorgehen. Bloße Konfiskation und formloses Vertilgen scheint dabei von vornherein zuwenig zu sein; das wären bloß Maßnahmen defensiven Charakters. So ist es verständlich, daß gerade Buchhinrichter in ihrem Vorgehen zu Mitteln greifen, die das Gefühl von Offensive, von Bestätigung und Ausübung gesteigerter, abgesicherter Macht vermitteln können. Das entsprechende Denkschema finden wir in allgemeinerer Form bei privaten Bilder- und Bücherstürmen, etwa denjenigen des Herrn Geheimrates Goethe:

„Da habe er sich nicht entbrechen können[,] mit innerem Ingrimm zu rufen ‚das soll nicht aufkommen', und so habe er irgend eine Handlung daran [d. h. an den ihm mißliebigen Büchern und Bildern der romantischen Richtung] üben müssen, um seinen Mut zu kühlen."[17]

Noch stärker scheinende Möglichkeiten dieser Art ergeben sich durch verstärkte Ritualisierung obrigkeitlichen Vorgehens gegen Schriften, durch feierliches, öffentliches Vorgehen gegen Bücher auf eine Weise, wie man es gegen Menschen gewohnt ist, denn „traditionelle Worte und Gesten befriedigen, wenn die äußeren Lebensumstände mit einer Bedrohung belastet sind".[18] Diese Auffassung von der besonderen Wirkkräftigkeit bestimmter feierlicher, festgelegter Handlungen ist bereits sehr alt. Ein Indiz für ihren archaischen Charakter ist, daß in einigen Sprachen das Wort für „machen, tun" zumindest gelegentlich „zaubern" und „opfern" bedeuten kann.[19] Auch in frühen Strafrechtsbräuchen wird besonders deutlich, wie Riten als Strategie angewandt werden, um bestimmten Ängsten direkt entgegenzuwirken. Strafen hält man dabei nur dann für sinnvoll und wirksam, wenn ein „ganz bestimmtes, peinlich beobachtetes Ritual"[20] gewahrt ist.

Als nun mit der immer weiteren Verbreitung des Buchdrucks die Obrigkeiten sich Kräften gegenüber sehen, die immer schwerer kontrollierbar erscheinen, kommt ein ähnliches Verhaltensmuster zum Tragen. Man verwendet in zunehmendem Maß beim Vorgehen gegen Schriften Elemente und Ideen aus dem Repertoire der Menschenbestrafung — mit allen dazugehörenden, nebst anderen, Vorstellungsrelikten. Diese Zunahme der Ritualisierung braucht dabei nicht einmal als Ausdruck geistigen Fortschritts angesehen zu werden, denn:

„Die Kompliziertheit, welche abergläubische Riten öfters aufweisen, ist nicht Folge geistiger Fortgeschrittenheit, sondern der der magischen Mentalität einwohnenden Nötigung, die Prozeduren durch stete Vervollständigung wirksamer zu gestalten."[21]

Im Selbstverständnis der Buchhinrichter sind ihre Aktionen natürlich kaum jemals Zweckhandlungen magisch-abergläubischen Charakters, sondern eher einfache „Ausdrucksgestaltung".[22] Die hier besonders zu behandelnde Art der Abstrafung von Büchern ist aber offensichtlich primär eben keine „Zugabe für den Pöbel" oder bloß als „Objekt gruseliger Volksbelustigung" gedacht.[23] Daß Buchhinrichtungen diesen Charakter doch annehmen können, tut hier nichts zur Sache. Im Hintergrund solcher Handlungsweisen stehen vielmehr, wie wir noch sehen werden, durchaus magisch durchtränkte Vorstellungen. Man versucht, Veränderungen zum eigenen Vorteil „hervorzubringen, indem man die Dinge von ihren eigenen Wegen" ablenken zu können vermeint[24] — auf eine Weise, wie man es mit eher nüchternen verwaltungstechnischen Mitteln nicht erreichen zu können glaubt.

54

Buchhinrichtung ist also eine Ultima ratio, die tatsächlich bereits weit ins Irrationale hineinreicht. Sie ist, ebenso wie die anderen Formen öffentlicher Schriftenverbrennung, weitgehend „employment of ineffective techniques to allay anxiety when effective ones are not available".[25] In solchen Riten werden Handlungen gesetzt, an deren erfolgreichem Funktionieren man an sich bereits mit guten Gründen zweifeln müßte; über dementsprechende Mittel spöttelt man unter Umständen, wenn andere darauf in ihrer Angst vertrauen, greift aber in bestimmten Situationen sehr wohl selbst auf Mittel irrationaler, magischer Prägung zurück.[26] In unserem Falle geht es hauptsächlich um die Vernichtung unangenehmer Ideen − neben anderen unbewußt mitschwingenden Wünschen. Feierliche Riten empfindet man als Beruhigung. Insbesondere das Verbrennen wird sich noch als eine Art von Psychotherapie erweisen.

Allmählich werden auch einige Erscheinungen im Umkreis des Phänomens eher verständlich, die offenbar auf unbewußten Vorstellungsmechanismen beruhen. Dies gilt etwa für die Ansicht, Bücherverbrennungen, insbesondere öffentliche durch den Henker, seien vernünftig und angemessen, wenn es um feindliche Bücher geht, hingegen „böse" oder wenigstens lächerlich und jedenfalls von vornherein zur Erfolglosigkeit verurteilt, wenn Gegner ähnliche Mittel anwenden. So schreibt John Milton 1644 in seiner „Areopagitica" sehr ausführlich gegen Zensur (d. i. gegen Vorzensur). Dieses „papistische" − und schon deshalb schändliche − System des „book-licencing" „conduces nothing to the end for which it was fram'd"; das Mittel Bücherverbrennung wird dabei nicht aus der Kritik ausgespart.[27] Letzten Endes scheint aber auch bei ihm das Prinzip durch, „daß nicht sein kann, was nicht sein darf" (frei nach Christian Morgenstern). Demzufolge ist einerseits die Verfolgung und Verbrennung von Schriften, die den eigenen Anschauungen entsprechen, zumindest langfristig sinnlos und jedenfalls schlecht. Anderseits ist solches Vorgehen gegen Bücher, die − eigener Meinung nach − „schlechte" bzw. unwahre Ansichten vertreten, unbedingt sinnvoll, sowohl „gut" im moralisch-religiösen Sinn als auch erfolgreich. Beides muß so sein, weil sonst die eigene Weltanschauung ernstlich gestört würde. Nun lehrt aber die Erfahrung zu allen Zeiten, daß es bei der Verfolgung von Schriften bzw. von Ideen eher selten genau so zugeht, wie man es gerne hätte. Daher kommt es zum Rückgriff auf irrationale, magisch gefärbte Mittel bzw. zum Wunsch danach: „the fire and the executioner" seien „the timeliest and most effectual remedy" gegen bestimmte Bücher,[28] weil es eben ein Mittel dagegen zu geben hat.

Eine vergleichbare Haltung findet sich bei Samuel Pufendorf, dem großen Rechtstheoretiker: Hector Gottfried Masius, ein in Kopenhagen wirkender deutscher Pastor, setzte beim Dänenkönig die Hinrichtung einer ihn, Masius, attackierenden Schrift des Christian Thomasius durch. Daraufhin schreibt Pufendorf am 2. 5. 1691 an Thomasius:

„Ich weis nicht, ob den Dänen etwa auf der See die Vernunft durch die caper [staatlich lizenzierte Seeräuber] weggenommen sey, weil sie gar so irraisonablement prodiren [vorgehen]. Alle klugen leute lachen über diese thorheit. Es were leicht nur unsinnige thesen zu behaupten, wenn ich damit gewinnen könte, dasz ich des opponenten schrift wolte verbrennen. Aber es heiszet: responde ad argumentum. Aber es wird sich schon geben. Masius wird davon keine ehre, und MhH Rath keine schande haben."[29]

In einem weiteren Brief an Thomasius vom 27. 6. 1691 kommt er im gleichen Zusammenhang sichtlich ungern auf das Jahr 1675 zu sprechen. Damals wurde in Lund — nicht zuletzt auf sein eigenes Betreiben hin — eine Schrift, die gegen ihn (Pufendorf) gerichtet war, öffentlich verbrannt; durch den Henker, wie die Angriffe gegen Masius. Dieser soll sich nun unterstanden haben, dieses sein — Pufendorfs — Vorgehen als Präzedenzfall zu „allegieren"; natürlich zu Unrecht: Die Schrift von 1675 sei „ein formal pasquil gewesen, und dafür erkandt worden"[30] . . .

Friedrich II. läßt einerseits eine Schrift Voltaires öffentlich hinrichten, anderseits spottet er wiederholt über derartige Aktionen auswärtiger Mächte, so 1766 in einem Brief an d'Alembert:

„Man soll, wie es heißt, in Frankreich immer fortfahren, die Bücher zu verbrennen. In hartem Winter ist dies ein Hülfsmittel; sollte Holz mangeln, so wirds an Büchern nie gebrechen. Wenn man indeß nur die Schriften, und nicht die Schriftsteller verbrennt! Das letzte wäre zu ernsthaft."

Selbst wenn man beim Preußenkönig also eine Entwicklung weg vom Bücherverbrenner feststellen will, bleibt bei ihm jedenfalls ein Schwanken zwischen Spott und Entsetzen — letzteres allerdings meist unter Bezugnahme auf ein sehr konkretes Beispiel von Bücher- und Menschenverbrennung in Frankreich.[31]

An diesen Beispielen sieht man „in bezug auf ein bestimmtes Verhalten zwei verschiedene Einstellungen im Seelenleben" von Personen „bestehen, einander entgegengesetzt", wenngleich auch keineswegs „unabhängig voneinander". Mit dieser Beschreibung des allgemeinen Charakters von Neurosen durch Sigmund Freud (bei ihm ohne Bezug auf Bücherverbrennungen)[32] läßt sich das Phänomen Buchhinrichtung aber nur bedingt umschreiben. Bücherverbrenner bzw. Befürworter solcher Aktionen sind nicht einfach mit Neurotikern gleichzusetzen. Die Leute, mit denen wir es hier zu tun haben, sind in gewisser Weise sogar sehr „normal", insofern nämlich in ihnen allgemeine, unlogisch-irrationale Grundgegebenheiten menschlicher Psyche verkörpert sind, allerdings in schon wieder — langfristig gesehen — „unnormalem" Ausmaß.

Auch zur Zeit der Buchhinrichtungen kommt man nur selten zu derlei Einsichten, wie sie die „American Bar Association" im Jahr 1953 formuliert: „We cannot burn books at home and object effectively to tyranny over the human mind by our enemy abroad."[33] Pavel Kohout hat jedenfalls nicht ganz unrecht, wenn er sich im Jahr 1969 Johann Amos Comenius, den Pionier der Pädagogik, vorstellt, wie er „an der Seite des Jesuitenpaters Konias die Abhandlung des Kopernikus ‚De revolutionibus orbium caelestium', die immer sein religiöses Empfinden verletzte, auf dem Scheiterhaufen" verbrennt.[34] Tatsächlich forderte ja Comenius, ungefähr fünf Jahre bevor ein von ihm selbst herausgegebenes Buch verbrannt werden sollte, gerade für ein „erleuchtetes Zeitalter" neben Kürzung der guten Bücher auch Ausmerzung der „unnützen" und „schädlichen".[35] Beim Vorgehen gegen Schriften, die seine Absichten gestört hätten, wäre auch er, zumal bei obrigkeitlichen Befugnissen, in die oben beschriebenen bzw. noch zu beschreibenden Gedankengeleise verfallen — „Rationem, Canem oblatrantem, conculcans", also: „die Vernunfft, den widerbellenden Hund unterdruckend".[36] Für feierliches, öffentliches Vorgehen gegen Schriften sind eben selbst die — anscheinend — jeweils tolerantesten Menschen anfällig, wenn sie ihre toleranten Ideen durchsetzen wollen.

Eine ähnlich paradoxe Erscheinung ist in unserem Zusammenhang das „Vergeß-Mal". So muß man wohl ein Denkmal bezeichnen, dessen Zweck zumindest teilweise größere Sicherheit des Vergessens zu sein scheint. Auf solche Art äußert sich die Widersprüchlichkeit innerhalb der mehr oder weniger bewußten Gedankenwelt von Bücherverbrennern besonders deutlich bei der Grazer Bücherverbrennung vom 8. 8. 1600: An diesem Tag überlieferte man vor dem Paulustor — wenngleich nicht durch den Henker — über 10.000 lutherische Bücher dem Feuer. Zwei Tage später wird in unmittelbarer Nähe der Brandstätte der Grundstein für eine Klosterkirche gelegt. In ihrer Ausgestaltung wird deutlich, daß man sich genötigt fühlt, ein deutliches Zeichen zu setzen. Direkter Adressat der Botschaft ist allerdings Gott, wie sich am Hochaltarbild der Antoniuskirche bis heute zeigt. Darauf ist der Erzherzog (und spätere Kaiser) Ferdinand II. als Besieger des Unglaubens zu sehen mit einem Spruchband: „Declinate a me maligni". Man erhofft sich also Abwehr von Schaden, sei es nun für die Gemeinschaft oder hauptsächlich für sich selbst. Auf die Bücherverbrennung selbst wird in der Ausgestaltung der Kirche kein direkter Bezug genommen. Die ketzerischen Schriften — bzw. die Tatsache, daß man sie lange nicht verbrannt hatte? — sollen ja dem Vergessen anheimfallen.[37]

An derartigen Beispielen wird deutlich, auf welche Weise öffentliche Bücherverbrennungen, auch bzw. gerade die durch den Henker durchgeführten, sich von bloß polizeilichen Maßnahmen unterscheiden. Ein etwa erzieherischer oder lehrhafter Zweck ist dabei höchstens als untergeordnete Absicht erkennbar; Abschreckung als Begründung für Bücherverbrennungen erweist sich so als eine von mehreren möglichen pseudo-rationalen Ausreden, welche die irrational-triebhaften Elemente derartigen Vorgehens kaschieren sollen.[38]

3. Die Bedeutung des Buches für die Menschen

Die Motive der Bücherverbrenner sind keineswegs einfach das Gegenteil von Bibliophilie. Es handelt sich hier vielmehr um ein qualifiziertes Gegenteil, um eine Antithese, die mit dem Entgegengesetzten eng verknüpft ist. Übergroße Wertschätzung von Büchern und übergroßer Haß gegen sie bzw. ebensolche Angst vor ihnen können oft nahe verwandt sein; Erklärungen über die Grundlagen des einen sind auch notwendig zum Verständnis des anderen Phänomens. So ist es notwendig, sich die — vordergründig — positiven ebenso wie die negativen Haltungen vor Augen zu führen, die bei Bücherverbrennungen direkt oder indirekt eine Rolle spielen können. Dabei wird es größtenteils um Dinge aus einem Bereich gehen, den man mit René Marcic als „Metaphysik des Buches" bezeichnen könnte.[1]

Dem geschriebenen Wort wird wohl vom Anfang seiner Existenz an eine besondere Macht und Wirksamkeit zugeschrieben. Hier wird das

„Unerklärliche zu Wege gebracht, daß die Worte Entfernter reden, als sprächen diese selbst. Dies führt weiter zu der Vorstellung, daß durch die Schrift sich unsinnliche Kräfte und Wesen offenbaren und objektivieren, daß ihre Kraft in dem geschriebenen Wort weiterwirkt und sich dem Gegenstand, auf dem sie niedergeschrieben wird, mitteilt."[2]

Der Eindruck dieser Erfahrung wird immer wieder auch verstärkt durch Kräfte, die man bestimmten Beschreib-, aber auch Schreibstoffen zuerkennt. Die Haltung gegenüber dem geschriebenen Wort kann weiters durch die Annahme seines göttlichen Ursprunges beeinflußt werden. Außerdem kommt hier noch der ursprüngliche Zusammenhang mit dem Bild in Betracht, der auch Schriftsystemen, die mit Bilderschrift nur mehr wenig zu tun haben, etwas von dem Glauben an eine enge Bindung von Bild und Abgebildetem mitgibt. So nimmt es nicht wunder, daß die Schrift auf verschiedenste Art mit magischen Absichten in Zusammenhang stand und steht. Das gedruckte Buch paßte sich bald nach seiner Erfindung jenen Vorstellungen von der Macht des geschriebenen Wortes an; die Verbreitung des Buchdruckes wirkte bzw. wirkt hier in gewisser Hinsicht sogar steigernd. Die einschlägigen archaischen Mechanismen werden vielfach nur oberflächlich überformt.

Vor allem ab dem 17. Jahrhundert häufen sich Stellungnahmen über die Macht des geschriebenen bzw. gedruckten Wortes. 1610 spricht Guarinoni von „Groß Vermöglichkeit der Bücher/ sowol zu gutem/ als zu bösem".[3] Vor allem die letztere dieser beiden „Vermöglichkeiten" findet sich oft vereinzelt als Begründung für Zensurmaßnahmen. In diesem Sinn schreibt Leibniz 1668: „Man weis, was bisweilen ein baar Bücher für Schaden gethan."[4] Ähnlich untermauert auch Josef von Sonnenfels die Notwendigkeit einer Zensur (d. h. Vorzensur): Englische Revolution, die Umtriebe der Ligue in Frankreich etc. wären, „wie jedermann weiß, das Werk aufrührerischer Schriften und [vor allem auch gedruckter] Predigten" gewesen.[5] Im 18. und vor allem im 19. Jahrhundert gibt es allerdings vielfach entgegengesetzte Ansichten, beispielsweise in bezug auf die Französische Revolution.[6] Vormärzliche Liberale versuchen sogar, die Preßfreiheit den Machthabern als angeblichen Schutz vor politischer Unruhe schmackhaft zu machen.[7] Derartige Strategien wurden vereinzelt bereits früher angewandt; dies etwa, wenn 1734 behauptet wird, Redner hätten ein größeres Publikum als die Autoren von Druckschriften[8] — für die damalige Zeit zumindest in Einzelfällen sicher zutreffend. Die Praxis zeigt jedoch, daß zumindest die Verantwortlichen bei Buchhinrichtungen anders empfanden. So ging man 1710 in England gegen bestimmte Predigtdrucke ungleich härter vor als gegen den Prediger und dessen mündliche Tätigkeit.[9]

Besonders stark brechen Ansichten von großer Büchermacht wieder im 20. Jahrhundert hervor. Systematisiert sind solche Gedanken in „Der Mensch und sein Buch" von Heinrich Lhotzky zu finden: Gedanken seien als Kräfte in ihrer Art den elektrischen Kräften am nächsten; Bücher wären infolgedessen buchstäblich „Geistesblitze, die ebenso zu schaden als zu nützen" verstünden.[10] Eine letzte große Häufung von Literatur ähnlicher Tendenz brachten die fünfziger Jahre, die man ja — Marshall

McLuhan folgend – als Endzeit der „Gutenberg-Galaxis" sehen könnte. Neuere Veröffentlichungen sind meist differenzierter, was Aussagen über die Macht von Büchern betrifft.[11]

Ein Sonderfall ist hier das Konzept vom Buch als Waffe. Diese Vorstellung findet man bei Lhotzky so: „Das Buch war letzten Endes unsere wichtigste Waffe im großen Weltkriege, die uns den Sieg erringen lehrte." (Anfang 1918 in Deutschland geschrieben und gedruckt!) Ähnliches zeigt sich an einem Emblem, das sich in gewissen amerikanischen Publikationen aus der Zeit des Zweiten Weltkrieges findet: ein Adler im Sturzflug, in den Krallen ein Buch, im Schnabel ein Spruchband: „Books are weapons in the war of ideas." Eine dementsprechende Aussage von der damaligen Gegenseite: „Das Buch – ein Schwert des Geistes, eine Kraft/ Die kämpfend erst ihr Innerstes entfaltet."[12]

THIS IS A WARTIME BOOK

THIS EDITION WHICH IS COMPLETE AND UNABRIDGED IS PRODUCED IN FULL COMPLIANCE WITH THE GOVERNMENT'S REGULATIONS FOR CONSERVING PAPER AND OTHER ESSENTIAL MATERIALS.

Mit solchen Vorstellungen vom Buch als Waffe, die auch früheren Jahrhunderten nicht unbekannt waren, verbindet sich auch zumeist ein stärkeres Bewußtsein von dessen Gefährlichkeit für die eigenen Anschauungen. Wenn man ein System aufrechterhalten will, das auf Entmündigung der Beherrschten aufbaut, fürchtet man entgegengesetztes Gedankengut bzw. dessen

Transportmittel und materiellen Ausdruck. Anderseits können Personen auch Angst vor den „enormous explosive forces pent up in books" haben, wenn diese durch Despoten benutzt werden, „to tighten their grip on the people".[13]

Es ist vor allem die negative Auffassung vom „Buch als Schädling",[14] die das Handeln von Menschen in hier einschlägiger Weise direkt beeinflußt. Bücher werden dabei zu materiellem, greif- und sichtbarem Ausdruck von Anschauungen, durch die man sich bedroht fühlt. Ein Buch als „expression of a dissident idea becomes a thing feared in itself, and we tend to move against it as a hostile deed, with suppression".[15] Die uns hier besonders interessierenden Ausdrucksformen so entstehender Aggressivität hängen mit noch weitgehenderen Denkmodellen zusammen: Die Verstofflichung von Ideen bzw. die Vorstellung von deren möglicher Ausformung zu wirkkräftiger Materie findet sich auch weitergedacht als Vorstellung von der Personalisierung, ja Vermenschlichung des Ausdrucks von Ideen.

Eine oft zitierte Aussage dieser Art über Bücher formulierte John Milton in seiner „Areopagitica":

„I deny not, but that it is of greatest concernment in the Church and Commonwealth, to have a vigilant eye how Bookes demeane themselves as well as men; and thereafter to confine, imprison, and do sharpest justice on them as malefactors: For Books are not absolutely dead things, but doe contain a potencie of life in them to be as active as that soule was whose progeny they are; nay they do preserve as in a violl the purest efficacie and extraction of that living intellect that bred them. I know they are as lively, and as vigorously productive, as those fabulous Dragons teeth; and being sown up and down, may chance to spring up armed men. And yet on the other hand unlesse warinesse be us 'd, as good almost kill a Man as kill a good Book; who kills a Man kills a reasonable creature, Gods Image; but hee who destroyes a good Booke, kills reason it selfe, kills the Image of God, as it were in the eye. Many a man lives a burden to the Earth; but a good Booke is the pretious lifeblood of a master spirit, imbalm'd and treasur'd up on purpose to a life beyond life."[16]

Ähnliche Vorstellungen finden wir in unserem Jahrhundert etwa in einer Propagandabroschüre des österreichischen Buchhändlerverbandes für das Lesen guter Bücher, verfaßt 1948 von Johannes Mario Simmel: Bücher seien „lebendige Wesen", sie hätten „ein Herz und eine Seele", die man durch falsche Behandlung beschädigen könne. „Bücher können krank werden."[17]

Umgekehrt wird von einem amerikanischen Autor 1953 das Verbot, ein bestimmtes Buch zu lesen, als „the most certain way to breathe life into a book and to ensure its longevity" bezeichnet.[18] Außerdem spielt hier die Vorstellung vom Buch als Teil des Autors, als dessen geistiges Kind eine Rolle.[19]

Feinde bestimmter Bücher haben es also mit papierenen Gegnern zu tun, die aus verschiedenen Gründen jedoch nicht harmlos erscheinen. Bücherverbrennung ist, so gesehen, Ausdruck einer Furcht vor Unterlegenheit bzw. vor deren Folgen. Dergleichen wird vor allem seit 1933 von Beobachtern immer wieder festgestellt, etwa 1951 von Harry Fuller: „Recent history has demonstrated that dictators fear books and that, as a consequence of that fear, they ban, censor and burn books."[20] Auch die Bücherverbrenner in Ray Bradburys Roman „Fahrenheit 451" betrachten sich in ähnlichem Sinn als

„custodians of our own peace of mind, the focus of our understandable and rightful dread of being inferior. [. . .] A book is a loaded gun in the house next door. Burn it. Take the shot from the weapon. Breach man's mind. Who knows who might be the target of the well-read man? Me?"[21]

Das Buch wird dabei, insbesondere bei den Buchhinrichtungen, anders behandelt als ein gewöhnliches Verbrechenswerkzeug, eben seinen oben angedeuteten Eigenwerten entsprechend. In diesem Sinn verteidigt ein Jurist am Ende des 18. Jahrhunderts die prinzipielle Notwendigkeit der Vertilgung „beleidigender" Bücher, wenngleich auch mit stark rationalistischem Anstrich:

„Das Verbrechen, wozu das Eisen, als Werkzeug, gedient hat, wird mit der Existenz dieses Werkzeuges nicht fortgesetzt, aber mit dem Buche, welches die Injurien enthält, dauret die Beleidigung immer fort."

Ein anderer Autor habe Unrecht, wenn er das Buch als „bloßes Werkzeug" bezeichnet, „woran also keine Rache geübt werden" dürfe.[22] Diese Stellungnahme kennzeichnet bereits die Art des im 19. Jahrhundert üblich werdenden obrigkeitlichen Vorgehens gegen Schriften. Im Grunde genommen zeigt sie aber auch noch einen Abglanz jener Prinzipien, denen gemäß vor allem im 17. und 18. Jahrhundert Obrigkeiten mit Büchern fast so verfahren konnten, als ob es sich dabei um Menschen handeln würde. Bereits Milton empfahl ja, „to have a vigilant eye how Bookes demeane themselves as well as men; and thereafter to confine, imprison, and do sharpest justice" an Büchern wie an menschlichen „malefactors".[23] Diese Ansicht wird in der Zeit der Buchhinrichtungen von besonderen Folgewirkungen begleitet. Das Buch erscheint in der Praxis – weniger in der Theorie – nahezu als Rechtsperson, als Gegenstand, „mit dem sich rechten läßt",[24] eben weil er mehr als ein bloßer Gegenstand zu sein scheint.

Es wird im folgenden noch zu untersuchen sein, inwieweit beim gerichtlichen Vorgehen gegen Bücher zu jener Zeit nicht doch eher der jeweils dahinterstehende Mensch gemeint ist. Der Begriff Buchhinrichtung scheint jedenfalls nicht unberechtigt zu sein, wenn man die bis jetzt besprochenen und die noch zu behandelnden möglichen Bedeutungen des Buches für die Menschen in Rechnung stellt. (Allerdings sollte man jenen Begriff trotzdem nur in Anführungszeichen verwenden, vor allem mit Rücksicht auf heutiges Rechtsdenken.)

Parallel zur „Pasquill-Justification", wie sich ein Autor 1912 ausdrückt,[25] verwendet Karl von Amira 1891 den Begriff „Thierjustification", obwohl er selbst dem von ihm untersuchten Phänomen nur ein sehr geringes Ausmaß an Rechtscharakter zubilligt.[26] Tatsächlich ähneln jedoch „Tierprozesse" bzw. „Tierstrafen" recht weitgehend den jeweils gleichzeitig üblichen Verfahrensweisen gegen zu bestrafende Menschen. Dies zeigt, ebenso wie die zeitlich den Buchhinrichtungen noch näheren gerichtlichen Abstrafungen an Leichen bzw. an Bildern und Namen, wie sehr man zu gewissen Zeiten bereit sein kann, den Bereich der Objekte direkter Justizausübung über den lebenden, anwesenden Menschen hinaus zu erweitern.[27]

Beim Buch wirken sich außerdem die ihm zuschreibbaren Wesenszüge in besonderer Weise auf das Rechtsleben aus. Gewisse Nachklänge oder Anklänge an diese Dinge gibt es selbst in heutigen Rechtssystemen. Hier ist besonders das objektive bzw. selbständige Verfahren zu nennen. Solche Maßnahmen sind vor allem im Pressegesetz, aber auch bei den verschiedensten anderen Materien möglich.[28] Auf diese Weise soll eine Handhabe für gerichtliches Vorgehen aus öffentlichem Interesse geboten werden, wenn es gilt, die Gefährdung von Einzelpersonen oder der Öffentlichkeit an Leib und Leben, Ehre oder Seele – „Schmutz- und Schundgesetz"[29] – zu verhindern, wenn dabei keine bestimmte Person verfolgt oder verurteilt werden kann. Heutzutage wird den hiebei ausgesprochenen Verfalls-Strafen zwar von Juristen der Strafcharakter weitestgehend abgesprochen,[30] trotzdem können wir hier ohne weiters in gewisser Hinsicht von einer gemilderten Form öffentlicher Bücherverbrennung sprechen, wie dies ein Autor noch 1886 getan hat.[31] Zumindest ein Abglanz der Einstufung von Büchern als Quasi-Lebewesen ist auch beim modernen objektiven bzw. selbständigen Verfahren erkennbar.

Die Wirkkräfte, die man Büchern zuschreiben kann, reichen nun aber auch sehr oft in den Bereich des Sakralen hinein. Schriften können so in den Ruf von Heiligkeit geraten oder, damit eng verwandt, in den Ruf von positiv gesehener Magie. Sogar in unserem Jahrhundert finden sich genug Stellungnahmen über den „magical, sacrosanct and authoritative character" von Büchern (John Steinbeck).[32] Sie — das heißt wohl, die jeweils als „gut" eingestuften — könnten „durch ihre Magie den Staat durchwärmen und durchleuchten" (Anton Frisch, 20. 3. 1946 im österreichischen Nationalrat).[33] Hier indirekt bestätigende Konsequenzen dieser Vorstellungen sind die Verwendungen von Geschriebenem bzw. Gedrucktem in der Volksmedizin, oder genauer, in deren abergläubischen Randbereichen. Auflegen von Büchern oder Zetteln bei aufgetretener Krankheit, vorbeugendes Umhängen von Schriftlichem oder gar Einheilenlassen von Zetteln in Wunden sind bis in unser Jahrhundert reichende Praktiken, ebenso das Aufessen von Zetteln, also eine Übertragung des In-sich-Aufnehmens in einen anderen Sinnesbereich.[34] Bei solchen Dingen sind allerdings oft nicht allein die Kräfte entscheidend, die man Schriftlichem bzw. Gedrucktem beimißt, sondern auch andere Momente: etwa die Weihe des Schriftträgers durch Geistliche, die Berührung von Heiligenreliquien oder die Kräfte von Beschreib- oder Schreibstoff. Der potentielle heilige Charakter von Schrift ist aber dabei sehr oft deutlich spürbar.
Wenn nun Bücher scheinbar solcherart Heiliges an sich haben und auf verschiedene Weise — auch im Sinn von Krankheiten heilend bzw. verhütend — den Menschen als heilversprechend erscheinen können, wird die Vernichtung solcher Bücher zur Blasphemie. Dies haben wir bereits vorhin bei Milton gesehen („hee who destroyes a good Booke, kills reason it selfe, kills the Image of God"). Selbst aus unserem Jahrhundert gibt es Belege für solche Gefühle, und zwar auch auf Bücher als solche bezogen. William Saroyan etwa schildert in einer (autobiographischen?) Erzählung, wie er sich einmal nicht überwinden konnte, Bücher selbst der belanglosesten Art zu verbrennen, um in seinem eiskalten Zimmer einzuheizen:

„It is simply blasphemous to think of burning [a book . . .]. It is simply this: that if you have any respect for the mere idea of books, what they stand for in life, if you believe in paper and print, you cannot burn any page of any book. Even if you are freezing."[35]

Im 20. Jahrhundert entspringen solche Äußerungen einem Bewußtsein, das vor allem durch die Ereignisse von 1933 in Deutschland wachgerufen wurde und dann in den fünfziger Jahren durch die amerikanischen Bücherverbrennungen mehr oder minder metaphorischen Charakters einen neuen Höhepunkt erlebt. Daß diese Vorstellungen auch hier zu Tage treten können, zeigt die weitreichende Wirksamkeit jenes Fühlens um besondere Wesensmöglichkeiten von Büchern.

Die eben geschilderten positiven Denkmodelle beziehen sich in der Zeit der Buchhinrichtungen in besonderem Ausmaß direkt auf Bücher, die mit der eigenen Weltanschauung und der erreichten bzw. angestrebten Stellung in der Staats- und Weltordnung in Einklang stehen.

Deutlicher treten zu jener Zeit jedoch die entsprechenden Gegenbilder hervor, wobei man oft über die bloße Zuschreibung „schlechter" oder „böser" Machtwirkung hinausgeht: Mißliebige Schriften werden mit dem Bösen schlechthin, mit dem Teufel in direkten Zusammenhang gebracht. Derartige Teufelsschriften gelten leicht als Stellvertreter bzw. Werkzeuge des Satans. Insbesondere ketzerische Bücher wirken angeblich so, als hätte man „den Teufel selbst [. . .] in seiner Kammer"; gelegentlich meint man auch ausdrücklich, den Teufel aus ketzerischen Büchern austreiben zu können.[36] Derartige Vorstellungen finden wir vereinzelt noch nach der Zeit der Buchhinrichtungen, etwa in einem Traum des Don Bosco im Jahre 1862: Er sieht den Satan neben Kanonen auch Bücher im Kampf gegen den Glauben als direkte Waffen verwenden.[37]

Das Argument vom dahintersteckenden Teufel kann allerdings auch umgedreht werden, wenn es gilt, Buchhinrichtungen als Auswuchs einer Verteufelung bestimmter Schriften abzulehnen. So ist Christian Thomasius zufolge eine Bücherverbrennung durch Henkershand zwar unter Umständen vertretbar, es sei jedoch „ein alter und langhergebrachter Handgriff des Teufels, daß er sich bemühet, durch seine Werckzeuge, die Heuchler und Pedanten[,] grosse Herren zu bereden", mit Hervorbringungen wahrheitsliebender Gemüter auf jene Art zu verfahren.[38]

Im allgemeinen geht es bei Äußerungen aus dieser Gruppe von Vorstellungen jedoch um zu verfolgende Bücher. Schädigungen durch das Böse sieht bzw. befürchtet man dabei vorerst an der Seele, am geistigen Innenleben. So dankte Franz von Sales einmal Gott dafür, daß sein „junger, schwacher Geist beim Durchlesen ihrer [d. h. der Häretiker] verpesteter Bücher nicht die geringste Ansteckung von diesem unglückseligen Übel" empfangen hatte.[39] Auch in unserem Jahrhundert finden sich dementsprechende Annahmen, daß nämlich Bücher bei Lesern Geisteskrankheiten oder Verbrecherlaufbahnen verursachen können.[40] Von hier ist der Sprung nicht weit zur Annahme eines materiellen Übels in Büchern, dem man physische sichtbare Krankheiten zuschreibt. Das Böse in so titulierten Büchern denkt man sich dabei als Anhäufung von Krankheitskeimen; deren Träger kann zum „liber pestilentissimus"[41] in fast eigentlichem Sinn werden, dessen Miasmen[42] sowohl der Öffentlichkeit als auch dem einzelnen gefährlich werden können.

Tatsächlich lassen sich in diesem Zusammenhang auf Bücher zurückzuführende Krankheiten nachweisen. So klagte 1724 der Vizegouverneur der österreichischen Niederlande, Marquis de Prié, dem Prinzen Eugen sein Leid, als ein Pasquill gegen ihn, de Prié, aufgetaucht war:

„[. . .] man schickte mir davon ein Exemplar, das mich derart traf, durch alle Beleidigungen und Greuel, von denen es erfüllt war, daß es keinen Tropfen meines Blutes gab, der sich nicht erhitzt hätte: was bei mir das Fieber verursacht hat, das ich während einiger Tage hatte."[43]

Auch Marlborough beklagt sich einmal in einem Brief an seine Gattin 1711 über „the villanous way of printing, which stabs me to the heart",[44] wobei man durchaus spürbaren Schmerz annehmen kann. Dieser Brief des Feldherren wird im Jahrhundert darauf von einem Historiker als Beispiel dafür angeführt, „that the sting of satires and libels was much more keenly felt in that age [also vor allem für England in einer Blütezeit der Buchhinrichtungen] than in ours." Das sei „most striking in the case of a man so serene, so self-possessed, so far raised, it might be thought, above such puny attacks as Marlborough."[45]

Mit der modernen Psychosomatik, wie sie sich etwa ab dem Ende des 18. Jahrhunderts allmählich zu entwickeln beginnen sollte,[46] hat jenes Fühlen um Zusammenhänge zwischen Büchern und allen möglichen Arten von Übel nur wenig zu tun. Diese Vorstellungen entstammen eher irrationalen Quellen als nicht von Furcht und Wunschdenken archaischen Charakters geprägter Erfahrung. Im Zeitalter der Buchhinrichtungen konnte das so weit gehen, daß ein Arzt 1759 als Ursache für einen Todesfall auf einer Reise das Vorhandensein von „bösen" Büchern in der Kutsche angeben konnte.[47] In ähnlichem Sinn nennt noch 1806 Peignot die Titel bestimmter Revolutionspamphlete nicht mit der Begründung, ihr Titel solle diese Seiten nicht beschmutzen; andere Schriften dürfe man nicht einmal berühren, um sich ja keine „miasmes pestilentiels" zu holen.[48] Keineswegs ausschließlich metaphorisch spricht wohl auch 1953 der rumänische Rezensent von Wladimir Dedijers Buch „Tito Speaks": „Dieser Biograph" beschreibe das Leben des „perfiden Usurpators [...] mit solch einer Aufdringlichkeit und solchen Einzelheiten, daß man sich nach dem Lesen sorgfältig die Hände waschen möchte."[49]

Die Folgen der Einwirkungen solcher übler Einflüsse meint man nun immer wieder am besten dadurch beseitigen zu können, daß man deren angenommenen direkten Ursprung beseitigt, und zwar vorzüglich durch Verbrennen. So erkrankt im 16. Jahrhundert einmal ein Student an „hitzigem Fieber". Ein Freund besucht ihn und findet unter dem Kopfkissen des Kranken ein ketzerisches Buch. Er nimmt es mit, verbrennt es, „und da er den andern Tag seinen Freund wieder besucht, habe er von ihm vernommen, daß er eben zu der Zeit, da er das Buch verbrennt, von dem Fieber seye befreyet worden."[50] Die Bücherverbrennung Luthers 1520 in Wittenberg scheint eine ähnliche therapeutische Wirkung gehabt zu haben, in diesem Fall eher psychischer Art.[51]

Andeutungsweise finden sich derartige Vorstellungen auch bei aufgeklärten Menschen im 18. Jahrhundert, so in einem Brief Friedrichs II. an Maupertuis, den Akademiepräsidenten. Dieser lag krank darnieder, nicht zuletzt wegen eben erschienener Beleidigungen gegen ihn in einer Schrift Voltaires. Die Verbrennung dieses Buches durch Henkershand wird Maupertuis vom Preußenkönig wie folgt mitgeteilt: „Ich schicke ihnen, mein Freund, ein kleines, erfrischendes Pulver" − „une petite poudre rafraîchissante".[52] Häufiger sind Belege für derartige Motivierungen von Bücherverbrennungen zur kollektiven Reinigung. Noch in unserem Jahrhundert verbrennt man Bücher zur Gesundung des „Volkskörpers".[53]

So stellt sich das Buch den Menschen als mögliche Quelle sehr direkt empfundener Heils- oder auch Unheilswirkungen verschiedener Art dar. Daraus ergeben sich wesentliche Folgerungen: Erstens wird es zur – tatsächlichen oder bloß vorgeblichen – Pflicht aller derjenigen, die als rechtgläubig gelten wollen, ein Buch zu vernichten, wenn es von einem selbst oder von einem anderen Meinungsmacher als mit dem Bösen schlechthin verbunden dargestellt wird. Eine zweite Folgerung daraus für Menschen, die sich mit mißliebigen Büchern konfrontiert sehen, kann sich aus dem ergeben, was man von der Fortexistenz solcher Bücher zu befürchten hat, und zwar besonders dann, wenn man sich bewußtes Verschonen solcher Schriften vorwerfen lassen muß: Sowohl irdisches als auch ewiges Heil im weitesten Sinn sieht man dadurch bedroht, beim verantwortlichen Einzelmenschen ebenso wie bei Gemeinschaften. Doch mehr davon später, ausgehend von der Bedeutung des Feuers.

Wir haben nun bereits einige Kräfte und Fähigkeiten gesehen, die man Büchern beimessen kann. Hier interessiert uns noch die Qualität des Feurigen, vorerst einmal in ihrer positiv gesehenen Ausformung. Jenes Attribut findet sich in dieser Form vor allem in bezug auf heilige Bücher. So soll jüdischem Dogma zufolge das Urexemplar der Thora von Gott mit Feuer auf Feuer geschrieben worden sein.[54] Für den christlichen Bereich sei ein Beispiel aus dem 16. Jahrhundert angeführt, und zwar aus der Emblemata-Sammlung der Georgette de Montenay. Zur Illustration einer Bibelstelle (1 Kor. 3, 12–15) dient ein brennendes Buch, gehalten von einem aus Wolken herausragenden Arm, der mit jener Fackel die Erdkugel in Brand steckt. Der erläuternde Text dazu: „L'Evangile est comme feu estimé" usw. im Sinn der erklärten Bibelstelle über die Prüfung des Menschen durch das Feuer.[55] Die Heilige Schrift wird solcherart zum „Brandzeug" im positiven Sinn. Vergleichbare Auffassungen finden sich auch bezüglich der Buchdruckerkunst im allgemeinen. So sieht Luther 1525 in der „Druckerey [. . .] das höchste und äußerste Gnadengeschenk, durch welches Gott die Sache des Evangelii forttreibt". Sie sei „die letzte Flamme vor dem Erlöschen der Welt".[56]
Gegnerische Bücher können hingegen im umgekehrten Sinn auch sehr leicht zum angeblichen „Brandzeug" im negativen Verständnis werden, zum schädlichen Feuer in mehr oder minder stärker metaphorischem Sinn, etwa in Form von Sprengstoff.[57] So warnt Kardinal Sigismund von Kollonitz im Jahre 1736 davor, daß „ohnvermerketer Weise, Stadt und Länder mit

diesem schädlichen Brandzeug angefüllet werden",[58] womit er ketzerische Bücher anspricht. Wenige Jahre vor Beginn der Französischen Revolution warnt ein Pariser Schriftsteller vor den „libelles" aller Art, die in flüchtigen Teilchen ein Feuer ausbreiten, das, einmal zusammengefaßt, zum Vulkan werden könne.[59] Auf ähnliche Denkmuster läßt noch die Kritik von Karl Kraus an chauvinistischen Literaten und Journalisten schließen, die das geistige Klima vor und bei dem Ausbruch des Ersten Weltkrieges mitzuverantworten hatten: „Papier brennt, und hat die Welt entzündet."[60] Wenn derartige Vorstellungen von „feurigen" Büchern im gedanklichen Bereich einer Kultur mit inbegriffen sind, dann sucht man nach dementsprechenden Abhilfen, wenn man sich von solchem „Feuer" bedroht sieht. Auch die Zensur im allgemeinen kann dann in Kategorien von Feuerbekämpfung gesehen werden.[61]

Für welche Verfahrensweisen gegen mißliebige Bücher kann nun jenes Konzept vom Buch als „Brandzeug" wirksam werden?

Eine mögliche Reaktion auf so empfundene Schriften wäre die Anwendung von Wasser. Ein Element würde auf solche Art durch ein ihm bekanntermaßen entgegengesetztes Element unschädlich gemacht. Dieser Versuch wäre allerdings bei der praktischen Gestalt des theoretischen „Brandzeuges" im allgemeinen zur Erfolglosigkeit verurteilt. Papier wird durch Wasser eben nicht auf so augenscheinliche und auch tatsächlich vorerst effektive Weise zerstört, wie dies beim Feuer der Fall ist. Dementsprechend selten sind Fälle von „Bücher-Ertränken" in demonstrativer Absicht. Immerhin holen im Jahr 1520 Studenten in Erfurt Exemplare der päpstlichen Bulle „Exsurge Domine" aus den Druckereien und werfen diese Schriften in die Gera; allerdings angeblich mit der ironischen Begründung: „Bulla est, in aqua natet" („bulla" heißt im Lateinischen nämlich auch „Wasserblase").[62]

Grundsätzlich wird diese Möglichkeit der Buchvertilgung durch Wasser immer wieder in Buchhinrichtungszeiten sichtbar. So heißt es 1644 bei John Milton, als „Monster" erwiesene Bücher habe man „justly burnt, or sunk in the Sea",[63] wobei das „Ins-Meer-Versenken" hier auch auf den Gedanken zurückgehen mag, Monster gehörten dorthin, von wo sie besonders oft herkommen, und weniger auf den Gedanken der Brandbekämpfung. Jene beiden Möglichkeiten der Buchvernichtung treten aber auch in Shakespeares „Sturm" nahezu als Begriffspaar

70

auf: Prospero versenkt sein eigenes Zauberbuch feierlich im Meer, während Caliban zwei Akte zuvor gerne die Bücher Prosperos verbrannt sehen würde, um diesen hilflos zu machen.[64]

Die theoretische Denkbarkeit von Buchhinrichtung durch Ertränken zeigt sich indirekt auch bei obrigkeitlichem Vorgehen gegen ketzerische Bücher. Die Strafe des Ertränkens, sonst eine bloß bei Frauen öfters angewandte Art der Hinrichtung,[65] wird nämlich beispielsweise in einer Verordnung Ferdinands I. 1528 so angedroht:

„Buchdrucker und Buchführer der Sectischen verbottenen Büchern / welche in Oesterreichischen Erb-Ländern betretten werden / sollen als Haupt=Verführer und Vergiffter aller Länder ohne alle Gnad stracks am Leben mit dem Wasser gestrafft / ihre verbottene Waaren aber verbrennt werden."[66]

Dieser — angeblich nie durchgeführte — Erlaß läßt erahnen, was man sich in bezug auf jene Bücher gedacht haben mag.

Hier ist auch ein Gedicht interessant, in dem gegen eine Preßburger Buchhinrichtung des Jahres 1768 wie folgt polemisiert wird:

„Was recht war, das hat man als ungerecht verbrennet; / Und das, was ungerecht, hat man für Recht erkennet. / Was streu'st du Feuer aus? Was häuffst du Flamme auf Flammen? / Zum Wasser, nicht zum Feu'r soll man dies Buch verdammen. / Doch dieß hilft auch zu nichts; auf unsers Reiches Flüssen / Geht dieß gerechte Buch ganz frey auf trocknen Füssen."[67]

Das Bild vom „Buch-Löschen" finden wir auch später noch gelegentlich. So wird 1807 auf eine Schrift mit dem Titel „Feuerbrände" mit der Gegenschrift „Löscheimer" geantwortet. Zwölf Jahre später macht Joseph von Görres in einem Brief Zensoren als „Wassermänner" lächerlich, die das „Schmiedefeuer" der Literatur „mit ihren nassen Haderlumpen immer nur zu größern Zornesgluthen anschüren".[68]

Ein anderes Mittel beim Vorgehen gegen Schriftliches bzw. Gedrucktes ist das Feuer, getreu dem Motto: „One fire drives out one fire; one nail, one nail; / Rights by rights falter, strengths by strengths do fail" (so Tullus Aufidius in Shakespeares „Coriolanus", IV, 7). So gesehen ist Bücherverbrennung also eine spiegelnde Strafe, bei der ein Täter gemäß der Art seines Verbrechens bestraft wird. Bei der Hinrichtung von Menschen sind derartige Vorstellungen etwa in der Peinlichen Gerichtsordnung Karls V. von 1532 wirksam. Ihr zufolge sollen unter anderem auch diejenigen „mit dem fewer vom leben zum todt gestrafft werden", die mit dem Feuer gesündigt haben, beispielsweise Mordbrenner und Münzfälscher.[69] Bei Begründungen für Buchhinrichtungen tauchen Gedanken ähnlicher Art eher indirekt auf: So beschließt das Pariser Parlament 1728 die Verbrennung eines Buches, das im Urteil als „eine rechte Flamme der Uneinigkeit" bezeichnet wird. Über einen Brüsseler Fall von 1788 berichtet ein ausländischer Diplomat wie folgt: Der Henker habe auf einem Schafott eine Broschüre zerrissen und verbrannt, die selbst „incendiaire" sei, also wie ein gefährliches Feuer. Ähnlich ein deutscher Kommentar 1713 zu einem Pariser Fall von 1655: Das — öffentlich vom Henker verbrannte — Manifest des Kardinals Retz habe versucht, „das Feuer der innerlichen Unruhe in Frankreich" zu entzünden.[70]

Eine weitere hier mögliche Gedankenstufe bildet die Idee vom Feuer als — wieder spiegelnde — Strafe für Bücherverbrenner. Dies wird vor allem zur Zeit des Frühchristentums denen angedroht, die heilige Schriften der Christen verbrennen: Dafür würde man entweder einem konkreten irdischen oder dem ewigen Feuer der Hölle zum Opfer fallen.[71] Ähnliches wird 1726 aus China berichtet: Dort läßt man Gnadenbriefe für die Christen verbrennen, worauf noch in derselben Stunde ein großer Tempel vom Blitz getroffen wird und niederbrennt.[72] Solche Gedanken über strafendes Feuer werden dann auch auf die „stillen" Maßnahmen gegen Bücher im Vormärz angewendet, beispielsweise 1842 von Robert Prutz:

„Nur immer frisch verboten,/ Nur immer konfisziert! [. . .] So nährt ihr selbst die Flamme,/ Die selber Euch verzehrt:/ Schon knistert es am Stamme-/ O daß Euch Gott verdamme!/ Ihr seid kein Mitleid wert."[73]

„And I thought that maybe it would be best if the firemen [= Bücherverbrenner] themselves were burnt"[74] — dieser Wunsch des Helden im Roman „Fahrenheit 451" ist also ein immer wieder zu Tage tretender Wunsch. Die Idee der spiegelnden Bestrafung von Büchern wird dabei durch ihr konsequentes Weiterdenken bekämpft.

4. Die Bedeutung des Feuers

Als Mittel der Vernichtung gefürchteter Bücher wird meistens das Feuer gewählt. Welche Vorstellungen können bei dieser Wahl wirksam sein? Warum ist „das Verbrennen das gewöhnliche Mittel/ wodurch man Gotteslästerliche/ die Majestät[,] das Kirchen-Interesse, oder sonst den Staat [auch indirekt, durch Angriffe auf Einzelpersonen] verletzende Schrifften/ aus dem Wege zu räumen pfleget".[1]

Eine naheliegende Erklärung scheinen hier auf den ersten Blick rein praktische Gründe zu bieten. Übliches Buchpapier wird an sich durch Flammen tatsächlich besonders gründlich zerstört. Der Weg zu irrationalen, nur scheinbar vernünftigen Anschauungen ist allerdings auch von hier aus nicht weit:

„Der Verbrennungsprozeß vernichtet wie kaum eine andere Umwandlung die äußere Form eines Dinges und damit nach dem Volksglauben – aber auch im Glauben von Leuten, die sich selbst nicht dem ‚Volk‘ zurechnen würden – die ihm etwa innewohnenden feindlichen Mächte. Wegen der Einfachheit seiner Handhabung und der Augenfälligkeit seiner Ergebnisse"[2]

wird also das Feuer benutzt, und zwar bereits auf dem Hintergrund solcherart reduzierter Motivation möglicherweise im Dienst von Gründen, die keineswegs als rein praktisch gelten können. Außerdem scheint die Vertilgung von Schriften gerade bei Buchhinrichtungen keineswegs immer sehr gründlich vor sich gegangen zu sein, vor allem nicht bei umfangreicheren, kompakteren Büchern; einen Beleg für diese Ineffektivität liefert der bereits zitierte Bericht Goethes über eine Frankfurter Aktion.[3] Nicht zuletzt deshalb wird auch oft ausdrücklich das Zerreißen von Schriften zusätzlich als Vorbereitung bzw. als Zusatzstrafe zum Verbrennen angeordnet; dies geschieht aber keineswegs immer, wie wir noch sehen werden. Übrigens wird sich gleichfalls zeigen, daß auch hinter gerichtlich angeordnetem

Zerreißen von Schriften nicht unbedingt praktische Gründe stehen müssen.[4]

Gründlicher und, „rational" gesehen, erfolgversprechender wäre jedenfalls das Einstampfen. Dieser Weg der Buchvernichtung wird zwar auch bereits zur Zeit der Buchhinrichtungen vielfach beschritten,[5] die Wiederverwertbarkeit des Rohmaterials spielt damals allerdings praktisch keine Rolle. Altpapier wird erst im 19. Jahrhundert zum wirtschaftlich interessanten Rohstoff.[6]

In der Argumentation von Akteuren im weiteren Umkreis unseres Phänomens kommen entsprechende Begründungen höchstens bei eher verbalen, metaphorischen Bücherverbrennungen zum Tragen, wie etwa in Österreich nach 1945 im Zusammenhang mit dem Schicksal schriftlicher Überbleibsel des Nationalsozialismus. Am 11. 4. 1946 stellte Felix Slavik im Bundesrat fest:

„Wenn wir auch im großen und ganzen keine Anhänger von Bücherverbrennungen und Büchereinstampfungen sind, so müssen wir doch anerkennen, daß wir in außerordentlichen Zeiten leben, wo außerordentliche Maßnahmen notwendig sind."[7]

Im Sinn hatte man dabei eigentlich anderes: Die vom damals geplanten Literaturreinigungsgesetz betroffenen Druckwerke sollten „vielleicht das erstemal fruchtbringend angelegt werden: in unseren Papiermühlen".[8] Dementsprechend hieß es in einem Entwurf jenes Gesetzes, die „abgelieferten Druckwerke" seien „in besonderen [. . .] Räumen zu sammeln und [. . .] durch Verwendung als Rohstoffe für die Papiererzeugung zu vernichten."[9]

Die einschlägigen gesetzgeberischen Bemühungen nahmen dann übrigens ein Ende, das als „Versickern" bezeichnet werden kann. Die verwickelte Geschichte jenes Gesetzes — vom Auftrag durch die Alliierten im Jänner 1946 über diverse Vetos bis hin zur offenbar folgenlosen Übernahme einer fünften einschlägigen Regierungsvorlage durch den Unterrichtsausschuß des Nationalrates im Jänner 1950 — harrt allerdings noch einer genaueren Untersuchung.

Ein weiterer Beweggrund, der ebenfalls eher vordergründig wirksam sein kann, ist die nicht leicht erklärbare Faszination, die das Feuer auf Menschen aller Zeiten ausübt. Der diesbezügliche Erklärungsversuch Guarinonis aus dem Jahr 1610 macht auf wenig überzeugende Weise die Farbe des Feuers für jenes Vergnügen verantwortlich: „Das Fewr auch mit seiner gelben farb unnd liecht erfrewt ebner massen das Menschlich Gemüt."[10]

Näher und besonders einfühlsam wird die Anziehungskraft des Verbrennungsvorganges von Ray Bradbury im Roman „Fahrenheit 451" geschildert: „It was a pleasure to burn. It was a special pleasure to see things eaten, to see things blackened and *changed.*"[11] Im weiteren Verlauf der Handlung zeigt sich jedoch immer mehr von den Hintergründen jener „einfachen" Freude: „What is there about fire that's so lovely? No matter what age we are, what draws us to it?" — so fragt sich einer der Bücherverbrenner („firemen"). Als erste Erklärung bietet sich ihm an: „It's perpetual motion; the thing man wanted to invent but never did." Gleich darauf gesteht er sich entscheidendere Gründe für die Anwendung des Feuers ein:

„What is fire? It's a mystery. Scientists give us gobbledegook about friction and molecules. But they don't really know. Its real beauty is that it destroys responsibility and consequences. A problem gets too burdensome, then into the furnace with it."

Ob nun ein Buch oder — wie im dortigen konkreten Fall — ein Mensch eine solche Bürde darstellt, „fire will lift you off my shoulders, clean, quick, sure; nothing to rot later. Anti-biotic, aesthetic, practical."[12]

Verbrennen ist also auch „schön" in den Augen von Menschen, weil sie dadurch Probleme zu lösen vermeinen, für die an sich keine sichere Lösung zu erwarten wäre. — „Don't face a problem, burn it."[13] Man verbrennt also ein als „senseless" empfundenes Problem: „If there was no solution, well then now there was no problem, either. Fire was best for everything!"[14] So zeigt sich die bloße Freude am Feuer eng verbunden mit der Freude über die Abwendung von unangenehmen Dingen.

Auch die Verantwortlichen und Befürworter von Bücherverbrennungen freuen sich über das Feuer vorwiegend deshalb, weil bestimmte Wünsche in Erfüllung zu gehen scheinen, was den äußeren Ablauf umgebender Dinge betrifft. Derartige Wünsche haben meist unbewußten Charakter; man gesteht die Beeinflussung eigenen Denkens und Handelns durch solche Motivationen weder sich selbst noch der Umwelt gegenüber gerne ein, vor allem nicht in (der eigenen Einschätzung nach) „aufgeklärten" Zeiten.

Damit kommen wir wieder in Bereiche, die sich vor allem indirekt erschließen lassen. Nun also zu einigen dementsprechenden Denkmöglichkeiten, zu potentiellen Grundmustern menschlichen Denkens im Zusammenhang mit dem Problemkreis Feuer.

Eine Funktion des Feuers, die hier wirksam sein kann, ist die ihm zugeschriebene besondere Reinigungskraft. Die entsprechenden Vorstellungen beruhen auch in früheren Zeiten zu einem guten Teil auf Erfahrungen, auf hygienischen Kenntnissen, die nicht unbedingt abergläubischer Art zu sein brauchen. Es sind jedoch immer auch starke Tendenzen dazu vorhanden, die Erwartungen an dieses Mittel der Reinigung über das zur jeweiligen Zeit empirisch Belegbare hinaus zu erweitern. Die Übergänge zwischen durch Erfahrung rational begründeten und durch Wunschdenken bzw. irrationale Einflüsse in den Bereich der Magie hinein übertriebenen Vorstellungen sind fließend. Dabei ist es durchaus möglich, daß man zu Vorstellungen, die später wissenschaftlich belegt werden, ursprünglich auf irrationalen Wegen gelangte.

Solche Momente zeigen sich beispielsweise bei den Schutzverordnungen zu den Zeiten der letzten großen mitteleuropäischen Pestepidemien nur mehr andeutungsweise. So soll man laut der Infektionsordnung der Stadt Wien von 1679 „gefährliche Fahrnussen [Gegenstände] verbrennen/ und vertilgen"; „noch gesunde Zimmer und Wohnungen" seien mit Feuer aus ganz bestimmten Hölzern auszuräuchern, die Türen dabei zu öffnen, „damit der Rauch oder Hitz deß Feuers auch auff die Gassen gehe/ und das Pest-Gifft verzehre".[15] Ein Indiz für Wunschvorstellungen auf der Basis nahezu archetypischer Vorstellungen ist hier überdies die Kontumazfrist von vierzig Tagen.[16] Eindeutiger tritt solches letztlich abergläubisches Wunschdenken in bestimmten Randgebieten der Volksmedizin zu Tage; dort kann es etwa als Mittel gegen bestimmte Krankheiten gelten, einen Zettel zu verbrennen, auf dem der Name der Krankheit oder der des Kranken oder aber auch andere, möglichst geheimnisvolle Schriftzeichen stehen.[17]

Solche Konzepte lassen sich unter dem Oberbegriff Kathartik zusammenfassen, und zwar vor allem dann, wenn weniger Wert auf Erfahrung als auf unbedingte Wunscherfüllung gelegt wird. Es handelt sich um ein lose verbundenes System von Vorstellungen darüber, wie man sich von schlechten Einflüssen, letztlich von Übel aller Art und dessen Folgen möglichst gründlich reinigen kann.[18] Hier ist es eben insbesondere das Feuer, dem man zutraut, alles mögliche „Unreine" zu vernichten, und zwar sowohl äußerlich als auch „jedwede zauberische Nachwirkung" davon.[19] Man hofft auf Hitze und besondere Zerstörungskraft der Flammen, aber auch etwa auf die ihnen zugeschriebene Lauterkeit. Eine dementsprechende Stelle bei Vergil: „[. . .] vielleicht auch, daß durch das Feuer jeder Fehler ausgeschieden und die unnütze Feuchtigkeit im Ackerboden verdampft wird."[20] Diese Stelle wird sechzehn Jahrhunderte später in Spanien zur Blütezeit der Inquisition von deren Befürwortern zur Untermauerung einschlägigen Vorgehens bei Menschen angeführt:

„Das heilige Officium rottet mit noch größerem Geschick die Sekte dessen, der nach eigenem Gutdünken handelt und glaubt, als anmaßend und unfromm aus, verbrennt Körper und reinigt durch Überzeugungen."[21]

Man sieht also, wie aus rhetorischer Übelvernichtung auch sehr leicht Ernst werden kann.

Eine Grundlage solchen Vorgehens haben wir bereits im Zusammenhang vom Buch ausgehender Konzepte angetroffen, nämlich die Annahme eines materiell gesehenen Übels, eines ansteckend wirkenden „Miasmas".[22] Verbrennung kann also auch zum Zwecke läuternder Reinigung einer Gemeinschaft dienen. Die Vorstellungen schwanken dabei zwischen dem magischen und dem religiösen Bereich. So ist es etwa eher Magie als Religion, wenn man unmittelbaren, sehr weltlichen Nutzen aus der Anwendung des Feuers ziehen zu können vermeint, und zwar mit erhofftem mechanischem Zwang auf Dinge, die normalerweise außerhalb derartigen menschlichen Einflusses liegen. Dies ist beispielsweise der Fall, wenn man behauptet, die Verbrennung häretischer Schriften durch Buchhändler würden den Umsatz ihrer „guten" Bücher schlagartig heben, gleiches Vorgehen von Buchbesitzern würde diese von Krankheiten heilen etc.[23]

Wir können jedenfalls davon ausgehen, daß auch zur Zeit der Buchhinrichtungen religiöse bzw. pseudoreligiöse Beweggründe politische Entscheidungen aller Art beeinflussen können. Der jeweilige Anteil echten Glaubens ist vor allem im 18. Jahrhundert nicht leicht von Ausreden sich selbst oder der Umwelt gegenüber bzw. von eher im Unbewußten wirksamen, magisch gefärbten Hintergründen zu trennen. Jedenfalls gilt noch etwa bei einer Handwerkerordnung Maria Theresias im Jahr 1772 als Rechtfertigungsgrundlage, daß „die Beförderung der Ehre Gottes bei jedem wohleingerichteten Mittel die Hauptabsicht zu sein hat".[24]

Eine wesentliche Beeinflussung dürfte das Denken und Handeln der Befürworter bzw. Verantwortlichen wenigstens bei bestimmten Bücherverbrennungen durch die Vorstellung erfahren, daß durch gewisse Schriften das irdische oder ewige Heil der eigenen Existenz gefährdet ist; man fürchtet nämlich deshalb den Zorn des Himmels. Bei gerichtlichem oder auch pseudo-gerichtlichem Vorgehen gegen Bücher gerät nun die Bezugnahme auf Göttliches — und sei sie noch so sehr zur Floskel erstarrt — leicht in die Ausformung des Opfergedankens.

Ähnliches zeigt sich auch in einer Begründung der Todesstrafen für Menschen bei einem Autor am Ende des 17. Jahrhunderts: „Galgen und Räder" hätten unter anderem deshalb „wohl bespicket" zu sein, weil „dem Allerhöchsten kein besser und angenehmer Opfer gebracht werden kan/ als wenn grausame Ubelthäter/ ihren Verdienst nach/ abgestraffet/ und aus dem Wege geräumet werden." Dabei stützt er sich zu Recht auf eine Stelle eines römischen Schriftstellers, ist doch in der lateinischen Sprache mehrfach eine Gleichsetzung von Hinrichtung mit Opfer bzw. Versöhnung (mit beleidigten Gottheiten) gegeben.[25] Diese Zusammenhänge werden bei gewissen Berichten über Menschenverbrennungen noch deutlicher. So soll 1624 in Thüringen bei einer „verhexten" Person „das vielfältige Plagen [. . .] zu eben derselben Stunden [. . .] als das Supplicium [also die Verbrennung bzw. Aufopferung der angeblich schuldigen Hexe] vollzogen worden, [. . .] nachgelassen" haben.[26]

Da beim Ritus der Buchhinrichtungen eine bewußte oder unbewußte Anlehnung an Menschenhinrichtungen vorgenommen wird, können auch jene Arten der Bücherverbrennung den Charakter eines Opfers bzw. Ersatzopfers[27] zum Zwecke der Reinigung annehmen. Gemeinschaften bzw. — in angeblicher oder tatsächlich geglaubter Wahrnehmung von deren Interessen — die ihnen vorstehenden Obrigkeiten entledigen sich so eines Gegenstandes, der als Symbol oder Träger einer gefährlichen Schuld gesehen wird. Nicht bloß „sich, sondern [auch] der Gottheit will die Gesellschaft Genugthuung gewähren. Diese aber muß gewährt werden an dem Ding, welches die Kränkung der Gottheit verursacht hat."[28] „Der Kult", bzw. in unserem Fall ein unter Erfolgszwang gestellter Ritus, „läßt Unterscheidungen in Schuld und Zurechnungsfähigkeit nicht leicht wirksam werden."[29] Zur Absicht der Reinigung, der Katharsis, tritt damit auch eine „euergetische" Absicht hinzu, also der Wunsch, einer Gottheit „Wohltaten" zu erweisen – sprich: sie zu bestechen.[30]

Warum gilt nun ausgerechnet das Feuer als geeignetes Mittel zur Kontaktaufnahme mit überirdischen Mächten, insbesondere mit Gott selbst, bzw. zu deren Beeinflussung? Eine wesentliche Ursache hiefür ist die besondere Beziehung, die man gerade auch im Christentum bzw. vor allem in dessen jüdischen Wurzeln zwischen Gott und dem Element Feuer sieht. Vor allem im Alten Testament gilt dieses Element als eine wesentliche Erscheinungsform Gottes. Seine Herrlichkeit stellt sich den Israeliten dar „wie ein verzehrendes Feuer", seine Augen scheinen Flammen zu gleichen, Moses und Ezechiel erscheint er in einem brennenden Dornbusch bzw. in einem feurigen Thronwagen u. ä. m.[31] Auch Rauchwolken lassen eine Beziehung zwischen Irdischem und Himmlischem in direkter Form möglich erscheinen. So zieht Jahwe den Israeliten bei Tag in einer Wolken- bzw. Rauchsäule, bei Nacht in einer Feuersäule voran, um ihnen den Weg zu zeigen.[32]

Das Feuer kann deshalb gewissermaßen als ein gleichartiger „Gesprächspartner" Gottes gelten, der ihn umso eher im Sinn seiner – des Feuers – menschlichen Erzeuger beeinflussen kann, je mehr er ähnliche Eigenschaften zu haben scheint. Diesem Gespräch bzw. derartigen Feueropfern kann man gelegentlich den Charakter zwingender Magie zuschreiben. Das geschieht etwa in einem Bericht im zweiten Buch der Könige (Kapitel 3) über einen Moabiterkönig, den gerade die Israeliten in seiner letzten Festung belagern: Er bringt seinen erstgeborenen Sohn als Brandopfer dar, worauf Jahwe sich mit aller Gewalt gegen Israel wendet, obwohl es gerade nicht von ihm abgefallen ist.

Als Mittel der Kommunikation wird dabei vor allem der Rauch gesehen, durch den man den Sinnen einer anthropomorph gesehenen Gottheit Opfergaben direkt zuführen zu können vermeint. In diesem Sinn werden Brandopfer etwa „als ein Feueropfer lieblichen Wohlgeruches für Jahwe" angeordnet, wobei sich der Erfolg für gewöhnlich prompt einstellt, so bei einem Opfer Noahs: „Als Jahwe den lieblichen Duft roch, sprach er bei sich selbst; ‚Ich will die Erde nicht wieder um des Menschen willen verfluchen'."[33]

Diese Vorstellung vom Rauch als Medium der Vermittlung bzw. Überzeugung wird (vor allem im 19. Jahrhundert) in einem bestimmten Bereich religiöser Volkskunst der Neuzeit auch auf

Gebete und Gebetbücher übertragen. In volkskundlichen Sammlungen finden sich des öfteren Wachsstöcke in Gebetbuchform, die man hauptsächlich an Wallfahrtsstätten erwerben konnte und noch kann.[34] Ähnlich dem Prinzip tibetanischer Gebetsmühlen — Gebete in Stellvertretung durch Dinge — ergibt sich dadurch die Möglichkeit, der Gottheit Rauch als eigenes Gebet zu übermitteln.

Nach all dem bisher Gesagten ist es nicht verwunderlich, daß solche Vorstellungen vom Brandopfer auch bei unserem Thema eine Rolle spielen. Direkt ausgesprochen wird etwas Derartiges vor allem von kritischen Stimmen. So lassen Johann Christian Edelmann zufolge die ihm übelwollenden Obrigkeiten den Schinder „sein fremdes Feuer" vor Gott darbringen, „und Ihnen (Ihm) [d. h. ihnen selbst und Gott] zum süßen Geruch eine unwiderlegliche Schrift [. . .] verbrennen".[35] Auf vergleichbar ironische Art beschuldigt ein Autor 1787 die Baseler Obrigkeiten des Jahres 1559 eines derart gottähnlichen Selbstgefühls: Sie hätten Leiche, Schriften und Bildnis des drei Jahre zuvor (unerkannt) verstorbenen Ketzers David Joris durch den Henker „zu einem lieblichen Geruche der [d. h. für die] Geistlichen in Basel und der ganzen Schweitz" verbrennen lassen.[36] Jenes Motiv findet sich auch noch in einer Äußerung von Gegnern der zumeist eher metaphorischen Bücherverbrennungen in den USA vor dreißig Jahren:

„The smoke of burning books, like the smell of midnight oil in the rewriting of history by Nazi or Soviet historians to make it more palatable to their regimes, offends American nostrils."[37]

Auch hier also wohl eine Anspielung auf die erwähnten alttestamentarischen Formulierungen, wenngleich in anderer Form und Funktion sowie mit moderner Ergänzung.

Auf der Seite der Bücherverbrenner gibt es eine entsprechende Äußerung etwa im Zusammenhang mit einer „Verbrennung der Eitelkeiten" um das Jahr 1430: „Verbrenne sie [nämlich Luxusgüter, einschließlich weltlicher Bücher], damit der Wohlgeruch, den sie verbreiten, das ganze Haus, nämlich das Haus Gottes, erfülle."[38] Man kann also Bücherverbrennern gelegentlich auch unterschieben, bei ihrem Vorgehen in die Rolle Gottes schlüpfen zu wollen oder wenigstens durch gewisse, für ein Brandopfer typische Momente beim Bücherverbrennen diesen Eindruck zu erwecken. Dies wird außerdem dadurch ermöglicht, daß man das Feuer, bzw. den damit in engen, fast synonymen Zusammenhang gebrachten Blitz, als von Gott selbst gebrauchtes Strafmittel sieht.[39]

Nicht zuletzt durch all diese angenommenen Verbindungen mit dem Göttlichen wird es verständlich, warum man dem Element Feuer als Mittel zur Erfüllung eigener Wünsche so absoluten Erfolg zuschreiben zu können vermeint. Deshalb kann ein Autor des 18. Jahrhunderts in Zedlers „Universal-Lexicon" annehmen, daß bei Handlungen mit Feuer „auf ein solch Brennen gezielet werde, das eine Sache gantz und gar destruiret und zu nichte" machen könne.[40] Auf derartige Absolutheit können zumindest Christenmenschen jener Zeit eigentlich nur unter der Voraussetzung der eben skizzierten Stellung des gewählten Mittels eigenen Handelns im Bereich des Sakralen bzw. Magisch-Sakralen hoffen. So kommt es, daß „nach der Meynung der Alten/ kein Opffer ohne Feur/ Gott gefallen mag",[41] eine Meinung, die eben noch lange nachwirkt. Die Flammen sublimieren diesen Vorstellungen zufolge die Opfergabe, deren Stoff wird so verfeinert, daß sie „‚gleichsam auf dem Wagen des Feuers' zum Himmlischen emporgetragen und mit ihm vermischt wird".[42]

Bei den neuzeitlichen Bücherverbrennungen tritt der Gedanke des Brandopfers meist nur stark abgeschwächt auf. Häufig werden die ursprünglichen Bedeutungen entsprechender Formulierungen dabei aus dem Bewußtsein verdrängt und durch die Floskel vom „Vulcanus" ersetzt, dem man ein Buch „aufopfert". Im ältesten römischen Strafrecht galt der Feuertod von Verbrechern als Opfer an den Gott Vulcanus, und zwar in seiner Eigenschaft als Feuerleger, als Herr über das gewalttätige Feuer. Auch zur Zeit Neros wurden Menschenverbrennungen als Opfer an jene Gottheit bezeichnet, die Feuer senden (Brand von Rom, 64 n. Chr.!), aber auch zum Stehen bringen kann.[43]

Später wird „Vulcanus" hauptsächlich in der bewußten Absicht einer metaphorischen Umschreibung des Feuers verwendet, insbesondere auch als ein alchemistischer Terminus für dieses Element.[44] Der Begriff degeneriert, so mag es auf den ersten Blick erscheinen, zur humanistischen Bildungsfloskel, durch die sich vorrangig Vertrautheit mit der Antike zeigen läßt. Eine derart eher belanglose Verwendung scheint in dem Ausdruck vorzuliegen, man würde Briefe oder andere Schriften dem „Vulcano zum Korrigieren" übergeben.[45] Vor allem im 17. Jahrhundert treten ähnliche Redewendungen jedoch auch in einem Zusammenhang auf, der ein Ernstnehmen eher nahelegt: Man opfert sogar Menschen „lebendig dem Vulcano [...] auff", beispielsweise angebliche Hexen.[46]

Bücher werden etwa 1599 und 1600 in der Steiermark öffentlich „dem Vulcano auffgeopffert und ubergeben/ unnd mit dem Fewr vertilgt" bzw. „dem Vulkano destiniert und consecrirt". 1693 wird in Berlin beschlossen, ein „liber pestilentissimus" sei „publice Vulcano" − öffentlich dem Vulcanus − zu weihen, und zwar durch Henkershand. Ähnlich ein zeitgenössischer Brief über die Verbrennung eines Autors zusammen mit seinem Buch im Preßburg des Jahres 1671 − „cum dicto vaticiniorum libro consecratus Vulcano, id accepit" − mit besagtem Weissagungsbuch habe man ihn dem Vulcanus geweiht, der das Opfer angenommen habe.[47] Auch im 18. Jahrhundert werden Bücherverbrennungen gelegentlich als Opfer oder wenigstens Übergabe an Vulcanus umschrieben; des öfteren heißt es bloß, daß man Schriften dem Feuer aufopfert, so 1730 im „Wiener Diarium" oder bei einer Buchhinrichtung 1766 in Frankfurt am Main. Dort erging, dem diesbezüglichen amtlichen Instrumentum Notariale zufolge, der Befehl an den Scharfrichter, die Bücher „auf dem brennenden Scheiter-Haufen ein Opfer der Flammen werden zu lassen". Die Vollzugsmeldung danach: die Schriften seien „völlig ein Opfer der Flammen worden".[48] Hier haben wir es beinahe mit einem Terminus technicus zu tun, über dessen eigentliche Hintergründe man sich kaum mehr Rechenschaft ablegt, obwohl diese noch weiterwirken.

Wegen solcher Fortwirkungen drängen sich derartige Ausdrücke in der Zeit der Buchhinrichtungen bis zu derem Ende immer wieder den Zeitgenossen auf, so 1786 im Bericht des süddeutschen Aufklärungsschriftstellers Wilhelm Ludwig Wekhrlin über die Anordnung Josephs II., die Wiener Klosterbibliotheken zu einem großen Teil − angeblich − „in die Stampfmühl" wandern zu lassen:

„Eine schönere Hekatombe ist den Wissenschaften nie gebracht worden. [...] Joseph der Weltweise, wie er das Hohenpriesteramt der Religion und der Dultung feyrlich übernimmt, und der Wahrheit eine Million Pedanten und Schwärmer schlachtet: Welcher Anblick! Wie schön mus die Sonne darein geleuchtet haben. [...] Seufz' nicht, Nachwelt, über dieses Blutbad."[49]

In einer für die Spätzeit der Aufklärung noch typischeren Umformung ist bei einem privaten Autodafé 1776 von einem

Brandopfer die Rede: Moritz August von Thümmel verbrennt während seines Aufenthaltes in Frankreich unter einer Büste Jean-Jacques Rousseaus Bücher, die ihn beinahe zur Verführung einer jungen Provenzalin getrieben hätten; so habe er „dem gesegneten Andenken des vortrefflichen Rousseau", das er „vor einer Stunde so grausam beleidigte", sein „Versöhnungsopfer gebracht. [. . .] Der Scheiterhaufen dieser unseligen Werke brannte gerade unter der Büste jenes unsterblichen Schriftstellers."[50]

Eine vereinzelte Sonderform bildet hier der Ausdruck vom „Feuer-Teufel Vulcano", dem Bücher „aufgeopfert" würden, womit eine Bezugnahme auf die Rolle Satans als Werkzeug Gottes vorliegen könnte, was den Teufel mit dem Feuer gleichsetzen würde.[51]

Weitere Möglichkeiten, bei unserem Phänomen latente Opfergedanken nachzuweisen, ergeben sich aus einem anderen Ausdruck: Das „gefräßige" Feuer „verzehrt" das Buch, das ihm gleichsam zur Speise übergeben wird. Derartige Redewendungen sind aus archaischen Vorstellungen heraus verständlich, denen zufolge Flammen als Lebewesen gelten, bzw. gleichsam als Organ der Nahrungsmittelaufnahme einer himmlischen Macht, der man eine „Feueropferspeise" darbringt.[52] So will Luther 1520, daß nicht nur die Flammen des von ihm veranlaßten Scheiterhaufens, sondern auch das „ewige Feuer" die päpstliche Bannbulle gegen ihn „verzehren" soll. Anderseits sollen, der Meinung eines seiner Gegner zufolge, im Jahre 1655 „Luther und seine Bücher" sowie seine Anhänger „dem ewigen Feuer zur Speise verordnet seyn".[53] Auch bei einer Buchhinrichtung des Jahres 1730 in Wien werden Schriften „denen verzehrenden Flammen aufgeopfert".[54] Entsprechende Ausdrücke finden sich noch bei den Verbrennungen des Jahres 1933 in Deutschland. In „Feuersprüchen" heißt es dabei unter anderem: „Verschlinge, Flamme", dieses oder jenes Buch; in den Berichten danach ist etwa von der „lodernden Flamme des Scheiterhaufens" die Rede, welche „die Schriften verzehrte".[55]

Deutliche Belege für den hier beschriebenen latent vorhandenen Opfergedanken liefert auch die Analyse jener Sanktionen, die von den „Sündern" angstvoll erwartet werden. Fluchbeladenheit bzw. zu befürchtenden oder bereits eingetretenen Zorn Gottes nimmt man vor allem dann an, wenn „sich die Menschen von Gott abwenden/ in Sünd und Laster leben/ auch weder durch Gottes Wort/ und Warnungen/ noch der Obrigkeit Verbott darvon abstehen". „Durch unsere vielfälltige Sünd/ Laster/ und unbußfertiges Leben" fürchtet man „Heimbsuchung und gerechten Zorn Gottes", also direkte Sanktionen zu erwekken.[56] Solche Gefahren sieht man auch in Verstößen gegen Anordnungen der als von Gott eingesetzten und von ihm gestützt betrachteten Obrigkeiten: „indeme man die so Vätterlich- und wohlmeinende[n] Landesfürstl[ichen] Warnungen vernichtet/ und in den Wind" schlägt und gegen „der Obrigkeit Verbott" handelt, erweckt man den Zorn Gottes ebenso wie durch Handeln wider „Gottes Wort/ und Warnungen".[57]

Wie sieht man nun die Aufgaben der Obrigkeiten in diesen Zusammenhängen? Wenn „die Ubelthaten" nicht „mit rechten Ernst abgestraffet werden", machen sich die Träger irdischer bzw. Vertreter göttlicher Herrschaftsgewalt „frembder Sünden theilhafftig". Deshalb laufen einerseits „grosse Herren und Potentaten" Gefahr, „erstochen und elendiglich umgebracht" zu werden, „weil sie die [bzw. ganz bestimmte] Ubelthäter nicht abstraffen wollen". Anderseits können durch solche Versäumnisse auch „Blut-Schulden auf das Lande" geladen werden, „welche Gottes Feuer-brennenden Zorn und erschreckliche Straffen nach sich ziehen/ daß offt gantze Königreiche/Fürstenthümer und Republiquen drüber zu Grunde gegangen".[58] Derartige Gedanken finden sich auch in der Landgerichtsordnung Ferdinands III. von 1656: Landgerichtsherren bzw. Ortsobrigkeiten sollen beispielsweise gegen Gotteslästerungen „der Gebühr nach mit Straff verfahren, damit Gott der Allmächtige die nachläßigen Obrigkeiten/ und das gantze Land auß billichen Zorn nicht selbsten straffe".[59] Unnötige Rechtsstreitigkeiten seien zu vermeiden, um „darduch die/ von so muthwilliger Hemmung der lieben Justiz/ besorgende [d. h. zu befürchtende] Straff Gottes zu verhüten" — so eine Prozeßordnung Leopolds I. von 1681.[60] Ein Patent Karls VI. zur Feiertags-Heiligung wurde 1729 offiziell hauptsächlich deshalb erlassen, weil „durch dergleichen so schädlich, als sündhafte Exceß und Beleidigungen der Allmächtige Gott aus gerechtem Urtheil [. . .] bewogen werden dürfte", die „allgemeinen Lands-Plagen, Krieg, Hunger, und Pestilenz zu verhängen".[61]

Eingetretene oder zu befürchtende Rache bzw. Strafe für eigene Sünden sieht man im allgemeinen als Feuer im engeren, aber auch im weiteren, übertragenen Sinn. Vom Feuer im engeren Sinn als Eingriff Gottes ist vor allem bei Stadtbränden die Rede.

Jenes als Werkzeug Gottes betrachtete Element wird dabei gelegentlich auch als Vulcanus personifiziert, so in einem Gedicht auf den Brand des kärntnerischen Arnoldsteins, das 1726 „poenam Vulcano" erleiden muß.[62] Das Feuer — ob höllisches bzw. ewiges oder irdisches — gilt jedenfalls insbesondere für den christlichen Bereich als das göttliche Strafmittel schlechthin, und zwar auch bei anderen „Göttlichen Landsstraffen":[63] So breitet die göttliche „Straf- und Gnaden-Hand" 1747 einer protestantisch-theologischen Zeitschrift zufolge weiterhin „Kriegs-Feuer über einige Provintzen in den Niederlanden";[64] warum, werden wir gleich sehen. Auch Epidemien, damals oft ungenau verallgemeinernd Pest genannt, werden derart gesehen — so die „furchtbare Flamme" des „gewaltig brennenden Pest-Feuers" von 1713 —, und Maßnahmen werden gesetzt, „damit diesem laufenden Feuer möglichst vorgebeugt" werden möge.[65]

Wenn Strafen bzw. Unheil der eben geschilderten Art zu befürchten sind, neigt man verständlicherweise dazu, „normale" Verwaltungsmaßnahmen für ungenügend zu erachten. Dies gilt selbst dann noch, wenn es etwa um Seuchen geht, bei denen medizinisch-hygienische Bekämpfungs- bzw. Vorbeugungsmittel bereits bekannt und erprobt sind. Bei derartig empfundenen Gefährdungen nimmt man eben auch ein Übel ganz besonderer Art an, nämlich stofflich gedachte Auswirkungen unmoralischen, unsittlichen Handelns. Deshalb wird vor allem bei Kriegs- und bei Seuchengefahr versucht, auch durch Edikte zur Besserung des Lebenswandels und zur Hebung der Frömmigkeit „der von dem Allerhöchsten aus gerechten Zorn und Urtheil wider Uns gezuckten schweren Straf-Ruthe in die Hand zu fallen".[66] Der Stellenwert, den man dabei privatem und öffentlichem Gebet sowie ähnlichen Maßnahmen beimißt, variiert allerdings. Ein Hinweis auf zu befürchtenden Zorn Gottes wird umso eher in Verordnungen aufgenommen, je kritischer die Zeiten sind: Wenn die politische oder gesundheitliche Lage günstiger ist, können derartige offizielle Warnungen vorübergehend wegfallen, um erst später wieder aufzutauchen.[67]

In der ersten Hälfte des 18. Jahrhunderts ist jedoch noch verstärkt damit zu rechnen, daß im engen Zusammenhang mit verwaltungstechnischen Maßnahmen in rationalistischem Sinn auch rituelle, kultische Maßnahmen mit Opfercharakter zur Abwendung von Gefahren gesetzt werden. Daß diese Dinge nicht nur für das „dumme Volk" gedacht waren, kann man am lateinischen Gelübde Karls VI. vom 22. 10. 1713 sehen, das Anlaß für die Erbauung der Karlskirche in Wien war: Diesen neuen Tempel wolle man unter anderem auch zur künftigen Abwendung von Krieg, Hunger und Seuchen errichten.[68]

Inwieweit kann es sich nun für Obrigkeiten auch als eine Notwendigkeit darstellen, Abwehrmaßnahmen religiös-kultischen oder eher magischen Charakters im Zusammenhang mit inkriminierten Büchern zu setzen? Um 1613 fordert der Prediger Gregor Richter wiederholt den Stadtrat von Görlitz (Oberlausitz) auf, „zum Racheschwerte wider solche Tumultuanten und Feinde des Predigtamtes" zu greifen, welche, gemeint ist speziell Jakob Böhme bzw. dessen „Aurora", „ketzerische Bücher" schreiben, „damit Gottes Zorn nicht über die Stadt gerathe, und sie wie die Rotte Cora, Dathan und Abiram in den Abgrund der Höllen verschlinge lasse".[69] Direkter auf die Schriften selbst zielt 1748 ein Kommentator der Ereignisse im Jahr zuvor. Er sieht als besonderes Beispiel einer Probe „von der Göttlichen Straf- und Gnaden-Hand" das „Kriegs-Feuer über einige Provintzen in den Niederlanden ausgebreitet", weil dort „allzugroße Freyheit der Presse" herrsche und „allerhand wider die Religion und gute Sitten laufende Bücher beständig ans Licht" kämen; daneben habe freilich auch das ansonsten „freche und gottlose Leben vieler Einwohner die göttliche Straf-Gerechtigkeit wider diese Länder bewaffnet".[70] Um die gleiche Zeit werden, vor allem in protestantischen Kommentaren, deistische bzw. atheistische Bücher auch für Erdbeben mitverantwortlich gemacht.[71]

Unter derartigen Voraussetzungen scheint es auf ganz besondere Art folgerichtig zu sein, bestimmte Bücher in als besonders wirkkräftig empfundenen Riten zu vernichten. Man sagt sich gleichsam feierlich von der „fluchbeladenen Schrift" los, indem man sie öffentlich durch das Feuer beseitigt.[72] Gelegentlich kann darin ganz deutlich der Charakter eines Sühne- oder Versöhnungsopfers sichtbar werden. „Das Volk weiß, daß man mit Geschenken diejenigen besänftigt, die man beleidigt hat; es glaubt, daß es in Hinblick auf die Gottheit ebenso ist"[73] – eine Feststellung Friedrichs II., die nicht nur für das „Volk" gilt.

Die Schriften eines Neo-Platonikers werden im Jahre 448 n. Chr. mit der Begründung dem Feuer übergeben, man wolle nicht, daß Schriften, die den Zorn Gottes hervorrufen und die menschlichen Gemüter verletzen, in die Öffentlichkeit gelangen; die folgende Aktion war dann wohl tatsächlich nicht derart öffentlich wie die späteren Buchhinrichtungen.[74] Über eine Privataktion beim Baseler Johannisfeuer des Jahres 1527 berichtet der Durchführende, Paracelsus, selbst Vergleichbares: Er habe Bücher der alten medizinischen Schule

„in Sanct Johannisfeuer geworfen auf daß alles Unglück mit dem Rauch in die Luft gehe und also ist gereinigt worden die Monarchei [etwa im Sinne von ‚Gelehrtenrepublik'] und sie wird von keinem Feuer mehr gefressen werden."[75]

Von Abwehrgedanken im Zusammenhang mit der Grazer Bücherverbrennung vom 8. 8. 1600 — „Declinate a me maligni" — haben wir bereits gesprochen;[76] ebenso von einem noch indirekteren Beispiel für entsprechendes Gedankengut bei einer Wiener Buchhinrichtung am 28. 1. 1730: Am selben Tag wird zu Wien ein Edikt über die Heiligung der Sonn- und Feiertage erlassen, „wohlwissend, daß hieran alles Glück und Heil, ja die gemeine Wohlfahrt grossen Theils abhange".[77] Beide obrigkeitliche Handlungen dürften wohl ähnlich empfundenen Aufgabenstellungen zum Schutz des „gemeinen Wesens" entsprungen sein.

Ein wesentlich deutlicheres Beispiel für das Wirken von Fluchabwehr- bzw. Opfergedanken bietet eine Londoner Buchhinrichtung des Jahres 1710. Im April jenes Jahres kommt es dort zur Aburteilung zweier gedruckter Predigten des Dr. Henry Sacheverell — er selbst wird äußerst milde behandelt[78] — und damit in Zusammenhang stehender anderer Schriften, in denen entweder die absolutistischen, antiparlamentarischen Prinzipien Sacheverells enthalten sind oder die auf andere Weise „scandalous, seditious, and schismatical, atheistical, and blasphemous" erscheinen. Oberhaus und Unterhaus des Parlaments beschließen, in jeweils einer eigenen Aktion, diese Bücher öffentlich durch den „Common Hangman" verbrennen zu lassen. Gleichsam als flankierende Maßnahme beschließt das House of Commons in derselben Sitzung wie folgt:

„That an humble Address be presented to her Majesty, that she will be graciously pleased to issue her royal Proclamation, to appoint a Day of publick Fasting and Humiliation, to deprecate the divine Vengeance, which we have just Reason to fear, on Account of those horrid Blasphemies, which have been vented, published, and printed, in this Kingdom."[79]

Diese Bitte bleibt übrigens erfolglos; aber nicht etwa deshalb, weil Königin Anna die Notwendigkeit solcher Zusatzmaßnahmen nicht auch empfinden würde:

„A publick Fast having been observed in this Part of the Kingdom on the 15th of this Month, which is yet to be observed in North Britain on the 29th, her Majesty thinks it not proper to appoint another Fast so soon, but will take it into her Consideration at a more convenient time."[80]

Ebenfalls wegen Büchern – in denen ketzerische Lehren verbreitet werden – gibt es 1729 in Schweden tatsächlich „vier allgemeine solenne Danck- Fast- Buß- und Beth-Tage", um sich die „Gnade und den Segen Gottes erhalten" zu können. Die gefürchteten Schriften werden allerdings nicht öffentlich verbrannt, und zwar ausdrücklich deshalb nicht, um keine Werbung dafür zu betreiben.[81]

Das Mittel des Bußtages wird auf verschiedene Weise bis heute dazu benutzt, ein gutes Gewissen bzw. die innere Ruhe wiederzugewinnen.[82] Solche Maßnahmen scheinen einem menschlichen Urbedürfnis zu entsprechen, irdische bzw. auch ewige Bestrafung seitens überirdischer Instanzen durch eigene Anstrengung abwehren zu wollen.

Wenn man hier noch die Fälle gemeinsamer Verbrennung von Büchern mit Menschen in Betracht zieht, ist ein noch umfangreicheres Repertoire an fluchabwehrenden, opferähnlichen Verhaltensweisen festzustellen. Dementsprechende Bußfeierlichkeiten gibt es bei einem Fall aus dem Jahre 1766: Im Jahr zuvor wurden bei Abbeville ein Kruzifix beschädigt und ein anderes beschmutzt gefunden. Die angeblich schuldigen Personen werden zum Feuertod verurteilt. In demselben Scheiterhaufen gehen auch Bücher in Flammen auf, die man für die Taten der Betroffenen verantwortlich macht, bzw. auf deren aufklärerisch-freigeistiges Wesen das gerichtliche Vorgehen insgesamt eigentlich abzielt. Außerdem kommt es noch vor der Verbrennung zu einer Bußprozession, angeführt vom Bischof von Amiens – barfuß, mit einem Strick um den Hals.[83]

In Warschau muß 1689 der Atheist Kasimir Liszynski (oder Leszynski), bereits auf einem Schafott sitzend, seine verbrennenden Schriften halten, dann wird er selbst verbrannt. „Die Asche wurde endlich in ein Stück [= Kanone] geladen/ und gegen die Tartarey geschossen."[84] Man möchte also gelegentlich den befürchteten Fluch bzw. die Strafe Gottes nicht bloß von sich abwehren, sondern das damit verbundene Unheil womöglich gleich an den Nachbarn bzw. Feind weiterleiten. Derartige Wünsche können sich direkt zeigen, aber unter Umständen auch indirekt, etwa dann, wenn bestimmte Bücher „als schädliche und detestable Schrifften fort, und aus dem Lande geschafft werden müssen".[85]

Mit dem Feuer zusammenhängende Denkmodelle von Fluchabwehr und Brandopfer können aber auch von Betroffenen oder von Gegnern solcher Aktionen in ihrem eigenen Sinn gegen die Bücherverbrenner gerichtet und umgeformt werden. Wenn man selbst von der Rechtschaffenheit oder gar Heiligkeit der jeweils verbrannten Schriften überzeugt ist, kann deren Rauch zum Zeugnis eigener Rechtfertigung bzw. zum Belastungszeugen gegen die Verbrenner werden – so etwa in einer Überlieferung zur Unterdrückung des Bar-Kochba-Aufstandes (132–135 n. Chr.) durch die Römer: Der Rabbiner Chananja ben Teradjon aus Siknin lehrt auch nach dem Aufstand, trotz Verbotes, weiterhin öffentlich das Religionsgesetz. Deshalb wird er, in eine Thora-Rolle eingewickelt, verbrannt. Auf die Frage Umstehender, was er sähe, antwortet er: „Ich sehe das Pergament brennen, aber die darauf geschriebenen Buchstaben in die Höhe schweben", also empor zu Jahwe.[86] Insbesondere Verbrenner heiliger Schriften gelten, wie bereits erwähnt, des öfteren als potentiell bzw. tatsächlich von Zornesäußerungen Gottes in Form von Feuer betroffen. Als besonders schwerwiegend gilt die Verbrennung von Gottesnamen oder auch von Prophezeiungen, die angeblich direkt von Gott stammen.[87]

Eine weitere vom Feuer ausgehende Vorstellung, die bei Bücherverbrennungen wirksam werden kann, ist die Idee der Feuerprobe. Diesem Konzept liegt der Gedanke zugrunde, daß die göttliche „Segensmacht sichtbare Gegenstände so mit ihrer Kraft zu durchströmen vermag, daß sie nicht mehr den natürlichen Gegebenheiten unterliegen".[88] Eine ihnen immanente „virtus divina" bewahrt sie davor, in den Flammen zu verbrennen.[89] Das Feuer erscheint dabei als „magische Kraft [. . .] die über Schuld und Unschuld zu entscheiden vermag, indem sie in wunderbarer Weise auf ihre natürliche Wirkung verzichtet".[90] Solche Annahmen werden stark durch die Bibel gestützt: „Gehst du durch Feuer, du wirst nicht verbrennen; die Flamme wird dich nicht versengen. Denn ich bin Jahwe, bin dein Gott, der Heilige Israels ist dein Helfer." (Jesaias 43,2 f.) Aus dem Neuen Testament wirkt hier immer wieder die Lehre vom Reinigungsfeuer aus dem ersten Korintherbrief (3,12–15) herein:

„Ob aber einer auf diesen Grund aufbaut Gold, Silber, kostbare Quadern, Holz, Heu, Stroh, das wird sich bei eines jeden Werk herausstellen; denn der Tag [des Jüngsten Gerichtes] wird es ausweisen, weil er sich im Feuer offenbart. Und das Feuer wird erproben, wie das Werk eines jeden beschaffen ist. [. . .] Wenn jemandes Werk verbrennen wird, so wird er bestraft werden; er selbst wird zwar gerettet werden, jedoch so wie durch Feuer hindurch."

Flammen verschonen heilige bzw. unschuldige Menschen. Die Beispiele reichen hier vom Alten Testament über die frühchristliche Zeit bis in das Mittelalter,[91] aber auch darüber hinaus: In abgeschwächter Form findet man den Gedanken der Feuerprobe noch in niederösterreichischen Gewohnheitsrechten des 16. und 17. Jahrhunderts. Den Banntaidingen (Weistümern) von Wiesmath und Hochwolkersdorf zufolge ist ein fahrlässiger Brandverursacher dreimal mit Stroh zu umwickeln und anzuzünden. Überlebt er, „ist er frei" bzw. „so ists guet"; wenn nicht, „geschicht ihm sein pueß" bzw. „so hat er sein recht gebüest".[92]

Neben solchen – meist gewollten, „berufenen" – Ordalien bzw. Gottesurteilen durch das Feuer bei Menschen gibt es auch viele Berichte über entsprechende Vorfälle bei Gegenständen; dabei handelt es sich meist um „unberufene" Ordalien.[93] Bereits früh- und hochmittelalterliche Legenden berichten von unbrennbaren Büchern, vor allem natürlich von solcherart als heilig erwiesenen Bibelhandschriften. Die Übertragung der Idee vom unberufenen Gottesurteil auf in Flammen unversehrt gebliebene Bücher kommt jedoch erst in der Neuzeit stärker zur Geltung, sicher im Zusammenhang mit der zunehmenden Ausbreitung des Buchdrucks. Besonders häufig sind solche Überlieferungen aus dem 17. und frühen 18. Jahrhundert. Dabei kann es sich um bestimmte Bibelausgaben handeln, um Gebetbücher bzw. um Andachts- oder Erbauungsschriften. Ähnliches wird von einem Exemplar der Augsburgischen Konfession und von handschriftlichen Prophezeiungen bzw. Offenbarungen angeblich göttlichen Ursprungs berichtet.[94]

Im Mittelalter gab es auch Fälle von regelrechten Feuerordalien an Schriften. So wird am Ende des 11. Jahrhunderts in Toledo versucht, auf jene Art herauszufinden, ob die römische oder die mozarabische Liturgie die bessere, von Gott unterstützte sei: „Das mozarabische Sakramentar blieb unversehrt, das römische verbrannte oder – wie andere Berichte lauten – prallte an einem Holzstoß zurück."[95] Ein ähnlicher Fall ereignet sich 1207, kurz vor Ausbruch der Albigenserkriege, in Südfrankreich: Domingo de Guzmán, der spätere Heilige Dominik, versucht, die Katharer von der Richtigkeit seiner und der Falschheit ihrer Argumente zu überzeugen. Zu diesem Zweck wird in einer Kirche für schriftliche Äußerungen beider Seiten ein Feuerordal versucht. Die sozusagen häretische Schrift verbrennt, das Büchlein oder Blatt der katholischen Seite springt angeblich dreimal aus den Flammen unversehrt wieder heraus.[96] Zwei Gemälde des spanischen Meisters Pedro Berruguete (um 1480/90), ein Bild von Leonello Spada (um 1600) und ein Relief von Fra Guglielmo d'Agnello (?) (1267) am Grabmal des Heiligen, die beiden letzteren in der Kirche San Domenico zu Bologna, verschaffen jener Bücherverbrennung besonderer Art bis heute einen gewissen Ruhm.[97] Eine regelrechte Feuerprobe mit Büchern gab es auch rund 80 Jahre nach der eben erwähnten, und zwar in Konstantinopel. Der byzantinische Hofgelehrte Nikephoros Gregoras berichtet nur wenig später so darüber: Zwei kirchenpolitische Parteien beschließen, ihre beiden Standpunkte in zwei Büchern niederzulegen und sie dem Urteil Gottes „durch Feuer und Wunder" zu unterwerfen. Es werden jedoch beide Bücher sofort zu Asche verbrannt, so „allen denen zum Spott gereichend, die ernste Dinge als Possen betreiben".[98]

In der Neuzeit verschwinden mit den übrigen Gottesurteilen, wenn wir von ähnlichen Erscheinungen bei Hexenprozessen absehen, auch die regelrechten Feuerproben an Büchern; entsprechende Grundgedanken bleiben allerdings erhalten, wenngleich mit veränderten Zügen. Privatmeinungen dieser Art werden etwa um 1787 in Quedlinburg geäußert, als ein neues Gesangbuch eingeführt wird. Viele Bürger fürchten, den alten — wahren — Glauben zu verlieren; einer von ihnen meint offen, „erst solle bey ihm das neue Gesangbuch die Feuerprobe aushalten, dann wolle er es kaufen."[99] In metaphorischer Art findet sich ähnliches Gedankengut selbst in Zeiten ohne öffentlich-eklatante Aktionen gegen Bücher, so 1842 bei einem Kritiker des Christentums:

„Im Feuer der Kritik gehen eure Bibliotheken [nämlich die der ‚herrschenden Mächte des religiösen und politischen Obskurantismus'] unter, während die Blätter, die von der Vernunft zeugen, aus dem Scheiterhaufen, auf den ihr sie geworfen habt, um sie für ewig zu vernichten, unversehrt hervorgezogen werden."[100]

Auch öffentliche Bücherverbrennungen der Neuzeit werden gelegentlich mehr oder weniger offen als Erprobung des zu verbrennenden Buches bezeichnet. Der Ausgang solcher Prüfungen ist freilich vorherbestimmt, etwa nach dem Motto: „Ich will ihn auf die Probe stellen, wo er unterliegen muß."[101] Damit ist allerdings wenig vom echten Gottesurteil übriggeblieben, wie es zu seiner mittelalterlichen Blütezeit teilweise noch aussehen konnte.

Derartig begründetes Vorgehen gegen Schriften im 17. und 18. Jahrhundert unterscheidet sich nicht von der Wesensart anderer neuzeitlicher Ausläufer des Ordal-Gedankens. Bis ins 18. Jahrhundert hinein versuchten Behörden in weitesten Teilen der „zivilisierten" Welt, Menschen Verbindungen mit dem Bösen auf ähnliche Art und Weise nachzuweisen: Die Legitimation eigenen Vorgehens durch „Proben" bei Hexenprozessen erfolgte nur zu oft durch einander widersprechende Methoden; schuldbeweisende Merkmale konnten so ausgewählt und interpretiert werden, daß das Ergebnis den eigenen Wünschen entsprechen mußte.[102]

Ähnlich können auch zu verbrennende bzw. verbrannte Schriften als einer Feuerprobe unterworfen gesehen werden. Dies geschieht insbesondere im nachhinein in Form eines Umkehrschlusses zur Vorstellung von der unverletzbaren Lauterkeit: Wenn das abgelehnte, mißliebige Buch zu Asche geworden ist, erscheint seine Schlechtigkeit, seine Un-Heiligkeit in jeder Hinsicht erwiesen. Solche Gedanken finden sich im Jahre 1600 in einem Bericht über die Verbrennung von „120 Stuck luthrischer Bücher" im steirischen Hartberg — „die hat man durch das Fewer probieret/ haben aber die Prob nit gehalten/ sondern [sind] zu Aschen worde[n]."[103]

Zu den Zeiten häufigerer Buchhinrichtungen treten entsprechende Vorstellungen hauptsächlich in metaphorischer Anwendung auf; man setzt 1701 etwa ein Buch „ins Feuer der Kritik", um es zu „erproben".[104] Die praktische Wirksamkeit solcher Gedankengänge ist hier trotzdem nicht unwahrscheinlich.

Die Absicht des Nachweisens von Unheiligkeit läßt sich leicht mit einer weiteren verwandten Vorstellung verbinden: Mit dem Buch, vor allem mit dem gedruckten Buch, liegt ein Gegner vor, dessen Auswirkungen auf die Umwelt man mit magischen Fähigkeiten zu deuten sucht, also nicht nur durch seinen potentiell heiligen Charakter, sondern auch durch eventuell dämonischkraftvolle Eigenart. So können Hexenbücher als unbrennbar gelten, geschützt durch Mächte des Bösen.[105] Brennbarkeit eines Buches kann infolgedessen das Gefühl vermitteln, man habe die — an sich unmöglich scheinende — Unschädlichmachung doch noch bewirkt. Das gefährliche Ding, zu Asche verbrannt, kann, so empfindet man dabei möglicherweise, keinen Schaden mehr anrichten, weil es offenbar nicht einmal vor eigener Zerstörung gefeit ist und mit keinen stärkeren Feindesmächten mehr in Verbindung steht. Vom Unschädlichmachen eines Exemplars kann dabei auf ähnliches Unwirksammachen einer gefürchteten Schrift in ihrer Gesamtheit geschlossen bzw. gehofft werden. Gerade das Feuer sieht man als geeignetes Mittel dazu, um etwas im wahrsten Sinn des Wortes zu entzaubern, das einem ungeheuer bzw. als Ungeheuer erscheint – „und geheuer wird's im Fluge".[106] Dies kann insbesondere dann für möglich gelten, wenn man sich selbst nahezu eine gewisse Mit-Verfügungsgewalt über ewiges höllisches Feuer anmaßt, wie es Bücherverbrenner bzw. Obrigkeiten oft genug zu tun scheinen: So werden um 1190 im islamischen Spanien Schriften des Averroes mit der Begründung verbrannt, „Gott habe das höllische Feuer für diejenigen bestimmt, die alle Wahrheit durch die Vernunft allein finden wollen".[107]

Wenn ein – eigener Ansicht nach – „gutes" Buch verbrannt wird, braucht das in diesem Zusammenhang nicht als Widerspruch empfunden zu werden. Man kann den ungünstigen Ausgang der Quasi-Feuerprobe praktisch dadurch leugnen, indem man den Fall gleichsam einer übergeordneten Instanz im historischen Prozeß zuweist. Die Nachwelt würde klarstellen, daß die Verbrennung, in einem höheren Sinn, eigentlich gar nicht stattgefunden habe, oder besser, gar nicht stattfinden habe können, denn: „On ne brûle pas la verité",[108] man verbrennt die Wahrheit nicht. Die schriftliche Niederlegung dessen, was man selbst als Wahrheit betrachtet, kann einfach nicht endgültig dem Feuer erliegen; sei es, weil – wie man sich selbst bzw. der Öffentlichkeit versichert – immer einige Exemplare überleben können, oder einfach deshalb, weil es so sein muß.[109]

Bei den Menschen, die Bücher öffentlich verbrennen oder verbrennen lassen, ist dieser latente Erprobungs-Charakter ein weiteres Indiz für überspielte Schwächegefühle Feinden besonderer Art gegenüber. Das eigene Selbstgefühl erfährt gerade bei besonders feierlicher Durchführung solcher Proben eine wesentliche Stützung, wobei eben das Feuer und die von ihm ableitbaren Vorstellungen eine wesentliche Rolle spielen können – auch, ja vor allem dann, wenn sie eher unbewußter Art sind. Die Art dieser Vorstellungen ist nicht nur auf das früher sehr geringe Wissen um die Natur des Elementes Feuer zurückzuführen, sondern zu einem großen Teil auch auf davon unabhängige geistige

Grundgegebenheiten. Schließlich glaubte sogar der erste Natur-
forscher, der das Geheimnis um jenes Element einigermaßen
lüften konnte, seine Entdeckungen im August 1789 ausgerechnet durch eine selbstinszenierte, feierlich-öffentliche Verbrennung älterer Publikationen zu seinem Thema festlich untermauern zu müssen.[110]

5. Bücherstrafen und Menschenstrafen

Weitere Zugänge zu Hintergründen von Buchhinrichtungen ergeben sich aus der Frage nach dem Zusammenhang von Bücherbestrafung und Menschenbestrafung, in der Praxis also meist der Autoren (selten Autorinnen). Inwieweit sollen eigentlich diese durch öffentliche Verbrennung des Buches getroffen werden? Kann nicht vielmehr wirklich das Buch gemeint sein? Was ist davon zu halten, wenn es in einem zeitgenössischen Bericht über eine Aktion im Jahr 1668 etwa heißt, ein Buch sei „an statt des Schreibers [. . .] als eine Mißthätige Person" zum Richtplatz getragen und dort vom Scharfrichter „öffentlich auf einer Bühne verbrannt" worden?[1]

Hier ist vorerst von Interesse, ob ein wesentlicher Unterschied im Verhalten gegenüber mißliebigen Schriften besteht, je nachdem, ob ihr Urheber bekannt oder unbekannt, ob er in obrigkeitlichem Gewahrsam oder flüchtig ist. Gelegentlich wird tatsächlich die öffentliche Verbrennung von Schriften ausdrücklich nur für den Fall gefordert, daß „sich der Proceß endigt und der oder die rechte[n] Authores des Pasquills nicht ans Licht solten gebracht können werden"[2] — so ein Gutachten der juridischen Fakultät der Universität Frankfurt an der Oder im Auftrag der Magdeburger Behörden im Jahre 1674. Ähnlich wird 1728 auf dem ungarischen Land- bzw. Reichstag gefordert, ein Pasquill durch Henkershand auf dem Preßburger Marktplatz verbrennen zu lassen, falls der Autor innerhalb eines gewissen Zeitraums nicht gefaßt werden könne.[2] Solches Verhalten scheint insgesamt gesehen jedoch eher die Ausnahme zu sein. Vor allem im 18. Jahrhundert wird die Hinrichtung eines Buches seitens der Behörden im allgemeinen ohne Frist bezüglich des Autors angeordnet.

Bücherverbrennungen können trotzdem zumindest teilweise den Charakter von Ersatzstrafen annehmen, und zwar auch — aber nicht nur — bei nicht zu belangendem Autor, also bei unbekanntem, flüchtigem oder auch etwa bei praktisch immunem Verfasser (man denke etwa an Montesquieu). Dabei lassen sich allerdings kaum jemals aus der Vorgangsweise gegen ein Buch sichere Rückschlüsse ziehen, was man mit einem dingfest gemachten Autor tun würde, den man bereits „in den Büchern"[3] hinrichten ließ. Welchen Behandlungs- oder besser Mißhandlungsweisen sind nun im Zusammenhang mit Buchhinrichtungen greifbare Autoren, Händler, Drucker oder Leser[4] ausgesetzt, die man für unliebsame, in Schriften niedergelegte Ideen verantwortlich machen kann?

Es gibt hier die verschiedensten Vorgangsweisen: 1546 läßt Calvin in Genf ein widertäuferisches Buch durch den Henker verbrennen, dem Autor aber bloß den „Staupbesen geben". Sieben Jahre später muß auf Anordnung derselben Obrigkeit ein Autor mitsamt seinem ketzerischen Buch den Scheiterhaufen besteigen, übrigens unter dem Beifall so ziemlich der ganzen − obzwar schon gespaltenen − christlichen Welt.[5] Das Vorgehen kann von bloßer Ausweisung des hinter einer hingerichteten Schrift stehenden Menschen oder dem bloßen Zwang zum Zusehen bei der Verbrennung mit anschließender Einkerkerung bis hin zu den grausamsten öffentlichen Verstümmelungen und verschiedenen Arten der Lebensstrafen reichen, sei es am lebendigen Menschen, am Leichnam oder auch am Bild des Autors.[6] Es ist also keineswegs so, daß einfach nur gelegentlich die Flammen bei Bücherverbrennungen „den Autor oder den Drucker als Dreingabe" verschlangen; „sie leuchteten" auch, „damit der Henker den Angeklagten um so besser die Ohren abschneiden, die rechte Hand abhacken und das Nasenbein zertrümmern konnte."[7] Vor allem das England des späten 16. und 17. Jahrhunderts erweist sich in dieser Beziehung als sehr erfinderisch. Nicht zu Unrecht stellt ein Rechtsschriftsteller am Ende des 17. Jahrhunderts fest: „Es sind aber in Engelland die Straffen der Verbrechen allgemein weit anders/ als in andern Ländern", nämlich vor allem strenger.[8] Ohrenabschneiden als Strafe des Autors neben der Buchhinrichtung finden wir dort etwa in einem Fall von 1634.[9] Das Abtrennen der Schreibhand, eine spiegelnde Strafe, kommt ebenfalls hier vor − so beispielsweise 1579, mehr oder minder unabhängig von der öffentlichen Bücherverbrennung.[10]

Verschieden kann außerdem sein, was der Henker zusammen mit Büchern verbrennt: abgetrennte Schreibhand, Kopf bzw. Zunge mit oder ohne restlichem Körper, gelegentlich auch nur die Eingeweide.[11]

T. 1: „Buchhinrichtung", England 1661

T. 2: Fahnenverbrennung durch Henkershand, Prag 1642

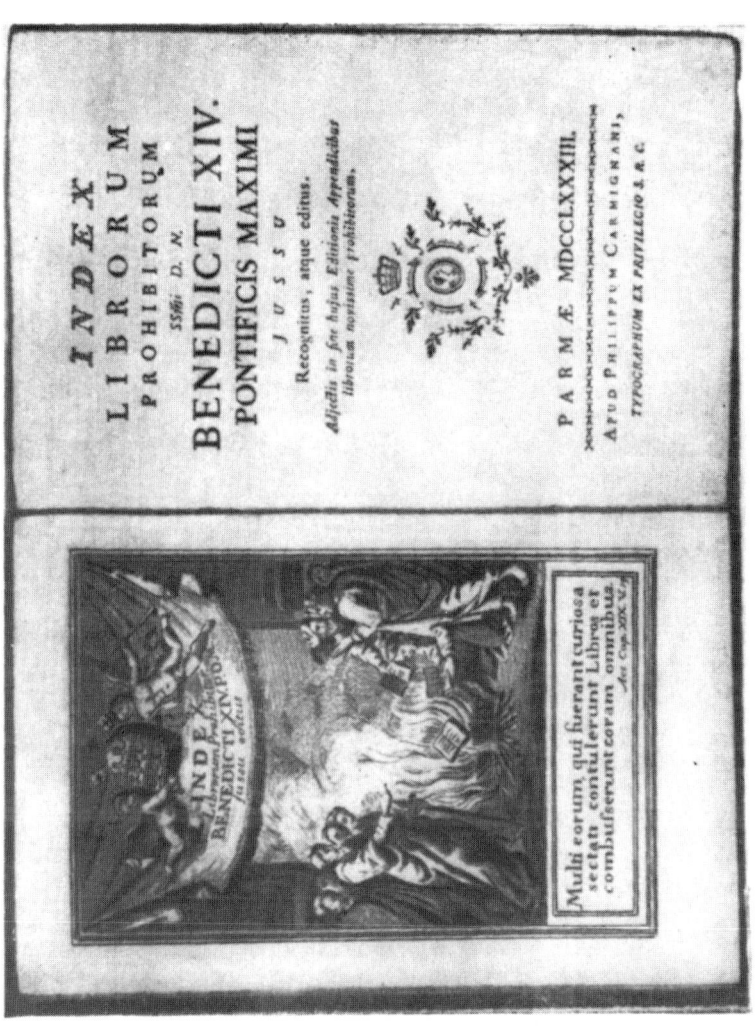

T. 3: Nachwirkungen einer Bibelstelle (Apostelgeschichte 19,19)

H.GÜNTHER. Sc.

T. 4: Goethe als Zeuge einer „Buchhinrichtung"

T. 5: Feuerprobe des Hl. Dominikus

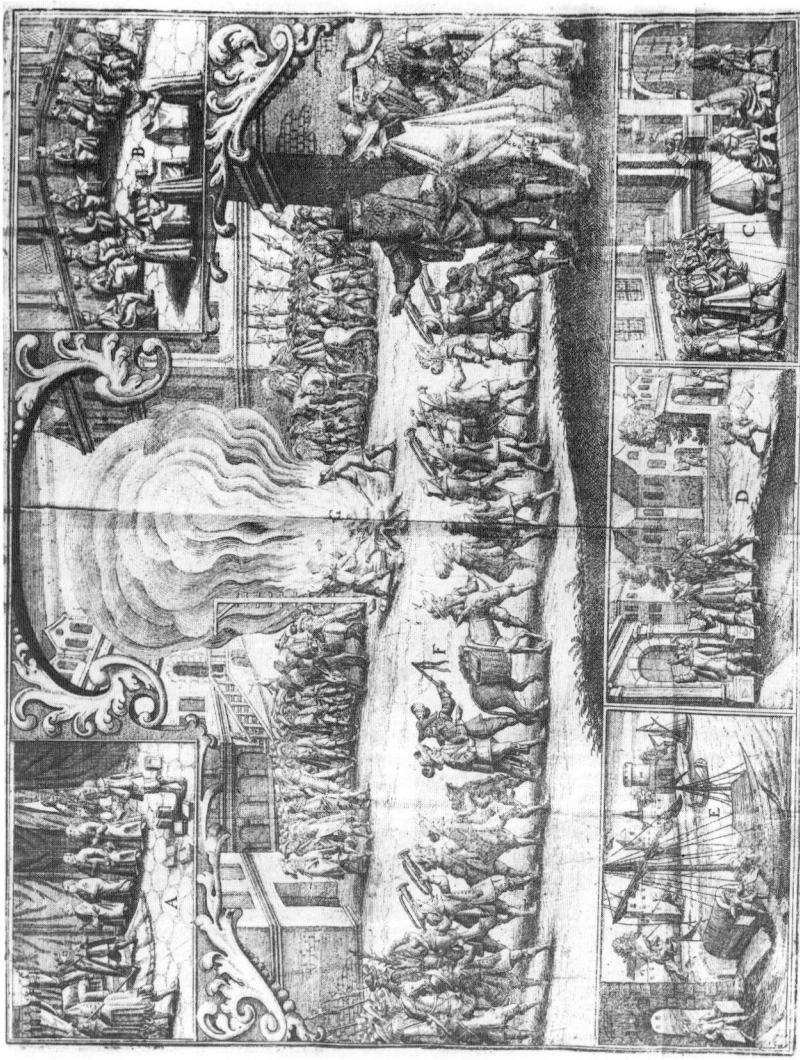

Abbildung/

Deß auß Königl. Mayst. in Spanien befelchs/ergangenen Gerichtsvrtheils/vnd Execution, wider etliche famosbücher/ wider die Societet Iesu außgesprengt/Anno 1364.

A. Königl. Mayst. in Spanien geben befelch der H. Inquisition deß Glaubens/dz famos buch Francisci Roalis, vñ andere mehr/wider die Societet IESV außgangene bücher zu examiniren vnd zuvrtheilē.

B. Die H. Inquisition deß Glaubens verdammet nach vorgehendem Examen die Scribenten vnd Jhre Bücher/vnd schleust/ daß diese mit offentlicher schand auff offentlichem platz vnd Marckt verbrent werden.

C. Dieser Sententz wird dem Volck publicirt, verkündiget vnd außgesprochen.

D. Wird auch an allen Kirchthüren zu Madril angeschlagen: deßgleichen auch in allen Stetten vnd Kirchen.

E. Jmgleichen in aller Jhrer Mayst. Reichen/biß gar in Sicilien/vnnd beyden Indien geschehen soll.

F. Die zum Fewr verdampte bücher/werden auff einen Esel geladen/ vorher gehen Baucken vnd Trompetten: der Hencker folget drauff: werden also mit diesem gepreng zur Execution begleitet.

G. Auff dem Festag der Heiligen Petri vnd Pauli/ werden sie offentlich auff in Marckt zu Madrill eingeäschert.

Die verzeichnuß der famosschrifften vnnd Bücher gegen die Societet Iesu, welche auff Rom kommen/vnd alldort von dem Collegio Cardinalium verdampt worden/ wird der Günstige Leser in einer absonderlichen Copey zu ersehen haben/ wie auch daß Decret der Heiligen Inquisition, vnd Relation Gerichtlichen Proces.

Zu Cölln Bey Henrich Krafft zufinden/Anno M.DC.XXXIV.

T. 6 und 7: Ablauf einer „Buchhinrichtung" — Madrid 1634

(oben: Erläuterung zur Abbildung links)

T. 8: Frühchristliches Vorgehen gegen ketzerische Schriften (Nizäa 325)

Des öfteren ist bei Quellen im Zusammenhang mit solchen kombinierten Bücher- und Menschenbestrafungen das letztere deutlich in den Vordergrund gerückt;[12] abschließend ist hier aber doch festzuhalten, daß diese Dinge durchaus in unseren Zusammenhang gehören. Jene Aktionen gegen Buch und Mensch werden von zeitgenössischen Beobachtern gelegentlich sogar ausdrücklich unter dem Oberbegriff „Bücherverbrennung durch Obrigkeiten" dargeboten.[13] Wenn wir darüber hinaus die Vorgangsweisen bei Nicht-Greifbarkeit von verantwortlich machbaren Menschen hinter Büchern in Betracht ziehen, weiters vor allem auch die bisher besprochenen möglichen, eher unbewußten Hintergründe von Buchhinrichtungen, dann zeigt sich deutlich: Es ist im allgemeinen sehr schwer zu entscheiden, wem die Strafe denn nun eigentlich wirklich gilt. Tatsächlich werden bei solchen Aktionen − ebenso wie bei den meisten öffentlich-feierlichen Bücherverbrennungen überhaupt − Autor *und* Buch gemeint sein, wenngleich auch das „Mischungsverhältnis" dabei sehr verschieden sein kann.

Bücher- und Menschenbestrafung sind eng verbunden und doch zugleich als zwei verschiedene Dinge erklärbar. Bereits antiken Auffassungen zufolge gilt das Buch als ein Teil des Verfassers: Es ist sein geistig gezeugtes Kind. Bis in unser Jahrhundert hinein sind ähnliche Gedanken zu finden, etwa in dieser Form:

„Geistliche [=geistige] und leibliche Geburten haben gar viel Ähnlichkeit; die Empfängnis ist angenehm u.s.w. − Die Taufe geschieht im Wasser, der Verleger gibt das Patengeld, die Druckfehler sind die Nachwehen".[14]

Im Sinn von Stellvertretungsideen animistischer Prägung kann ein Buch für den Körper stehen, von dem es losgelöst scheint, von dem es abstammt. Man nimmt dabei eine Art von Fluidum an, das alle Teile eines bestimmten Wesens auch dann wie in einem Zug durchdringt, wenn diese Teile räumlich voneinander getrennt sein sollten.[15] Eine Folge solcher Denkmöglichkeiten ist die Annahme, nicht nur ein Abwesender, sondern auch ein Toter könne auf Erden weiterwirken, wenn noch mit seinem „Vitalstoff" durchtränkte Teile von ihm übrigbleiben.[16] Gerade Verbrennungen mißliebiger Bücher können, so betrachtet, durchaus den Charakter von „Nachsendungen" annehmen.

Wenn man gegen bestimmte Menschen bzw. gegen deren Gedanken vorgehen will, ohne den lebendigen Feind in seiner Gewalt zu haben, kann man auf dem Hintergrund der eben geschilderten Konzepte doch noch hoffen, feindliche Wesenheiten so gut wie direkt erreichen zu können. Es ist also denkbar, daß man sich vorstellt, bzw. unbewußt empfindet, Menschen Pars pro toto quälen oder gar töten zu können, indem man ihre Bücher verbrennt.[17] Gerade hier sind freilich Einschränkungen angebracht: Direkte Fernhinrichtungen werden Bücherverbrennungen kaum jemals sein. Zumindest bewußt macht man sich keine „übertriebene Hoffnung auf indirektes Erreichen Abwesender"[18] durch solche Mittel magischer Art. Trotzdem gibt man nie ganz die Hoffnung auf, „in den Büchern, so gut es geht, auch deren Autoren zu züchtigen", wie es 1634 im Zusammenhang mit einer Madrider Buchhinrichtung heißt. Gerade diese spezielle Ausformung des Phänomens Bücherverbrennung ist hierin mehr als eine bloße Scheinhandlung.[19]

Darüber hinaus gibt es auch eine besondere Seite der Buchjustifikationen, welche diese als Rechtshandlungen mit zumeist durchaus ernst zu nehmenden Bezügen zur Menschenhinrichtung ausweist. Es ist dies die Verbindung zur In-effigie-Hinrichtung, in deren Zusammenhang Buchhinrichtungen gerade zu ihrer Zeit wiederholt ausdrücklich gestellt werden.[20] Am Ende des 17. Jahrhunderts wird jene Form der Justifikation wie folgt beschrieben und begründet:

„Wenn die jenigen/ so etwas Hartes verbrochen/ entweder ein Crimen laesae Majestatis begangen/ oder wohl auch eine Rebellion angestifftet und erreget haben/ sehen/ daß es übel ablauffen/ und die Straffe sie treffen werde/ pflegen sie gemeiniglich sich in Zeiten aus den Staub zu machen/ durchzugehen/ und in frembde Länder zu ziehen. Damit nun dieselben nicht meinen möchten/ sie wären gantz sicher/ und könnte man ihnen nichts thun/ sondern noch wohl darzu ins Fäustgen lachen/ daß sie solcher Gestalt echapiret: So ist löblich und wohl eingeführet/ daß man solchen ausgetretenen Missethätern/ sie mögen lebendig oder tod seyn/ den Process mache/ und nach Endigung dessen/ auch geschehenen rechtlichen Spruch/ die Execution, und was sie vor einer Straffe verdienet/ an ihren gemahlten Bildniß ergehen und vollstrekken lasse."[21]

Ähnliche Gedankengänge kann man für damals auch in bezug auf Buchhinrichtungen annehmen, das heißt zumindest für die Ebenen eher offen und direkt zugegebener Hintergründe.

Das Verhältnis von Buch und Mensch bei öffentlichen Schriftenverbrennungen durch den Henker kann man — nicht zuletzt eben wegen deren Zusammenhang mit dem Phänomen der Hinrichtung am bzw. im Bild — auch an einem weiteren Detail erhellen; es ist dies die Entlohnung des Henkers für seine Verrichtungen am Buch bzw. am Menschen. So bekommt der Wiener Scharfrichter im Jahr 1668 für die Verbrennung eines Buches 45 Kreuzer an „Freimannsgebühr".[22] Genau dieselbe Summe erhält er um diese Zeit für das Verbrennen bzw. auch für den Vorgang des Räderns bei Menschen.[23] Vergleiche mit Gebieten des Strafvollzuges, die den Buchhinrichtungen vor allem im Verhältnis zu Menschenhinrichtungen verwandt sind, zeigen ähnliche Bemessungen, die für unser heutiges Empfinden ungewöhnlich erscheinen: Am Beginn des 19. Jahrhunderts sind für den Henker bei „Anschlagung eines Nahmens, oder Urtheiles, an den Galgen" 15 Gulden vorgesehen, also ebensoviel wie für „normalen" Vollzug von Todesurteilen bzw. rund doppelt so viel als für das Verscharren eines Selbstmörders.[24] An den Henkerstaxen zeigt sich also eine Gleichstellung von Exekutionen an bestimmten Dingen mit Menschenhinrichtungen.

Wie ist der Zusammenhang von öffentlichen Bücherverbrennungen durch den Henker mit Menschenhinrichtung, insbesondere mit Menschenverbrennung, in Hinblick auf eine Kulturentwicklung — also auf eine etwaige Humanisierung — zu bewerten? Inwiefern kann man das Vernichten von Büchern als Ersetzung des Wunsches nach der Zerstörung menschlichen Lebens bezeichnen, inwieweit als Sublimation im Rahmen eines Kulturprozesses?[25]

Oskar Kokoschka legt in seinem Schauspiel „Comenius" dem Kaiser Ferdinand II. folgende Worte in den Mund: „Bücher brennen besser als Ketzer und ohne schlechten Geruch hinterher";[26] dem Scheiterhaufen wird dort bald darauf aber kein Buch, sondern ein Mensch zugeführt. Dementsprechend haben wir es des öfteren mit einem Sonderfall der allgemein menschlichen Eigenart zu tun, Angriffen mit Worten oder verbalen Lebensbedrohungen gegen andere Personen oft auch tatsächliche Angriffe auf deren Leben folgen zu lassen.[27] Öffentliche Bücherverbrennungen verschiedener Art, nicht nur Buchhinrichtungen, erweisen sich wiederholt als Indizien eines Prozesses, der einer Sublimation direkt entgegengesetzt zu sein scheint. Es ist zu untersuchen, inwieweit Bücherverbrennungen keine Verfeinerung kultureller Ausdrucksformen im weitesten Sinn, sondern eher ein letztes Fein-Sein vor — eben dadurch angekündigter – Verrohung rechtlicher bzw. gesellschaftlicher Ausdrucksformen darstellen können.

Wir haben bereits gesehen, wie gefürchteten Büchern bzw. den in ihnen verkörpert gesehenen Ideen nahezu eigener Wille und eigenes Handeln zugeschrieben wird, wie sie aufhören, als leblose Dinge zu gelten, sofern man sich durch sie bedroht sieht.[28] Da Bücher als Teil des Autors gelten können, wird verständlich, daß auf verbaler Ebene oft eine Personalisierung verbrannter bzw. – eigenen Wünschen gemäß – zu verbrennender Bücher vorgenommen wird, etwa durch eine Gleichsetzung von Autor und Buch. So schreibt Goethe in einer „Invective" gegen Kotzebue in bezug auf das Wartburgfest von 1817: „Die Jugend hat es dir vergolten:/" – nämlich daß er, Kotzebue, sein „eigenes Volk gescholten" und „niederträchtig vom Hohen geschrieben" habe – „Aller End' her kamen sie zusammen,/ Dich haufenweise zu verdammen;/ St. Peter freut sich deiner Flammen". In kritischer Absicht stellt Honoré Daumier 1852 rigorose Zensurbestrebungen unter dem Titel „Ein Autodafé im 19. Jahrhundert" dar, indem er Euripides, Sophokles und Molière auf einem brennenden Scheiterhaufen stehen läßt; zum Unterzünden werden von einem Vertreter der „klerikalen Reaktion" Bücher verwendet. Auch im Zusammenhang mit den Bücherverbrennungen von 1933 wird des öfteren eine solche Gleichsetzung von Buch und Mensch durchgeführt: Man schreibt über „Dichter auf dem Scheiterhaufen" oder über „Die verbrannten Dichter" (erstere Veröffentlichung für, letztere gegen die Verbrennungen eingestellt).[29]

„Hoch vonnöten wäre es", meint Luther nach der Wittenberger Schriftenverbrennung von 1520, „daß der Papst, d.i. der römische Stuhl, samt allen seinen Lehren und Greueln verbrannt würde."[30] In einem zeitgenössischen Bericht über eine Wiener Buchhinrichtung im Jahre 1668 heißt es:

„Diese wolverdiente Büchels-Vertilg- und Verbrennung war [. . .] ein wahre Vorbedeutung/ wann man dessen schelmischen [= verbrecherischen] Verfasser/ Unvatter und Beschreiber/ in originali erdappen könte/ wie man mit demselben haussen würde."

Eine andere Quelle über denselben Fall: Das Buch sei

„an statt des Schreibers [. . .] als eine Mißthätige Person [. . .] ordentlicher Weise verurtheilt [. . .] und folgends öffentlich auff einer Bühne verbrannt"

100

worden. Drei Jahre danach wird tatsächlich in Preßburg auf Anordnung aus Wien eine als hochverräterisch empfundene Schrift
mit ihrem Autor zusammen verbrannt.[31] Wir haben hier also bereits einen Beleg für das, was Heinrich Heine den spanischen
Moslem Hassan über eine öffentliche Koran-Verbrennung nach
der Eroberung Granadas durch die Christen sagen läßt: „Das
war ein Vorspiel nur, dort wo man Bücher/ Verbrennt, verbrennt man auch am Ende Menschen."[32] Diese Sentenz findet
man in den letzten Jahren in ähnlichem Wortlaut immer wieder:

„Verbrennungen von Büchern, Bildern und Noten markieren jeweils
den letzten Schritt vor den Verbrennungen der Produzenten und Ver-
vielfältiger der angefeindeten Kulturen; die Erfahrung: ‚Wer Bücher
verbrennt, verbrennt auch Menschen‘, ist nicht umsonst zum Sprichwort geworden."

Eine andere Version davon: „‚Wer Bücher verbrennt, wird auch
Menschen verbrennen.‘ Dieses prophetische Wort wurde in unserem Jahrhundert schreckliche Wirklichkeit."[33]

Die weitreichende Gültigkeit solcher (meist nur auf 1933 be-
zogener) Stellungnahmen läßt sich an zeitlich sehr breit gestreu-
ten Beispielen demonstrieren. In der Antike zeigen sich am Beginn der obrigkeitlichen Bücherverbrennungs-Praxis dementsprechende Zusammenhänge mit der Hinrichtung – wenngleich
nicht Verbrennung – von Menschen. Das gilt für die Jahre um
die Zeitenwende bei astrologischen Büchern und bei direkt politisch gefürchteter Literatur: 12 v. Chr. läßt Augustus in seiner
Funktion als Pontifex Maximus Wahrsage-Bücher verbrennen,
16 n. Chr. werden dann Wahrsager hingerichtet. 8 n. Chr. werden historische Schriften des Titus Labienus öffentlich verbrannt, 21 n. Chr. richtet man das erste Mal nach längerer Zeit
wieder einen Menschen aus ähnlichen Gründen hin.[34]

Eine vergleichbare Abfolge von Aggressionszielen liegt im
Fall Hus vor: 1410 werden in Prag unter anderem Bücher aus
dem Besitz dieses Theologen verbrannt. 1412 führen Freunde
von ihm noch eine Parodie jener Aktion durch; 1415 werden
dann sowohl Schriften von Hus als auch er selbst öffentlich verbrannt.[35] Verwandte Symptome finden sich um diese Zeit auch
im Fall jenes Mönches, der den eben gefundenen – vermeintlichen – Schädel des Livius zertrümmert, und zwar mit der Rechtfertigung, Papst Gregor I. habe die Bücher heidnischer Historiker verbrannt.[36]

Einschlägige Befürchtungen anläßlich der Verbrennung von Luthers Schriften —„ [. . .] und würdens mit ihm nicht besser gemacht haben, wo sie ihn in die hände bekommen hätten"[37] — sind wohl nur wenig übertrieben. Ebenso nicht ganz unberechtigt ist die Angst Voltaires, es könnte, nach verschiedenen Verbrennungen seiner Bücher, ihm ebenso ergehen wie einem Leser bzw. Besitzer seiner Bücher 1766 in Abbeville.[38] In Mitteleuropa werden um jene Zeit zwar fast nur mehr Brandstifter durch das Feuer hingerichtet, aber selbst dies zeigt, daß direkte oder indirekte Drohungen gegen Autoren bei der bzw. durch die Verbrennung ihrer Bücher durch den Henker nicht auf die leichte Schulter zu nehmen sind, auch nicht bei den Wiener Fällen. Einen gewissen — wenigstens vorübergehenden — Sublimationscharakter kann man allerdings gerade den Buchhinrichtungen des 18. Jahrhunderts nicht absprechen.

Jene Abfolge der Aggressionsziele Buch und Mensch bestätigt auch das Wartburgfest von 1817: Dort hilft ein gewisser Karl Ludwig Sand mit, „unteutsche Schriften" feierlich zu verbrennen, einschließlich Bücher des Theaterdichters und Berichterstatters im Dienste Rußlands über deutsche und französische Zustände, August Friedrich Kotzebue. Siebzehn Monate später läßt Sand der Bücherverbrennung die Ermordung des Autors folgen.[39]

Im weiteren Verlauf geraten diese Zusammenhänge vorübergehend in Vergessenheit. So kann 1915 ein Autor noch ruhig in spöttischer Weise über die längst endgültig vergangen geglaubten Zeiten schreiben, in denen „Bücher und Verfasser [. . .] auf einem Scheiterhaufen in ihren weniger schädlichen Zustand überführt worden" wären.[40]

Allmählich begannen jedoch wieder „fein organisierte Nasen [. . .] aufdampfenden Ketzerbrandgeruch zu wittern".[41] Dieser „Geruch" wird dann 1933 so deutlich, daß ein Artikel in der „Neuen Freien Presse" über die „Bücherscheiterhaufen" des 10. Mai wie folgt beginnt:

„Die Bücher, die auf dem Scheiterhaufen enden sollten, waren in großen Haufen aufgestapelt, und es nahm sich beinahe so aus, als wären es Gefangene in einem Konzentrationslager, die sich zusammendrängen, um Schutz und Rettung vor unbestimmten und unbekannten Gefahren zu finden, die ihnen drohen."[42]

Ein Sammler von Quellen über „Literatur und Dichtung im 3. Reich" kann dementsprechend dreißig Jahre später „zeigen, daß ein unmittelbarer Weg von den Argumenten für die Verbrennung ,rassefremder' Literatur zu den Vernichtungslagern von Auschwitz und Treblinka führt"; ähnlich ein anderer Autor: „Vom Opernplatz in Berlin lief ein gerader Weg zu den Öfen von Auschwitz und Maidanek."[43]

Unter solchen Umständen ist es noch verständlicher, warum Bücherverbrennung von Milton als „a kinde of homicide" bezeichnet werden kann. Die oben geschilderten, dem Buch selbst zuschreibbaren Wesensmerkmale dazugenommen, kann das Vernichten von Schriften im Vergleich zur Tötung von Menschen sogar als das ungeheuerlichere Verbrechen erscheinen, vor allem beim „Mord" an einer ganzen Auflage als

„a kinde of massacre, whereof the execution ends not in the slaying of an elementall life, but strikes at that ethereall and fifth essence, the breath or reason it selfe, slaies an immortality rather then a life."[44]

In Zeiten ohne öffentliche Bücherverbrennungen werden solche Ideen auf „stille" Zensur bezogen: „Das ist ein Gedankenverderber und Mörder und Schindersknecht/ Der wider's Recht/ Todtquält den lebendigen Geist", so ein Dichter des Vormärz.[45] Verstärkt findet sich die Ansicht, Bücherverbrennung sei besonders qualifizierter Mord, nach 1933. Carl Sandburg drückt seinen Zorn gegen „Murderers of Books" 1943 so aus: „To kill the books of Heine and Capek is a more dirty and bloody form of human murder than leading handcuffed authors out to have their heads hacked off by an official axman", und John Steinbeck stellt 1951 in ähnlicher Weise fest: „A dictator can kill and maim people, can sink to any kind of tyranny and only be hated, but when books are burned, the ultimate in tyranny has happened. This we cannot forgive."[46] Hier noch eine Aussage zum 10. Mai 1933 von Erich Kästner:

„Es war Mord und Selbstmord in einem. Das geistige Deutschland brachte sich und den deutschen Geist um [...]. Es war nicht nur Mord und nicht nur Selbstmord, es war Mord als Inzest, es war, mathematisch gesagt, Massenmord und Selbstmord hoch Drei."[47]

Auf Grund des bisher Gesagten können wir festhalten: Auch wenn im 17. oder 18. Jahrhundert Bücher anstatt des Schreibers justifiziert werden, stellt dies durchaus eine mögliche „Vorbedeutung"[48] dessen dar, was Autoren unter Umständen zu befürchten haben. Man gibt nämlich durch symbolische Verbrennung menschlicher Hervorbringungen indirekt zu erkennen, daß man eigentlich ein schärferes Vorgehen gegen bestimmte Menschen für angebracht hält. Zumindest unbewußt schwingt der Wunsch nach möglichst gründlicher physischer Zerstörung auch tatsächlich lebender Feinde bei Bücherverbrennungen aller Art immer wieder mit. Die Bereitschaft, gefährlich scheinende Bücher zu verbrennen bzw. gar hinzurichten, ist zumindest ein Indikator für mögliche Bereitschaft, auch die Menschen zu vernichten, die hinter solchen Büchern stehen.

Dementsprechend gelten Buchhinrichtungen auch bei Kommentatoren, die solches Vorgehen für überholt halten, nicht einfach als lächerlich, sondern eher als „gräßlich" bzw. als „scènes horriblement ridicules", die eher Betroffenheit als Gespött auslösen.[49] Wenn in solchen Zusammenhängen letzteres zu vermerken ist, dann ist es doch mehr dem Bereich des schwarzen Humors zuzuordnen. Schließlich gab es auch im Jahre 1771, in dem eine Brandstifterin in Wien öffentlich auf dem Scheiterhaufen sterben mußte, in derselben Stadt eine „Bernardoniade" (bestimmte Art von Komödie) unter dem Titel: „Der ohne Holz lebendig verbrannte Zauberer Bernardon".[50]

Gelegentlich eventuell von Beobachtern feststellbare rechtsparodistische Elemente werden höchstens von nicht direkt Beteiligten eingebracht, und selbst dann so unfreiwillig, wie von zufällig anwesenden Geistlichen 1668 in Wien: Sie hören von einer Hinrichtung und suchen den vermeintlich betroffenen Menschen inmitten des Aufzuges. Der gerichtliche Träger der Schrift weist auf dieses „Büchl" hin, worauf die Geistlichen „schamroth" davongehen. Diese Geschichte wird vom zeitgenössischen Berichterstatter so eingeleitet: „Doch muß gemeiniglich/ bey solchen ernstlichen und peinlichen Händeln/ etwas Lächerliches vorübergehen."[51] Schließlich können komische Elemente dieser Art den Ernst der Lage für Menschen, die ihrerseits die Folgen jener in Aggression umschlagenden Angst zu fürchten haben, nicht einmal annähernd verdecken.

Die Berechtigung von Ängsten in bezug auf vorerst nur bücherfeindliche Aggressionen zeigt sich auch darin, daß diese verschiedenste anthropomorphisierende Formen annehmen können: Es gibt also viele offizielle, offiziöse oder private Vorgangsweisen, in denen Bücher mehr oder minder wie Menschen behandelt werden. Dies zeigt etwa eine Abhandlung von Johann Georg Schelhorn, nämlich sein „Schediasma historico-literarium de variis poenis in libros statutis". Dort wird die Absicht geäußert, in kurzer Form „die verschiedenen Arten von Strafen bzw. Hinrichtungen" (suppliciis) abzuhandeln, die an Büchern vollstreckt wurden bzw. werden. Daraus wird ersichtlich, auf welche Weise

„viele von ihnen geächtet und durch Brandmarkung gezeichnet, nicht wenige zu immerwährenden Fesseln und ewigem Kerker verurteilt wurden, andere verstümmelt, ziemlich viele am öffentlichen Ort der Schande bzw. am Galgen angeschlagen, einigen wurde [gleichsam] der Kopf abgetrennt. Andere wurden zerstückelt und zerrissen, wiederum andere ins Wasser oder selbst in Kloaken geworfen, andere auf Karren gelegt und feierlich zum Ort der Hinrichtung gebracht, andere schließlich wurden den rächenden [bzw. strafenden] Flammen übergeben."[52]

Schriften werden gelegentlich „(als wanns persönliche übelthäter wären) ausdrücklich zur ewigen landesverweisung" – zusätzlich zum öffentlichen Feuer – verurteilt.[53] Häufiger ist der Ausdruck „verbannen" in Zusammenhang mit Büchern als Ausdruck für Bekämpfung im allgemeinen, etwa wenn es heißt, man könne „nicht geschwind genug so ein Buch verbannen".[54]

„Eingekerkert" werden Schriften, indem man sie „anhält" bzw. sie in das „Secret" wirft.[55] Das Bewußtsein dieser Sinnübertragungsmöglichkeit von Einkerkern für Bücher wird an einem künstlerischen Objekt aus dem Jahre 1970 deutlich: ein Buch mit der Aufprägung „Milton" (durch seine „Areopagitica" Symbol der Pressefreiheit) in einer durch Stacheldraht abgeschlossenen Nische, so die Freiheitsbeschränkungen Autoren und ihren Büchern gegenüber aufzeigend.[56]

Das „Verstümmeln" von Schriften besteht – Schelhorn zufolge – vor allem im Überkleben bzw. Zukleben mißliebiger Passagen. Außer den von Schelhorn angeführten Beispielen könnte man hier den Fall jener amerikanischen Frau anführen, die 1962 auf ähnliche Art – durch Zukleistern „obszöner" Bücher – drei Monate lang eine „one-woman crusade against smut" organisierte.[57] Obrigkeiten lassen häufig einzelne inkriminierte Stellen aus Schriften überkleben oder auf andere Art unleserlich machen. In der frühen Neuzeit werden viele jüdische Bücher so mißhandelt.[58] Entsprechende Einzelanordnungen gibt es auch von Joseph II. bzw. von den ihm unterstehenden Behörden. So sollen beispielsweise politisch anstößig scheinende Stellen in einem Brevier „ausgelöschet, oder verpicket" bzw. „mit Papiere verkleistert" werden, widrigenfalls der jeweilige Besitzer „mit einer Geldstrafe von 50 Fl. [= Gulden] zu Handen der Armenkasse belegt" werde.[59]

Über das „Anprangern" von Schriften — im wahrsten Sinne des Wortes — sowie über das Anschlagen von Büchern an den Galgen werden wir noch zu reden haben. Hier nur ein Beispiel eher privater Art aus dem Jahre 1786: Die betroffene Schrift, „Briefe über den jetzigen Zustand von Galizien" von Franz Kratter, war, wie ein Zeitgenosse schreibt, „bey dem wirklichen Guten, was sie enthalten, mit bitteren Sarkasmen und skandaleusen Privatanekdoten [. . .] angefüllt."[60]

„Da sich der Verfasser auch über einige Professoren der Universität zu Lemberg lustig machte, so waren diese so erbost darüber, daß sie in der Geschwindigkeit nichts anders zu thun wußten, als diese Briefe, schön gebunden, zur Nachtszeit an den Galgen [. . .] zu heften, nebst einem Zettel mit grossen Lettern: Dieß gebührt dem bübischen und pasquillanischen Franz Kratter. — Sie mußten, da sie niemand herunter nehmen wollte, durch den Nachrichter herabgenommen werden."[61]

Solches Vorgehen scheint allerdings nicht nur als Methode entehrender Bestrafung einer Schrift angewandt worden zu sein, im Gegenteil: Am Ende des 18. Jahrhunderts erwähnt ein Jurist das „Anheften" von „Injurien und Lästerschriften [. . .]" an öffentlichen Orten und Plätzen" bzw. eben auch „an Galgen, Straf- und Schandpfählen" als gelegentlich vorkommendes Mittel von Verbreitern solcher Schmähschriften zur zusätzlichen Beleidigung der Angegriffenen.[62]

Zum Thema „Köpfen" weiß Schelhorn nur zu berichten, daß in einer Klosterbibliothek verbotene Bücher durch Herausreißen von Titelblättern, Widmungen und Autorenbildnissen bestraft worden sein sollen.[63] Für Hamburger Buchhinrichtungen läßt sich Anlehnung an Enthauptungen jedoch zumindest andeutungsweise zeigen. Dort werden Bücher durch den Henker auf dem „ehrlosen Block" bzw. „Richtblock" verbrannt, vielleicht sogar zusätzlich mit angedeuteter Enthauptung.[64]

Einmal wird das Schwert als angebliches Mittel einer historischen Buchhinrichtung offensichtlich deshalb Lesern einer lokalhistorischen Zeitschrift einzusuggerieren versucht, um die — natürlich positiv gesehene — eigene Vergangenheit nicht durch eine mögliche Verbindung eines Habsburgerkaisers mit den Ereignissen im Nazi-Deutschland des Jahres 1933 beschmutzt erscheinen zu lassen: Die Zeitschrift „Wien und die Wiener" berichtet 1950 von der Buchhinrichtung des Jahres 1668, ohne das Durchführungsmittel Feuer erahnen zu lassen. Am Schluß der betreffenden Glosse heißt es nur, daß „dem Scharfrichter der Befehl zur Hinrichtung gegeben wurde". Als Illustration beigefügt ist ein Scharfrichter, der gerade mit dem Richtschwert gleichsam Maß an einem Buch nimmt, das auf einen Richtblock gestellt ist.[65]

Das Zerreißen von Schriften ist oft eng mit dem öffentlichen Verbrennen durch den Henker verbunden; deshalb sei diese Art des „Verstümmelns" von Büchern erst weiter unten besprochen.[66] Beispiele für eine weitere Möglichkeit von Buchmißhandlung, nämlich für das „Ertränken", haben wir bereits oben besprochen. Weitere einschlägige Fälle — etwa Werfen des Buches in Kloaken — finden sich bei Schelhorn.[67]

Nach einigen Fällen in Antike und Mittelalter[68] müssen vor allem im 16. und 17. Jahrhundert Autoren des öfteren auch in mehr oder weniger feierlicher Form eigene Schriften aufessen. Diese Aktionen sind zu einem großen Teil durch die umdeutende Rezeption bestimmter Bibelstellen angeregt: Der Prophet Ezechiel und der Verfasser der Apokalypse berichten, wie sie von Jahwe bzw. von einem Engel dazu aufgefordert werden, himmelsgesandte Schriften zu essen. Auf diese Weise sollen beide das Wissen „in sich aufnehmen", das Gott ihnen mitteilen will.[69] Die Kenntnis vor allem der betreffenden Stelle aus der Apokalypse wird ab dem Beginn des 16. Jahrhunderts durch populäre Graphiken stark verbreitet, und zwar hauptsächlich durch Nachahmer des Apokalypse-Zyklusses Albrecht Dürers von 1498.[70]

Nicht zuletzt auf solche Anregungen ist zurückzuführen, daß 1523 in Sachsen auf Anordnung einer phantasievollen Justiz ein

Pasquillant namens Jobst Weißbrodt (!) „die gefertigten Schreiben zur Straffe fressen muste“.[71] Ähnliches berichtet auch Ranke in seiner „Deutschen Geschichte im Zeitalter der Reformation“: „[. . .] ein Priester, der in Luthers Sinne geschrieben, ward gezwungen (kaum überwindet man sich, es zu erzählen) sein Buch aufzuessen“. Die Annahme bei Friedrich Sachse, Ranke zitiere hier ein allgemeines Gesetz, ist jedoch ein Mißverständnis. Der Nebensatz mit dem „Buchessen“ steht bei Ranke nämlich mitten in einer Aufzählung von reformationsfeindlichen Maßnahmen, vor der er in unbestimmter Form auch einschlägige Edikte erwähnt; die der Aufzählung folgende Anmerkung belegt aber nur die Menschenausweisungen direkt, die im letzten Gliedsatz erwähnt werden.[72]

Auch aus dem 17. und frühen 18. Jahrhundert ließen sich mehrere einschlägige Fälle anführen, bei denen Autoren entweder ganze Schmähschriften oder auch nur beanstandete Einzelblätter schlucken mußten; ersteres Los traf Isaac Volmer 1631 auf Befehl Herzog Bernhards von Sachsen-Weimar.[73] Aber auch noch im Jahr 1978 mußte ein brasilianischer Journalist etwas Ähnliches erleben: Er wurde von der Polizei gezwungen, einen ihre illegalen Praktiken kritisierenden Artikel aufzuessen.[74]

Diese Art der Buchvernichtung findet sich gelegentlich, ebenso wie das Verbrennen, auch als Metapher für Zensur im allgemeinen, so in einer Karikatur Walter Triers aus dem Jahr 1918.[75] Als literarisches Beispiel sei hier Shakespeare — 2 Henry VI, II, 2 — angeführt: Ein Briefschreiber warnt den Prinzen vor Poins, worauf dieser meint: „My Lord, I'll steep this letter in sack [eine Weinsorte] and make him eat it“.

Eine nebensächlichere Rolle beim Quasi-Strafvollzug an Büchern spielt das „Verprügeln“. Bei einem Magdeburger Fall von „Anprangerung“ eines Buches werden um das Jahr 1530 auch zwei Ruten mit an die Schandsäule geheftet — zwar eher dem Autor zugedacht, aber immerhin mit dem Buch in jeder Hinsicht direkt verbunden. Weiters bringt etwa eine Schrift aus dem Jahr 1606 einen Bericht des Protestanten Mathesius, daß „ein Predicantischer Doctor die Luthrische Bibel mit sich [. . .] auff die Cantzel genommen/ dieselbige vor allem Volck mit Ruthen gestrichen/ und gesaget [habe]: Lerne es besser/ Lerne es besser“. Dies wird vom Katholiken Rosolenz mit der Randglosse: „Merckt ein schönes Exempel“ und mit dem Zusatz versehen: „Deß Luthers Bib[e]l ist wol verehrt/ Wann man ihr eine Haut

abkehrt [d.h. sie schlägt]./ Aber noch besser ist sie verehrt/
Wann mans durchs Fewr in Asch verkehrt."[76]

Vergraben bzw. „Begraben" von Büchern kann ebenfalls hier
auf verschiedene Weise eine Rolle spielen. Als Mittel formloser
Zensur wird es von Wekhrlin van Swieten (dem Älteren) zugeschrieben:

„Dieser Despot ließ alle Werke und Handschriften in dieser Materie
[nämlich der ‚Goldmacherkunst'], die er in der kayserlichen Hof-Bi-
bliothek fand, deren Vorsteher er war — Werke, die nach der Sage ihrer
Anhänger unschätzbar und unwiederbringlich sind — ausheben und
vergraben."[77]

Dies ist vermutlich eine Umschreibung für das Lagern in unzu-
gänglichen Depots. In eindeutig metaphorischer Verwendung
findet sich die Idee vom Vergraben eines Buches in strafender
Absicht 1927 in einer Stellungnahme General Hertzogs, des
Premierministers der Südafrikanischen Union, über das Blau-
buch, in dem das Mandatsrecht der Siegerstaaten des Ersten
Weltkrieges über die deutschen Kolonien begründet wird: „Die
Unzuverlässigkeit und Unwürdigkeit dieser Urkunde genügt, sie
zu dem schimpflichen Begräbnis aller ähnlichen Schriften der
Kriegszeit zu verdammen." Ein halbes Jahr zuvor hatte tatsächlich der südwestafrikanische Landesrat die Vernichtung aller
Exemplare jenes Blaubuches beschlossen.[78] Weitere Möglichkeiten für Bücherstrafen ergeben sich, wenn man hier auch bildlich gemeinte Aussagen miteinbezieht, die eher auf allgemeine
Zensur ohne Rücksicht auf deren Form abzielen. „Abschießen"
und „Lynchen" von Büchern sind derartige Möglichkeiten.[79]

In Alabama kommen zensurwütige Obrigkeiten 1953 in den
Ruf, „book-toasters" zu sein. Es geht dabei um eine Gesetzesini-
tiative, derzufolge bei allen in Schulen, einschließlich Universi-
täten, verwendeten oder in öffentlichen Bibliotheken zugängli-
chen Schriften die politische Einstellung der Autoren — d.h.
praktisch, ob kommunistisch oder nicht — durch Stempel kennt-
lich zu machen sei, einschließlich der Autoren von in Anmerkungen zitierten Büchern. Befürworter dieser „poison label bill"
werden von einem Leitartikel so beschrieben: „but one degree
removed from a book-burner — which, we suppose, is a book-
toaster."[80] Der Haken an jenem Gesetz war natürlich seine Un-
durchführbarkeit. Man hätte alle Beamten des Bundesstaates
auf Jahrzehnte hinaus ausschließlich mit den dafür notwendigen
Arbeiten beschäftigen müssen.

Hier zeigt sich also auch, was wir oben bereits im speziellen an Befürwortern tatsächlicher Bücherverbrennungen festgestellt haben: Angesichts von papierenen Gegnern, die alles andere denn „Papiertiger", nämlich auf schwer einsehbare Art und Weise eigenen Anschauungen und Plänen sogar sehr gefährlich zu sein scheinen, neigen selbst moderne, vorgeblich rational organisierte Verwaltungsmaschinerien bzw. die sie bildenden und bedienenden Menschen zu Maßnahmen, die sich mit gemeinhin als rational zu bezeichnenden Argumenten nur sehr unbefriedigend begründen lassen. Trotzdem wurde und wird dies bei solchen Aktionen natürlich immer wieder versucht; diese Rationalisierungsversuche[81] brauchen uns aber nicht weiter zu irritieren. Öffentliche Bücherverbrennungen durch den Henker sind auch in dieser Hinsicht nur ein historischer Spezialfall im Bereich möglicher Folgen von nahezu allgemeingültigen Ängsten mit ähnlichen Auslösern.

6. Mögliche rituelle Elemente der Vorbereitung und Durchführung von Buchhinrichtungen

Nunmehr soll versucht werden, einzelne wesentliche Umstände bzw. Elemente des Handelns im Umkreis sowie im eigentlichen Handlungsfluß von Fällen unserer besonderen Spielart von Bücherverbrennung näher darzustellen. Es wird sich so eine Art von Rekonstruktion entsprechender Zeremonien ergeben, also vor allem eine Darstellung der möglichen äußeren Umstände bzw. des Ablaufes entsprechender Handlungen.

Im allgemeinen ist es schon größtenteils eine Frage des Zufalls, ob von Zensurbehörden überhaupt irgendetwas gegen ein Buch direkt unternommen wird. Es kommt eben „auch hierinn offt etwas auf Zeit, Personen, und andere Umstände" an − so 1772 Johann Jacob Moser.[1] Diesbezüglich ist das Vorgehen der Obrigkeiten ähnlich dem mit Menschen, deren Schriften beanstandet werden. Etwa spielen gesellschaftliche Rücksichten bezüglich der Position des Autors eine Rolle; oft genug wird die volle Härte strafrechtlicher Möglichkeiten nur gegen die Verbreiter verbotener Schriften, also gegen ärmere und persönlich einflußlose Leute angewandt,[2] während sozial höherstehende Personen, wie beispielsweise Montesquieu, selbst als Autoren kaum persönliche Strafe zu befürchten haben. Dabei kann man allerdings auch hieraus keine lohnenden Verallgemeinerungen ableiten, dazu sind die jeweiligen „Reizschwellen" zu unberechenbar.

Weder für bestimmte Zeitabschnitte noch für gewisse Regionen läßt sich ein besonders charakteristischer Grund dafür nennen, warum einmal ein abschreckendes Exempel in der eklatantesten Form statuiert werden soll und ein anderes Mal diese Ausrede nicht für eine Buchhinrichtung ausreicht. Einen Anhaltspunkt kann gelegentlich der jeweils empfundene Grad an Gefährlichkeit bzw. die daraus resultierende Angst unterschiedlicher Größe ergeben. In diese Richtung weisen Fälle, in denen lateinische Bücher verschont bleiben, und erst die Übersetzung in die Landessprache eine Reaktion eklatanter Art nach sich zieht.[3]

Wie bereits zu sehen war, hilft auch die Suche nach gesetzlichen Fixierungen nicht weiter. Eher spielen entsprechende Aktionen anderer – insbesondere feindlicher – Mächte eine Rolle als Auslöser. Dabei kann der Zusammenhang in einer Art von Rache bestehen, wenn man durch das Vorläufer-Ereignis direkt oder indirekt selbst betroffen ist; solche Betroffenheit braucht aber nicht unbedingt bei einer Anregung von außen gegeben zu sein – ersteres ist offenbar 1707 in Wien der Fall, letzteres möglicherweise 1668 ebenfalls in Wien.[4]

Zur Zeit der Buchhinrichtungen behalten sich die zuständigen Obrigkeiten jedoch sämtliche Möglichkeiten vor, Handlungen zu setzen, „as the severall causes shall require [. . .]; as also that such further course and order may be taken concerning the same booke or bookes, as shall bee thought fitting" – so ein englisches Dekret von 1637. Ähnlich ist in der gerichtlichen Publikation der Verurteilung eines Buches 1657 im Kirchenstaat die Rede von „anderen Strafen, die seine Heiligkeit [der Papst als Landesherr] anzuordnen belieben" werde.[5] Die Einleitung eines mehr oder minder regelrechten Verfahrens gegen Bücher erfolgt also zumeist als eher willkürliche, kaum wirklich vorhersehbare Ad-hoc-Maßnahme.

So wird also ein Buch angeklagt, wohl zumeist in Verbindung mit dem Autor oder wenigstens als Ersatz für ihn; im Bewußtsein der Zeitgenossen kann aber hierin das Buch nahezu allein im Mittelpunkt stehen, wie im Bericht der „Wiener Zeitung" vom 11. 3. 1786 über einen Pariser Fall abzulesen ist:

„Diesem nach hat der Generalprokurator Seguier das Buch beim Parlament [also beim zuständigen Gerichtshof] angeklagt. Seine Klageschrift ist sehr treffend und sehr nachdrücklich, und in Folge derselben wurde obgedachtes Werk [Voyage de Figaro en Espagne] am 15. Feb. im Parlamentshof öffentlich verbrannt."

Unser Phänomen ist aber doch im Grunde genommen eine Abbreviatur, eine gekürzte Form der Menschenhinrichtungen. Dies wird auch dadurch deutlich, daß kaum jemals ein vollständiger Prozeß im heutigen Sinn gegen das Buch allein stattfindet. Das Übliche ist ein „processus iudicialis [. . .] adversus authores et libros"[6] wie 1634 in Madrid. Dabei wird – nicht zuletzt deshalb, weil im allgemeinen kein Autor greifbar ist – mit dem Buch gleichsam „kurzer Prozeß" gemacht, oder zumindest relativ kurzer Prozeß. Das kann laut einem zeitgenössischen Flugblatt 1634 in Spanien so aussehen: Die zuständige Behörde, in diesem Fall die Inquisition,

„verdammet nach vorhergehendem Examen [auf königlichen Befehl ‚examinari & iudicari' hin] die Scribenten und Ihre Bücher/ und schleust [= beschließt]/ daß diese [d.h. nur die Bücher] mit offentlicher schand auf offentlichem platz und Marckt verbrent werden."[7]

Für den Wiener Fall von 1668 vermittelt der Bericht Abeles den Eindruck, daß Elemente eines Prozesses an eigener Stelle in Kurzform öffentlich vorgenommen werden: „Das Verbrechen wurde [. . .] offentlich abgelesen/ das Urthel gefället/ der Stab gebrochen/ und das Büchl [. . .] dem Scharff-Richter zum verbrennen übergeben";[8] das alles, wohlgemerkt, noch nicht am eigentlichen Ort der Verbrennung.

Man darf dabei allerdings eines nicht außer acht lassen: Prozeß bzw. „processus judicialis", also „gerichtliches Vorgehen" wörtlich übersetzt, bedeutet in dem hier fraglichen Zeitraum hauptsächlich die Vollstreckung von Strafen in möglichst ritueller, offensichtlicher Form.[9] Heute denkt man beim Begriff Prozeß in juridischem Sinn fast nur an die Entscheidungsfindung nebst Urteilsfällung als Abschluß. Quellen zu ersterer sind für die Buchhinrichtung nur selten überliefert; in den Augen der damaligen Zeitgenossen beginnt bei solchen Aktionen das eigentliche – und überlieferungswürdige – Vorgehen im wesentlichen erst mit der Urteilsfällung. Dem entspricht beispielsweise die Formulierung, einer Schrift „den Process gar durch den Hencker mit verbrennen mitten auf dem Marckte zu machen" – so eine Zeitschrift 1722 zu einem Fall im damals polnischen, heute sowjetischen Grodno.[10]

Einen nächsten Schritt bilden verschiedene Arten der Veröffentlichung des Urteils. Dies geschieht vorwiegend durch Anschläge an öffentlichen Orten. Im vorhin erwähnten Bericht über den Madrider Fall von 1634 folgen nach den Punkten A = königlicher Verfolgungsbefehl und B = „Verdammung" die entsprechenden Schritte als Punkte C, D und E:

„C. Diese Sententz wird dem Volk publicirt, verkündiget und außgesprochen. D. Wird auch an allen Kirchenthüren zu Madril [= Madrid]

113

angeschlagen: deßgleichen auch in allen [anderen] Stetten und Kirchen. E. Imgleichen in aller Ihrer Mayestät. Reichen/ biß gar in Sicilien/ unnd beyden Indien geschehen soll."[11]

Die charakteristicheren Formen der Urteilspublikation erfolgen allerdings, wie wir bald sehen werden, in engem Zusammenhang mit der tatsächlichen Verbrennung.

Bei den Möglichkeiten der Buchbestrafung laut Schelhorn haben wir bereits den feierlichen Transport zum eigentlichen Ort des Geschehens erwähnt.[12] Dieser Punkt wird, ebenso wie auch andere Elemente, der jeweiligen Praxis der Menschenhinrichtung gemäß ausgeführt. Der Fall von 1634 ist dementsprechend gerade hierin von der Praxis der Autodafés inspiriert:

„Die zum Fewr verdampte[n] bücher/ werden auff einen Esel geladen/ vorher gehen Baucken und Trompetten: der Hencker folgt drauff: werden also mit diesem gepreng [= Gepränge] zur Execution begleitet."[13]

Dabei kann bereits das Transportmittel eventuell als Ehrenstrafe gelten: dem offiziellen Dekret zufolge ein Maultier mit roter Bedeckung, darauf ein die Bücher enthaltender Kasten, mit Flammen bemalt wie die Sanbenitos, die Umhänge für zu verbrennende Menschen.[14] Wenn es statt etlicher Folianten nur ein einziges, womöglich sehr kleines und leichtes Buch hinzurichten gilt, genügt als Träger auch eine Gerichtsperson. In Wien ist es 1668 dementsprechend der Kerkermeister bzw. „Huetstock", der „ein pasquil Buechl auss dem Malafiz Ambthauss öffentlichen auf die Kayserliche Schrannen" trägt. Der ganze Zug — einschließlich des übrigen, auch bei Menschenhinrichtungen anwesenden Personals — bewegt sich dabei „durch die jenige[n] Gassen/ durch welche man sonsten eine zum Tod verurtheilte Malefiz-Person zu führen pfleget".[15]

Wesentlichere rituelle Elemente finden wir am Ort der Durchführung selbst; deshalb vorerst zur Wahl des Ortes. Vor allem im 16. und im 17. Jahrhundert werden Schriften hauptsächlich an solchen Stätten verbrannt, wo man auch Menschen hinrichtet. Betont werden solche Parallelen, zumindest was offizielle Schriftstücke betrifft, eher erst bei späteren Fällen;[16] vorher war dies anscheinend selbstverständlich. Das galt bereits für die inoffizielle Bannbullenverbrennung von 1520 zu Wittenberg: Sie fand am dortigen Schindanger statt.[17] Oft ist in Urteilen oder Berichten nur von „öffentlich" die Rede, bzw. es heißt: „auf öffentlichem Markt" oder: „auf dem Marktplatz".[18]

Im 18. Jahrhundert ist dann der Wunsch nach Publizität offenbar um vieles größer als das Streben nach möglichst „stilechter" Bücherbestrafung, sodaß etwa in Berlin 1752 eine Schrift Voltaires „auf den vornehmsten Plätzen [. . .] durch die Hände des Henckers öffentlich verbrannt" wird[19] und nicht bloß an einem einzigen Ort des üblichen Strafvollzugs. Eine Akzentverschiebung läßt sich eventuell auch an den Wiener Fällen nachweisen: 1668 war der Hohe Markt Schauplatz der Buchhinrichtung, also keine Stätte von Menschenverbrennungen, aber immerhin von anderen Leib- und Lebensstrafen.[20] In den Fällen des 18. Jahrhunderts finden die Bücherverbrennungen jedoch am Neuen Markt statt, der als Ort des Strafvollzugs an Menschen eine untergeordnete Rolle spielt.[21] Für 1707 erklärt Schlager diese Verlegung mit der Tatsache, daß „damals eben das Holzmodell der Joseph-Statuengruppe auf dem Hohen Markt aufgestellt, den Platz beengte."[22] Ob in den späteren Fällen dann weiterer Raum, bewußtes bzw. unbewußtes Abrücken von Menschenhinrichtungen oder auch nur der Präzedenzfall von 1707 für die Platzwahl entscheidend sind, läßt sich aber nicht mit Bestimmtheit sagen. In ähnlicher Weise kann man im Paris des 18. Jahrhunderts ein Abrücken von üblichen Hinrichtungsorten, beispielsweise vom Croix du Tiroir,[23] feststellen. Die späteren Bücherverbrennungen — zumindest die vom Parlament angeordneten — finden meist ausdrücklich „au pied du grand escalier du Palais de Justice"[24] statt. Das liegt wohl daran, daß jenes Parlament solche Aktionen immer mehr auf eigene Initiative hin durchführen läßt.

Die Motivationen der Platzwahl sind von vornherein schwer zu trennen. Manche Orte scheinen sich wie selbstverständlich als Schauplatz demonstrativer Verrichtungen aller Art anzubieten, so der Römerberg in Frankfurt am Main, die Place du Sablon und der Große Platz in Brüssel, die Plätze vor der Börse bzw. vor dem Westminster-Palast in London oder der Neue Markt in Wien. Vor allem im 18. Jahrhundert wird auch des öfteren in Dekreten und zeitgenössischen Berichten Wert auf die Feststellung gelegt, daß eine Bücherverbrennung in unmittelbarer Nähe von Pranger oder Galgen stattfindet (was bei damaligen Hauptplätzen ja an sich oft selbstverständlich wäre). Dies ist bei einem Ulmer Fall im Jahr 1768 so; aber auch aus der Stellungnahme eines Rechtstheoretikers von 1702 geht hervor, daß man damals Bücherverbrennungen durch den Henker „sub patibulo", also „unter dem Galgen", für das angemessenste Vorgehen hält.[25] Bei Hamburger Fällen wiederum ist davon die Rede, daß Buchhinrichtungen auf dem „ehrlosen Block" bzw. auf dem „Richtblock" stattfinden[26], also an dem Ort, wo auch „Injurianten, Calumnianten, Lästermäuler und Ehrenschänder" ihren Widerruf in bestimmten Fällen verrichten müssen.[27] Auch solche Momente können hier eine Rolle spielen, um Buchhinrichtungen eventuell verstärkten Widerrufs-Charakter zu geben. Bei der Verbrennung einer gegen Joseph II. bzw. gegen seine Vertreter in den österreichischen Niederlanden gerichteten Schrift hieß es jedoch wiederum ausdrücklich, es sei dafür ein Schafott an jenen Platz zu stellen, den man bei der Exekution von Menschen dafür gewohnt sei. Der Herausgeber der betreffenden Quelle von 1788 betont bezüglich der Platzwahl zurecht, daß diese Bücherverbrennung vorgenommen worden sei mit der ganzen Feierlichkeit, wie sie bei Exekution von Kriminalurteilen üblich ist.[28]

Im allgemeinen weist die Wahl des Schauplatzes aber doch bei früheren Buchhinrichtungen direkt auf bewußte Parallelen zur Bestrafung von Menschen hin. Dies gilt auch für die Ausschmückung des Schauplatzes bzw. für die Berichte darüber. 1668 wird beispielsweise in Wien am Tag vor der Bücherverbrennung rotes Tuch ausgelegt bzw. ausgehängt, „wie wenn jemand sterben soll".[29]

Selten eindeutig festzulegen sind die Kriterien bei der Wahl der Zeit für Buchhinrichtungen. Man führt solche Aktionen im allgemeinen zwischen 9 und 14 Uhr durch, wobei in Quellen meist bloß eine kurze Zeitangabe — in Zahlen oder als Tageszeit ohne sonstigen Zusatz — zu finden ist.[30] Eindeutiger liegen die Dinge nur dann, wenn es etwa heißt: vor dem „Rathhause/ wenn es Börsenzeit" ist,[31] was wohl heißen soll, daß eine besonders große, bzw. besonders „qualifizierte" Zuschauermenge erwünscht ist.

Vor der Verbrennung wird, entsprechend den Menschenhinrichtungen, der Ort des Geschehens abgesichert. Das geschieht „zur Verhütung vieler Unordnung" (Frankfurt a. M. 1766) beispielsweise (wie in Ulm 1768) durch „30 Mann vom Stadtmilitär mit scharf geladenen Gewöhren".[32] Diese als Gerichtswache verwendeten Personen werden in unterschiedlicher Stärke aufgeboten, je nach dem üblichen Repräsentationsaufwand oder auch je nachdem, was man an Zwischenfällen zu befürchten hat. Gerade in den beiden eben zitierten Fällen von 1766 und 1768 könnte den Obrigkeiten ein Londoner Ereignis des Jahres 1763 als warnendes Beispiel gedient haben: Dort versuchte man, durch Buchhinrichtung den relativ radikal-demokratischen Ideen des Volkshelden John Wilkes beizukommen, ein Versuch, der allerdings kläglich scheiterte. Kaum hatte nämlich der Scharfrichter die beanstandete Schrift „angezunden, so schlug ihm der umstehende Pövel die Fackel aus der Hand, und wie er selbe nochmals ergriffe, [. . .] wurde er mit häufigen Stock-Schlägen davon gejagt." Die anwesenden Gerichtsbeamten wurden „sammt denen Officieren von der Gerichtswache [. . .] derb abgeprügelt, ihre Wägen umgeworfen, und sie selbsten mit Unflat besudelt", wobei gerufen wurde: „Es lebe Wilkes und unsere Freiheit". Eine ähnliche Szene 1521 in Thorn: Ein päpstlicher Legat wollte auf einem Kirchhof Luthers Schriften und Bildnis verbrennen lassen, jedoch „die Bürger und das gemeine Volk verjagen Legaten, Bischof und Pfarrer durch Steinwürfe.[33]

Im allgemeinen hat die militärische Abdeckung, die „Begleitung der Wacht"[34] aber doch hauptsächlich den Zweck, die Symbolkraft der Zeremonien zu erhöhen; auch rechnet man dabei sicher mit einer Verstärkung des − vermeintlich abschreckenden − Hinrichtungscharakters.

Bereits der Anmarsch zum Ort des Geschehens ist bei Buchhinrichtungen von der damals üblichen „,Akustik' des Kriminalrechts"[35] begleitet: „praecedentibus tubis, & tympanis" werden etwa 1634 in Madrid Bücher „ad executionem" befördert, bzw., wie es im deutschen Paralleltext zum zitierten Flugblatt heißt, „vorher gehen Baucken und Trompetten; der Hencker folget drauff: werden also mit diesem gepreng zur Execution begleitet."[36] Klänge bzw. Geräusche von Trommeln, Pauken, Trompeten, Hörnern oder Glocken sind zu gewissen Zeiten bei öffentlichen Begängnissen verschiedenster Art üblich,[37] insbesondere für Menschenhinrichtungen. Bestimmte Arten akustischer Begleitung sind aber auch untrennbar mit Buchhinrichtungen verbunden, nicht zuletzt durch mehr oder minder bewußte Sinngehalte.

Ursprünglich wollte man auf diese Art bewußt apotropäische Wirkung erreichen: Besonders durch harte Geräusche, durch den Klang von Metall hoffte man, böse Geister zu vertreiben, bzw. ungünstige Einflüsse aller Art vom eigenen Lebensbereich fernzuhalten.[38] Ein klassisches Mittel sind Glocken. Bei ihnen kommt zur Wirkkraft des bloßen Geräusches bzw. des Erzklanges noch die Herkunft aus dem Feuer dazu; außerdem kann bei Glocken die kirchliche Weihe die Überzeugung oder zumindest die Ahnung vermitteln, hier habe man magische Potenzen besonderer Art zur Verfügung. Was man sich dabei erwarten kann, wird in Glockeninschriften deutlich: „Blitz und böse Dämonen abwehrend", „Der Klang dieser Glocke besiegt Unwetter und vertreibt Dämonen" und dergleichen – im Original zumeist lateinisch. Dementsprechende Bräuche, beispielsweise das Wetterläuten, findet man bis in unser Jahrhundert.[39]

Damit verwandt sind die ursprünglichen Absichten bei der Verwendung von Armesünder-, Malefiz- bzw. Schandglocken. Mit solchem „Ausläuten" von Individuen, die der Gemeinschaft möglicherweise noch nach ihrem Tod schaden können, vermeint man, die Austilgung dieser Menschen gleichsam zu besiegeln; Anschauungen, die auch beim Ausläuten von Verbannten mitwirken.[40] Hier sei weiters an die Praxis erinnert, bestimmte historischen Anlässen entspringende Alarmierungsgeläute Jahrhunderte hindurch beizubehalten; in Windhaag bei Freistadt mußte der junge Schulgehilfe Anton Bruckner täglich mit dem letzten abendlichen Glockengeläute „den Hus ausläuten" – eine Erinnerung an die Hussitenzüge vier Jahrhunderte zuvor.[41]

Bei Bücherverbrennungen findet man Glockengeläute vor allem in Fällen mit kirchlich-konfessionellem Gepräge ausdrücklich erwähnt, also hauptsächlich im 16. Jahrhundert, etwa 1523 und 1543 in Paris.[42] Die Buchhinrichtungen des 17. und 18. Jahrhunderts jedoch erfordern schon durch ihre spezielle Theatralik, militärische Bedeckung etc. beim unmittelbaren Geschehen „andere Instrumente [...] als die ferne und feierliche Glocke."[43] Die erhofften Wirkungen sind aber bei den nun zu besprechenden Instrumenten ähnlich wie bei Glocken, wenngleich auch nicht mehr so deutlich.

Bereits bei altrömischen Hinrichtungen, wahrscheinlich auch bei damaligen öffentlichen Bücherverbrennungen, spielen Horn- und Trompetensignale eine größere Rolle.[44] In Berichten des 16. Jahrhunderts werden Blasinstrumente als rituelles Element des öfteren in Verbindung mit dem Glockengeläute gesehen. 1543 in Paris stellt auch das Urteilsdekret eine solche Verbindung her; 1528 wünscht sich der Bischof von Wien ähnliche Zeremonien bei der von ihm geforderten Verbrennung ketzerischer Schriften. Ein Bericht über eine Verbrennung von Schriften Luthers 1521 in Worms erwähnt hingegen nur Blasinstrumente; diese Aktion wurde allerdings auch hauptsächlich von weltlichen Stellen verantwortet.[45] 1634 geleitet man in Madrid die hinzurichtenden Schriften mit „Baucken und Trompetten" – „praecedentibus buccinis & tympanis" – zum Scheiterhaufen; Glocken werden dabei nicht mehr erwähnt.[46]

Die verstärkt militärisch-weltliche Prägung der späteren Buchhinrichtungen findet ihren Niederschlag in der stärkeren Verwendung von Trommeln und ähnlichen Schlaginstrumenten im Rahmen der entsprechenden Zeremonien bzw. in der stärkeren Betonung solcher Elemente vor allem in Quellen des 18. Jahrhunderts. Auch hier können Vorstellungen wirksam sein, die wir in Verbindung mit der Glocke aufgezeigt haben; Austrommeln – insbesondere durch den Henker – kann ebenso wie Ausläuten ein wesentliches zeremonielles Element bei einer feierlichen Ausweisung aus der Gemeinschaft sein.[47] Zumindest bei den Buchhinrichtungen des 18. Jahrhunderts scheinen schließlich Trommelwirbel zum typischen Erscheinungsbild zu gehören; in Quellen ist da etwa von „Rührung der Trummel" die Rede – so 1724 in Thorn. In Frankfurt am Main wird beispielsweise bereits vor dem Eintreffen der inkriminierten Schriften am Schauplatz des bevorstehenden Geschehens von „Tambours" der „Appell [. . .] herumgeschlagen". Hierauf können solche Trommelwirbel auch die Übergabe der Bücher an den Scharfrichter und ihre „Verrufung" markieren.[48]

Nachdem alle notwendigen Gerichtspersonen sowie das, wie wir gesehen haben, ebenso notwendige Publikum versammelt sind, erfolgt zumeist die öffentliche Verlesung des Urteils, etwa unter der Bezeichnung „Ablesung der Sentenz",[49] durch eine bestimmte Gerichtsperson. In Wien kann es sich dabei um einen „Schrannen-Schreiber" oder um den „Unter-Richter" handeln,[50] in Frankfurt ist dafür 1766 ein „Obrist-Richter" zuständig, der in scharlachrotem Mantel und „samt dem rothen Gerichts-Stabe in der Hand" die ganze Aktion leitet, für die Verlesung selbst allerdings gerade indisponiert ist: Es

„publicirete der Herr Gerichts Canzellist Martin [. . .] das schrifftlich verfaßte Proclama,/: welches der Herr Obrist-Richter Selbsten zu vollziehen wegen gehabten starcken Catharrs außer Stand gesezet ware".[51]

Bei den Wiener Fällen des 18. Jahrhunderts erfolgt diese Kundmachung am Ort des Geschehens unter der Bezeichnung

„Ruf".[52] Ruf bzw. „Fürheischung" ist damals auch ein Element des Ungehorsam-Verfahrens, einer Achterklärung bzw. einer In-effigie-Hinrichtung vorhergehend.[53] Ein Zusammenhang solcher „Verrufungen" mit unserem Phänomen ist zumindest indirekt durchaus gegeben. Ähnliches gilt auch für Verrufung im Sinn von Verfluchen mit magischen bzw. krypto-magischen Absichten; derartige Dinge können ohne weiteres als wirksam angenommen werden, wenn bei einer Buchhinrichtung etwa davon die Rede ist, daß eine Schrift „unter dem Trommelschlag öffentlich verrufen" werde.[54]

Im allgemeinen ist Ruf bzw. „Rueff" in der hier fraglichen Zeit, vor allem auch in Wien, hauptsächlich ein Synonym für bestimmte öffentliche Kundmachungen. Bei den Buchhinrichtungen enthalten solche Verlautbarungen das eigentliche Urteil — in unterschiedlicher Genauigkeit — und auch zweckdienliche Zusätze, etwa die Bekanntgabe einer Belohnung für Hinweise zur Ausforschung unbekannter oder flüchtiger Autoren hingerichteter Bücher.[55] Die Veröffentlichung dieses Rufes kann, neben der mündlichen Verlautbarung am Platz des Geschehens, auch durch Abdruck in Zeitungen erfolgen; dies geschieht bei den Wiener Fällen von 1730 und 1749.[56] Das „Einrücken in öffentliche Blätter" ist ja beispielsweise für Entgegnungen und Widerrufe als Mittel des Rechtslebens in Wien bereits für 1671 bezeugt.[57]

Zumindest bei der Wiener Buchhinrichtung von 1668 folgt auf die „Ablesung des Verbrechens" das Brechen des Stabes.[58] Das ist ein durchaus übliches Element damaliger Gerichtspraxis: „Durch Zerbrechung des Stabes wird angedeutet/ daß/ wie mit dem Stabe/ also auch mit des armen Sünders Leben es geschehen sey."[59] Dementsprechend ist in der Ferdinandea von 1656 festgesetzt, „daß der Richter/ nachdem er den armen Sünder:/ nach Ablesung des Urtheils dem Freymann übergeben hat/ den Stab zerbreche."[60] Die übrigen Quellen zu Buchhinrichtungen berichten nichts Derartiges; möglicherweise sieht man — wenigstens gelegentlich — das Zerreißen der zu verbrennenden Schrift als einen gewissen Ersatz dafür.

1668 wird in Wien das betroffene „pasquil Buechl" erst „nach abgelesener Sentenz dem allhiesigen Freymann in seine handt uberantwortt".[61] Die Übergabe an den Scharfrichter kann aber auch vor der Verlesung des Urteils erfolgen, so geschehen 1766 in Frankfurt am Main:

120

„Der eine Richter [einer von ‚vier gemeinen weltlichen Richtern‘, dem Obrist-Richter unterstehend] warfe sodann [nachdem alle Akteure in den geschloßenen Craiß getreten waren, und nachdem der Nachrichter, den Scheiter-Haufen albereits hatte anzünden laßen] die beide[n] scandaleuse[n] Pieçen zu denen Füßen des Nachrichters hin“.[62]

Im Wiener Fall von 1668 geschehen die bis jetzt besprochenen vorbereitenden Maßnahmen nicht direkt am Ort der Verbrennung, sondern etwa hundert Meter davon entfernt, wenngleich auch am selben Platz — dem Hohen Markt.[63] Im allgemeinen wird man aber von einer Fortsetzung der Ereignisse ohne „Zwischenprozession“ ausgehen können.

Der eigentlichen Verbrennung von Schriften geht oft deren Zerreißung voraus, und zwar ebenfalls durch den Scharfrichter. In Urteilen und Berichten scheinen Formulierungen wie „Zerreißen und Verbrennen durch Henkershand“ zu gewissen Zeiten in bestimmten Ländern nahezu als stehende Wendung auf; so im Frankreich des 18. Jahrhunderts („lacerer & brûler par l'Executeur de la Haute Justice“[64]). Aber auch in einem Edikt von 1521 heißt es bereits: „zerreissen und mit offentlichem Feür verprennen“.[65] Man sieht darin nicht zuletzt auch eine weitere Möglichkeit der Bestrafung von Büchern bzw. von hinter ihnen stehenden Menschen. Dies wird vor allem in den — wenngleich seltenen — Fällen deutlich, wo nur vom öffentlichen Zerreißen einer Schrift durch eine Gerichtsperson die Rede ist: so beim Vorgehen gegen die verleumderische Schrift eines „Calumnianten“ 1727 in Graz.[66] Ähnliche Fälle führt auch Schelhorn aus Frankreich an.[67]

Auf den ersten Blick scheint der Hauptzweck jener Vorgangsweise bei Buchhinrichtungen ein praktischer zu sein. Vor allem dickere Bücher verbrennen an und für sich besser, wenn sie zuvor zerrissen worden sind, wie es etwa in einer Quelle zum Frankfurter Fall von 1766 beschrieben wird: Der Obrist-Richter gibt — nach der Verlesung des „schriftlich verfaßte[n] Proclamas“ —

„dem Nachrichter die Ordre, die vor ihm liegende[n] beide[n] höchst ärgerliche[n] und Gotteslästerliche[n] Bücher zuvor Bogen für Bogen durch seine Knechte zerreißen, und sodenn auf dem brennenden Scheiter-Haufen ein Opfer der Flammen werden zu laßen“.[68]

Vor allem in Fällen mit weniger umfangreichen Schriften ist dabei ein Zerreißen bzw. Herausreißen einzelner Blätter möglich,[69] und zwar auch dann, wenn in den Quellen davon nicht ausdrücklich berichtet wird.

Jene auf den ersten Blick so nützliche Vorgangsweise ist jedoch keineswegs selbstverständlicher Bestandteil von Buchhinrichtungen, wie etwa die Berichte über den Wiener Fall von 1668 und eine Quelle zur Preßburger Bücher- und Menschenverbrennung von 1671 zeigen. Bei letzterer ist davon die Rede, wie das „buech" auf dem Scheiterhaufen, auf den es — neben einem seiner Autoren — geworfen worden war, „in wehrenden verbrennung sich ordentlich von Blatt zu blatt alzeit umbkhert und also consumirt habe".[70] Dort, wo das Mittel des Zerreißens eigens betont wird, geht es also offenbar auch um eine Zusatzstrafe, um die Möglichkeit vermehrter und verstärkter Zeremonien bzw. Riten; eben deshalb, weil nicht immer zuvor zerrissen wird, erweist sich auch dieses mögliche Element von Buchhinrichtungen als nicht bloß von praktischen Erwägungen bestimmt.

Das Feuer für die Vollstreckung des Urteils wird meist in Form eines kleinen Scheiterhaufens vorbereitet, wie es etwa für Wien 1707 ausdrücklich überliefert ist. Für einzelne Schriftstücke kann gelegentlich ein kleineres Kohlenbecken genügen, wie es sich ein Illustrator der „Allgemeinen Schaubühne" 1713 — wohl nicht zu Unrecht — für London 1661 vorstellt. Üblicher ist aber dabei doch ein kleiner Scheiterhaufen, oft auch ausdrücklich auf einem eigens errichteten Schafott plaziert.[71]

Was hat nun der Scharfrichter tatsächlich in seinen Händen, um es hinzurichten? Diese Frage scheint nur auf den ersten Blick unnötig zu sein: Es wird nämlich nicht immer tatsächlich das öffentlich verbrannt, was vorher dazu verurteilt wurde. Ein Grund dafür kann sein, daß hohe Justizbeamte die betreffenden Bücher selbst behalten möchten. Für die Pariser Praxis zur Zeit Voltaires soll das sogar normal gewesen sein:

„Der Henker darf nämlich bei Leibe nicht das verurtheilte Buch in Wirklichkeit den Flammen überantworten. Denn dadurch würden die Parlamentsmitglieder um die betreffenden Exemplare kommen; und sie wollen das Buch, das sie zum Scheiterhaufen verurtheilten, doch in ihrer Privatbibliothek aufstellen. An Stelle desselben verbrennt der Henker deshalb nur alte Bibeln und alte Processakten."[72]

Dieses Vorgehen, von der Historikerin Nicole Herrmann-Mascard als „exécution platonique" bezeichnet, analog zur platonischen Liebe, findet auch eine gewisse Entsprechung in Fällen des Jahres 1520: Damals verhinderten Anhänger Luthers auf ähnliche Weise wiederholt die tatsächliche Verbrennung seiner Schriften. Sie scheinen „dem Henker soviel Makulatur und scholastische Codices in die Hände gespielt zu haben, daß faktisch kaum Lutherschriften dem Feuer übergeben wurden".[73]

Ein weiterer Grund für die Verbrennung eines Ersatzes kann das Fehlen von Originalen sein. So kommt es in mindestens einem Fall zu der merkwürdigen Erscheinung einer In-effigie-Hinrichtung gleichsam „hoch Zwei" (sofern übliche Bücherverbrennung als einfache In-effige-Hinrichtung zu betrachten ist): Am 7. 12. 1724 sterben in Thorn zehn Bürger, die für einen Volksaufstand vom Juli desselben Jahres gegen die Jesuiten verantwortlich gemacht werden, auf dem Schafott. Zwei Tage später steht die Justifizierung einer mißliebigen Schrift auf dem Programm, deren Autor rechtzeitig fliehen konnte. Man hat aber von der inkriminierten Schrift — kein Druck, sondern ein wohl eher handschriftlich verbreitetes Hochzeitsgedicht — gerade kein Exemplar in der Gewalt. Also wird besagte Schrift „durch einen Bogen weiß Papier bedeutet (weil man die Schrift selbst nicht bey Hand hatte) von dem Hencker mit einer Wachs-Fackel [...] angezündet und verbrannt."[74] Ähnliches wird auch von der Bücherverbrennung im Jahr 1817 auf der Wartburg berichtet, wo Studenten mit ihnen nicht genehmen anti-deutschen bzw. anti-freiheitlichen Schriften und anderen Dingen durch feierliche Verbrennung abrechnen. Statt der Bücher wirft man dort wohl „meistens Papierpacken, die dafür ausgegeben" werden, ins Feuer.[75]

Wir haben bereits gesehen, wie Menschen, lebend oder tot, in Verbindung mit Büchern direkt abgestraft werden können.[76] Eine weitere Möglichkeit ist hier die Verbrennung von Bildern, d. h. von Porträts des Autors, zusätzlich zur Verbrennung von Büchern.[77] Die Grundlagen solcher Praktiken ähneln dem, was wir bereits oben aus anderem Blickwinkel heraus festgestellt haben: Für „primitives" Denken bzw. auch im Untergrund von rational überformten Denkstrukturen gilt das Bild als

„eine andere Erscheinungsform des abgebildeten Gegenstandes; [...] zwischen diesem und seinem Abbild weben sich Lebensfäden hinüber und herüber und verstricken sich [...] derart, daß eine lebensfeindliche Störung des einen Teils [...] auch bei dem andern in Erscheinung tritt".[78]

Nicht zuletzt auf solcher Grundlage kommt es zum Entstehen einer „forensischen Malerei",[79] zur Bestrafung von Delinquenten in ihren Bildern. Die Ähnlichkeit mit dem Modell ist dabei Nebensache. Entscheidend ist zumeist nur, daß von einem einigermaßen menschenähnlichen Kopf oder einer ebensolchen Figur durch Beschriftung bzw. durch mündliche Proklamation erklärt wird, dies stelle den N.N. dar. Darauf folgt zwar meist das Anschlagen jenes Bildes an einen Galgen, manchmal aber auch eine Verbrennung, und zwar im Rahmen öffentlicher Schriftenverbrennungen.

Nach einem unsicheren Fall der Zeit um 1320[80] wird bereits bei den früheren Verbrennungen der Eitelkeiten in der ersten Hälfte des 15. Jahrhunderts die „Tradition des Schmähbildes [. . .] in eine Vorform der ‚executio in effigie' radikalisiert, lange bevor sie offiziell in Mode kommt."[81] Zur Zeit der Reformation und Gegenreformation gibt es des öfteren Bild- und Bücherverbrennungen vorwiegend anti-lutherischer Prägung, hauptsächlich von kirchlicher Seite initiiert bzw. auch durchgeführt — so zum Beispiel 1521 in Rom und Thorn, 1553 in Vienne und 1580 in München. Zu erwähnen ist hier weiters ein Pariser Fall von 1623 und schließlich noch das indirekte Vorgehen gegen Francesco Borri (auch Borro oder Burrhus genannt) in Rom und Mailand 1661.[82] Anklänge an solche Vorgangsweisen finden sich aber noch im Jahre 1933, als in Deutschland neben Büchern zumindest ein Bild im weiteren Sinn auf dem öffentlichen Scheiterhaufen landet, und zwar in Berlin eine Büste des Sexualforschers Magnus Hirschfeld.[83]

Bilder — im Sinn von Autorenporträts — können auch dann eine Rolle spielen, wenn Bücher zusammen mit Leichen vom Henker verbrannt werden. Dies hängt damit zusammen, daß man die zu bestrafenden Menschen in wenigstens annähernd „lebendiger" Form bei der öffentlichen Exekution präsentieren will, so etwa 1559 in Basel; dort war David Joris, der betroffene Autor, schon drei Jahre zuvor unerkannt verstorben.[84]

Wenn Bücher öffentlich durch den Henker vernichtet werden sollen, können weiters auch Pranger und Galgen auf verschiedene Art und Weise eine Rolle spielen. Wir haben vorhin bereits erwähnt, wie die Wahl des Verbrennungsortes mit dem Vorhandensein jener Einrichtungen zusammenhängen kann; Adrian Beier betrachtet 1702 in diesem Sinn Bücherverbrennungen durch den Henker auf dem Marktplatz unter dem Galgen als übliches Vorgehen.[85] Bei der eigentlichen Aktion ermöglichen solche vorhandenen Male bzw. eigens errichtete Konstruktionen jener Art zusätzliche Momente juridischer Theatralik – also auch eine Erweiterung der zeremoniell-rituellen Elemente, eine Vergrößerung insgeheim erhoffter Vernichtungskräfte magischer Natur. Insbesondere kann man dabei durch Zurschaustellung vor der Verbrennung ein noch größeres Ausmaß an Schande bzw. Verfluchung auf ein gefürchtetes Buch und dessen Autor laden; Galgen und Pranger sind in diesem Zusammenhang funktionsgleich, ja nahezu austauschbar.

Wohl ohne darauf folgende Verbrennung wird angeblich bereits um 1530 in Magdeburg ein gegen Luther gerichtetes Buch „an dem öffentlichen Pfahl, den man ‚Sack‘ oder ‚den Pranger‘ nennt, befestigt", wobei man auch „zwei Stäbe oder Reisbesen" und die Inschrift hinzufügt: „Dieser Ort ist einem derartigen Buch angemessen". Zuerst an den Pranger geschlagen und dann verbrannt – beides durch Henkershand – wird anscheinend die Exkommunikationsbulle Gregors XIV. gegen Heinrich IV. von Frankreich 1591 in Tours.[86] Etwas anders geht man 1671 in Hamburg vor: Dort wird angeordnet, bestimmte

„Schandpapiere/ so viel derselben zuhanden geschaffet werden können [...]/ durch den Bittel öffentlich [... vor dem] Rath-Hause/ wenn es Börsenzeit verbrennen und darvon ein [wohl nicht zu verbrennendes] exemplar an den Galgen nageln zulassen."[87]

Eine derartige Zurschaustellung vor der Verbrennung kann auch durch den Nachrichter selbst erfolgen; dabei schlüpft dieser gewissermaßen in die Rolle einer lebenden, ja sogar sprechenden Prangersäule. Derartiges geschieht in London mit einem Rechtfertigungsschreiben, das Edward Hyde, Earl of Clarendon, 1667 bei seiner Flucht vor einer Anklage wegen Hochverrats zurückläßt: Man übte

„Rache an seiner zurückgelassenen Supplic, denn man ließ dieselbe [...] zur Zeit/ als eben die Kaufleute auff der Börse beysammen waren/ öffentlich verbrennen. Der Scharffrichter hielt den Brieff wohl eine Viertelstunde auff einen weißen Stab empor/ und schrie: hier ist Heidens lästerlicher Brieff an das parlement! da lieff viel volck zu und schmähete ihn. Zuletzt warff er [natürlich der Scharfrichter] den Brieff in das darzu bereitete Feuer."[88]

Bei den Buchhinrichtungen des späten 17. sowie des 18. Jahrhunderts finden wir des öfteren eine besondere Spielart zusätzlicher Schmähung. Anstatt der Autorenbildnisse oder der Schriften selbst werden Plakate bzw. Zettel mit dem Autorennamen und / oder dem Buchtitel an „unehrlichem Orte" angeschlagen; also ein Ersatz für die vorhin erwähnten Vorgangsweisen, gleichsam eine reduzierte Form davon. Jenes rechtszeremonielle bzw. -rituelle Element stammt aus dem Umkreis der In-effigie-Hinrichtung. Dabei können solche Fälle von Namensanschlag an Galgen oder Pranger auch als einzige öffentliche Sanktion gegen bestimmte Verbrechen eher leichterer Art gesetzt werden.[89]

Im Wiener Fall von 1668 wird die mißliebige Schrift „durch ihme Freimann [. . .] neben dem pranger zu Staub und Aschen verprenndt nitweniger dessen nahm so dieses Büchl ausgehen lassen an vier Eckhen des Prangers angeschlagen".[90] Zwei anderen Berichten über diesen Fall zufolge wird der ganze „Titul des Büchels" angeschlagen, bei dem jedenfalls auch der Name des Autors — bzw. das verwendete Pseudonym — dabei ist.[91] Die Exekution an Buch und Namen muß nicht unbedingt am selben Platz erfolgen. In Wien werden diese Verrichtungen etwa 1749 getrennt durchgeführt. Die entsprechende Anordnung lautet in unbestimmter Form wie folgt: Das betreffende unerwünschte Buch solle „durch den Scharfrichter öffentlich verbrennet, und der Namen des sogenennten Verfaßers an den Galgen geschlagen" werden. Der Vollzug dieser Bestimmung erfolgt dann

„sowol auf dem Neuen-markt mittels aldasiger Verbrennung dieses ärgerlichen Buchs, als auch vor den Schotten-thor mittelst Anhetung des Namens [. . . richtiger: des Pseudonyms des Autors] an einem auf dem Rabenstein errichteten Schnell-Galgen durch die Hand des Scharfrichters".[92]

Einige Jahre zuvor treffen wir eine Form solchen Vorgehens auch als Bestandteil eines allgemeinen Gesetzes an: „Der Stadt Konstantz neu verfaßte Policei-Ordnung" von 1738 sieht vor, daß Schriften gegen die Obrigkeit prinzipiell am Pranger auszuhängen seien, bevor sie durch den Henker verbrannt würden.[93] Hierin ähneln auch einige der deutschen Bücherverbrennungen von 1933 den eben erwähnten Buchhinrichtungen. Dort prangert man „undeutsche" Schriften im wahrsten Sinne des Wortes an, und zwar durch Anheften an „Schandpfählen".[94]

Die äußere Form einer Buchhinrichtung findet zwar im Verbrennungsvorgang ihren Höhepunkt, es können jedoch weitere zeremoniell-rituelle Handlungen folgen. Ein solches zusätzliches Element kann das Entfernen der Asche sein. Bei Gegnern, die so gefährlich erscheinen, daß man auf besonders stark ritualisierte Art gegen sie vorgehen zu müssen glaubt, gelten auch deren Überreste als Gefahr, die zu beseitigen ist. So gehören – zumindest ursprünglich – bei Hinrichtungen aller Art durch das Feuer „der Wind, der die Brandwolke fortführt und das Wasser, in das die Reste geworfen werden, [...] zum Gesamtbild."[95]

Bei Menschenverbrennungen wird derart gründliche Entfernung der Asche oft in gesetzlich kodifizierter Form niedergelegt. So sieht die Landgerichtsordnung Ferdinands III. von 1656 für bestimmte Fälle vor, daß betroffene Menschen oder, bei Sodomie, auch eventuell beteiligte Tiere „durch das lebendige Feuer von der Erden vertilgt/ und die Aschen in die Luft/ oder aber nach Gelegenheit des Orths/ in ein fliessendes Wasser zerstreuet werden." Im Artikel über die einzuhaltenden Urteilsformeln heißt es dann: „Erstlich/ wann ein flüssendes Wasser dabey ist/ setzt man darzu/ und die Aschen/ in den N.Fluß gestreuet werden." Solche Formulierungen gibt es in Wien tatsächlich noch etwa bei einem Fall von 1771, wo eine Brandstifterin verbrannt „und die Asche in den am Richtplatz vorbey fliessenden Donau Strohm gestreuet" wird.[96]

Gerade bei den Wiener Buchhinrichtungen verzichtet man allerdings anscheinend auf derartige bewußt festgesetzte Beseitigung der Überreste in zeremonieller Form. Andernorts ist jedoch des öfteren das „Verschwemmen" der Bücherasche nachweisbar. So wird 1714 in Teschen die öffentliche Vertilgung protestantischer Schriften auf eben diese Weise abgeschlossen: „Der Henker habe endlich die Asche auf den Schinder Anger geführet und selbige in das dabey fließende Wasser geschüttet." Ähnlich geht es auch bei Ulmer Fällen zu; die dortige Stelle für Buchhinrichtungen – am Markt, zwischen Pranger und Galgen – liegt ja nur wenig mehr als hundert Meter vom Donauufer entfernt.[97] Man scheint sich allerdings nicht primär nach dem Vorhandensein eines Flusses zu richten. Wenn aber ein derartiges Gewässer dem aus anderen Gründen gewählten Ort der Buchhinrichtung schon einmal nahe gelegen ist, so nützt man dies gerne zu einer Erweiterung der Zeremonien aus.

Nach Verbrennungen von Büchern zusammen mit Menschen kommen auch verschiedene Arten des Aschenentfernens vor, die das Element Luft bzw. den Wind nützen. „In den Wind gestreut" werden durch Scharfrichtershand Überreste von Schriften und Körper des Marcantonio de Dominis 1624 in Rom, des

Urban Grandier 1634 in Angers oder des Chevalier de La Barre 1766 in Abbeville. Vergleichbares passiert 1689 in besonders krasser Form in Warschau mit der Asche von Schriften und Körper eines Atheisten: Sie wird in eine Kanone geladen „und gegen die Tartarey geschossen". Man wollte die gefährlichen Überreste nicht bloß entfernen, sondern die damit verbundenen Gefahren gleichzeitig an ein bestimmtes Ziel weiterleiten.[98]

Wie wir bereits gesehen haben, braucht das rituelle Reservoir von Buchhinrichtern damit keineswegs erschöpft zu sein. In London hält man 1710 zusätzlich zur Verbrennung auch einen Buß- und Bettag für notwendig; bei einer Grazer Aktion von 1600 erfolgt, allerdings ohne Henker, gleichsam als flankierende Maßnahme am Ort der Verbrennung kurze Zeit später die Grundsteinlegung zu einer Klosterkirche.[99] Hier scheint also das in besonderem Ausmaß zuzutreffen, was Ludwig Börne 1818 über Zensoren im allgemeinen feststellt:

„Fruchtlose Bemühungen! Wo das lebendige Wort gefürchtet wird, da bringt auch dessen Tod der unruhigen Seele keinen Frieden. Die Geister der ermordeten Gedanken ängstigen den argwöhnischen Verfolger, der sie erschlug, nicht minder, als diese selbst im Leben es getan . . ."[100]

Die wichtigsten möglichen zeremoniellen bzw. rituellen Elemente bei Buchhinrichtungen, aber auch bei öffentlich-feierlichen Bücherverbrennungen anderer Art lassen oft genug auf derart schwer bezähmbare Furcht seitens der Verantwortlichen schließen.

II. GESCHICHTLICHE ENTWICKLUNG DER ÖFFENTLICH-FEIERLICHEN BÜCHERVERBRENNUNGEN

1. Öffentliche Schriftenvernichtungen von den Anfängen bis ins 15. Jahrhundert

Schriftzeichen und deren Träger sind von alters her Ziele obrigkeitlicher Vernichtungsaktionen. In Altägypten richtet sich derartiges Vorgehen hauptsächlich gegen steinerne Inschriften. Bereits im Alten Reich, also im 3. Jahrtausend vor Christus, werden Namenskartuschen verstorbener Herrscher oder in Ungnade gefallener Personen ausgemeißelt; dergleichen passiert auch um 1468 v. Chr. nach dem Tod der Königin Hatschepsut auf Veranlassung ihres Nachfolgers, Thutmosis III. − „aber er hat vergessen, daß an der Stelle, wo er sie getilgt hat, doch sie stehen geblieben ist. Sie ist abzulesen, weil da nichts ist, wo sie sein soll" − so läßt Ingeborg Bachmann dreieinhalb Jahrtausende später eine Romanfigur die Unzulänglichkeit derartiger Auslöschungsversuche erfahren.[1] Zerstörungsaktionen im Rahmen von Volksaufständen sind hingegen vorerst allgemeiner gehalten und zielen daher kaum speziell auf Schriftliches ab.[2]

Schriftzerstörung durch Zerschlagen wird zwei Männern zugeschrieben, die deshalb gelegentlich als erste Buchvernichter bzw. Bücherzerstörer genannt werden: Moses, der, sofern authentisch, um 1250 v. Chr. die steinernen Gesetzestafeln am Fuß des Berges Sinai zerschmettert, sowie der babylonische König Nabonassar, der nach seinem Regierungsantritt um 747 v. Chr. Berichte über seine Vorgänger zerstört haben soll.[3] Auf diese Fälle bzw. auf die entsprechenden Überlieferungen wird aber in zeitgenössischen Stellungnahmen zu öffentlichen Bücherverbrennungen durch Henkershand kaum jemals Bezug genommen. Nicht zuletzt solche Zusammenhänge sind aber bei den Aktionen vor dem Zeitalter der Buchhinrichtungen von besonderem Interesse. Die Faktizität der jeweiligen Überlieferungen ist gerade bei den antiken und mittelalterlichen Fällen oft bezweifelbar, wenn nicht gar widerlegbar. Dafür können aber historische Mythen eine große Rolle in der Geschichte der Buchhinrichtungen bzw. der öffentlichen Bücherverbrennungen überhaupt spielen. Hier soll versucht werden, das mögliche – auch vermeintliche – Wissen über Vorläufer seitens späterer Bücherverbrenner aufzuzeigen; ein Wissen, das diese selbst selten direkt erkennen lassen.

Der vielleicht älteste Fall von obrigkeitlicher Schriftenvernichtung durch Feuer findet um 604 v. Chr. im Königreich Juda statt. Das alttestamentarische Buch Jeremias berichtet, wie Jahwe dem Jeremias Warnungen an das Haus Juda offenbart; der Prophet läßt diese Worte in eine Buchrolle schreiben und öffentlich verlesen. Die Rolle, vermutlich aus Leder, wird dem König Jojakim gebracht, der sie sich ebenfalls vorlesen läßt:

„Und jedesmal, wenn [. . . man] drei oder vier Spalten gelesen hatte, schnitt er sie mit dem Schreibermesser ab und warf sie in das Feuer im Kohlenbecken [des Winterpalastes], bis die ganze Rolle durch das Feuer im Kohlenbecken vernichtet war."

Befürwortern von Buchhinrichtungen ist ein derartiger Vorläufer natürlich peinlich, und so wird jene Überlieferung vor allem von gegnerischer bzw. neutraler Position her angeführt oder auch, um der eigenen Überzeugung entsprechendes Verhalten durch Aktionen der „bösen anderen" zu rechtfertigen.[4] Im Alten Testament ist außerdem noch an wenigstens zwei weiteren Stellen von Bücherverbrennung die Rede: im 4. Buch Esra 14,21 – „Denn dein Gesetz ist verbrannt [bei der Zerstörung Jerusalems 587 v. Chr.], daher weiß niemand, was für Wercke von dir gemacht seynd, oder noch sollen gemachet werden" – sowie in 1 Makkabäer 1,56 – „Die Gesetzbücher, die sie [die seleukidischen Besatzer Palästinas, ca. 168 v. Chr.] auftreiben konnten, zerrissen sie und warfen sie ins Feuer".[5] Diese Stellen wie die vorhin erwähnten Berichte haben jedoch für unser Thema weniger Bedeutung als die neutestamentarische Überlieferung von der Schriftenverbrennung der durch Paulus neubekehrten Epheser um 50 n. Chr.[6]

Aus dem antiken Athen ist vor allem der Fall des Philosophen Protagoras anzuführen. Seine als atheistisch verurteilten Schriften sollen 411 v. Chr. inmitten der Volksversammlung verbrannt worden sein. Diese – trotz acht antiker Berichte eher zu bezweifelnde – Überlieferung wird im 17. und 18. Jahrhundert zumeist nur als indirekte Aufforderung an Obrigkeiten gebracht, gleich den Athenern zu handeln.[7] Eine eigenartige Verbindung von Bildersturm und Schriftlichkeit stellt eine nur indirekt hierhergehörende obrigkeitliche Handlung im Athen des Jahres 487 v. Chr. dar: Die Statue eines ostrakisierten, also durch Scherbengericht verbannten Mitgliedes der ehemaligen Tyrannenfamilie wird „eingeschmolzen und in eine Gesetzestafel gegen Staatsfeinde umgewandelt".[8]

Aus jener Zeit wird auch des öfteren Platon als Autorität für Zensur überhaupt angeführt; selbst zur Zeit der Buchhinrichtungen allerdings nur mit allgemeiner gehaltenen Stellen wie dem 1. Kapitel im 10. Buch der „Politeia".[9] Die Behauptung Dieter Metzlers, der Philosoph habe geplant, in seinem Modellstaat „als erster — ganz im Geiste seiner reaktionären Staatstheorien — konsequent und planmäßig Bücherverbrennungen durchführen" zu lassen,[10] kann sich jedoch nur auf eine mehr als zweifelhafte Quelle stützen.

„Als der erste Bücherverbrenner" der Weltgeschichte gilt häufig der Einiger Chinas, *Shih Huang-Ti*. Im Jahr 213 v. Chr. läßt er — so Zedlers „Universal-Lexicon" 1749 —

„auf Anstiften seines Schmeichlers, des Lisu, [. . .] alle Bücher der Alten zusammen auf einen Haufen bringen [. . . und] verbrennen, nur diejenigen ausgenomen, welche von dem Acker-Bau, von der Medicin, und von der Wahrsager-Kunst handelten".

Überdies kommt es zur Hinrichtung von angeblich 460 Gelehrten. Hauptzweck der ganzen Vorgangsweise ist, die aus der Vergangenheit schöpfende Kritik an eigenen Reformen zum Verstummen zu bringen.[11] Dieser Kanzler Li Ssu (oder Lisu), 208 v. Chr. übrigens nicht zuletzt wegen der tatsächlich von ihm veranlaßten Schriftenverbrennungen hingerichtet, ist aber keineswegs ohne Vorgänger im eigenen Land: Ein Jahrhundert zuvor berichtet Mencius, man wisse Details aus der Geschichte einer älteren Dynastie deshalb nicht, weil Fürsten absichtlich alle Urkunden und Berichte darüber vernichtet hätten.[12] In Europa wird die Aktion von 213 v. Chr. erst in der zweiten Hälfte des 17. Jahrhunderts bekannt. Selbst im 18. Jahrhundert nennt man jenen Fall aber nur gelegentlich im Zusammenhang mit ähnlichen europäischen Ereignissen.[13]

Der erste zuverlässig überlieferte Fall von öffentlicher Bücherverbrennung durch staatliche Autoritäten im antiken Rom findet 181 v. Chr. statt: Pythagoräer behaupten, sie hätten in einem Acker das Grab des Königs Numa Pompilius samt seinen philosophischen Schriften entdeckt; offenbar ein Versuch, für die Lehren jener philosophischen Schule zu werben. Auf Anordnung des Senates läßt ein Prätor die Schriften öffentlich durch Opferdiener — „victimarii" — verbrennen, da sie als Gefährdung der bestehenden Religion und Staatsordnung betrachtet werden.[14]

Die nächsten öffentlichen Verbrennungen mißliebiger Schriften lassen Augustus und Tiberius durchführen. Nach einer formlosen Vernichtungsaktion gegen Wahrsagebücher um 12 v. Chr. werden ab 8 n. Chr. mehrmals Bücher bzw. Buchrollen aus rein politischen Gründen verbrannt. Die Aktionen gegen republikanisch gesinnte Schriften des Titus Labienus, des Cassius Severus, des Cremutius Cordus und, eher seltener, des Mamercus Scaurus (um 8 n. Chr., 8 oder 12, 25 bzw. um 24 oder 32) tauchen in der Literatur zur Zeit der Buchhinrichtungen ebenso immer wieder auf wie der Fall von 181 v. Chr.[15] Spätestens am Ende der Herrschaft des Augustus wurde die Bücherverbrennung nach Frederick H. Cramer „an established legal form of punishment in the Roman empire" bzw. „a symbol of a radical change of the attitude towards freedom of speech".[16] Die Durchführung oblag dabei den Ädilen bzw. deren Gehilfen, also einer Art von Polizeibehörde, die nichts mit Menschenhinrichtungen zu tun hatte.[17]

Eine öffentliche Schriftenverbrennung gibt es um 62 unter Nero, von der Satiren des Fabricius Veiento auf Priester und Senatoren betroffen sind.[18] Zumindest zwei Verbrennungen richten sich unter Domitian gegen Schriften, in denen die alte Republik gelobt wird. Für jene beiden Ereignisse um 93 n. Chr. sind die „tresviri capitales" zuständig, denen auch der „carnifex" untersteht; damit ist ein zumindest indirekter personeller Zusammenhang mit dem Strafvollzug an Menschen gegeben.[19] Etwa zwanzig Jahre nach seinem Bericht über die Bücherverbrennungen unter Domitian (im „Agricola") kommentiert Tacitus in den „Annalen" auch die entsprechenden Handlungen früherer Obrigkeiten. Im Anschluß an den Fall Cremutius Cordus vermeint er offenbar, ein abschließendes Urteil über ein endgültig verschwundenes Phänomen fällen zu können:

„Die Senatoren beschlossen, die Bücher durch die Ädilen verbrennen zu lassen; doch sie blieben — erst versteckt und dann auch herausgegeben — erhalten. Umso mehr empfindet man danach ein Verlangen, die Beschränktheit derer zu verspotten, die da glauben, eine Gewalt der Gegenwart vermöge auch die Erinnerung der Folgezeit auszulöschen; denn im Gegenteil: durch die Bestrafung von Geistesprodukten wächst deren Ansehen, und ausländische Könige oder die, welche dergleichen Raserei geübt, haben nichts anderes erreicht als ihre eigene Schande und jener [der verfolgten Schriften bzw. Autoren] Ruhm."[20]

Zwar lassen zur Zeit Hadrians die Römer in Palästina sogar Schriften zusammen mit Menschen öffentlich verbrennen,[21] im Zentrum des Reiches folgen jedoch nach Domitian zwei Jahrhunderte ohne Bücherverbrennung. In dieser Zeit (um 200 n. Chr.) prägt übrigens der nordafrikanische Grammatiker Terentianus (Maurus) im Nachwort eines 1493 wiederentdeckten Lehrgedichtes „de syllabis" den Satz: „Pro captu lectoris, habent sua fata libelli" — „Die Büchlein haben ihre Schicksale, je nachdem wie sie der Leser versteht."[22]

Die Art der Durchführung bei den Verbrennungsedikten Diokletians gegen alchemistische Schriften in Ägypten sowie gegen Manichäer-Bücher um 297 ist nicht sicher feststellbar.[23] Im Jahre 303 befehlen jedoch Diokletian und sein Mitkaiser Maximianus, die Schriften der Christen „auf eine öffentliche und feierliche Art" zu verbrennen. Ein Befehl, der, wie Eusebius als Augenzeuge für Nordafrika berichtet, auf vielen Marktplätzen des Imperiums ausgeführt wird.[24] Aus jener Zeit wird im Zusammenhang mit Zensuraktionen aller Art des 16. bis 18. Jahrhunderts häufig ein Ausspruch des nordafrikanischen Gelehrten Arnobius (des Älteren) zitiert. Dieser wendet sich — wohl noch 302, vor seinem Übertritt zum Christentum — gegen jene „Heiden", die Ciceros „De natura deorum" aus religiösen Gründen verbrennen lassen wollen:

„[. . .] denn Schriften zu konfiszieren und [deren] öffentliches Lesen unterdrücken zu wollen, heißt nicht, die Götter zu verteidigen, sondern das Zeugnis der Wahrheit zu fürchten."[25]

Die Praktiken der diokletianischen Obrigkeiten werden unter Konstantin und seinen Nachfolgern in Rom bzw. in Konstantinopel fortgesetzt, wenngleich nunmehr gegen andere, meist heidnische bzw. ketzerische Ziele gerichtet. So verlangt das Konzil von Nizäa mit Erfolg von Konstantin die Einführung der Auslieferungspflicht sowie die Verbrennung arianischer Schriften; ein Fall, der noch Feinden lutherischer Bücher zur Zeit der innerösterreichischen Gegenreformation als Maßstab für entsprechendes eigenes Vorgehen dient: „Daß herrliche Nicenisch Concilium hat deß Ertz-ketzers Arii Bücher verdampt/ und zum Fewer verurtheilet" — so ein steirischer Propst im Jahr 1606.[26] Die genaue Art der Durchführung ist dabei ebenso unsicher wie bei ähnlichen Erlässen infolge der Konzilien von Konstantinopel (381), Ephesos (431) und Chalcedon (451).[27] Einen gewissen Anhaltspunkt bildet um 371/72 oder 374 eine Anordnung von Kaiser Valens bezüglich Schriften im weitesten Zusammenhang einer angeblichen Verschwörung in den östlichen Reichsprovinzen, vor allem in Antiochia: Solche Schriften seien „sub conspectu judicum", also in Gegenwart der Richter, zu verbrennen.[28] Dem entsprechen auch Überlieferungen über eine Anordnung der Kaiser Theodosius II. und Honorius, „Bücher der Sterngucker in Angesicht der Bischoffen", die hier wenigstens formell auch als Richter fungieren, zu verbrennen.[29]

Öffentliche Verbrennung ohne näheren Zusatz wird vor allem 435 für häretische Schriften in einem Gesetz befohlen, das — über den Codex Theodosianus — auch im Codex Justinianus Aufnahme findet. Gerade dieser Erlaß scheint allerdings kaum jemals im Zusammenhang mit Buchhinrichtungen eine Rolle zu spielen.[30] Die Staatsgewalt fordert außerdem damals gelegentlich die Untertanen auf, im eigenen Besitz befindliche unliebsame Schriften selbst (kaum öffentlich) zu verbrennen.[31] Sehr wohl öffentliche Verbrennungen manichäischer Schriften gibt es zumindest im späten 5. und frühen 6. Jahrhundert in Rom; unter Gelasius I. „vor den Türen der Kirche der hl. Maria" (Santa Maria Maggiore), unter den Päpsten Symmachus und Hormisdas vor der Lateranbasilika.[32]

Für das Thema Bücherverbrennung ist die Geschichte der großen alexandrinischen Bibliothek bis heute von besonderer Bedeutung. Bereits 47 v. Chr. durch einen Brand bei der Eroberung Alexandrias durch Cäsars Soldaten eher unabsichtlich vernichtet,[33] wird die wiedererstandene Bibliothek der Ptolemäer im 4. und 5. Jahrhundert durch fanatisierte Christen endgültig zerstört — vor allem um 410, im Anschluß an die Ermordung der heidnischen Philosophin Hypatia. Ab dem 13. Jahrhundert versucht man dann, diese Kulturschande auf den arabischen Emir Amru abzuwälzen, der [642] Alexandria besetzte. [. . .] Der Kalif Omar habe auf Amrus Anfrage geantwortet, wenn der Inhalt der Bücher mit dem Koran übereinstimme, seien sie überflüssig, wo nicht, seien sie schädlich, und daher auf jeden Fall zu vernichten. Darauf seien sechs Monate lang (!) die 4000 Bäder von Alexandria mit diesen Büchern geheizt worden"

– eine Legende, deren Unglaubwürdigkeit bereits Alexander von Humboldt und Ranke überzeugend darlegten. Trotzdem wird jene „Mythe", so Humboldt, nicht nur im 18., sondern auch noch im 20. Jahrhundert immer wieder als (eventuell nachahmenswerter) Paradefall von Bücherverbrennung angeführt.[34]

Wohl ebenfalls erfunden sind Traditionen über Papst Gregors I. Schriftenverbrennungen:

„Es wird von ihm gesagt, er habe die herrlichsten alten Monumenta zerbrochen, und verschiedene heydnische Bücher, und darunter insonderheit Livii Schriften, verbrennen lassen, damit die Leute eher auf heilige Dinge und Schrifften Acht haben mögten."[35]

Wesentlich wahrscheinlicher ist hingegen die Verbrennung arianischer Bücher durch den zum Katholizismus übergetretenen König der Westgoten, Rekkared I., 587 in Toledo oder auch die Verbrennung katholischer Schriften durch den arianischen Vandalenkönig Hunerich um 480.[36]

Mehrere Verbrennungs-Anordnungen gegen ketzerische Schriften gehen im 6. und 7. Jahrhundert von byzantinischen Kaisern aus, wobei die Art der Durchführung nicht genau feststeht. Ab dem 8. Jahrhundert scheinen die dortigen Obrigkeiten allerdings immer mehr eine andere Art der Bekämpfung häretischer Schriften vorzuziehen: Bereits für 681 sind derartige Bücher in der Patriarchatsbibliothek von Konstantinopel nachweisbar, wobei es sich spätestens ab 787 nicht bloß um das Aufbewahren einzelner Belegexemplare handelt, sondern um die Sekretierung aller erreichbarer Abschriften in normalerweise unzugänglichen Gemächern. Noch am Ende des 12. Jahrhunderts wird in Byzanz diese Methode für ebenso wirksam erklärt wie das Verbrennen.[37]

Auch in Rom scheint man sich nach einigen Fällen des frühen 6. Jahrhunderts wieder von der Praxis öffentlicher Bücherverbrennungen abzuwenden. Im Jahre 745 von Papst und Konzil verurteilte abergläubische Schriften werden im päpstlichen Archiv abgesondert – „zur Verwerfung und zum dauernden Erröten" ihres Verfassers. Eine Ausnahme bildet hier die Verbrennung amtlicher Schriftstücke des „falschen" Papstes Constantinus im Presbyterium der Laterankirche, also offenbar vor der verurteilenden Versammlung. Gelegentliche Anordnungen zur Schriftenverbrennung im 9. Jahrhundert haben wohl keine öffentlichen bzw. vor Kirchenversammlungen abgehaltenen Aktionen zur Folge.[38]

Aus dem Frankenreich sind hier vor allem Nachrichten über eine Aufforderung anzuführen, angebliche „Himmelsbriefe" nicht aufzubewahren, sondern gleich selbst zu verbrennen. Über die erzwungene Vernichtung von Schriften Gottschalks durch den Autor um 849 vor einer Kirchenversammlung sind ebenfalls Belege überliefert.[39]

Ein Beispiel für eine – möglicherweise öffentlich-feierliche – Schriftenverbrennung durch eine nichtchristliche Obrigkeit um jene Zeit: 528 oder 529 werden im Iran auf Betreiben eines Sassaniden-Kronprinzen die Schriften einer religiösen Bewegung, der Mazdakiten, vernichtet.[40]

Im 10., 11. und eventuell noch im 12. Jahrhundert ist der islamische Bereich Hauptschauplatz für hier interessante obrigkeitliche Vorgangsweisen. Abgesehen von Aktionen gegen ganze Bibliotheken z. B. materialistischer Philosophen, bei denen die Durchführungsweise unsicher ist, wird um 1100 in Cordoba das Werk des Mystikers und Religionsreformators al Ghazzali öffentlich verbrannt; ähnlich ergeht es am Ende des 12. Jahrhunderts Schriften des Ibn Ruschd (Averroes). Damals lassen auch die nordafrikanischen Almohaden-Herrscher in Fez Schriften einer innerislamischen religiösen Richtung verbrennen.[41]

Neben diesen Fällen in islamischen Reichen gibt es aus dem christlichen Raum die Überlieferung, daß König Olaf von Schweden nach seiner Taufe (1008) alle Runenschriften als „götzendienerisch" verbrennen habe lassen.[42] Ab der 2. Hälfte des 11. Jahrhunderts müssen dann wieder Autoren ihre ketzerischen Schriften mit eigener Hand vor Kirchenversammlungen verbrennen. Um die Mitte des 12. Jahrhunderts werden solche Aktionen gelegentlich durch andere Personen durchgeführt; in zumindest einem Fall entscheidet man sich dafür, mißliebige Schriften bloß zu zerreißen.[43]

Im 13. Jahrhundert gibt es dann nicht nur die oben erwähnten Feuerproben an Büchern, sondern auch wieder mehrere Schriftenverbrennungen auf öffentlichen Plätzen. Betroffen sind dabei vor allem Talmud-Exemplare, die auf päpstliche Anordnung hin hauptsächlich in Paris den Flammen übergeben werden (wobei vielleicht bereits weltliches Gerichtspersonal unmittelbar ausführend sein könnte). 1242 veranlaßt Gregor IX., 1244 Papst Innozenz IV., jene Schriften „öffentlich, in Anwesenheit von Klerus und Volk zu verbrennen".[44] Ab der Mitte des 13. Jahrhunderts werden auch Bücher anderer Art Ziel öffentlicher Verbrennungen, wobei diese Öffentlichkeit, wie schon früher, eine relative sein kann; so 1256 bei der Verbrennung einer sektiererischen Schrift „in publico consistorio", also auf einer kaum im heutigen Sinn öffentlichen Kirchenversammlung. Für diesen Fall sowie für eine Aktion gegen ein Traktat Wilhelms von Saint-Amour um 1259 zeichnet letztlich Papst Alexander IV. verantwortlich. Durchführungsort ist wohl in beiden Fällen Paris.[45]

Außerhalb Europas lassen zu jener Zeit mongolische Fremdherrscher mehrmals gezielt Bücher verbrennen, und zwar zumindest 1256 im Iran (häretische Assassinen-Bibliothek von Alamūt) sowie 1256 und 1281 in China (taoistische Schriften). Die beiden letzteren Aktionen werden feierlich in Tempel-Haupthallen durchgeführt. Ähnliche Ereignisse gab es in China übrigens auch 843 (gegen manichäische Schriften) und 1103.[46]

Etwa 1316 sollen die Obrigkeiten in Padua „Bildnüß und Schrifften" des angeblichen Zauberers Petrus Aponensis (oder Albanus) − Döpler zufolge − „durch den Hencker öffentlich verbrand" haben. Dieser Fall ist zwar, wie viele ältere Überlieferungen, nicht unbedingt historisch (vor allem bezüglich der Henkersteilnahme), wird jedoch gerade zur Zeit der Buchhinrichtungen immer wieder erwähnt.[47] Um 1328 soll in der Lombardei Dantes politische Schrift „De Monarchia" verbrannt worden sein, „öffentlich, wie wenn sie häretische Dinge enthalten hätte", so Boccaccio. Ähnlich läßt 1329 Papst Johannes XXII. den Bischof und die Universität zu Paris gegen Briefe eines Gegenpapstes und Schriften Ludwigs des Bayern vorgehen.[48]

Neben den angeführten erzwungenen Schriftenverbrennungen durch Autoren bzw. durch obrigkeitliche Organe kommt es immer häufiger zu Aktionen gegen Bücher und Menschen. Am 14. 7. 1372 werden in Paris Bücher und Gewänder der Turlepins, einer Armutssekte, verbrannt. Am 15. 7. erleidet deren Predigerin Jeanne Daubentonne den Feuertod. Schriften und Kleider werden auf der Place de Grève, die Frau wird vor der Porte Saint-Honoré den Flammen übergeben.[49]

Am Ende des Jahres 1409 fordert der (pisanische) Papst Alexander V. den Prager Erzbischof Zbynek (Sbinko) von Hasenburg zur Bekämpfung der theologischen Lehren Wyclifs in Böhmen auf; Besitzer seiner Schriften sollen diese dem Erzbischof übergeben (wohl zur Prüfung, der Vernichtungsbefehl war höchstens indirekt). Insgesamt über 200 Bände werden angeliefert, auch von Johannes Hus. Nach ihrer Untersuchung dekretiert der Erzbischof deren Verbrennung, die dann auch, trotz Einsprüchen der Universität und des Königs, am 16. 7. 1410 im Hof des bischöflichen Palais vor sich geht – in Anwesenheit von Prälaten und einer Menge niederer Kleriker, umstellt von Bewaffneten und begleitet von Glockengeläute „wie für Tote" (so die Prager Universitätschronik).[50] Zwei Jahre darauf veranstalten Freunde des Hus bzw. der Gedanken Wyclifs eine ähnliche Verbrennung: Nach einer Prozession quer durch Prag vernichtet man beim Pranger am Neustädter Graben päpstliche Dekrete „unter großem Volkszulauf und mannigfachen Kundgebungen einer dem Act entsprechenden Stimmung".[51] 1413 ordnet Johannes XXIII., der (heute nicht mehr mitgezählte) Nachfolger Alexanders V., direkt öffentliche Verbrennung der Schriften Wyclifs an; befolgt scheint dies allerdings nirgends zu werden.[52]

Auf dem Konzil zu Konstanz wird dann nicht nur Hus zum Feuertod verurteilt. Auf dem Weg zu seiner eigenen Hinrichtung vor der Stadt muß der Magister am 6. 7. 1415 auch zusehen, wie seine Bücher – dem Urteil entsprechend – „feierlich und öffentlich, in Anwesenheit von Geistlichkeit und Volk" verbrannt werden, und zwar auf dem Friedhof der Kirche, in der Hus zuvor durch Degradierung und Aufsetzen eines Schandhutes auf den eigenen Tod vorbereitet wurde.[53] Die bald darauf in Böhmen einsetzenden Unruhen münden in die Hussitenkriege, in deren Verlauf ebenfalls Bücher bzw. Bibliotheken verbrannt werden, nunmehr allerdings von der „Gegenseite", und in zumeist summarischem Verfahren gegen Klosterbesitz überhaupt. Gezieltes Vorgehen stellt bei diesen Überfällen nicht den Normalfall dar, die Vernichtung der Retzer Urkunden im Jahr 1425 etwa fällt kaum in unseren Zusammenhang.[54]

Der weitere Verlauf des 15. Jahrhunderts bringt eine neue Form des Vorgehens gegen mißliebiges Schrifttum zur Blüte: die „bruciamenti della vanità", also die „Verbrennungen der Eitelkeiten" bzw. „Nichtigkeiten", vor allem in Italien, gerichtet gegen die Ausbreitung weltlicher, nicht- bzw. außer-religiöser Lebensformen. Dabei wird zumeist nicht nur auf antike bzw. weltlich-humanistische oder auch nur weltliche Literatur abgezielt, sondern auch auf andere Kunst- bzw. Gebrauchsgegenstände wie heidnisch-nackte Statuen, Gemälde, Musikinstrumente, Spielbretter, Toilettenutensilien, Karnevalskostüme, Masken, Perükken und dergleichen. Diese Aktionen werden von Bußpredigern veranlaßt und oft auch geleitet, zumindest mit Duldung durch die weltlichen Obrigkeiten, in Anwesenheit meist sehr großer Zuschauer- bzw. „Zulieferer"-Mengen und zur Fastenzeit. Eingeführt werden sie anscheinend durch Bernhard von Siena etwa ab 1423 (Bologna)/ 1424 (Florenz und Rom), wobei zumindest 1424 in Rom eine Hexenverbrennung folgt. Bereits 1429 läßt ein italienischer Franziskaner ein derartiges „bruciamento" auch in Paris durchführen.[55]

Zumindest von 1451 bis 1454 veranlaßt der Buß- und Kreuzzugsprediger Johannes Capistranus nördlich der Alpen eine Reihe derartiger Verbrennungen, so beispielsweise in Meißen, Regensburg, Erfurt, Halle, Magdeburg, Görlitz, Breslau, Augsburg, Frankfurt am Main und Ulm. Entsprechende Aktionen in Nürnberg und in Bamberg (jeweils im August 1452) werden noch im 15. Jahrhundert bildlich dargestellt: Ein Holzschnitt von Hans Schäufelein und ein Sebald Bopp zugeschriebenes Tafelbild zeigen uns gleichzeitig, daß gerade bei diesen Fällen Bücher keine Hauptrolle spielen, ja, gelegentlich vielleicht überhaupt auf dem Scheiterhaufen fehlen.[56]

Im Juni/Juli 1451 besucht Capistran auch Wien, wobei es zumindest am Sonntag, dem 18. 7., nach einer Predigt über Bernhard von Siena zu einer großen Verbrennung weltlicher Güter kommt. Schauplatz ist wahrscheinlich der Stephansplatz. Als erste soll dabei die „Königin" — wohl die Schwester des Ladislaus Posthumus — Spielbretter und überflüssigen Haarschmuck dem Feuer übergeben haben. Die mindestens 34 Predigten während seines Aufenthalts hielt Capistran nicht nur am Stephansplatz; dort predigte er jedenfalls auf lateinisch von einer seit 1430 frei auf dem St. Stephans-Friedhof stehenden Kanzel, die nach dem zweiten Wien-Aufenthalt Capistrans (1455) an die Choraußenwand des Doms gestellt wurde — aus Pietätsgründen ohne Zugangstreppe.[57]

In Italien gibt es bis zum Ende des 15. Jahrhunderts weitere „bruciamenti della vanitá", so 1474 in Ferrara und 1494 in Brescia.[58] Jene Art der öffentlichen Verbrennung unliebsamer Dinge wird jedoch vielfach mit den beiden „bruciamenti" identifiziert, die Savonarola am 7. 2. 1497 und am 27. 2. 1498 in Florenz durchführen läßt: An Büchern werden dabei etwa „unmoralische" Werke von Catull, Ovid, Boccaccio und Petrarca, Zauberbücher und sonstige abergläubische Schriften etc. verbrannt — allerdings nur als eine Stufe einer großen Pyramide verschiedenster „Eitelkeiten". Bei diesen Aktionen soll nur „Mißbrauch" von poetischer und bildender Kunst bekämpft werden, Mißbrauch nicht bloß aus rein religiös-moralisierender, sondern auch aus sozialreformerisch-politischer Sicht. Savonarola ist dabei kaum rigoroser in der Auslegung des Begriffes als die früheren Bußprediger. Spätere Generationen sollten trotzdem den florentinischen Mönch zum Sündenbock machen — ein kulturfeindlicher „Finsterling", dessen Werke ein Botticelli illustrierte, zu dessen Anhängern die Della Robbias und Michelangelo zählten? Goethe und all die anderen Gegner Savonarolas ersparten und ersparen sich durch derartige Vereinfachungen jedenfalls die Verurteilung eines größeren Bereiches eigener Tradition.[59]

Neben den Verbrennungen der Eitelkeiten gibt es in der 2. Hälfte des 15. Jahrhunderts auch andersgeartete feierliche Bücherverbrennungen. Nicht nur vor der verurteilenden Kleriker-Versammlung, sondern wohl auch im heutigen Sinn öffentlich werden 1457 in London die ketzerischen Schriften des Bischofs von Chichester, Reginald Peacock, verbrannt: „I here openly assent, that my said books [. . .] be deputed unto the fire, and openly be burnt, unto the example and terror of all other" — so Peacocks Widerruf. Ähnlich ergeht es 1479 in Mainz den Büchern des Vor-Reformators Johann (Ruch[e]rat) von Wesel und, um die gleiche Zeit in Kastilien, Schriften nebst Katheder des Pedro de Osma, eines Lehrers an der Universität Salamanca.[60] Auf der Iberischen Halbinsel werden damals auch jüdische und islamische Bücher verbrannt; zumindest letztere beispielsweise 1499 öffentlich und feierlich in Granada auf Veranlassung des Erzbischofs von Toledo (und späteren Kardinals) Francisco Jiménez de Cisneros.[61]

Im nunmehr beginnenden Zeitalter des Buchdrucks erscheinen Schriften immer gefährlicher. Insbesondere das öffentlich-feierliche Verbrennen jeweils abgelehnter bzw. gefürchteter Bücher wird für Obrigkeiten, und nicht nur für diese, immer mehr zum Bestandteil des politischen Instrumentariums. In diesem Sinne meint bereits um 1460 Enea Silvio Piccolomini wohl schon als Papst Pius II.:

„Des Bücherschreibens [. . .] ist nun kein Ende und Vieler Sinn ist verderbt, die in verkehrte Dogmen verfallen sind. Deshalb handeln diejenigen verständig, welche verdammte Bücher verbrennen und nicht Allen die Erlaubnis zum Schreiben geben."[62]

2. Öffentliche Schriftenverbrennungen (insbesondere durch Henkershand) vom Beginn des 16. bis zum mittleren Drittel des 17. Jahrhunderts

Im Sinn der eben zitierten Äußerung des Papstes Pius II. erlassen zwei seiner Nachfolger — 1487 Innozenz VIII. und 1501 Alexander VI. — fast gleichlautende Bullen („Inter multiplices"). Darin wird allerdings nur die Verbrennung dem „rechten Glauben zuwiderlaufender, unfrommer und skandalöser" Schriften empfohlen, ohne näheren Zusatz über die erwünschte Art der Durchführung; unbedingt gefordert wird eigentlich nur, solche Bücher „auszurotten". Am 4. 5. 1515 erläßt dann Papst Leo X. mit Zustimmung des 5. Laterankonzils die Bulle „Inter solicitudines", die für Schriften, welche ohne kirchliche (Vor-) Zensur erschienen sind, „öffentliche Verbrennung" vorsieht.[1]

Wenn zu jener Zeit tatsächlich Bücher öffentlich verbrannt werden, geschieht dies höchstens auf Privatinitiative eines päpstlichen Inquisitors bzw. infolge von Urteilen theologischer Fakultäten; so in der Affäre um Johannes Reuchlin, die in mancher Hinsicht als ein Vorgeplänkel zu den Schriftenverbrennungen für und gegen Luther gesehen werden kann. 1509 erwirkt der getaufte Jude Johannes Pfefferkorn ein Mandat Kaiser Maximilians I. zur Prüfung hebräischer Schriften sowie zur Vernichtung der für anti-christlich befundenen Exemplare. 1510 kommt es aber dann nur zu Konfiskationen (so z. B. in Frankfurt am Main), und auch diese Schriften müssen auf kaiserlichen Befehl wieder zurückgegeben werden: Maximilian läßt lieber noch Gutachten einholen. Das Gutachten des Humanisten Reuchlin, der größte Teil der hebräischen Literatur sei erhaltungswürdig, hat eine Gegenschrift Pfefferkorns zur Folge, gegen die sich Reuchlin in seinem „Augenspiegel" wendet. Diese Schrift läßt der Inquisitor Hochstraten in Köln am 10. 2. 1514 öffentlich-feierlich verbrennen, gestützt auf Sprüche theologischer Universitäts-Fakultäten (Köln und Löwen: nur „Verbrennung", Paris: „igne publicum concremandum"). Eine gleiche Aktion wurde zuvor am 11. 10. 1513 zu Mainz in letzter Minute durch erzbischöflichen Befehl verhindert.[2]

Mit der Bulle „Exsurge Domine" vom 15. 6. 1520 werden seitens des Heiligen Stuhles die Verbrennungs-Bestimmungen von 1487, 1501 und 1515 wieder aufgegriffen — diesmal speziell auf die Lehren eines Mannes — Martin Luther — bezogen und zumindest an einer Stelle wesentlich genauer, was die erwünschte Durchführungsart betrifft: „[. . .] öffentlich und feierlich, in Anwesenheit von Klerus und Volk", ungenauer ebendort an anderer Stelle: „verbrennen oder verbrennen lassen".[3]

Die mit der Bekanntgabe und Durchsetzung jener Bulle im Reich beauftragten Nuntien Aleander und Eck haben wenig Erfolg: 1520 kommt es nur in Löwen, Lüttich, Köln, Trier und Mainz zu öffentlichen Bücherverbrennungen. Henkersbeteiligung ist dabei jeweils durchaus möglich. Im Kommissions-Dekret Leos X. vom 1. 8. 1520 für Eck heißt es nur: „publice & palam comburere", also „öffentlich und feierlich zu verbrennen". Die Quellen legen eben noch keinen Wert auf diese Facette der Aktion, sondern höchstens auf Öffentlichkeit und Feierlichkeit im allgemeinen bzw. auf die dadurch angedeutete Gefährdung für die Person des Autors.[4]

Luther selbst bleibt vorerst ruhig und bezeichnet jene Art des Vorgehens gegen Schriften als „kindische Dummheit".[5] Dementsprechend äußerte er sich bereits zuvor eher zurückhaltend zu der Aktion von Wittenberger Studenten im März 1518: Damals wurden 800 Exemplare der gedruckten Thesen Tetzels gegen Luther auf dem Marktplatz zu Wittenberg einem Scheiterhaufen übergeben.[6] Als aber Gerüchte von bevorstehenden bzw. bereits geschehenen Verbrennungen seiner Schriften in den wesentlich näher gelegenen Städten Leipzig und Merseburg wissen wollen, ist es mit der Gelassenheit Luthers und der seiner Anhänger vorbei. Melanchthon, der, wenn man so sagen darf, Parade-Humanist Wittenbergs, fordert am 10. 12. 1520 durch einen Anschlag an der dortigen Pfarrkirche alle „der Wahrheit des Evangeliums Ergebenen" auf, sich bei der Heilig-Kreuz-Kapelle vor der Stadt (dem für Menschenhinrichtungen üblichen Ort!) einzufinden, wo „nach altem, auch apostolischen [Apg. 19,19!] Brauch die gottlosen päpstlichen Verordnungen und Bücher scholastischer Theologie verbrannt" werden würden. Als Rechtfertigung für dieses „fromme und religiöse Schauspiel" wird u. a. die Verbrennung der „frommen und evangelischen [d. h. dem Evangelium getreuen] Bücher Luthers" angegeben.[7]

Diese Ankündigung wird am selben Tag vor dem Elstertor verwirklicht. Zuerst verbrennt man vor allem Kirchenrechts-Bücher und Schriften von Luthers Widersachern Eck und Emser, dann wirft Luther selbst ein dünnes Heft ins Feuer, angeblich mit den Worten: „Weil du die heilige Wahrheit Gottes [vielleicht auch: den Heiligen des Herrn] betrübt hast, so verzehre dich das ewige Feuer." Daß jenes Heft „die Bulle Exsurge enthielt, ist", so Hubert Jedin, „wohl kaum allen Anwesenden bekannt geworden."[8] Noch vor Ende des Jahres 1520 läßt Luther seine Rechtfertigungsschrift über jenen Vorgang erscheinen. Was die spezielle Art des Vorgehens betrifft, beruft er sich auf das Beispiel der durch Paulus bekehrten Epheser sowie auf die „Kölner und Löwener", die, wie er schreibt, ohne päpstliche Autorisation mit dem Verbrennen begonnen hätten.[9]

Neben anderen Schriften für und wider die Tat vom 10. 12. 1520[10] kommt es auch bald zu weiteren Verbrennungen. Bereits im März 1521 wird im Namen Karls V. für die Niederlande angeordnet, alle lutherischen Bücher (privat?) „zu verbrennen oder öffentlich verbrennen und vertilgen zu lassen", und zwar „bei Trompetenklang" und an „Orten, wo dergleichen Akte gewöhnlich vorgenommen werden".[11] Letzteres dürfte nicht auf bisherige Bücherverbrennungen verweisen als vielmehr auf den nunmehr zu wählenden Ort, nämlich denjenigen, wo sonst Menschen hingerichtet werden. Auf dem Reichstag zu Worms betreibt vor allem der päpstliche Legat Aleander die Erlassung eines einschlägigen Reichsgesetzes, wobei er sich unter anderem auf das Vorbild frühchristlicher Kaiser wie Arkadius beruft. So heißt es dann auch im Wormser Edikt vom 25. 5. 1521 (vordatiert auf 8. 5.): Luthers „vergift schriften und bücher" seien „mit dem feur zu verbrennen und in den und ander weg genzlichen abzethun, zu vernichten und zu verdilgen"; unruhestiftende — nicht nur lutherische — „schriften, bücher, zedl [Flugblätter], und malerei" seien im Reich und auch in den Erblanden zu „zerreissen und mit offentlichem feur [zu] verprennen".[12]

Am 29. 5. findet in Worms gewissermaßen eine Musteraktion nach jenen Anordnungen statt — speziell gegen die Bücher Luthers gerichtet, in Anwesenheit Karls V., jedoch praktisch ohne Kurfürsten. Ludwig von der Pfalz schreibt darüber an Friedrich von Sachsen:

„wir haben woll [zufällig] das feur und ain dabei predigen sehen; was das gewesen[, blieb] uns verporgen. So haben wir auch nit weiter wissens, ob das mit der stend zulassen gescheen."[13]

Eine Augsburger Chronik zeigt sich besser informiert:

„Also wurden [. . .] des Luthers büchlin verprennt. Es was ain predigerminch darbei, der prediget den leuten; also sagten die leut, was der minch sagt, das ist erlogen [. . .]. So hett man [außerdem] den Luther auf ainen prief gemalet, den warf man in das feur und ward auch verprant; das tet der henker, der hett ain fleschen mit wein bei im, der trank und was gutter ding."[14]

In anderen Berichten wird die Henkersbeteiligung zwar nicht erwähnt,[15] sie ist hier trotzdem wahrscheinlich, wenngleich nicht wirklich institutionalisiert. So ist auch der Unterschied zu den „bruciamenti della vanità" noch nicht allzu groß.

Am 12. 6. 1521 läßt Leo X. in Rom Schriften nebst Bildnis Luthers in Anwesenheit einer großen Menschenmenge auf ein Schaugerüst legen und durch untergeordnete „familiares" („byrros") verbrennen.[16] Ähnliche Aktionen gibt es noch 1521 zumindest in Thorn, London und Paris.[17]

Versuche, die öffentliche Verbrennung lutherischer Schriften im (seit April 1521) Ferdinand I. unterstellten Herrschaftsbereich durchzusetzen, bleiben höchstwahrscheinlich ohne Erfolg. So erging es bereits einer Aufforderung Karls V. vom 30. 12. 1520, in der primär auf Ablieferung der Bücher und weniger auf deren öffentliche Verbrennung gedrungen wurde.[18] Auch die Erlässe Erzherzog Ferdinands bezüglich lutherischer oder sonstwie häretischer Bücher werden zumindest nicht in öffentlich-feierlichen Aktionen vollzogen. Dies gilt vor allem auch für die Verordnung vom 24. 7. 1528, in der es heißt:

„Buchdrucker und Buchführer der sectischen verbottenen Buecher, Welche in Österreichischen Erblandten betretten Werden, sollen als haupt Verführer Unnd Vergüffter aller Länder ohne alle Gnad stracks am Leben mit dem Wasser gestrafft, Ihre verbottene Wahren mit Feuer verbrendt Werden."[19]

Ähnlich die Instruktion vom 5. 11. 1528 an die neueingesetzte – wenngleich kaum wirklich arbeitende – Zensurbehörde unter dem Vorsitz des Wiener Bischofs: „[. . .] am leben straffen unnd die puecher verprennen zulassen."[20]

Öffentliche Verbrennungen von Lutherbibeln hat es wohl, jedenfalls im Erzherzogtum Österreich, unter Ferdinand I. ebensowenig gegeben wie Verbrennung von Büchern zusammen mit Menschen; die entsprechende Überlieferung zur Verbrennung Kaspar Taubers am 17. 9. 1524 trifft wohl kaum zu.[21] Die Erlässe Ferdinands I. vor und nach 1528 sprechen meist von vornherein nur von „Wegnehmen" oder von „Vertilgung", wenn nicht gar ausdrücklich davon, etwa Schriften aufständischer oberösterreichischer Bauern „im Stillen mit gutem Fug und Glimpf einzuziehen".[22] Johann von Revellis, der Wiener Bischof, bringt zwar am 26. 7. 1528 eine feierliche, öffentliche Aktion gegen lutherische Bücher zur Sprache – „an einem Markttag, unter dem Geläute der großen Glocke und begleitet von Trompeten-schall" solle man jene Bücher zum Hohen Markt bringen, um sie dort zu verbrennen.[23] Diese Forderung bleibt aber ebenso fol-genlos wie die vorhergehenden Initiativen vergleichbaren Inhal-tes bzw. wie ein angeblicher Beschluß tirolerischer Bauern „auf den Tagen bei Schabs [. . .] und zu Pfalzen", „alle Sophisten und Juristen" auszurotten „und die selbigen Bücher [zu] ver-brennen".[24]

Tatsächliche Verbrennungen von zumeist lutherischen Bü-chern werden in Österreich bis zum Ende des 16. Jahrhunderts höchstens in eher privater Form von kirchlichen Stellen durch-geführt, z. B. im Hof des Wiener Erzbischöflichen Palais: Dort werden nicht nur − wie etwa 1584 − „anstößige" Bilder ver-brannt, sondern wohl auch die Sammelergebnisse von Biblio-theks- und Buchläden-Säuberungen.[25] Ebenfalls wenig Zere-moniell gibt es, wenn 1581 im Bregenzer Wald ketzerische Bücher in Anwesenheit des Pfarrers verbrannt werden, wahrscheinlich im Auftrag Erzherzog Ferdinands (II.) von Tirol.[26]

Im Herrschaftsbereich der steirischen Habsburger schlagen vorerst die Versuche Karls II. zur Rekatholisierung Inneröster-reichs fehl, auch was die Bekämpfung nichtkatholischen Schrift-tums betrifft. Eine angebliche öffentliche Bücherverbrennung − schon gar durch den Henker − 1579 in Graz ist sicher spätere Erfindung.[27] Wirksamer ist erst die Tätigkeit Ferdinands II., der ab Oktober 1599, noch als Erzherzog der innerösterreichischen Lande, die von ihm ausgesandten Religionsreformations-Kom-missionen auch mit militärischer Begleitung ausstattet. Diese je-weils von Graz ausgehenden „Feldzüge" werden meist vom zu-ständigen Landeshauptmann sowie vom Seckauer Bischof Mar-tin Brenner (Prenner) angeführt. Eine der Hauptaufgaben die-ser Kommissionen ist, dem Stainzer Probst Jakob Rosolenz zu-folge, „an allen Enden und Ohrten/ sowol auff dem Land/ in Wirthshäusern/ und Bau[e]rnkeuschen/ als in den Städten und Märckten [. . .] Sectische wie auch zauberische/ un[d] alle ande-re verbot[e]ne Bücher" abzufordern „und solche an jedem ohrt offentlich mit dem Brand" zu vertilgen.[28] Diese Verbrennungen gehen zumeist am jeweiligen Hauptplatz vor sich; zwar gele-gentlich unter eigens errichteten Galgen, höchstwahrscheinlich aber nie durch Henkershand, sondern werden von begleitenden Soldaten bzw. bewaffneten Klosterbauern durchgeführt. Probst Rosolenz berichtet mit Stolz über jene Ereignisse:

„Darneben auch zu mercken/ daß die Commissarii in disen Landen sich in Verbrennung der Bücher beschaidenlicher verhalten/ als deß Rungii Concordische Reformatores zu Manßfeldt/ welche solches zu verrichten dem Diebshencker zugemutet haben."[29]

Derselbe Autor verteidigt unter der Überschrift: „Ob man die Luthrischen Bücher billicher weiß verbrennet habe?" die Aktionen der eigenen Partei auch mit anderen Argumenten, etwa durch die Berufung auf entsprechende andere Taten der gegnerischen „Reformatores" bzw. auf die positiv gesehenen frühchristlichen Vorläufer.[30]

Hauptschauplatz jener öffentlichen „Gerade nicht-Hinrichtungen" ist vom Oktober 1599 bis zum August 1600 die Steiermark:[31] zuerst in Eisenerz, dann unter anderem zumindest in Gröbming, Schladming, Rottenmann, Wald am Schoberpaß, Kalwang, Radkersburg (bereits im Jänner 1600), Mureck, Klöch, Marburg, Pettau, Cilli, Arnfels, Ehrenhausen, Frohnleiten, Bruck an der Mur, Leoben, Hartberg, zuletzt auch in Graz. Als dort schon mehr als „8 wägen vol biecher, welche dem Vulkano destiniert und consecrirt sollen werden [. . .], vorhanden" sind, ist eines klar: „Das rathauss ist fast voll der sectischen buecher. Man wirt es [!] nothwendig verbrennen müessen, damit die übrigen [d. h. wohl: bloß zu sekretierenden Bücher] auch hinein bracht mögen werden."[32] Am 8. 8. werden dann − nachdem „die Catholische Grätzerische Burgerschafft in grosser Anzahl den Religions Aydt geschworen" − abends vor dem „St. Pauls Thor mehr als 10.000 stuck Bücher verbrent, und nicht weit von solcher Brandstatt den 10. Augusti an St. Lorentzen Tag der erste Stain der Caputziner Kirchen [. . .] gelegt".[33]

Noch im August 1600 beginnt ein „siebzigtägiger Feldzug" gegen den Protestantismus in Kärnten, in dessen Verlauf bis zum Oktober bzw. November (Klagenfurt am 14. 11. als Nachzügler) an mindestens 27 Orten den Protestanten abgenommene Bücher auf gleiche Art wie in der Steiermark verbrannt werden: unter anderem in Gmünd, Steinfeld, Greifenburg, Oberdrauburg, Grafendorf, Hermagor, Spittal, Kleinkirchheim, St. Veit, Friesach, Völkermarkt, Griffen, St. Andrä, Wolfsberg, St. Leonhard und Villach.[34] Ähnliche Szenen spielen sich dann noch in Krain ab, zuletzt wahrscheinlich am 31. 12. 1600 in Laibach.[35]

Auch als Kaiser (ab 1619) zeichnet Ferdinand II. für öffentliche Bücherverbrennungen verantwortlich. Nach der Schlacht am Weißen Berg (1620) werden vor allem in Böhmen und Mähren immer wieder Bücher der Einwohner jeweils besetzter bzw. visitierter Orte verbrannt – „bald auf dem Markte, bald unter dem Galgen, an Staupsäulen und Rabensteinen, seltener außer den Stadtmauern, und wenn die Anzahl nur gering war, im Innern des Hauses".[36] Henkersbeteiligung ist hier höchstens dann gegeben, wenn protestantische Prediger „auff ihre Bücher geleget und dieselben angezündet" werden.[37] Sind Bücher das einzige Verbrennungsziel, müssen des öfteren Besitzer ketzerischer Schriften diese selbst dem Feuer übergeben, und zwar auch auf Marktplätzen „bey der Justiz" bzw. bei der „Staup-Seule" (Pranger).[38]

Öffentliche Verbrennung der konfiszierten unkatholischen Schriften ordnet Ferdinand II. 1625 in einer Instruktion an Reformations-Kommissäre für Kärnten und Krain an.[39] Ob es hier aber – wie 1600 – tatsächlich zu feierlichen, öffentlichen Bücherverbrennungen kommt, ist fraglich. Auf höchstens formlose Aktionen gegen Bücher lassen die Berichte jener Zeit für Österreich unter der Enns und das Land ob der Enns schließen: So werden die unkatholischen Schriften eines Grafen in Stetteldorf am Wagram 1628 „im Angesicht seiner" verbrannt.[40] Im Land ob der Enns (damals gerade an Bayern verpfändet) sprechen die Reformationspatente von 1625 und 1626 direkt nur von Ablieferung bzw. von versiegelter Hinterlegung auf Rathäusern.[41] Allerdings kommt es zumindest 1626 in Steyr zur Verbrennung von 20 Wagenladungen voller Bücher „hinter dem Getreidekasten".[42] Nach der Zeit der bayrischen Pfandherrschaft werden des öfteren in Linz von den Jesuiten häretische oder auch „unsittliche" Schriften verbrannt (kaum jemals mit besonderen Zeremonien bzw. öffentlich); zumindest erstere verleibt man in größerer Menge der Bibliothek des Kollegs ein.[43]

In den letzten Jahren Ferdinands III. wird gelegentlich wieder ausdrücklich die Vertilgung von Schriften gefordert, 1655 dann auch die Verbrennung (ohne näheren Zusatz): Die bei den Pfarrern abzuliefernden „uncatholischen" Bücher sollen nicht „auffbehalten/ sondern alsobald verbrennet werden/ auff daß sie nicht widerumb unter die Leuth kommen". Zu solchen eher formlosen Verbrennungen durch Ortspfarrer kommt es aber selten (z. B. um 1653 in Prellenkirchen).[44]

Öffentliche Bücherverbrennungen mit größeren Zeremonien gibt es in den ersten Regierungsjahren Leopolds I. höchstens auf Veranlassung städtischer Behörden in Böhmen. 1660 wirft in Pilsen der Stadtrichter eigenhändig ein „Zauberbuch in's Feuer, in welchem dasselbe jedoch, laut Versicherung des Stadtbuches, lange nicht verbrennen" kann; der Besitzer der Schrift wird durch den „Büttel [. . .] mit Ruthen aus der Stadt gepeitscht".[45] Für Österreich unter der Enns ordnet Leopold I. fünf Jahre später immerhin folgendes an: Über die angebliche Täterschaft von Juden bei einem Frauenmord „erdichtete unwahrhaffte Lieder, Kupfferstich, Pasquille, und in offenem Druck ausgesprengte falsche Zeitungen" solle man „caßiren und vernichten".[46]

Viel früher als in der „Monarchia Austriaca"[47] kommt es in anderen Herrschaftsgebieten zu Buchhinrichtungen im eigentlichen Sinn, also zu obrigkeitlich-judiziellen, vor allem gegen Schriften gerichteten Akten feierlicher Prägung, bei denen die Henkersbeteiligung ausdrücklich betont wird. Dieser Weg hin zum (Beinahe-)Strafvollzug am Buch wird von anderen Entwicklungen des Rechtslebens begleitet, und in gewissem Maß auch dadurch vorbereitet — so vor allem von den bereits oben (S. 98) erwähnten In-effigie-Hinrichtungen. Jenes Vorgehen gegen Bilder bzw. auch gegen Namens-Tafeln geflohener Rechtsbrecher bürgert sich in Frankreich bereits im 16. Jahrhundert ein; vorerst im Militärstrafrecht, ab den Religionskriegen dann auch für Zivilpersonen (Ketzer und Majestätsverbrecher).[48] In Mitteleuropa werden derartige Erweiterungen des Strafvollzugs erst ab der Mitte des 17. Jahrhunderts wirklich gebräuchlich, und zwar vor allem als Strafe für Duellanten (als Durchbrecher des angestrebten obrigkeitlichen Gewaltmonopols).[49] Theoretische Schriften zum Thema der In-effigie-Hinrichtung lassen noch etwas länger auf sich warten. Immerhin stellt bereits 1644 der Utrechter Gelehrte Antonius Matthaeus fest: „absens hodie damnari potest", also, heutzutage könne man einen Abwesenden — in schwerwiegenden Fällen — bestrafen.[50]

Buchhinrichtungen sind aber, wie bereits zu sehen war, nicht einfach als Bestrafung abwesender Autoren aufzufassen, auch nicht bloß als direkte Ergebnisse einzelner — auch den In-effigie-Hinrichtungen zugrundeliegender — zeittypischer Voraussetzungen. Diese sind zwar nicht zu unterschätzen, beispielsweise die volle Entfaltung des juristischen Inquisitionsverfahrens von Amts wegen, bei dem Ankläger und Angeklagter nicht (wie im Anklage- oder Akkusationsprozeß) theoretisch gleichberechtigt gegenüberstehen, oder die Ausbildung übersteigerter Empfindlichkeiten bei Obrigkeiten bzw. bei Ständen und Einzelperso-

nen;[51] allein können sie allerdings die öffentlichen Bücherverbrennungen durch Henkershand nicht erklären. Immerhin sind
die Zusammenhänge zwischen dem jeweiligen Entwicklungsstand der Hinrichtungen am Bild und dem des hinrichtungsmäßigen Vorgehens gegen Schriften bedeutsam genug, um im
folgenden noch wiederholt herangezogen zu werden.

Henkersbeteiligung wird bei öffentlichen Schriftenverbrennungen auch nach 1521 noch längere Zeit, zumindest bis zum
Ende des 16. Jahrhunderts, nur selten direkt erwähnt — sicher
seltener, als jene Beteiligung bereits tatsächlich gegeben ist (was
auch mit dem Entwicklungsstand der Institution Scharfrichter
zusammenhängt). Verbrennung durch Henkershand ist bei Verbrennungen von gefürchteten Schriften zusammen mit Menschen anzunehmen, wie sie 1524 durch Ludwig II. von Ungarn in
Ofen angeordnet werden. Im März 1524 ordnet der König überdies auch, ohne nähere Erläuterung, die öffentliche Verbrennung der in den Häusern zu konfiszierenden lutherischen Schriften an; eine Verordnung, die auch in Mähren erlassen, beispielsweise in Olmütz „auf dem Marckt bey dem Pranger" vollzogen
wird.[52]

In Frankreich kommt es nach 1521 zumindest auch 1523 und
1543 von Staats wegen zur öffentlich-feierlichen Abrechnung
mit unliebsamen lutherischen bzw. kalvinischen Schriften —
1543 laut Urteil des Pariser Parlamentes „am Vorplatz der Kirche Notre-Dame", „beim Klang der großen Glocke".[53] Henkersbeteiligung ist dabei schon möglich; einschlägige Berichte
gibt es aber erst für zwei Fälle des Jahres 1553 in Metz und in
Vienne, letzterer allerdings in Verbindung mit der Verbrennung
eines Autorenbildnisses, und dann wieder für mindestens drei
Fälle unter Heinrich IV. Üblich wird die Betonung, und damit eigentliche Institutionalisierung der „main du bourreau", also der
Henkershand, in unserem Zusammenhang erst ab 1610. In den
folgenden Jahrzehnten gibt es in Frankreich durchschnittlich alle
drei Jahre eine Buchhinrichtung.[54] 1668 kann dann ein Chronist
der ersten Wiener Buchhinrichtung derartige Aktionen bereits
als etwas in Frankreich, und zwar vor allem dort, Übliches sehen.[55] Hauptverantwortlicher für jene Handlungen ist bereits in
dieser frühen Blütezeit des Phänomens das Pariser Parlament in
seiner Eigenschaft als Oberster Gerichtshof, dessen „Arrêts"
(Urteile), wie auch bei den Fällen des 18. Jahrhunderts, den
meisten Buchhinrichtungen vorhergehen. In Verbindung damit können außerdem Urteile der Sorbonne, genauer: ihrer

theologischen Fakultät, bzw. auch „sentences" des „prevôt" (Präfekten) von Paris eine Rolle spielen. Henkersbeteiligung ist zu jener Zeit bereits für Bücherverbrennungen in Provinzstädten wie Angers und Toulouse überliefert.[56] Die Entwicklung im nicht-habsburgischen Reichsgebiet läßt sich nur schwer auf eine allgemeine Formel bringen. 1524 befaßt sich für längere Zeit zum letzten Mal ein Reichstag mit einschlägiger Thematik: In Nürnberg entsteht ein nie verwirklichter Entwurf für ein Mandat gegen lutherische Schriften. Diese sollen „in offentlichem feur" verbrannt werden;[57] dabei werden allerdings keine regelrechten Buchhinrichtungen verlangt. In der Folgezeit gibt es lange keine Reichsgesetze, in denen ausdrücklich Vernichtung von Schriften im allgemeinen — ohne näheren Zusatz — gefordert würde, geschweige denn Initiativen auf Reichstagen zur Hinrichtung bestimmter Bücher. Auch einschlägige Gerüchte zu Beginn des Jahres 1654 beziehen sich nur auf inoffiziell bleibende Pläne: In Regensburg solle vielleicht bald eine Neuauflage des „Hippolitus à Lapide" „auf kaiserlichen Befehl und mit Zustimmung der Kurfürsten und aller übrigen Reichsstände öffentlich am Markt durch den Henker verbrannt werden" — so der Mainzer Kanzler Johann Christian von Boineburg in einem Brief über jene Gerüchte.[58]

Aus den katholischen Reichsterritorien gibt es nach 1521 vorerst ebenfalls nur wenig Einschlägiges zu berichten. Um 1580 werden in München öffentlich „Lutheri Ebenbild und Bücher" feierlich verbrannt. Außerdem kommt es etwa 1629 in Köln (?) zur Verbrennung eines Predigers zusammen mit seinen Schriften.[59] Die Obrigkeiten protestantischer Reichsterritorien teilen im wesentlichen die Ansicht Luthers vom Jahr 1538, es sei für „fromme und rechte Christen" notwendig, für „schlecht" erkannte Bücher „von sich zu thun und verbrennen [zu] wollen, zu Ehren unserm heiligen Evangelio" bzw. zur eigenen politischen Sicherheit; durch den Henker werden Bücher jedoch vorerst höchst selten verbrannt — vor 1600 vielleicht in Mansfeld. Die Überlieferungen bis zum zweiten Drittel des 17. Jahrhunderts wissen zumeist entweder allgemein vom Verbrennen zu berichten oder nur von „öffentlichem Verbrennen". Beteiligung des Henkers bei Verbrennungen von Mensch und Buch kommen jedenfalls auch hier vor, beispielsweise 1572 in Berlin.[60]

Ähnlich ist die Situation in den nur mehr theoretisch (bis 1648) dem Reich angehörigen Gebieten der Schweiz und der nördlichen Niederlande. Hier sind vor allem zwei kombinierte

Buch- und Menschenverbrennungen zu erwähnen. 1553 wird im Genf Calvins das Urteil gegen den Arzt und Theologen Miguel de Servedo (Servetus) vollstreckt; er wird „an den Pfahl gebunden und mitsamt" seinem „Buche [‚Christianismi restitutio'] zu Asche verbrannt". 1559 verbrennt ein Scharfrichter in Basel den Leichnam des 1556 unerkannt verstorbenen Sektengründers David Joris zusammen mit seinen Schriften und seinem Bildnis.[61] Das Buch Servets wird übrigens auch in Vienne und in Frankfurt am Main durch die Obrigkeiten verbrannt, und zwar zumindest in Vienne ziemlich sicher durch den Henker — allerdings zusammen mit einem Autorenbild.[62] In Genf selbst geht Calvin bereits um 1546 direkt gegen ein Buch allein vor. Dieses wird öffentlich verbrannt — Arnold ergänzt wohl nicht zu Unrecht : durch den Henker —, der Autor mit Stockschlägen und Ausweisung bestraft.[63] Obrigkeiten der Generalstaaten lassen im hier fraglichen Zeitraum mehrmals ketzerische, zumeist sozinianische (anti-trinitarische) Schriften öffentlich verbrennen. 1598 wird in Amsterdam ein Verbrennungsbefehl auf „Sekretierung" abgewandelt; etwa ab 1611 werden verurteilte Bücher verbrannt, und zwar durch Henkershand — ähnlich der Vernichtung „unzüchtiger" Gemälde 1640.[64]

In Skandinavien gibt es bis zum mittleren Drittel des 17. Jahrhunderts kaum öffentliche Bücherverbrennungen. Zu einer sicheren Buchhinrichtung kommt es immerhin 1642 im Herzogtum Schleswig.[65]

In England läßt Heinrich VIII. hingegen sowohl in seiner katholischen als auch in seiner anglikanischen Zeit Bücher wenigstens öffentlich verbrennen.[66] Die edwardianischen Reformer nehmen um 1550 wahrscheinlich nur formlose Verbrennungen „papistischer" bzw. „diabolischer" Bücher vor.[67] Für die Zeit Marias der Katholischen ist hingegen bereits Teilnahme des Henkers zumindest bei einem Fall überliefert, bei dem der Autor nicht auch verbrannt, sondern auf andere Art hingerichtet wird.[68] Wenn unter Elisabeth I. gegen mißliebige Bücher auf verschiedenste Art vorgegangen wird, ist wiederholt von öffentlicher Verbrennung die Rede, nicht jedoch von Henkersbeteiligung (obwohl diese in mehreren Fällen ab 1579 durchaus möglich ist). Öffentlichkeit kann dabei auch „in the Hall of the Company of Stationers" bedeuten bzw. Verbrennung im Küchenofen dieser Stelle zur Bücherregistrierung in London, aber manchmal auch Verbrennung auf einem Marktplatz ohne zusätzliche Menschenbestrafung (so 1598 in Penryn/Cornwall).[69] Bei den obrigkeitlichen Bücherverbrennungen unter Jakob I. sprechen nicht mehr alle zeitgenössischen Berichte von Feierlichkeit und Öffentlichkeit; die — an sich mehrmals mögliche — Beteiligung des „common hangman" wird zwar noch nicht in den offiziellen Quellen betont, aber bereits in mindestens zwei Fällen von außenstehenden Zeitgenossen erwähnt.[70]

Mit sicheren Buchhinrichtungen im engeren Sinn haben wir es erst ab Karl I. zu tun. Dabei kann das Vorgehen im Jahr 1634 als wesentlicher Schritt gelten. Damals verurteilt man eine Schrift des Puritaners William Prynne gegen die Theatervergnügungen des Hofes, insbesondere der Königin, ausdrücklich zur Verbrennung durch Henkershand. Diese Entscheidung der Star Chamber begründet der Richter Lord Cottington so:

„I do in the first place begin Censure with this Book. I condem it to be burnt, in the most publick manner that can be. The manner in other Countries is, to be burnt by the Hang-man, though not used in England, (yet I wish it may, in respect of the strangeness and hainousness of the matter contained in it) to have a strange matter of burning; therefore I shall desire it may be so burnt by the Hand of the Hang-man."[71]

Derart bewußte Buchhinrichtungen bürgern sich dann vor allem in der Zeit der Parlamentsherrschaft bzw. des Commonwealth' ein; aber auch zur Zeit der Restauration greift man immer wieder zu jenem Mittel, um mißliebigen Schriften beizukommen.[72] Um jene Zeit lassen übrigens auch die lokalen Obrigkeiten nordamerikanischer Kolonien Englands mindestens zweimal Bücher durch den Henker öffentlich verbrennen, und zwar 1650 und 1656 in der Massachusetts Bay Colony.[73]

Aus Italien sind vor allem feierlich-öffentliche Verbrennungen hebräischer Schriften (hauptsächlich Talmud-Exemplare) zu erwähnen. Entsprechende Anordnungen gehen vor allem im Jahr 1553 vom Heiligen Stuhl aus. 1568 kommt es in Venedig auch ohne direkte Aufforderung durch den Papst zu einem derartigen Vorgehen.[74] Bei diesen Fällen wird, ebenso wie bei damaligen Verbrennungen anderer Arten von mißliebigen Schriften durch italienische Obrigkeiten, vorerst noch nicht ausdrücklich von Henkersbeteiligung gesprochen. In Rom selbst legt man im hier fraglichen Zeitraum (also etwa bis 1667) nur bei kombinierten Aktionen, bei denen Bücher nicht alleiniges Angriffsziel sind, darauf Wert; so 1624 („Bildnis, Bücher, Schrifften und der todte Leichnam" des im Gefängnis verstorbenen Häretikers

Marcantonio de Dominis) und 1661 (Bildnis und Bücher des Francesco Giuseppe Borri).[75]

Öffentliche Verbrennungen größerer Mengen unchristlicher Schriften in Spanien bzw. durch Spanier in Amerika sind vor allem eine Erscheinung des späten 15. und des frühen 16. Jahrhunderts.[76] Gezielte Aktionen gegen bestimmte Bücher, bewußt durch Henkershand ausgeführt, gibt es vielleicht schon am Ende der Regierungszeit König Philipps II., sicher dann ab Philipp IV. Jedenfalls läßt auch Cervantes in seinem „Don Quijote" damals Verwandte und Bekannte des Helden einen „Büchersturm" anzetteln.[77]

In Polen kommt es ab der Mitte des 17. Jahrhunderts zu den ersten ausdrücklichen Buchhinrichtungen durch Henkershand, also zu Verbrennungen, bei denen die Mitwirkung des Henkers bzw. Scharfrichters auch von den Verantwortlichen offen betont wird.[78]

Außerhalb Europas sind hier, abgesehen von den Aktionen in den englischen und spanischen Kolonien in Amerika, aus Abessinien vergleichbare obrigkeitliche Vorgangsweisen zu berichten: 1628 werden dort verschiedene, von den Portugiesen verteilte Gegenstände wie Kruzifixe, Rosenkränze und wohl auch Bücher durch einen lokalen Machthaber verbrannt, der dann dafür vom König Faciletes (Fazilidas) hingerichtet wird. Um 1666 läßt Faciletes selbst „alle christlichen Glaubensbücher der Europäer" verbrennen – so eine abessinische Chronik ohne nähere Kennzeichnung der Vorgangsweise.[79]

Abschließend noch kurz zu verschiedenen Aktionen von „unten" her bzw. gegen als unterdrückend empfundene, mit Obrigkeiten in Verbindung stehende Schriften der Zeit von etwa 1522 bis 1667. In Münster findet 1534 eine Aktion besonderer Art statt. Neben gezielt punktuellen und keineswegs blindwütigen Bilderstürmen verbrennen die Wiedertäufer „auf dem Domplatz Bücher, Urkunden und Siegel als die Dokumente einer Kultur, der die Schrift zur Darstellungsform von privilegierten Zuständigkeiten geronnen war".[80] Aus dem 16. Jahrhundert gibt es weiters Berichte über wenig feierliche Vernichtungsaktionen gegen Grundregister (1525 im steirischen Haus im Ennstal), gegen päpstliche Ablaßbriefe (1522 in der Lausitz, im Rahmen eines Jahresfeuers) oder auch gegen ganze Klosterbibliotheken (1522 in Thüringen oder 1566 in den Niederlanden, im Rahmen eines umfassenden Bildersturms).[81] Auch aus den ersten beiden Dritteln des 17. Jahrhunderts sind wenigstens gelegentliche

Überlieferungen zu erwähnen, denen zufolge Schriften obrigkeitlichen Charakters öffentlich-tumultuarisch zerrissen, aber auch verbrannt wurden, etwa 1647 in Neapel von den Aufständischen unter Masaniello:

„Sie stürmeten die Gerichts-Häuser, verbranten alle Protocolle und Inquisitions-Acta, die wider diese [zuvor aus dem Gefängnis befreiten] Missethäter ergangen waren [...]. Sie fielen auch in die Wage/ und verbranten alle die Zollbücher."

1615 besetzen in Delft Frauen und Kinder nach einer Erhöhung der Steuern auf Korn und Gerste bzw. Verringerung der Steuern auf Wein das Rathaus und vernichten die obrigkeitlichen Bücher durch Zerreißen.[82]

Soviel über Entwicklung und Begleitumstände des Phänomens Buchhinrichtung bzw. öffentlich-feierlicher Bücherverbrennungen im allgemeinen bis vor das Jahr 1668.

3. Die Monarchia Austriaca von der ersten Wiener Buchhinrichtung bis zum Tod Leopolds I.

Wie wir oben gesehen haben, wird ab der Mitte des 17. Jahrhunderts im Bereich der Monarchia Austriaca[1] wieder gelegentlich direkt Vertilgung bzw. auch Verbrennung unerwünschter Schriften gefordert, wenngleich mit vorerst geringen Folgen. 1668 kommt es dann zur ersten Buchhinrichtung in Wien. Die drei wichtigsten Quellen hiefür: eine 1842 von einem Lokalhistoriker zitierte Eintragung in einem − selbst nicht mehr auffindbaren − „Wiener Stadtprotokoll", der Brief eines wegen einer Duell-Affäre ins Ausland verbannten Holländers und der Bericht Matthias Abeles, eines als juristischer Vertreter der Innerberger Eisengewerkschaft in Wien weilenden Breisgauers.[2] Die Berichte im „Zodiacus Mercurialis" − einer Jahreschronik von 1668 − sowie im „Diarium Europaeum" sind bereits aus zweiter Hand. Nicht uninteressant ist auch eine Notiz zur Bücherverbrennung von 1668 in einem bibliographischen Werk des späten 18. Jahrhunderts; von wo die dortige Kenntnis stammt, muß hier dahingestellt bleiben.[3]

Die Vorgeschichte des Falls von 1668 beginnt mit dem Türkenfeldzug von 1663/64. Dieser Krieg wird am 1. 8. 1664 bei St. Gotthard bzw. Mogersdorf entschieden. Auf seiten der Sieger, auch Truppen aus dem Reich und aus Frankreich waren beteiligt, ist die Freude jedoch keineswegs ungetrübt. Der Remis-Friedensschluß von Vasvár/Eisenburg ruft Unzufriedenheit bei den Ungarn, aber auch in Rheinbund-Kreisen hervor; man fühlt sich bei den Verhandlungen übergangen, und nicht nur dort (Frage des Oberbefehls etc.).[4] Bald wird außerdem das Verhalten verschiedener Generäle − einschließlich des Oberbefehlshabers Montecuccoli − bei der Schlacht selbst und danach in verschiedenen Veröffentlichungen wie Relationen und Postzeitungen kritisiert. Gegen jene Beschuldigungen veröffentlicht im

Februar 1665 der prokaiserliche Reichsoffizier Johann von Stauffenberg eine „Gründliche warhaffte und unpartheyische Relation" über den 1. 8. 1664, „zu Liebe der Warheit und Confusion der eitlen opinionen und Gedichte". Die „Materi der Pasquillen" im einzelnen verschweigt er allerdings, um „denen unwissenden auch solche nicht kündig zu machen"; einige Kritikpunkte nennt Stauffenberg zumindest in allgemeinerer Form: hohe Offiziere hätten sich hinter den Armeen aufgehalten etc.[5]

Angeblich im selben Jahr wie der Bericht Stauffenbergs erscheint eine Schrift mit dem Titel:

„Memoria belli Ungaro-Turcici, Authore Johanne Henrico Andler Argentoratensi Massiliae 1665. Zu teutsch [so Abele] / Gedächtnuß des Ungarischen Türckischen Kriegs/ beschrieben von Johann Heinrich Andler von Straßburg gebürtig/ gedruckt zu Massilien [Marseille]."[6]

Der Autorenname wird von Abele für ein Pseudonym gehalten, er kann aber auch echt sein. Zweifelhaft sind der wirkliche Druckort und das tatsächliche Erscheinungsjahr.[7] In Wien scheint jenes Buch, wahrscheinlich eine eher dünne, kleinformatige Broschüre,[8] erst dreieinhalb Jahre nach der Schlacht bei St. Gotthard aufzutauchen. Man beanstandet dabei vor allem „Lügen und infame Sachen gegen den General-Lieutenant Graf Raymond Montecuccoli und andere hohe Offiziere", so Willem van der Goes, der erwähnte holländische Briefschreiber,[9] aber auch Kritik (vielleicht indirekter Art) am Kaiser bzw. am „Ertzhaus Österreich" und an der Politik des Wiener Hofes, wie der Bericht Abeles erweist:

„Es ist nicht wenig schmertzlich/ je güt-sanfftmüthig- und barmhertziger sich das Hochlöbl[iche] Ertz-Haus Oesterreich bezeiget/ daß dannoch sich Ehrvergessene Plackschmeisser befinden/ welche sich straffmässig unterstehen/ selbes samt ihren vortrefflichen Kriegs-Helden zuverschimpffen."[10]

Kaiser Leopold I. ist an sich schon sehr wachsam, was Publikationen betrifft − kein Wunder in einer Zeit, in der „von Staats und Religionssachen allerhand theils schädliche, theils gefährliche Dinge spargirt [verbreitet]" werden, so Leibniz gerade 1668 in bezug auf die Verhältnisse im ganzen Reich.[11] Für noch gefährlicher müssen derartige Veröffentlichungen gelten, wenn sie von Unmutsäußerungen in weiteren Kreisen, auch des Volkes, begleitet werden. Genau das scheint in unserem Fall zuzutreffen: Willem van der Goes berichtet, daß „viele Menschen" Anfang Mai 1668 in Wien „bößer" sprächen, „als es das [hingerichtete] Büchlein" tun hätte können.[12] Die Absicht, „denen Leuten das Maul" durch derartige Aktionen zu „stopfen",[13] ist hier also durchaus als eine wesentliche Begründung für die Buchhinrichtung vom 2. 5. 1668 anzunehmen. Daß ausgerechnet am selben Tag in Aachen Frankreich und Spanien Frieden schlossen, spielt dabei hingegen wohl keine Rolle.[14]

Eher ist hier schon die bei Hof bereits weitestgehend bekannte Bedrohung durch die sich in Ungarn zusammenbrauende Magnatenverschwörung in Betracht zu ziehen — dies, obwohl erst später direkt Maßnahmen dagegen eingeleitet werden. Gerüchte bringen auch Brände des damals neuen Traktes der Hofburg sowie in der Favorita im Februar 1668 mit Ungarn in Zusammenhang (angebliche Brandstiftung); bei ersterem Brand wird überdies eine Reliquie des Heiligen Kreuzes unversehrt aufgefunden (am 28. 2.).[15] Unglücksfälle und Wunderzeichen — also wesentliche Vorbedingungen für eine Veränderung gewohnter Verhaltensweisen ins Irrationale hinein — gibt es in den ersten Monaten des Jahres 1668 auch in anderer Form: Im Jänner stirbt der erste Sohn des Kaisers, noch keine vier Monate alt; im März scheint ein Komet weiteres Unheil anzukündigen.[16]

Die Person des siegreichen Feldherren von 1664 ist ein weiterer Schlüssel zum Verständnis der ersten Wiener Buchhinrichtung. Gegen Montecuccoli werden nämlich nicht nur die oben angeführten Gerüchte laut; er soll auch Kriegsgelder für sich persönlich verwendet haben.[17] Der solcherart vermutlich schon 1668 verdächtigte Feldherr — in diesem Jahr kauft er eine Herrschaft in Niederösterreich! — strebt aber seit 1665 die Verleihung des Ordens vom Goldenen Vlies durch den Madrider Hof an; ein Wunsch, dem rufschädigende Gerüchte der angeführten Art doch im Wege stehen könnten.[18] In den Augen des Wiener Hofes scheint die Ehre Montecuccolis im Frühjahr 1668 verletzt zu sein, und zwar nicht zuletzt durch die Andler-Schrift. Die Buchhinrichtung könnte demzufolge eine direkt auf den Feldherrn zugeschnittene Satisfaktions-Maßnahme sein. Ende Mai 1668 stimmt Madrid dann jedenfalls der Verleihung des Goldenen Vlieses an Montecuccoli zu; überdies kann der Feldherr im August anscheinend anstandslos zum Hofkriegsrats-Präsidenten avancieren.[19]

Eine Rolle bei der Wahl der Vorgangsweise könnten Gerüchte spielen, in London habe das Parlament aufrührerische Schriften verbrennen lassen. Zwar gibt es dort zur fraglichen Zeit (März/April) mit größter Wahrscheinlichkeit keine öffentliche Bücherverbrennung, trotzdem könnten entsprechende Nachrichten auf zuständige Stellen in Wien anregend gewirkt haben. Immerhin gab es im Dezember 1667 in London gleich zwei Buchhinrichtungen sowie wahrscheinlich eine im Februar oder März 1668 in Holland.[20] Wer für die Buchhinrichtung vom 2. 5. 1668 tatsächlich verantwortlich ist, bzw. wer die Idee dazu gehabt hat, muß hier ungeklärt bleiben. Eine über den Bericht Abeles — aber auf ihm basierende — neuere Schilderung stellt den Chronisten Abele selbst als Erfinder der Vorgangsweise hin, allerdings ohne quellenmäßige Stützung.[21]

Am Montag, dem 1. Mai 1668, wird jedenfalls ein rotes Tuch „als ein Kennzeichen der Hinrichtung einer Malefiz-Person/ [. . .] auf der Kayserlichen Schrannen [am Hohen Markt] ausgebreitet".[22] Tags darauf, also am 2. Mai neuen bzw. 22. April alten Stils,[23] wird die inkriminierte Schrift „auss dem Malafiz-Ambthauss öffentlichen" fortgetragen.[24] Der „Huetstock oder Kercker-Meister" hält dabei „das Büchl in der Hand/ und in der Höhe"; vor ihm „der Schörg mit einem Spießl/ nach diesem" reitet der „Unter-Richter"; dann der erwähnte Buchträger, gefolgt von „Scharff-Richter/ Schörgen/ Hundschlager/ und dergleichen Gesindl". Dieser Zug bewegt sich „durch diejenige Gassen/ durch welche man sonsten eine zum Tod verurtheilte Malefiz-Person zu führen pfleget" hin vor die Schrannen-Stiege am Hohen Markt, also zum Platz, an dem man auch sonst Urteile verkündet.[25] Dort steigt der „Unter-Richter von dem Pferd ab" und geht „ordentlich auf die Schrannen/ allwo das Löbl[iche] Käys[erliche] versamlete Stadt-Gericht/ mit blossem Schwerd" sitzt. Dann wird der Tatbestand bzw. das

„Verbrechen [. . .] von dem Käys. Herrn Schrannen-Schreiber offentlich abgelesen/ das Urthel gefället/ der Stab gebrochen/ und das Büchl/ weilen man dessen Urheber nicht haben konnte/ dem Scharff-Richter zum verbrennen übergeben."[26]

Details liefert der holländische Briefbericht: Am Platz für Urteilsverlesungen, „allwo Stadtrichter und Assessoren" sitzen, wird verlesen,

„daß auf Anordnung Seiner Kaiserlichen Majestät das Büchlein, betitelt: Memoria belli Hungarico Turcici ab auctore Johanne Heinrico Andlero Argentoratensi. Massilia 1665, welches viele Lügen und infa-

162

me Sachen gegen [. . .] Montecuccoli und andere hohe Offiziere enthielt, verurteilt und dem Scharfrichter übergeben wird, um öffentlich
verbrannt zu werden; denen, die den Autor in die Hände der Justiz liefern sollten, werden als Belohnung 200 Reichstaler — andere sagen:
Dukaten oder Pistolen — versprochen".[27]

In der Ordnung des Hertragens bewegt sich der vorhin erwähnte
Zug mitsamt dem Buch „von der Schrannen herunter/ über den
hohen Marckt/ den [!] Pranger zu". Dort wird „an vier Theilen
der Titul des Büchels auf einen großen Bogen Papier groß ge-
schrieben/ angeschlagen".[28] In unmittelbarer Nähe der Schandsäule hat der Scharfrichter wohl bereits vorher „ein hohe Pün
aufgerichtet" bzw. durch seine Knechte aufstellen lassen, eine
Bühne, die er nunmehr besteigt; er entzündet das Feuer und
wirft das Buch hinein, „biß es gantz verbrunnen" — so Abele.
Auch der Bericht des „Stadtprotokolls" legt auf vollständige
Vernichtung Wert: Man habe das Buch „zu Staub und Aschen
verprenndt".[29] Die Belohnung für Hinweise zur Ausforschung
des Autors verdient sich in der Folge offenbar niemand. So kann
in diesem Fall vorerst nicht erprobt werden, ob jene „seltzame
[. . .]/ doch gantz billich und rechtmässige Execution [. . .] ein
wahre Vorbedeutung" dafür war, „wann man dessen [des Bu-
ches] schelmischen [verbrecherischen] Verfasser/ Unvatter
[Urvater?] und Beschreiber/ in originali erdappen könte/ wie
man mit demselben haussen [verfahren] würde."[30] Der Scharfrichter (Freimann) bekommt jedenfalls die ihm zustehenden 45
Kreuzer, ebenso wie der Kerkermeister (Hutstock) seine 6
Kreuzer.[31]
    Eine „Pointe zu dieser Geschichte", die Tabarelli erzählt, ist
zwar höchstwahrscheinlich frei erfunden, soll hier aber trotzdem
nicht fehlen:

„Monate später erinnerte sich Kaiser Leopold der inkriminierten
Schmähschrift und beschloß, diese zu lesen. Vielleicht fand sich darin
allerhand Wissenswertes, denn in seiner Verwaltung war wirklich Ver-
schiedenes faul. Als er aber erfuhr, daß man sein eigenes und einziges
Exemplar ‚hingerichtet', das heißt für ewige Zeiten vernichtet hatte,
entlud sich ein großes Donnerwetter über den Häuptern der Unglücklichen, die den Prozeß geführt; jedoch es nützte nichts — ein gleiches
Büchlein war augenblicklich nicht mehr zu beschaffen."[32]

Immerhin: In der Verwaltung ist damals tatsächlich mehr als genug faul — kein Wunder, wenn man etwa bedenkt, daß sich der

geradezu unglaublich korrupte Graf Georg Ludwig Sinzendorf von 1657 bis 1680 als Hofkammerpräsident halten kann. Wahr ist auch, daß, im Unterschied zu späteren Fällen, von der 1668 verbrannten Schrift in Wien tatsächlich kein Belegexemplar mehr zu finden ist.

Das Verhalten Leopolds I. bzw. der in seinem Namen in den Erblanden tätigen Stellen zeigt nach dem 2. 5. 1668 vorerst kaum Züge, die mit jener Buchhinrichtung in Verbindung zu bringen wären. Der Kaiser spielt zwar im Herbst 1668 eine Rolle im Rahmen einer Initiative, ein „Famosscriptum" in Sachsen „gäntzlich supprimieren und vertilgen" zu lassen, und ist auch an Versuchen zur Neuordnung des Buchhandels im Reich beteiligt,[33] bei all diesen Dingen ist jedoch weder ein direkter Zusammenhang mit der ersten Wiener Buchhinrichtung noch mit anderen Ereignissen gleicher Art, auch nicht mit erbländischen Stellen, feststellbar. In einer Frankfurter Pasquill-Affäre des Jahres 1670 hält es Leopold I. jedenfalls für eine ausreichende Genugtuung des Beleidigten, immerhin eines „Kayserlichen Rathes und Comes Palatinus", daß ein „ernster Befelch" zur Konfiskation und „Abolierung" (Abschaffung) der Schrift erlassen wird. Dem Betroffenen zufolge gereicht diese Anordnung „allen Pasquillanten [. . .] auch deroselben Helffern und Drukkern/ zum Schrecken", dem Beleidigten „aber zu höchsten Ehren und Contentement", zur „beschütz- und stabilirung seiner [. . .] Ehren-Rettung".[34]

„Dort wo man Bücher verbrennt, verbrennt man auch am Ende Menschen."[35] Drei Jahre nach der ersten Wiener Buchhinrichtung wird dieser Satz Heinrich Heines zur blutigen Wirklichkeit, obwohl in den Monaten nach dem Mai 1668 nichts darauf hinzudeuten scheint. 1671 wird in Preßburg — allerdings praktisch vom Wiener Hof aus — der mährische Prediger und Visionär Mikuláš Drabík (latinisiert: Nikolaus Drabitius oder Drabicius) abgeurteilt; zusammen mit einem Buch, in dem seine „hochverräterischen" und „blasphemischen" Prophezeiungen bzw. politischen Aufforderungen niedergelegt sind, läßt man ihn im Namen und Auftrag Leopolds I. verbrennen. Der Mann wird dabei vor allem als Schreiber behandelt: Die abgehackte rechte Hand wird durch den Scharfrichter mit Buch, Rumpf und Kopf zusammen verbrannt, während die abgeschnittene Zunge Drabíks zum Zeichen seiner Eigenschaft als mündlicher Verbreiter anti-habsburgischer Gedanken offenbar „nur" an den Pranger genagelt

wird. Das Buch mit den Visionen Drabíks erscheint den verantwortlichen Obrigkeiten auf nahezu archaische Weise als eine
„häretische Schrift, welche der Mordwaffe gleichzusetzen ist",
„sohin als die Inkarnation des Bösen", während „der Täter, der
sich ihrer bedient", eher unbewußt als „das eher beiläufige
Werkzeug" empfunden wird,[36] zumal noch dazu in unserem Fall
jener Täter ein Greis von 83 oder 84 Jahren ist.

In zeitgenössischen Berichten über den Fall wird die Rolle des
Buches höchstens indirekt als dominierend erkennbar — so etwa
in einem Gedicht Abeles, des Chronisten von 1668 („obzwar
dein Laster-Buch samt dem Leib wird verbrennet"). Die betroffene Schrift wird aber nicht zu Unrecht 1713 von Westphal in eine Aufzählung hundert „publica auctoritate" verbrannter Bücher aufgenommen, zusammen mit allein hingerichteten Schriften, ohne Hervorhebung des mitverbrannten Menschen.[37]
Überdies zeigen sich in der Vorgeschichte des Falls von 1671
gleich mehrere der oben besprochenen Besonderheiten in Verbindung von Mensch, Buch und Feuer in exemplarischer Weise
— eine Vorgeschichte, für die wir ein halbes Jahrhundert zurückgreifen müssen.

Nach der Schlacht am Weißen Berg (1620) beginnt für die
Nichtkatholiken der böhmischen Länder eine Zeit der Verfolgung, so auch für Mikuláš Drabík und Jan Amos Komenský,
besser bekannt als Nikolaus Drabitius und Johannes Comenius.
Beide sind Priester der Böhmischen Brüder, Komenský wird
später auch Bischof dieser Glaubensgemeinschaft. Spätestens
seit 1623, als Schriften Komenskýs öffentlich im mährischen
Fulnek verbrannt werden, sind beide ständig auf der Flucht.
Drabík reiht sich etwa ab 1643 in die Schar der Propheten ein,
die zu jener Zeit vor allem für die böhmischen Länder religiöse
Endzeit-Visionen mit handfesten politischen Erwartungen
meist stark anti-habsburgischen Charakters verbinden. So fordert er Georg I. Rákóczi von Siebenbürgen im Namen Gottes
zum Kampf gegen das anti-christliche Haus Habsburg auf. Der
Fürst wirft aber (um 1648) die ihm übermittelten Visionen eigenhändig ins Feuer, weil sie ihm, ebenso wie anderen Adressa-
ten, politisch ungelegen kommen. Als er bald darauf stirbt, ist
dies laut Drabík ebenso Strafe Gottes für seine Widerspenstigkeit wie sechzehn Jahre später der Brand einer der Burgen seines
Geschlechts.[39] Zirka ab 1654 werden die Visionen Drabíks zusammen mit älteren Prophezeiungen Christoph Kotters, eines
deutschsprachigen lutherischen Handwerkers aus Schlesien,

und Christina Poniatowskas, einer polnischen Adeligen kalvinistischen Bekenntnisses, handschriftlich verbreitet. Die Schrift trägt bereits den Titel „Lux in tenebris", also „Licht ins Dunkel" (von den bedrängten Protestanten Mitteleuropas aus gesehen). Aber auch in Schweden und England interessiert man sich für dieses „Licht" – so etwa Cromwell, der, ebenso wie andere Regenten seiner Zeit, eigenes Handeln durch Prophezeiungen göttlichen Ursprungs bzw. durch Himmelszeichen anderer Art wenigstens gelegentlich gerne bestätigt sieht bzw. als bestätigt sehen lassen will.[40]

Ein Himmelszeichen, der Ansicht Komenskýs nach, bewirkt 1656 den ersten Druck der Prophezeiungen Drabíks – von diesem bei Komenský, dem als „Adjunktus" betrachteten Übersetzer seiner Visionen ins Lateinische, bisher vergeblich eingemahnt. Bei einem Brand im polnischen Leszno/Lissa geht die Bibliothek des Brüderbischofs in Flammen auf; unversehrt findet Komenský später nur eine Handschrift inmitten von Schutt und Asche: die Visionen Drabíks, Kotters und der Poniatowska.[41] 1657 erscheinen deshalb (in Amsterdam) jene Prophezeiungen unter dem Titel „Lux in tenebris", ohne Namen des Herausgebers, erweitert um Visionen Drabíks bis zum Jahre 1656. Dieses Buch soll allerdings noch immer nicht der breiten Öffentlichkeit „geoffenbahret, sondern nur an vornembste personen, praesertim [besonders] die mitt interessiert sindt [. . .,] geschicket werden".[42]

Die Verschickung der Visionen gerät aber bald in eine für deren Erfolg zunehmend ungünstige Lage. Immer häufiger werden Gesichte und Forderungen Drabíks ad absurdum geführt, sodaß sich Komenský 1659 genötigt sieht, das von ihm herausgegebene Werk in einer „Historia Revelationum" zu rechtfertigen.[43] Viele Angehörige der Brüderunität, vor allem die im habsburgischen Machtbereich verbliebenen, befürchten verstärkt nachteilige Folgen der anti-habsburgischen Bestrebungen Drabíks: „Der Teuffel hat den Sehenden beschissen, und den Herrn Comenium", so Jan Felin im Juli 1660.[44] Drabík prophezeit aber unbeirrt weiter, wobei er nach 1660 immer mehr von einem Türkeneinfall längerfristig die Herbeiführung eines ökumenischen, irdischen Paradieses, kurzfristig die Befreiung der Protestanten von katholischer Zwangsherrschaft erhofft. Die türkischen Truppen betragen sich dann 1663 gerade in der engeren Heimat Drabíks keineswegs wie Befreier, doch dies irritiert den Propheten nicht. 1664, auch nach dem Sieg der Kaiserlichen bei St. Gotthard bzw.

Mogersdorf, schickt Drabík mehrmals ein Lied über den bevorstehenden Fall „Babylons" (also Habsburgs) zur Veröffentlichung an Komenský.[45]

Bereits 1663 läßt Komenský neben den Prophezeiungen Kotters und der Poniatowska auch die wesentlichsten Aussagen der Visionen Drabíks neu drucken; die Aufforderung zum Krieg gegen Habsburg verteidigt er in einem Vorwort unter Hinweis auf alttestamentarische „Heilige Kriege". In England erscheinen 1664 und 1670 Übersetzungen von „Lux in tenebris", und auch in Frankreich erregen jene Wahrsagungen immer wieder großes Interesse — nicht nur bei den Jansenisten, sondern auch in der Umgebung Ludwigs XIV.[46] Ende 1664 veröffentlicht Komenský erneut die Prophezeiungen Kotters, der Poniatowska und Drabíks, diese auf den neuesten Stand gebracht, und zwar unter dem Titel „Lux e tenebris". Veröffentlichung bedeutet auch hier gezielte Verbreitung durch einzelne Emissäre, keinen offenen Verkauf.

Die Absichten Komenskýs unterscheiden sich dabei zunehmend von denen Drabíks. Dieser ruft auch in neuen Visionen (zumindest bis Ende 1667) zur Teilung des Reiches Leopolds I. auf: Zum Beispiel weist eine „Revelatio" vom 26. 2. 1665 Ungarn dem Fürsten von Siebenbürgen, Kroatien, Steiermark, Kärnten „cum Venetorum Dominio" den Türken, Böhmen dem Kurfürsten von Sachsen, Schlesien und Mähren dem Kurfürsten von Brandenburg sowie Ober- und Niederösterreich dem Kurfürsten von der Pfalz zu.[47] Komenský äußert sich hingegen immer versöhnlicher. In einer neuen Vorrede zu „Lux e tenebris" stellt er 1667 sowohl dem Kaiser als auch dem Papst die Erhaltung der göttlichen Gnade in Aussicht, sofern von ihnen bestimmte Maßnahmen getroffen würden. Der Adjunktus des Propheten kann sich jedenfalls nunmehr mit gutem Gewissen von der Erfüllung der Aufträge Drabíks bzw. Gottes ab- und der verstärkten Propagierung seiner persönlichen Auffassungen von der Verbesserung der Welt zuwenden.[48] Im November 1670 stirbt Komenský in seinem niederländischen Exil.[49] Die Katastrophe Drabíks, die auch das Schicksal seiner eigenen Werke bzw. seines Nachrufs stark beeinflussen sollte, muß er nicht mehr miterleben — eine Katastrophe, die sich seit längerem anbahnt.

Vom Sieg der Kaiserlichen 1664 war bereits die Rede, ebenso von der Unzufriedenheit der Ungarn mit dem folgenden Friedensschluß. Aus jenem Unbehagen entwickelt sich eine regelrechte Verschwörung mit Kontakten zum Ausland — Lud-

wig XIV. gibt den Magnaten bis zum Frühjahr 1668 Rückendek-
kung — und mit der Absicht, ein selbständiges Ungarn zu schaffen. Der Kaiser und seine engsten Ratgeber erhalten spätestens
im Juni 1667 Kenntnis von diesen Umtrieben. Ende September
1668 werden im Geheimen Rat scharfe Maßnahmen dagegen
erwogen, zu denen es aber erst 1670 kommt. Die vier Hauptbe-
teiligten werden verhaftet: im März der steirische Graf Hans
Erasmus von Tattenbach, bald darauf Peter Zrínyi und Franz
Frangepány, zuletzt, im September, Franz Nádasdy. Die Todes-
urteile gegen die drei letzteren werden am 25. 4. 1671 vom Kaiser bestätigt und am 30. 4. in Wiener Neustadt bzw. (gegen Nádasdy) in Wien vollstreckt; Tattenbach wird erst am 1. 12. 1671
in Graz exekutiert.[50]

In Preßburg wird ein mit dem Wiener Hof eng in Verbindung
bleibendes Sondergericht, ein „Judicium delegatum", eingesetzt. Seine Tätigkeit erstreckt sich nicht nur auf die eigentliche
Verschwörung (am 30. 4. 1671 läßt es am Preßburger Marktplatz deshalb Franz Bónis enthaupten). Jenes Gericht befaßt
sich vielmehr auch mit den protestantischen Predigern des Un-
ruhegebietes. Fast alle werden des Landes verwiesen; dies nicht
zuletzt deshalb, weil man sie beschuldigt, „wider Ihr[o] Kayserliche Majestät ehrenrührische schmähliche Bücher in Druck ver-
fertiget" oder wenigstens solche Schriften „allenthalben ausge-
sprengt" zu haben.[51]

Was „Lux in [bzw. e] tenebris" betrifft: Leopold I. und seine
Ratgeber haben Interesse an Prophezeiungen aller Art; gelegentlich stellt etwa auch Montecuccoli eigene Pläne als Erfüllung älterer Weissagungen dar.[52] Anders ist die Lage natürlich,
wenn solche Prophezeiungen die eigene Stellung bedrohen, was
ja bei Drabíks Visionen in besonderem Maß der Fall ist. So wird
gegen den Autor bzw. gegen „Lux in tenebris", das nicht nur in
den Sammelausgaben Komenskýs, sondern auch gekürzt in
Flugschriften verbreitet wird,[53] im Zusammenhang mit der Magnatenverschwörung ein Verfahren eingeleitet, das von jenem
Buch bzw. von Zitaten daraus ausgeht.[54] Drabík ist zu jener Zeit
Prediger der Brüdergemeinde im mährischen Lednice. Pläne
der Jahre 1667/68, sich gemeinsam mit Komenský unter den
Schutz des Kurfürsten von Brandenburg nach Memel zu begeben, bleiben unausgeführt. So wartet er im Jahr 1671 immer
noch in seiner Heimat auf die Erfüllung einer Vision des Jahres
1654, der zufolge er im 84. Lebensjahr, also 1671 oder 1672, in
Frieden sterben würde.[55] Man verhaftet Drabík in Lednice (der

bisherige Schutzherr des Ortes, der junge Franz I. Rákóczi, entging nur knapp persönlicher Bestrafung und kann seine Schutzfunktion nicht mehr ausüben). Bereits dort kommt es am 19. 6. 1671 zu einem ersten Verhör, unter anderem über Drabíks etwaiges Wissen bezüglich der Verschwörung der Magnaten.[56] Der weitere Prozeß wird in Preßburg, de facto jedoch in Wien geführt. Zentraler Vorwurf ist das Verbrechen der beleidigten Majestät, ein Delikt, das durch die veröffentlichten Visionen von vornherein als erwiesen gilt. Probleme gibt es nur dadurch, daß Drabík „nit allein zu einem gueten todt disponiert: sondern wo möglich, zu dem allein seligmachenden wahren Catholischen glauben bekehrt" werden soll.[57] Dem Bericht des in Preßburg Hauptverantwortlichen, des Grafen Johann Rottal, an Leopold I. vom 16. 7. zufolge, sind die anwesenden Geistlichen in dieser Beziehung zumindest oberflächlich erfolgreich. Drabík „revocirt" — angeblich „mit grosser Bereuung" — am Morgen desselben Tages „das von ihme in truckh gegebene Buch".[58]

Wie es zur Mit-Hinrichtung des Buches kommt, geht aus dem erhaltenen Akt nicht eindeutig hervor. Rottal selbst wird der entsprechende Wunsch des Hofes offenbar erst durch einen kaiserlichen Handbrief vom 11. 7. bekannt, in dem es — als Bestätigung einer zweifelnden Anfrage? — heißt: „Zum sechsten bleibt es allerdings darbey, daß er [Drabík] nach beschehener decapitierung neben besagtem Buech verbrant werden solle." Zu Beginn wird dort auf eine angeblich bereits nach Preßburg geschickte Resolution ähnlichen Inhalts der Ungarischen Hofkanzlei verwiesen, die Rottal aber bei Erhalt des Kaiserbriefes vom 11. 7. noch nicht kennt.[59] In Preßburg fügt man sich jedenfalls den Anordnungen aus Wien. Als Ort für die Enthauptung setzt man den „hiesigen Platz bey dem Rathhaus" fest, „alwo der Bonis exequiert worden". Sodann möchte man den „Cörper sambt dem buch an dem hierzu gewöhnlichen orth ausser der Stadt", also wohl beim Galgen vor dem Michaelertor, verbrennen — so Rottal am 13. 7. an Leopold I.[60]

Am 14. 7. wird in der „Grünen Kammer"[61] das Urteil auch pro forma gefällt: Durch „gotteslästerliche und unerhörte gedichte, die er selber hat zusammen geraffet, und [. . .] durch mittel des Joh. Am. Comenius drucken lassen", habe sich Drabík „an Ihro Kayserliche Majestät und Gott [man beachte die Reihenfolge!] zum höchsten vergriffen und versündiget". Deshalb solle er

„dem scharffrichter [. . .] überliefert werden, welcher ihm auf einem öffentlichen platz seine rechte Hand (womit er obengemeldte gotteslästerliche gottlose list und betrügereyen zu schreiben unterstanden hat) nebenst dem kopff abgeschlogen soll,[62] darnach seine gotteslästerliche zunge ausreissen, und dieselbe an den gack [Schandpfahl] hefften, aber den rumpff, haupt und hand zu dem hochgerichte ausführen, und allda mit seinen gotteslästerlichen schrifften und büchern verbrennen, und also vom leben zum tode bringen, auf daß seine gedächtniß von der welt mag vertilget werden, ihm zu seiner verdienten straffe, und andern zum schrecken und schauspiel, die dergleichen übelthaten begehen möchten. So nun ein oder der andre unter dieser jurisdiction der Ungarischen crone möchte befunden werden, die solche gotteslästerliche schrifften nicht wolten an tag bringen, welche so wohl von göttlichen als weltlichen rechten verbothen sind, die sollen in gleiche straffe notae infidelitatis schuldig erkläret werden, und diß alles von rechts und gerechtigkeit wegen. Anno 1671 den 14. jul. ist diß urtheil gefället in der grünen kammer und den 17. jul. ausgeführt zu Preßburg in Ungarn."

So das Urteil laut Arnold, durchaus den Akten entsprechend, wenngleich dann doch nicht genau so vollstreckt.[62]

Obwohl man im Urteil den 17. Juli als Tag der Exekution ankündigt, wird die Strafe schon am 16. 7. vollzogen, weil Drabík sich nach der Urteilsverkündigung „etwas alterirt, auch ohne dis seines hohen alters halber die cräfften ihm entgangen".[63] Nachdem sich am Morgen das „Volkh [. . .] in großer Menge auf dem [Markt-]platz als in Loco Supplicij versamblet" hat, wird das Urteil deutsch und lateinisch verlesen — auf deutsch „zu benehmung allerhand scrupl denen Evangelischen, ob wahre angezogene Execution in odium Religionis angesehen". Für Drabík wurde zuvor das Urteil (wohl nicht öffentlich) auch „in böhmischer sprach publiciret", da er „der Lateinischen sprach nit sonders erfahren".[64] Drabík wird im Rathaus dem Scharfrichter überantwortet und, wie im Urteil angekündigt, hingerichtet. Danach wirft der „Scharf-Richter [. . .] den Körper sambt dem Kopf auf einen Karren, darauf" setzt „sich ein Henckers Knecht, die abgehawene hand in der Rechten, das buech aber in der Linkhen haltend, und" fährt „also zu dem halßgericht vor der statt alwoh der Scheiterhauffen berait" steht. Ein Hauptmann, der „nebenst einer Compagnia disem letztem Actui" beiwohnt, berichtet Rottal später, „welchgestalt das buech, in wehrenden verbrennung sich ordentlich von Blatt zu blatt alzeit umbkhert und also consumirt habe".[65] Die Asche — wohl von Leichnam und Buch — wird daraufhin, wenn man Adelung glauben darf, „in Gefäße gesammelt und in die Donau geschüttet".[66] Die anderen Schriften Drabíks bzw. weitere Exemplare von „Lux in [bzw. e] tenebris" werden nicht verbrannt, obwohl dies ursprünglich vorgesehen war. In einer Anweisung aus Wien hieß es nämlich, der Leichnam sei zugleich mit den schmähenden Büchern Drabíks zu verbrennen, wie viele nur immer bei der Hand seien oder man haben könne.[67]

Der Bericht Rottals an den Kaiser am Tag nach der Exekution zeigt jedenfalls, daß die Verbrennung des Buches tags zuvor nicht umfassende Vernichtung, sondern eine sehr gezielte — eben hinrichtungsmäßige — Aktion war: Was Drabík sonst hinterlassen hat, und zwar „sowohlen von eigener handt geschribenes als noch vorhandenes trukhtes buech und andere schrifftliche" Hinterlassenschaften des Predigers, will Rottal dem Kaiser „mit mehrerer mündtlicher relation allergehorsambist erstatten", also persönlich in Wien übergeben bzw. mitteilen.[68] Abgesehen von der symbolischen Hinrichtung des Buches mit den Visionen Drabíks wird „Lux e tenebris" offenbar auf Befehl Leopolds I. „systematisch aufgekauft und vernichtet oder von den Druckern zurückgezogen", ebenso wie Schriften Komenskýs (ausgenommen seine Schulbücher).[69]

„Während der steigenden politischen Aktualität der Prophezeiungen in den folgenden Jahrzehnten der Türkenkriege und der Feldzüge Karls XII. und Pjotrs des Großen" sollte sich jedoch trotzdem „der Ruf Drabíks und" auch der Ruf „der Poniatowska" ausbreiten; „die als ebenso gefährlich angesehenen Schriften Komenskýs" versinken für längere Zeit „in Vergessenheit. Sogar die Persönlichkeit des Verfassers der überall verbreiteten Schulbücher" wird „mit Stillschweigen übergangen".[70] Drabík und seine Prophezeiungen finden hingegen gut ein Jahrhundert lang breites Interesse. Nach dem Abklingen des unmittelbaren Eindrucks der Verbrennung von 1671 — Ludwig XIV. läßt sich darüber ein Memorial vorlegen[71] — wird der Visionär auch wiederholt zum Märtyrer der protestantischen Sache stilisiert. Noch 1786 ist es Adelung ein Ärgernis, daß „dieser Elende noch in so vielen Schriften, und besonders Kirchengeschichten, ein frommer evangelischer Prediger heißen kann, der aus Religionshaß auf die grausamste Weise sey hingerichtet worden".[72] Das mitverbrannte Buch bzw. die 1671 inkriminierten Teile spielen noch in der Zeit des Österreichischen Erbfolgekrieges eine Rolle.[73]

Während Komenský/Comenius als Pionier der Pädagogik und der tschechischen Literatur ab etwa 1850 eine Renaissance erlebt, gerät Drabík in Vergessenheit: 1842 kann Hormayr bereits „die Processe wider den im Kerker unmenschlich gepeinigten Lednitzer Pastor, Niklas Brabitz, und den Prediger Niklas Drabitzky" als zwei (!) Beispiele habsburgischer Grausamkeit anführen (ohne Erwähnung von Buch- oder Menschenverbrennung).[74]

Im Zusammenhang mit der Niederwerfung der Magnatenverschwörung bzw. mit der folgenden Rekatholisierungs-Welle kommt es über den Fall „Lux e tenebris" hinaus zu keinen weiteren eklatanten, öffentlichen Bücherverbrennungen. Eine 1671 angeblich in Venedig erscheinende Schrift mit dem Titel „Austriaca austeritas in Regno Hungariae" wird höchstens auf dieselbe formlose Art unterdrückt wie der Großteil der Bücher mit Drabíks Visionen. Offenbar unzerstört bleiben die Schriften, die 1673 aus dem Pfarrhof der Lutheraner in Preßburg weggeführt werden.[75] Auch in den anderen Herrschaftsgebieten Leopolds I. kommt es bis zu dessen Tod nur mehr zu höchstens formlosen Schriftenverbrennungen ohne erkennbaren direkten Zusammenhang mit zentralen Obrigkeiten. So läßt um 1692 der Herrschaftspfleger von Großpoppen in Wurmbach (beides Orte im Gebiet des heutigen Truppenübungsplatzes Allentsteig) zwei Protestanten ihre lutherischen Bücher wegnehmen und verbrennen; die Besitzer hatten öffentlich daraus vorgelesen und überdies Rosenkränze katholischer Nachbarn verbrannt. Landesfürstliche Resolutionen jener Zeit sprechen äußerstenfalls von „Confiscation oder Verdilgung" im allgemeinen (so Leopold I. 1678 in einer Resolution an die Grazer Universität).[76]

Immerhin sind ab 1671 gewisse Verschärfungen im „normalen" Zensurbetrieb festzustellen, wenngleich keineswegs linear fortschreitend und nicht immer in die Praxis umgesetzt. Eine Hofresolution vom 22. 5. 1671 ist laut L. F. Meißner das „Wiegenfest der Censur für periodische Druckschriften", 1672 wird das Verbot geschriebener Zeitungen geregelt.[77] In der Folge wird immer wieder die obrigkeitliche Angst vor ketzerischen bzw. politisch bedenklichen Schriften sichtbar; so in einem Erlaß Leopolds I. von 1698 über mit der Post versandte Schriften, die „öffters publica und höchst verbotene Secreta" enthielten, „welche bey denen Außländern schädliches Nachdencken/ und andere gefährliche Confusiones verursachen" würden.[78] Höchstens formlos wird 1700 auf Wunsch Zar Peters eine Reisebeschreibung Johann Georg Korbs in Wien bzw. von dort aus vernichtet.[79] Buchhinrichtungen sollte es erst wieder unter den Nachfolgern Leopolds I. geben.

Unter diesem Kaiser bzw. Landesherrn wird aber nunmehr auch die Praxis kodifiziert, abwesende Verbrecher in effigie hinrichten zu lassen. Vorerst richten sich entsprechende Strafandrohungen nur gegen flüchtige Duellanten. Nach einer einschlägigen Initiative im Sommer bzw. Herbst 1668 auf dem Reichstag zu Regensburg wird jene Erweiterung der Bestrafungsmöglichkeiten wahrscheinlich 1682 für die Lande ob und unter der Enns neu eingeführt. 1702 wird dann auch Soldaten, die zum Feind überlaufen, die Abstrafung „an ihrer Bildnuß" angedroht. Beim Tode Leopolds I. (1705) sind derartige Anordnungen aber im Bereich der Monarchia Austriaca erst in eher geringem Ausmaß wirklich im Rechtsleben verankert.[80]

4. Das Phänomen Buchhinrichtung außerhalb der Monarchia Austriaca: letztes Drittel des 17. und erste Hälfte des 18. Jahrhunderts

Die oben bereits wiederholt angeführten Begleiterscheinungen öffentlicher Bücherverbrennungen durch den Henker – vor allem die Erweiterung des Strafrepertoires auf Bilder flüchtiger Delinquenten – finden nunmehr immer größeres Interesse. Im Sommer und Herbst 1668 gibt es eine entsprechende Initiative auf dem Regensburger Reichstag in bezug auf das Reichs-Militärstrafrecht. 1670 wird in Frankreich die Abstrafung an Bild bzw. Namenstafel über das Militärstrafrecht hinaus auch allgemein kodifiziert (nebst Strafvollzug an Leichen). Prompt wird dann 1672 in Paris eine öffentliche Bücherverbrennung durch Henkershand mit einer In-effigie-Hinrichtung kombiniert.[1] Ab dem letzten Viertel des 17. Jahrhunderts wird das Thema Buchhinrichtung häufig zum Gegenstand juristischer Literatur, und zwar auch im Zusammenhang mit dem In-effigie-Verfahren (z. B. 1675 bei Gerhard); darüber bzw. über andere theoretische Aussagen wurde bereits gesprochen – Eylenbergk, Döpler bzw. Schütz, Beier, die Arbeiten Schelhorns, der Artikel in Zedlers „Universal-Lexicon" oder auch die eher kompilatorischen Arbeiten von Westphal und Klotz seien hier nochmals erwähnt.

Das Titelkupfer einer 1688 erscheinenden Schrift „De libris varioque eorum usu et abusu", also „Von Büchern und deren vielfältigem Gebrauch und Mißbrauch", stellt öffentliche Verbrennung als verdientes und jedenfalls nicht ungewöhnliches Schicksal „schlechter" Bücher dar.[2] Die Bedeutung der immer häufigeren Fälle von Buchhinrichtung für die betroffenen Autoren wird nunmehr gleichfalls des öfteren behandelt, beispielsweise von Döpler:

„Es ist sich aber heut zu Tage wohl fürzusehen/ damit man [als Obrig-
keit] nicht allzu scharff hierinnen verfahren/ weil es doch fast eben so
gefährlich die Leute ihres ehrlichen Nahmens als ihres Lebens zu be-
rauben."[3]

Dieses Problem ist auch der Inhalt einer Schrift, die der sächsi-
sche Rechtsgelehrte Christian Thomasius 1691 unter dem
Pseudonym Attila Friedrich Frommhold veröffentlicht:

„Rechtsgegründeter Bericht/ Wie sich ein ehrliebender Scribent zu
verhalten habe, wenn eine auswärtige Herrschaft seine sonst approbirte
Schriften durch den Hencker verbrennen zu lassen, von einigen Passio-
nirten verleitet worden."

Direkter Anlaß dafür ist das Schicksal einer anderen Veröffentlichung desselben Autors: 1689 gerät Thomasius in eine publizi-
stische Kontroverse mit dem dänischen Hofprediger Hector
Gottfried Masius. Es geht dabei um die Frage, ob herrschaftliche
Majestät unmittelbar von Gott stamme − „num Majestas imme-
diate sit a Deo"; laut Masius sehr wohl, Thomasius zufolge nicht.
Weiters geht es um Masius' Ansicht, die Fürsten sollten die lutherische Konfession als staatserhaltend gegenüber den angeblich die Rebellion begünstigenden reformierten und katholischen Glaubensbekenntnissen bevorzugen. Eine Replik des
Masius auf eine Veröffentlichung von Thomasius wird wiederum durch diesen bloßgestellt, und zwar durch einen maliziös
kommentierten Abdruck jener Replik in seiner deutschsprachigen Monatsschrift im Mai und Juni 1689. Masius erwirkt daraufhin vom Dänenkönig einen Befehl, die Schmähschriften gegen
ihn, den Hofprediger, durch Henkershand öffentlich auf dem
Kopenhagener Marktplatz verbrennen zu lassen, also vorwiegend als Sühne für die persönliche Beleidigung Masius' bzw. zur
Wiederherstellung seiner Ehre, aber auch wegen der dort vertei-
digten naturrechtlich gefärbten Staatsrechts-Theorien. Daraufhin verfaßt Thomasius die erwähnte Schrift zum Thema Buchhinrichtung und veröffentlicht sie auch nach weiteren Querelen.
Es folgen noch eine Gegenschrift von Masius zum gleichen Thema − „Vernunftgegründeter Bericht, was von einem Scribenten
zu halten, dessen Schriften durch den Henker verbrennet" − und
mindcstens eine ihn unterstützende Publikation eines anderen
Autors − „Christianus minime Christianus, oder das Ebenbild
Christiani Thomasii" von Siegfried Benzen.[4]
    Doch wieder zurück zu der oben angeführten Schrift des Chri-
stian Thomasius. Sie geht von der Frage aus, ob

„nach Göttlichen und Weltlichen Rechten/ wenn ein Kayser/ König/ Fürst oder eine andere Obrigkeit die Schriften einer privat-Person durch den Hencker in seinen Landen verbrennen läßt, dadurch dieselbige Person an ihrem guten Leumuth [Leumund] gekräncket und Unehrlich gemacht werden könne" (Thomasius, Bericht, S. 381).

Thomasius unterscheidet zu Beginn Ehre „nach denen Göttlichen natürlichen Rechten" von der Ehre „in Betrachtung der menschlichen Gesetze" (S. 381): Ehre der ersteren Art („Tugend-Ehre", S. 383) entspränge nur einem tugendhaften Leben (S. 381) und könne nicht geraubt werden, da sie „in eines Menschen selbst eigener Willkühr bestehe, und keines andern Menschen Gewalt oder Muthwillen unterworffen sey" (S. 382). Die „Äußerliche und Bürgerliche Ehre aber, weil sie mehr in der Bezeugung anderer Leute gegen uns, als in uns selbst gegründet ist, kan zwar durch äußerliche Gewalt verletzet und gekräncket werden" (S. 382); jedoch: wenn solche Gewalt von jemandem komme, „der unsersgleichen ist, oder dessen Botmäßigkeit wir nicht unterworffen" wären, könne dies „keine Betrachtungswürdige Wirckung erlangen", ja dies könne sogar dem „Gewaltthäter bey [d. h. in den Augen von] vernünftigen Gemüthern mehr Schande, als demselbigen, der solche leidet", einbringen (S. 382 f.).

Wenn eine derartige „Beschimpfung einer privat-Person von seiner ihm von Gott vorgesetzten Obrigkeit" widerfahre, seien zu unterscheiden: erstens: Schriften, die „eine offenbahre Schand-That in sich" trügen — die könne eine Obrigkeit „mit gutem Fug und Recht durch den Hencker verbrennen lassen", habe doch der Autor einer solchen Schrift bereits durch deren Abfassung „die Tugend-Ehre [. . .] schon verlohren" (S. 385); zweitens: Streitschriften „von solchen Fragen, davon die Gelehrten unter einander zu disputieren pflegen" (S. 385) — wenn ein bei einer derartigen Auseinandersetzung verteidigter „Irrthum gantz offenbarlich die allgemeine Ruhe des Staats turbire/ und Aufruhr anzuwecken trachte" oder „wenn der Fürste" aus bestimmten Absichten „diesem seinen Unterthanen in dieser Sache ferner nichts zu schreiben vorhero ernstlich gebothen hätte", in diesen beiden Fällen also würde eine Bücherverbrennung durch Henkershand „nicht unrecht seyn" (S. 386).[5] Eine dritte Art von Schriften seien diejenigen, „dadurch die von andern begangene Boßheit entdecket, und die Unschuld vertheydiget" werde (S. 385): Deren Verbrennung sei, „so weiset es auch die gesunde Vernunft [. . .] das gröste Unrecht" (S. 388); wie in Punkt 2 (Streitschriften), so sei auch in letzterem Falle die „Tugend-Ehre" unberührt (S. 389).

Die Verbrennung der Schrift eines fremden Untertanen hingegen sei vorerst einmal eine Überschreitung der „Gräntzen des Völcker-Rechts" (S. 389) und könne leicht vom „Ober-Herrn desselbigen Unterthanen" als Beleidigung empfunden werden (S. 389 f.). Außerdem ergäbe eine solche Aktion eines auswärtigen Machthabers bei keiner der oben angeführten drei „Classen" von Schriften einen Sinn. Bei der ersten Klasse – echte Pasquille – könne man so weder die (bereits verlorene) „Tugend-Ehre" noch die „Bürgerliche Ehre" treffen; wenn nämlich ein Autor „in einem Reich eines fremden Potentaten keine Ehren-Aemter zu verwalten intendiret, so hat er auch daselbst keine Bürgerliche Ehre noch Unehre" (S. 390). Bei bloßen Streitschriften könne Verbrennung durch Henkershand, „wenn man aufs glimpflichste davon reden wolte, für nichts anders als eine grosse Ubereilung und blosse Gewaltthätigkeit [. . .] geachtet werden" (S. 391 f.). Noch mehr würde sich ein „weiser und Christlicher Fürst selbsten dadurch" in den Augen der „erbare[n] Welt" schaden, „wenn er eine Vertheydigungs-Schrift eines frembden Unterthanen wider einen Pasquill seiner eigenen Unterthanen wolte durch den Henker verbrennen lassen": Dies wäre „ein der gesunden Vernunft zuwiderlauffendes Verfahren" (S. 392).

Gerechtfertigt und sinnvoll wäre die Verbrennung eines ausländischen Pasquills dann, wenn ein Fürst „versichert wäre, daß der Ober-Herr" von dessen Verfasser „ihm keine Gerechtigkeit werde widerfahren lassen/ sondern sich dieser Unthat selbsten theilhaftig gemacht hätte" (S. 390 f.). Als Beispiel nimmt Thomasius den Fall an, daß ein Franzose schriftlich „den Staat eines Teutschen Fürsten geschändet hätte". Wenn der Franzosenkönig eine deutsche Widerlegung jener Schrift „öffentlich durch den Hencker verbrennen" ließe, dann wäre der deutsche Fürst „wohl befugt, den Frantzösischen Pasquil gleichfals durch den Hencker dem Feuer zu übergeben", und zwar als „unverbotene Rache wider einen Feind" (S. 391). An den Beispielen „eines Sejans, oder eines Marschal D'Ancre"[6] (S. 393) warnt Thomasius die „hohen Ministri" davor, „ihre Oberen" zu unangemessenen „Gewaltthätigkeiten" der geschilderten Art zu verleiten (S. 392): Derartiger Machtmißbrauch könne für die Verantwortlichen letztendlich schlimme Folgen haben (S. 393).

Einem „unschuldigen" Schriftsteller, dessen Werk im Ausland verbrannt wird, empfiehlt Thomasius, „in Nehmung seiner satisfaction" zurückhaltend zu sein (S. 394). Man solle nicht den eigenen Landesherrn zur Rache antreiben (S. 397 f.). Durch Großmut bzw. Gleichmut könne man dabei auch höhergestellten Feinden „den grösten Verdruß anthun" (S. 403), ja sie „so sehr verdriessen, daß sie vor Zorn bersten möchten" (S. 404). Als Beispiel bringt Thomasius Belege dafür, wie „unser seel[iger] Vater Lutherus" — als „seine Bücher [. . .] hin und wieder durch den Hencker verbrennet wurden" (S. 406) — „er diese Schmach mit grosser Gedult vertragen/ und dann und wann in seinen Briefen und andern Schriften eine großmüthige Verachtung hierüber bezeuget" habe (S. 407 — die Wittenberger Verbrennung von 1520 und die Schrift Luthers darüber werden dabei natürlich nicht erwähnt). Aus allen angeführten Argumenten heraus hält Thomasius abschließend

„dafür, es könne ein ehrlicher Mann, dem eine dergleichen Gewaltthat widerfahren [nämlich Verbrennung einer eigenen Schrift durch Henkershand auf Anordnung einer fremden Obrigkeit] seine Tugend nicht besser blicken lassen, als wenn er [. . .] deßwegen von seiner ordentlichen Arbeit und Geschäften nicht eine viertel Stunde aussetzet, sondern dieselben mit einer so muntern Freudigkeit verrichtet, als ob in Indien ein Hauß eingefallen wäre. Im übrigen aber seinen Landes-Fürsten und Beschützer, den man dadurch mehr beleidiget, als ihn selbst, dabey lediglich und ohne Vorschläge machen läst, was ihm gut und recht düncket." (S. 409 f.)

Außerdem solle ein betroffener Autor „auch sein Christentum" erwägen und „Gott hertzlich dancken, daß er ihn würdig geachtet um der Wahrheit willen zeitliche Schmach für [vor] der Welt zu leiden". Jener ehrliche Mann wird Gott außerdem

„bitten, seinen Widersacher zu bekehren, und einen frommen Christen aus ihm zu machen [. . .], und daß er dem frembden Fürsten, dessen Namen seine Widersacher hierzu gemißbrauchet, ein weises Hertze und vernünftige Gottesfürchtige Räthe gebe (S. 410)."

Diese Schrift des Christian Thomasius wird in den nächsten Jahrzehnten immer wieder zitiert. Die dortige Argumentation dient auch 1746 als Grundlage des Artikels „Verbrennung der Schriften durch den Hencker" in Zedlers „Universal-Lexicon".[7] Derartige Abhängigkeit gilt vielleicht auch für die

„Gründliche Erörterung der Frage: Ob es einem Scribenten, wenn seines Gegenparts Streit- und Schuz-Schrifft eine auswärtige Obrigkeit durch den Hencker verbrennen lassen, zu einer Ehre und Rechtfertigung seiner Sache, seinem Gegner aber zu einer Unehre und Zernichtung seiner Sache gereichen könne?"

Autor: ein sonst nicht näher bekannter Franz Dietrich Freudenhofer oder Freudenhöf(f)er; erschienen 1715 in „Freystadt". Der — sehr negativen — Rezension einer orthodox-lutherischen Zeitschrift nach zu schließen, bringt jene Schrift zumindest andere Beispiele als Thomasius und bejaht die im Titel gestellte Frage eindeutiger, als dies Thomasius getan hätte.[8]

In immer mehr Territorien wird es jedenfalls im letzten Drittel des 17. und in der ersten Hälfte des 18. Jahrhunderts gebräuchlich, mißliebige Schriften verschiedener Art „mit Härte zu bestrafen, auch wenn der Autor unbekannt" ist.[9] Dabei erweist sich jener Zeitabschnitt — gesamteuropäisch gesehen — als eine Art Herzstück der Geschichte der Buchhinrichtungen. Im letzten Drittel des 17. Jahrhunderts finden in sehr vielen Gebieten die ersten einschlägigen Fälle statt, und in der Zeit bis etwa 1740 gibt es mehr Buchhinrichtungen als vorher und nachher, während für die 1740er Jahre ein Blick auf eine graphische Statistik der Fälle ein deutliches Nachlassen der Häufigkeit erkennen läßt; ein Nachlassen, das allerdings beispielsweise in Frankreich nur vorübergehend ist.

In England werden in der Regierungszeit Karls II. auch nach 1667 gelegentlich Schriften durch Henkershand bzw. eventuell (so 1683 in Oxford) durch den „Marshall" einer Universität öffentlich verbrannt. Häufiger sind Fälle von Buchhinrichtung in England (seltener in Irland) unter Maria II. und Wilhelm III. sowie unter Königin Anna. Dabei läßt auch das Auslaufen des Licensing Act im Jahr 1695, die vielgerühmte Abschaffung der Vorzensur, die Behörden keineswegs auf das Mittel der öffentlichen Verbrennung mißliebiger Schriften vergessen.[10]

Im Frankreich Ludwigs XIV. sind Buchhinrichtungen ab 1668 nicht so häufig, wie es eine Stelle bei Abele vermuten ließe. Immerhin gibt es vorerst bis 1715 in Paris sowie in Provinzstädten wie Toulon und Straßburg einige Fälle. Häufiger werden Schriften in Frankreich dann vor allem zwischen 1725 und 1736 durch Henkershand verbrannt — mindestens fünfzehnmal, meist im Zusammenhang mit dem Streit um die Annahme der Bulle „Unigenitus" von 1713 bzw. der Frage einer eigenständigen gallikanischen Kirche.[11] Voltaire, dessen „Lettres philosophiques" übrigens bereits 1734 Opfer einer Buchhinrichtung werden, spöttelt in seiner „Pucelle" über die Streitigkeiten zwischen den Gegnern jener Bulle (vor allem die Parlamente) und den romtreuen „Acceptanten":

> „Lourdis [eine Figur der Verserzählung] sieht schließlich unsere alten Parlamente die Mandate von zwanzig Prälaten verbrennen, und durch Urteil die Jesuiten vernichten; sie werden dann aber ihrerseits selbst geächtet: Quesnel [der Jansenist] weint darüber, der Hl. Ignatius [von Loyola] lacht. Paris erregt sich über ihr tragisches Geschick, und tröstet sich darüber in der Komischen Oper hinweg."[12]

In Rom macht „die Gluth" eines öffentlichen Scheiterhaufens 1687 die Schriften des ketzerischen Theologen Michael de Molinos „berühmt und rar". Zumindest 1731 und 1734 schaltet sich der Papst durch Buchhinrichtungen in den französischen Streit um die Bulle „Unigenitus" ein. Das damalige Selbstverständnis der Kurie bezüglich Bücherverbrennung im allgemeinen zeigt sich am Titelkupfer des „Index librorum prohibitorum" von 1711: Das Feuer des Heiligen Geistes verbrennt – durch die Heiligen Peter und Paul indirekt wirkend – inkriminierte Bücher. Des öfteren wird in apostolischen Schreiben die formlose Verbrennung von beanstandeten Büchern durch deren Besitzer bzw. durch den jeweils verantwortlichen örtlichen Klerus von Rom aus gefordert.[13]

Einzelne Buchhinrichtungen gibt es zum Beispiel auch in den Generalstaaten (zumindest Amsterdam, Leiden und Den Haag), in der Eidgenossenschaft (Luzern, Basel und Zürich), in Schweden (Lund und Stockholm), in Dänemark (Kopenhagen und Altona – zwar im Reich, aber dänisch) sowie in Polen (Warschau, Piotrków/Petrikau, Grodno, vielleicht Danzig).[14]

Ähnliches gilt für mehrere nicht-habsburgische Reichsterritorien. Im letzten Drittel des 17. und in der ersten Hälfte des 18. Jahrhunderts werden Schriften beispielsweise in Hamburg, Frankfurt am Main, Köln oder auch im thüringischen Greiz auf obrigkeitliche Anordnung hingerichtet. Einige solcher Fälle gibt es zu jener Zeit auch im Herrschaftsbereich der Kurfürsten von Brandenburg (Berlin, Halle, Stargard, vielleicht Quedlinburg).[15] Daneben gibt es Buchhinrichtungen auf Veranlassung von Reichsbehörden: 1718 werden Exemplare einer staatsrechtlichen Schrift in Coburg und Frankfurt am Main auf Veranlassung des Wiener bzw. des Wetzlarer Reichsfiskals (durchgesetzt durch kaiserliche Reskripte) hingerichtet.[16] Der Reichstag läßt 1713 zwei „ärgerlich- und Ehren-Rührige Schmäch-Schriften öffentlich durch den Scharfrichter" verbrennen (einem Beschluß der drei Kurien, Kurfürsten-, Fürsten- und Städterat, folgend). 1722 beschließt der Corpus Evangelicorum des Reichstages für die konfessionsverwandten Territorien zumindest die „öffentliche Verbrennung [. . .] auf Trennung und Verunglimpfung der Evangelischen unter sich gerichteter Scripta", ausgehend von den „Reichs-Grund-Gesezen" gegen „verbottene und aufrührische Schmäh- und Lästerschrifften" (wo an sich nichts von öffentlichem Verbrennen steht); dies allerdings nicht in einem bestimmten Fall, sondern dann, „wenn dergleichen [Schriften] unter falschen oder ohne Namen zum Vorschein kommen solten".[17]

Eine feierliche Verbrennung altertümlicher, fast frühchristlicher Art gibt es 1704 in Konstantinopel. Nach Urteilsspruch der orthodoxen Kirche wird dort „in medio aulae Patriarchalis" eine neugriechische Ausgabe des Neuen Testaments verbrannt.[18]

Weiter entfernt von Europa haben wir es entweder mit „Ablegern" englischer Entwicklungen in den Neuengland-Kolonien zu tun, so 1734 in New York, oder aber mit vereinzelten Ereignissen in China: 1726 läßt Kaiser Yung Cheng Gnadenbriefe der Christen verbrennen, 1741/42 ordnet sein Nachfolger, Ch'ien Lung, die völlige Vernichtung einer Schrift an, in der eine von der offiziellen Linie abweichende Interpretation des Konfuzianismus geboten wird.[19]

5. Die Monarchia Austriaca von 1707 bis zur Mitte des 18. Jahrhunderts

Wir haben bereits gesehen, wie es unter Leopold I. nach 1668 bzw. 1671 zwar zu keiner weiteren öffentlichen Bücherverbrennung durch Henkershand kommt, wie sich aber doch ein geeigneter Hintergrund für weitere Fälle jener Art abzuzeichnen beginnt.

Unter Joseph I. wird vorerst im Jänner 1707 an einem „Calumnianten" in Wien nur persönliche Bestrafung (Prügel und Landesverweis) vorgenommen, nicht auch offener Strafvollzug an seinen — wohl handschriftlichen — Verleumdungen. (Der Angeklagte hatte „wider das allhiesig-hohe Ministerium und unterschiedliche Characterisirte [hochstehende] Persohnen" schriftlich und mündlich „höchst schimpff- und Ehren- verletzliche Reden" verbreitet).[1] Vielleicht hätte es bereits in diesem Fall eine Hinrichtung der mißliebigen Schriften gegeben, wenn man des Autors nicht habhaft gewesen wäre. Ein halbes Jahr später ist letzteres bei einer ähnlichen Affäre nicht der Fall. Bei der dort folgenden Buchhinrichtung spielen aber auch andere Dinge eine Rolle, wie wir gleich sehen werden.

Zu Beginn des Jahres 1707 erhoffen bzw. befürchten die Beteiligten des Spanischen Erbfolgekrieges die Eroberung des Königreiches Neapel durch die Habsburger. Karl III. von Spanien, der spätere Kaiser Karl VI., läßt dort ein Manifest einschmuggeln, worin seine „Gerechtsame [. . .]/ hingegen Franckreichs Unbillichkeiten" dargelegt werden.[2] Da der neapolitanische „Vice-König der Frantzösischen Parthey sehr" anhängt, läßt er „seinen Zorn an [. . .] [jenem eingeschmuggelten] Papier [. . .]" verspühren und solches verbrennen" — angeblich, „umb Franckreich seinen Eyffer genugsam zu zeigen".[3] Auf welche Weise jene Verbrennung am 23. 2. 1707 auf dem Marktplatz Neapels vor sich geht, schildert Heinrich Benedikt so:

„Die Richter der Giunta kamen zu Pferd. Auf einem Podium waren zwei kupferne Feuerbecken aufgestellt. Die Kassette mit den Schriften wurde auf dem Rücken eines Esels herbeigebracht. Der Fiskal der Giunta nahm eine Lage nach der anderen heraus [es wird ein ganzer Stoß jener Proklamationen verbrannt] und übergab sie den Büttel, die sie ins Feuer warfen, wobei unter Trompetenschall das Edikt, mit welchem die Verbrennung angeordnet war, verlesen wurde. Von einem Balkon warf der Regent der Vicaria Geld unter die Menge."[4]

Ungefähr drei Monate später tauchen in Wien „einige Basquill- und Schmächschrifften"[5] gegen hochstehende Diplomaten im Dienste Habsburgs auf. Die Hauptbetroffenen sind Franz bzw. Francisco Moles, Herzog von Pareto und Botschafter Josephs I. bei seinem Bruder Karl III., sowie Cesare Michelangelo d'Ava-los, Markgraf von Pescara und Vasto, Gesandter Karls III. am Wiener Hof, aber ebenfalls im Sold des Kaisers.[6] Moles ist zu jener Zeit gerade in Mailand, an sich auf dem Weg nach Spanien, zögert jedoch die Abreise zu seinem Einsatzort als Botschafter mit allen Mitteln hinaus. Er fühlt sich, kaum zu Unrecht, abgeschoben, als Opfer einer Intrige. Wenn aber die Buchhinrichtung durch die Beschwerde eines direkt Betroffenen ausgelöst wird, dann eher durch eine mündliche Intervention von d'Avalos, denn in den Briefen von Moles an Karl III., Joseph I. und an Wratislaw, den böhmischen Hofkanzler, – soweit im Haus-, Hof- und Staatsarchiv vorhanden – findet sich nichts Derartiges.[7]

Inwieweit bei der ganzen Affäre das Verhältnis zwischen dem Kaiser und seinem königlichen Bruder, das zur fraglichen Zeit keineswegs ungetrübt ist, eine Rolle spielt, läßt sich nur vermuten. Im Frühjahr 1707 faßte die Wiener Führung den Beschluß zur Expedition nach Neapel, nicht zuletzt auf Drängen von d'Avalos, jedoch gegen den Widerstand von Moles, der lieber alle verfügbaren Kräfte zur unmittelbaren Unterstützung Karls in Spanien eingesetzt gesehen hätte. Auch König Karl III. wäre eine Verschiebung der Eroberung Neapels genehmer gewesen. Größere Unstimmigkeiten gibt es dann allerdings nach dem Erfolg Dauns (Einzug in Neapel am 7. 7. 1707), als die Wiener Geldgeber sich in die Verwaltung des neugewonnenen Gebietes einzumischen beginnen.[8]

Das Eintreffen der Nachricht von der „glückliche[n] Einrukkung des Kayserl. Corpo in das Königreich Neapel/ und in Besitz-Nehmung dasiger Haupt-Stadt" fällt jedenfalls zumindest zeitlich in bemerkenswerter Weise mit dem hier eigentlich zu behandelnden Ereignis zusammen: Am 22. Juli (einem Freitag) findet im Stephansdom das feierliche Tedeum wegen jenes militärischen Erfolges statt, und zwar „mit Trompeten und Paukken", begleitet von Salutschüssen.[9] Tags darauf wird mit etwas weniger Lärm, aber ebenfalls geplanter Anteilnahme der Bevölkerung (zumindest auf akustischem Weg), mit den bereits erwähnten Schmähschriften abgerechnet:

„Weilen ein Ehrvergessene Feder wider die höchste Käyserliche/ wie auch Catholische Majestät König CARL den Dritten und dero hohe Herrn Ministros einige Spott-Schrifften oder Pasquillen verfertiget/ als ist von einer Landes-Fürstl. Obrigkeit durch den öffentlichen Trompeten-Schall dergleichen hinführo zu verfassen/ oder solche außzustreuen bey Leib- und Lebens-Straff verbotten worden; Ein schon Gemachtes [Pasquill] aber auff den Neuen Marck[!] durch deß Scharff-Richters Hände verwichenen Sambstag umb 10.Uhr Fruhe öffentlich verbrennet worden."[10]

1668 wurde die Buchhinrichtung noch am Hohen Markt durchgeführt. Als wahrscheinlichen Grund für den Wechsel zum Neuen Markt gibt Schlager momentanen Platzmangel am Ort der Verbrennung von 1668 an („weil damals eben das Holzmodell der Joseph-Statuengruppe auf dem Hohen Markt aufgestellt, den Platz beengte").[11]

Verbrannt werden 1707 offenbar mehrere Exemplare einer handschriftlich verbreiteten Schrift, wie die eben zitierte Nachricht im „Post-täglichen Mercurius" zusammen mit der — offiziösen — Notiz im „Wiennerischen Diarium" vermuten läßt:

„Sambstag/ den 23. Julii. Heute wurde/ auff der Römischen Kayserl. auch zu Ungarn und Böheimb Königlichen Majestät/ Ertz-Hertzogen zu Oesterreich e[t]c. Allergnädigste Verordnung / kundt gemacht/ was massen wieder [wider] allerhöchst-gedachter Kayserl. Majest. Geheimben Rath und Bottschafftern an dem Königl. Spanischen Hoff/ Herrn Frantz Moles Duca de Baretti &c. dann Herrn Michaël Angelum Davalvos, Marggraffen zu Piscarien und Vasto/ des Heil. Römischen Reichs Fürsten e[t]c. Seine[r] Königl. Majestät in Spanien/ CARL des Dritten/ ordinari Bottschafftern an hiesigem Kayserl. Hoff einige Basquill- und Schmächschrifften außgangen/ darvon man schon einige zu Händen bekommen/ und solche auff dem neuen Marckt/ durch den Scharffrichter/ offentlich verbrennen lassen; weilen aber nicht zu zweifflen/ daß mehr derley Basquill- und Infam-Schrifften möchten außgestreuet seyn worden; als ist männiglichen [jedermann] anbefohlen worden/ daß/ wer von dergleichen obernandten hohen Persoh-

Nuremberg Chronicle, 1493.

T. 10: Capistrans „Verbrennung der Eitelkeiten" 1452 in Nürnberg

T. 11: Beginn von Drabíks Widerruf, einige Stunden vor der Menschen- und Buchverbrennung

ARREST
DE LA COUR
DU PARLEMENT,

QUI ordonne qu'un Livre, intitulé : *Lettres philoso-phiques, par M. de V..... à Amsterdam, chez E. Lucas au Livre d'Or. MDCCXXXIV.* contenant vingt-cinq Lettres sur differents sujets, sera laceré & brûlé par l'Executeur de la Haute-Justice.

EXTRAIT DES REGISTRES DU PARLEMENT.

CE JOUR, les Gens du Roy sont entrez, & Maître Pierre Gilbert de Voisins, Avocat dudit Seigneur Roy, portant la parole, ont dit :

Que le Livre qu'ils apportent à la Cour leur a paru exiger l'animadversion publique, qu'il ne se répand que trop, & qu'on sçait assez combien il est propre à inspirer le libertinage le plus dangereux pour la Religion & pour l'ordre de la Societé civile : Que c'est ce qui les a porté à prendre les Conclusions sur lesquelles ils attendent qu'il plaise à la Cour faire droit.

Eux retirez :

Vû le Livre intitulé : *Lettres Philosophiques par M. de V....*

T. 12: „Buchhinrichtungs"-Urteil des Pariser Parlamentes

T. 13: Der Heilige Geist als Bücherverbrenner – „Index" von 1711

Templum S. FRANCISCI Cajanorum ad novam forum, a Matthia Cæsare erig, ex-
ructum, et tanuen perfectum. Litter. a. ad f. Columna b. Domus Schwarzenbergium. c.
fons marmarus. d. Konophon hospitalis Cæci.

Die Kirche der Capuciner auf dem neuen Marckt, so Keyser Matthias zu bauen angefangen, und A-
ronxi zur Vollkommenheit gelangt ist. a. bis der 7. Säulen b. fürstl. Schwartzenbergl. Hauß. c. Der Marmorsteiner
d. Der Kirche Num. 53 Christ im Burgerl. Spital.

Georg Bon. Bauman sculps.

Cum Priv. Sac. Cæs. Maj.

Ios. E. Kauser del.

T. 14: Der Neue Markt in Wien – Schauplatz von vier „Buchhinrichtungen"

Von der Röm: Kays: auch zu Hispanien,
Hungarn und Böheimb Königl: May.: Herr
[...] zu Österreich [...] allerguäd[...]
[...] Franz [...] durch die [...]
[...] in allerhöchsten [...]
[...] anzuzeigen:

Nachdem die nachricht eingeloffen, daß im
April diß jahr in holland einiger Schrifften
unter dem titul Relation des demelez
entre S.E. Mr. le comte de Bonneval, et S.E.
Mr. le Marquis de Prié, in offenen druck
aus gangen [...]
[...] bey [...] sondern nur mit
dem blossen aufsatz: publiée par ordre
de S.E. Mr. le Comte de Bonneval [...]
aufsehen einiger Exemplaria [...] an den
Brandenburgischen Gesandten Sebastian [...]
zu alhier in [...] [...]. So [...]
den selben [...] Relation in [...]
[...] Catalogo [...] Französischen
[...] eingetragen, [...] mit dem [...]
[...] [...] [...]
[...] derieß etwelche Exemplaria
[...] [...] [...] [...] bey
[...] [...] [...] Relation auf er[...]
[...] daß die einfalt mit [...]
famosen und [...] calumnien

T. 15: Verbrennungsbefehl vom 19. 6. 1730

(1)

PREMIERE EXPEDITION

Envoyée à Vienne le 30. Août 1724.

Relation du prétendu assassinat du Marquis d'Aiseau.
Ecrit qui s'est répandu dans Brucelles sans la participation du Général
Comte de Bonneval, & qui commence ainsi : La Marquise de
Prié & la Comtesse d'Apremont sa Fille &c.
Preuves de Mr. le Comte de Bonneval, que les calomnies contre la Reine
d'Espagne ont été débitées chez le Marquis de Prié, par la
Marquise son Epouse & la Comtesse d'Apremont sa Fille.
Lettre à l'Empereur.
Lettre au Conseil de Guerre.

Relation du prétendu assassinat du Marquis D'AISEAU.

A Bruxelles le 22 Août 1724.

MOnsieur le Marquis d'*Aiseau*, homme de qualité de ces Pays-ci, & Frere ainé du Comte de *Péer*, est allé depuis quelque tems en Espagne, pour recueillir une succession. Il y a dix ou douze jours que la Comtesse d'*Apremont* dit à plusieurs personnes, que la Princesse Christine de *Hohen-Zollern*, Chanoinesse à Misterbilz, lui avoit écrit que Madame de *Réve*, aussi Chanoinesse, avoit reçû une Lettre de son Frere qui est en Espagne, par laquelle il lui marquoit que le Marquis d'*Aiseau* avoit été assassiné.

Cette nouvelle fut debitée ici le premier jour purement & simplement. Deux jours après, la Marquise de *Prié* ajoûta dans une pleine Assemblée chez elle, qu'elle sçavoit de science certaine, que ce Marquis avoit été poignardé par ordre du Roi, pour avoir eu un commerce de galanterie avec la Reine.

On lui objecta qu'on ne croyoit pas la chose possible dans un Pays comme l'Espagne. Elle repliqua qu'on le sçavoit de bonne part, &

A   que

T. 16

nen/ oder auch andern Kayserl. oder Königlichen Spanischen Ministern betreffende Basquillen und Schmach-Worten höret/ sehet und
leset/ oder was bey Handen hat/ oder künfftig über kurtz oder lang bekommen möchte/ solches/ ohne einigen Verzug/ anzeigen/ und zu
Hände[n] der Kayserlichen Geheimen Hoff-Cantzley bringen/ und
nichts verhalten: wiedrigem [widrigenfalls]/ die Jenige[n] bey denen
über kurtz oder lang dergleichen erfunden [gefunden] oder erfahren/
oder hierinfalls angegeben/ und überwiesen werden möchten/ an
Leib/ Ehr/ Gut und Blut abgestraffet werden sollen."[12]

Hier sehen wir auch den in derartigen Fällen erwünschten In-
stanzenweg angedeutet. Politisch besonders schwerwiegende
Zensurfälle bzw. solche, in denen Buchhinrichtung angemessen
scheint, behält sich in Wien der Landesherr bzw. die Landesherrin (1742!) selbst zur Entscheidung vor. Dies erklärt auch, zumindest teilweise, warum wir kaum jemals schriftliche Quellen
behördlichen Charakters über den unmittelbaren Ursprung der
Entscheidung vorfinden. Diese fällt nämlich wohl nicht nur
1707 in mündlicher Form ohne Niederschlag in Protokollen
oder dergleichen. Schriftliches findet man eher erst dann, wenn
die Buchhinrichtung bereits feststeht, also beispielsweise in einer
Anweisung der niederösterreichischen Regierung an das Wiener
Stadt- und Landgericht wie beim zweiten Fall von 1730. Das
Wiener Stadt- und Landgericht ist jedenfalls auch 1707 die eigentlich durchführende Instanz. Dementsprechend wird der anläßlich der Verbrennung öffentlich verlesene Ruf — Schlager
zufolge — auch in die Wiener „Stadtbücher" eingetragen:

„[Ruff] wegen des königlich Spänischen Pasquill; wenn etwann ainer
eine Wissenschaft darvon hätte, wehr solhes gemacht, soll es andeu-
then, soll darum recompendirt [belohnt] werden. Dieses Pasquill aber
wird also gleich am neuen Markt auf einen kleinen scheider Hauffen
verbrannt."[13]

In zumindest zeitlicher Nähe zu dem eben behandelten Fall von
Buchhinrichtung kommt es auch zur Kodifikation einer bestimmten Art entsprechenden Vorgehens. Im Rechtswesen der
böhmischen Ländergruppe ist vor 1707 in verschiedenen Verordnungen bzw. Stadtrechten bereits für Verfasser von Schmähschriften die Todesstrafe vorgesehen (unter Berufung auf Satzungen des römischen Rechts). Eine hinrichtungsmäßige Zerstörung solcher Schriften ist vorerst nirgends ausdrücklich festgesetzt. Äußerstenfalls heißt es, eine „Schmäh-Schrifft" oder

einen „Verrätherischen Zettel/ So jemand funde und nicht lesen köndte/ soll er denselben einem andern so lesen kan/ zeigen und ihn nach Uberlesung desselben und befund der Sachen zerreissen".[14]

Mit Datum vom 16. 7. 1707 – also sechs Tage vor der Wiener Buchhinrichtung – wird dann jedoch die „Neüe Peinliche Hals-Gerichts-Ordnung/ vor [für] das Königreich Böhaimb/ Marggrafthumb Mähren/ und Hertzogthumb Schlesien" erlassen, die sogenannte Josephina; vom gleichen Tag ist auch das Privilegium für den Druck jener Kodifikation datiert. Sie erscheint mit der Jahreszahl 1708 in Prag gleichzeitig in einer deutschen und einer böhmischen bzw. tschechischen Ausgabe.[15] Die Bestimmungen jener Halsgerichtsordnung sind größtenteils der Ferdinandea von 1656 entnommen. Von wo allerdings der Buchhinrichtungs-Paragraph (Artikel XIX § 40) stammt, läßt sich vorläufig nicht feststellen.[16]

Der „Articulus Decimus Nonus" der Josephina enthält die verschiedensten Bestimmungen darüber, auf „was [für eine] Weise die Ubelthäter dem Verdienst und ihren Umständen nach zu bestraffen seynd" – so die Überschrift jenes Artikels 19; und hier dessen Paragraph 40:

„So jemand zu verkleinerung unserer Majestät/ oder Schmach und Unehr/ unserer Lands-Officirer und Räthe/ oder auch wieder[!]jemand andern/ Famose Libellen: das ist Ehrenrührische Schand-Brieffe schriebe/ machete/ wissentlich ausstreüete/ und offentlich anhefftete/ oder durch andere anhefften liesse/ derselbe solle/ ungeachtet/ daß er auch dasjenige/ was in der von ihme gestellten Schmähe-Karten enthalten/ erweisen kunte/ und wollte/ dannoch/ und wann es unsere Hoheit betreffete/ allezeit mit dem Schwerd vom leben zum Todt hingerichtet/ oder Respectivè nach grösse der Schmähung und Qualität des geschmäheten/ am Leibe gestraffet/ forderist [zuvor] aber gefraget werden: Was ihn zu solcher Schmähschrifft bewogen? wie Er in ehrfahrnus der jenigen Injurien, oder Schmähungen gekommen? wer ihme darzu Behülflich gewesen? wo Er dergleichen Schmäh-Schrifften überall ausgestreüet. e[t]c.
Wan aber ein solcher Schandbrieff bey jemanden gefunde[n] wurde/ und Er solchen von anderwärtig her bekomen zuhaben vorgebete/ und solches auch darthäte/ doch aber von dessen weiterer ausstrejüng überwiesen wurde/ derselbe solle/ ausser da solche [Schmähschriften] Unsere Majestät/ so in allwege halsbrüchig/ betreffete [d. h. in jenem Falle sei die Todesstrafe obligat]/ ein Jahr lang mit Gefängnus oder anderer Straff beleget.

Die Schmäh-Karten aber/ offentlich am Pranger/ oder Schmäch-Saulen/ durch den Scharf-Richter verbrennet/ und der Beleydigte aufs kräfftigste an seinen Ehren verwahret werden."[17]

Die Verbrennungs-Bestimmung ist hier eher lapidar an die älteren Satzungen zur Menschenbestrafung angehängt. Unmittelbar darauf folgt schon Paragraph 41 mit nur insofern ähnlichem Inhalt, als dort, es geht um Grabräuberei, nach der Enthauptung auch Verbrennung festgesetzt wird, falls das Delikt „zu dem Ende geschehen wäre/ Zauberey darmit zu treiben".[18] Das Register der Bestrafungsmöglichkeiten wird in der Josephina übrigens auch in einem weiteren Punkt über den lebenden, anwesenden Menschen hinaus erweitert: Artikel 21 § 6 zufolge kann man auch an den Leichnamen von — vor der Vollstreckung gestorbenen — Verurteilten „daß jenige was an den Cörper nach den Todt zu exequiren gewesen/ verrichten lassen".[19] Die Einführung des Buchhinrichtungs-Paragraphen steht damit in zumindest indirektem Zusammenhang.

Die Auswirkungen jener Bestimmung gegen Schmähschriften sind in der Praxis gering. Eine Einflußnahme auf den Wiener Fall von 1707 ist möglicherweise gegeben, aber vorläufig nicht beweisbar. Bei der gleich zu erwähnenden Aktion des Jahres 1714 im schlesischen Teschen ist ein solcher Zusammenhang hingegen nicht zuletzt aus sachlichen Gründen kaum anzunehmen. Im Februar 1730 fordert der königliche Fiskalamtsdirektor (also praktisch der öffentliche Ankläger) in Prag zwar die Verbrennung von Schriften aus der Druckerei des Grafen Franz Anton Sporck durch Henkershand ausdrücklich auf Grund der Josephina, zu einer Buchhinrichtung kommt es in jener Angelegenheit dann doch nicht. Dafür sollte es im selben Jahr in Wien gleich zwei Verbrennungen von Schriften durch Henkershand geben, und zwar ohne erkennbaren Zusammenhang mit der Affäre um Sporck oder mit der Josephina.[20] Gerade aus Böhmen und Mähren sind zu jener Zeit sehr wohl öffentliche Bücherverbrennungen zu berichten. Diese Fälle[21] haben allerdings mit der in der Josephina festgesetzten Vorgangsweise äußerst wenig zu tun und ähneln eher älteren Vorbildern.

Größere Auswirkungen als auf die Praxis hat die Buchhinrichtungs-Bestimmung der Josephina anscheinend auf andere Rechtskodifikationen. Zumindest ein vergleichbarer Paragraph in der Constitutio Criminalis Theresiana von 1768/69, möglicherweise auch entsprechende Paragraphen in preußischen

Gesetzbüchern von 1791/92 bzw. 1794 sind von der Josephina beeinflußt.[22]

Nach 1707 kommt es mehr als zwei Jahrzehnte hindurch in Wien selbst zu keiner öffentlichen Bücherverbrennung durch Henkershand. Auch anderswo werden in jener Zeit nur selten Wiener Behörden in dieser Richtung aktiv.[23] Bei folgendem Fall in Schlesien sind 1714, zumindest was die eigentliche Buchhinrichtung betrifft, offenbar ebenfalls keine direkten Zusammenhänge mit der Residenzstadt des Kaisers gegeben. Die Vorgeschichte jenes Falls: An die große Protestantengemeinde Teschens geht 1713 eine Büchersendung mit protestantischer Literatur verschiedenster Art. Absender ist der Leipziger Buchhändler Moritz Georg Weidmann. Die Kisten werden, anders als bei einer vorherigen Sendung, auf Veranlassung eines Dechanten Twunski bzw. der ortsansässigen Jesuiten durch den königlichen Fiscal „angehalten und arrestiret". Die darin enthaltenen Schriften zeigt man als „scandaleuse, scabiose [räudige], infame und der Catholischen Religion höchst schimpfliche Bücher" beim Grafen Tenczin, dem Landeshauptmann des Fürstentums Teschen, an. Die Sache beschäftigt in der Folge das Oberamt in Breslau und den Wiener Hof, worauf ein kaiserlicher Befehl in Schlesien eintrifft, „daß man diese Bücher aus dem Lande schicken solle".[24]
Dem — durchaus zuverlässigen — Bericht des Buchhändlers Weidmann zufolge, lassen die Teschener Behörden diesen Befehl aus Wien einfach unbeachtet. Sie übergeben auf Anregung des erwähnten Dechanten die beschlagnahmten Bücher einigen Jesuitenpatres „zu durchlesen, welche auch [. . .] diese Bücher in ihrem Bericht vor [für] Infam, scabios und scandaleus ausgegeben, darauf denn der Herr Graf Tenczin, als Judex [. . .] diese Bücher den 14. August 1714 als an seinem Geburtstag" von vier Henkersknechten aus dem Rathaus abholen und „durch die genannten 4 Henkers Knechte an den Pranger bey einem ohngefähr fünf Schritte von demselben gemachten Feuer schleppen" läßt, „da denn der Henkers-Knecht [hier wohl der eigentliche Henker] erstlich die kleinen Bücher jedes auf einer hölzernen Gabel, hernach die größeren" verbrennt; vorher macht man noch „allerley Ceremonien mit Henkers Sprüchen, Abreißung derer Kupferstiche" etc., „welche execution von 10 bis 2 Uhr währt. [. . .] Dabey" wird „insonderheit von den Jesuiten Schülern viel Gespött getrieben", Lutherbibeln und Konkordien-

188

formel werden „sehr verhöhnet [. . .]. Der Henker" führt „endlich die Asche auf den Schinder Anger" und schüttet „selbige in das dabey fließende Wasser".[25]

Der Kaiser trägt den Verantwortlichen diese Vertilgungsaktion in der Folge kaum nach; sie wird vom Wiener Hof im nachhinein gedeckt. Daß jedoch die Verantwortung für die eigentliche Buchhinrichtung in den Augen der Zeitgenossen bei den Teschener Behörden bleibt, ist wohl im Sinn des Kaisers bzw. seiner Umgebung. Diese übernehmen nur die Verantwortung für die Konfiskation und für die Vernichtung der Bücher im allgemeinen.[26]

Zumindest in Wien selbst werden zwischen 1707 und 1730 „nur" Menschen öffentlich verbrannt (etwa 1722 ein Raubmörder und Kirchendieb).[27] Gerichtliche Zerstörung von Schmähschriften wird in jenem Zeitraum höchstens auf gemäßigt hinrichtungsartige Weise vorgenommen: So befiehlt 1725 Karl VI., daß „bey Hof, und anderwertig eingereichte calumniose [verleumderische] Schriften" eines Winkeladvokaten, dessen Auftraggebers sowie dreier seiner Gläubiger im Amtsgebäude des niederösterreichischen Landesregimentes und „in Gegenwart aller fünf [. . .] durch den Profosen zerrissen, und vor die Füß geworffen" werden mögen, und zwar „mit der scharffen Erinnerung, daß der N. und dessen Schriftsteller N.", weil sie dem Kaiser dauernd

„Unwahrheiten vorgebracht, und ihre Memorialien mit unerfindlichen [unbegründeten] Dingen, und vermessenen Calumnien wider die Lands-Fürstlichen Dicasterien [Rechtskollegien], und Räthe boßhafter Weise angefüllet, eine schwere, und zwar die Galeeren-Straf gar wol verdienet"

hätten (sie werden aber dann doch milder bestraft).[28]

„Zerreissung, und vor die Füß-Werfung" wird auch 1712 durch „Kayserl. Resolution" bei als „Schmäh-Schriften" abqualifizierten Eingaben an den Reichshofrat angeordnet.[29] Die Durchführung erfolgt wohl auch hier durch den Profosen, einen Militärgerichtsbeamten, der (wie beim gerade erwähnten Fall von 1725) auch Zivilbehörden zur Verfügung stehen kann — keineswegs selbst Henker, sondern im Kriegsrecht z. B. Überwachungsbeamter bei Hinrichtungen am Namen oder am Bildnis. Er trägt dabei höchstens „die Bildnus des Condemnierten"; die Befestigung solcher Bilder oder Namenstafeln am Galgen ob-

189

liegt dann einem Scharfrichter.[30] 1727 wird in Graz die Schrift eines „Calumnianten" nicht in einer Amtsstube, sondern ausdrücklich öffentlich zerrissen (vielleicht trotzdem im Gerichtsgebäude, aber bei offenen Fenstern?); durch wessen Hände, des Henkers, eines Profosen oder des am Schreiber die Prügelstrafe vollziehenden Stockmeisters, bliebe noch festzustellen.[31]

Im fraglichen Zeitraum bleibt auch in Wien die Bereitschaft zur Büchervernichtung, wenigstens in allgemeinerer Form, durchaus gegeben. Dies zeigt sich an Zensurbestimmungen, die verschärftes Vorgehen zuständiger Behörden einleiten sollen: 1714 werden Rektor und Konsistorium der Wiener Universität vom Kaiser über die niederösterreichische Regierung aufgefordert, Kalender zu bekämpfen,

„darinen eine unanständige freyheit in schreiben gebraucht, unzulässige, auch Ehrenrührische gedicht, und erfündungen eingetrucket und ohnfehlbahr darinnen der orth, wo solche in den truck aufgelegt worden, in dem Vorblat ausgelassen werden."[32]

Ähnliche Vorwürfe sollten dann 1730 in Wien zur Hinrichtung eines Kalenders führen.

Am 3. 6. 1715 ergeht ein Edikt Karls VI., durch das direkt die Anfertigung und der Verkauf „unzüchtiger" Bilder und Figuren unterbunden werden sollen, wobei nur von „Confiscation", nicht von Vertilgung die Rede ist. Es wird aber immerhin eine deutliche Warnung vor dem „gerechten Zorn, und verhängenden schweren Straffen" Gottes für entsprechende Übel ausgesprochen. Die Pestepidemie von 1713 ist noch in frischer Erinnerung.[33]

Mit Datum vom 18. 7. 1715 erläßt Karl VI. dann sowohl für die Erblande wie für das ganze Reich fast gleichlautend ein „kaiserliches geschärftes offenes Edikt" gegen eine andere Art von Übel, dessen Nichtbekämpfung viele Zeitgenossen als möglichen Grund für göttlichen Zorn empfinden, und zwar gegen „sträffliche Läster- und Schmähcharten". Diese seien „mithin allerdings zu vernichten, und zur Confiscation wirklich in der That aller Orten zu erklären" — eine Anordnung, die gerade in den habsburgischen Erblanden eher geringe Wirkung hat.[34] Wiener bzw. auch auswärtige Behörden im Dienste Habsburgs betonen freilich zu jener Zeit gelegentlich den besonderen Wert stiller Zensur sowie die Nachteile eklatanten Vorgehens.[35]

190

Trotzdem kommen die beiden nunmehr zu behandelnden Buchhinrichtungen nicht ganz unerwartet; die Voraussetzungen für derartiges Vorgehen verschwanden zwischen 1707 und 1730 in Wien eben nie zur Gänze.

Im November 1729 werden auf dem Wiener Katharinen-Jahrmarkt, dem zweiten Hauptjahrmarkt neben dem zu Christi Himmelfahrt, wie in den Jahren zuvor, Kalender für das nächste Jahr zum Verkauf angeboten.[36] Mindestens seit zehn Jahren sind bei dieser Gelegenheit auch in Krems gedruckte „Krakauer" bzw. − spätestens seit 1723 − „Österreichische Schreib-Calender" erhältlich.[37] Der Ausgabe jener Veröffentlichung für das Jahr 1730 ist eine „ausführliche Beschreibung allerhand denkhwürdigster begebenheiten/ so sich an einigen Europaeischen Höfen zugetragen" als Anhang beigegeben, in dem, laut Untertitel, hauptsächlich „von Hungarisch- und Sübenbürgischen Geschichten" die Rede ist.[38] Darin geht es sicher hauptsächlich um den eben (am 20. 11. 1729) zu Ende gehenden Reichs- bzw. Landtag zu Preßburg und um die dortigen Auseinandersetzungen zwischen den Ständen und dem Wiener Hof. Die Differenzen entzündeten sich an Steuerreformplänen des Kaisers bzw. Königs, durch die das adelige Privileg der Steuerfreiheit untergraben werden sollte. Kein Wunder, daß um die Mitte des Jahres 1729 das Gutachten eines Beraters Karls VI. feststellen mußte,

„daß die Stände sich eines ungeziemenden, ungebührenden, wieder [wider] den respect, den Sie ihrem König und herrn zu leisten schuldig seynt laufenden so wohl styli, als expressionum sich gebrauchet haben."[39]

Jene Auseinandersetzungen bzw. Ungebührlichkeiten wurden von allen Beteiligten der Öffentlichkeit gegenüber in zeittypischer Weise als Arkanum verschwiegen. Dementsprechend gereizt sollten dann vor allem die widerspenstigen, offiziell jedoch loyalen Stände und der Wiener Hof auf das Bekanntwerden unliebsamer bzw. für die Stände auch unehrenhafter Einzelheiten ihrer Tätigkeit reagieren, wobei selbst vorsichtig-zurückhaltende Berichterstattung die obrigkeitliche „Reizschwelle" überschreiten mußte.

Gedruckt wurde der erwähnte „Schreib-Calender" „bey Johann Jakob Kopitz, einer löbl[ichen] Wiennerischen Universität

Privilegierten Buchdruckern", [40] also bei einem in puncto (Vor-) Zensur von der Universität abhängigen Unternehmen. Kopitz entnahm den Anhang zu seinem Kalender für das Jahr 1730 einer bereits unter kaiserlichem Privileg gedruckten Veröffentlichung und hielt es deshalb nicht für notwendig, diesen Nachdruck der für ihn zuständigen Behörde vorzulegen, nämlich einem von der Universität dazu bestellten Jesuitenpater. Damit lag von vornherein ein Verstoß gegen bestehende Zensurverordnungen vor. [41]

Die eigentlichen Gründe dafür, daß über Kopitz nach dem Katharinen-Markt des Jahres 1729 Unheil hereinbrechen sollte, sind jedoch weniger leicht greifbar. So vermutet man „damals in jeder nur irgendwie das ‚Politikum‘ berührenden Schrift etwas Gefährliches"; außerdem fühlen sich hier Personen „geschmäht", die bereits ein Jahr zuvor zu einer Buchhinrichtung bereit waren: Im August 1728 erreichte der Land- bzw. Reichstag einen königlichen Beschluß bezüglich einer „sowohl skandalösen als auch ruchlosen" Schrift. Wenn ihr Autor innerhalb eines gewissen Zeitraumes nicht bekannt würde, solle man die Schrift auf dem Preßburger Marktplatz durch den Henker verbrennen; dazu kam es dann aber doch nicht. [42] Auch die obrigkeitlichen Bestrebungen, „schädliches Nachdencken" über die eigene Tätigkeit bzw. davon herrührende „gefährliche confusiones" gründlich zu unterbinden, [43] sind hier als Mit-Ursache der folgenden Ereignisse in Betracht zu ziehen.

So nimmt es nicht wunder, daß gegen den „Österreichischen Schreib-Calender" auf das Jahr 1730 hart vorgegangen wird. Der dortige Anhang über „Ungarische und Siebenbürgische Geschichten" ist angeblich eine „unwürdige und beleidigende" Darstellung, dem Ansehen und der Ehre der ganzen ungarischen Nation (verkörpert im Land- bzw. Reichstag) abträglich; die Ehre der ungarischen Stände sei verletzt und nur durch exemplarische Strafe wiederherzustellen − so der Tenor einer Vorsprache des Palatins, Graf Nikolaus (VI.) Pálffy, beim Grafen Philipp Ludwig (Wenzel) Sinzendorf, dem „Obrist-Hof-Kanzler und Geheimen Konferenz-Minister" Karls VI., Ende des Jahres 1729. [44] Sinzendorf erwirkt daraufhin beim Kaiser bzw. König die von den Ungarn gewünschten Maßnahmen, und zwar auch eine Handlung der Genugtuung am Kalender selbst. Die Wiener Behörden vermeinen, durch eine derartige „poena extraordinaria" den Zweck der Strafe („finem poenam") zu erreichen, nämlich sowohl

„denen Hung[arischen] Ständen, als auch dem andurch [durch den Ka-
lenderanhang] ladierten [verletzten] publico die behörige Satisfaction
zu geben, und hierüber mit exemplarischer Bestraffung fürzugehen."[45]

Am 29. 12. 1729 berichtet der Rat und Referendar Koller in der
Ungarischen Hofkanzlei, daß Sinzendorf die Konfiszierung des
Kalenders und „Maßregeln zur Erlangung von Satisfaction erwirkt" habe.[46] Eine Verbrennung durch Henkershand wird dabei wohl nicht eigens erwähnt, ist aber ziemlich sicher bereits beschlossen.

Mit Datum vom 11. 1. 1730 ergeht ein Dekret der Österreichischen Hofkanzlei über die Bücherzensur im allgemeinen, in dem
einleitend das Vorgehen gegen den Kalender geschildert wird:

„Anzuzeigen, demnach die Anzeige beschehen, daß ein sehr vermesse-
ne Schmach-Schrifft gegen die Hungarische[n] Stände mit falscher,
und zumahlen gefährlicher Erdichtung einiger Königlicher an sy Stände niemahlen ergangener Verordnungen, und Decreten, in dem sich also nennend: Oesterreichisch Schreib-Callender dieses neu eingetrette-
nen 1730sten Jahrs gedruckt zu Crembs mit dem Anhang: Eine ausführliche Beschreibung allerhand denkhwürdigster Begebenheiten, so
sich an einigen Europäischen Höfen zugetragen, sub Titulo: von Hun-
garisch: und Sübenbürgischen Geschichten in Druckh außgegangen,
und auf alhiesigem Catharinä-Markht auch anderwerts offentlich ver-
khauffet; so habe mann gleich veranstaltet, die noch alhier, auch zu
Crembs und Stein vorhandene exemplaria in denen Buch- und Kra-
mer-Laaden weckhzunehmen, auch den Buchtrucker zu Crembs, Johann Jacob Kopiz durch einen eigens abgeordneten anhero [zu] über-
bringen und in die Verantworthung ziehen zulassen/ wie er nun selbsten frey gestanden, diese Beschreibung deren Hungarisch- und Siben-
bürgischen geschichte ohne Censur eingedruckhet, und 2000. Exemplaria an den gemeinen Mann, welcher von dem gegenstand, und wahren der Sachen Beschaffenheit nicht berichtet ist, gebracht zu haben, so
wollte er zwar sich mit dem entschuldigen, daß er sothanne Beschreibung einem Sub Privilegio Caesareo anderwerts gedruckten Exemplari
nachgedruckhet, immassen ihne auch dieser relevirte [mildernde]
umbstand â majori reatu [von größerer Schuld], und sonsten zubefah-
ren gehabter ofentlicher leibs-Straff befreyet, nachdeme er aber gleich-
wohlens sich mit deme sehr weit vergangen, daß er gegen die generalia,
und an alle Buchtrucker mehrmahlen erlassene Decreta eine solche
auswertig- alhier im land nicht censurirte Beschreibung ohne Censur
nachgedruckhet habe, wissen müssend, daß die anderwerts gedruckht:
und anhero kommende Zeitungen, und der gleichen Beschreibungen
ohne alhiesiger Censur nicht dürffen nachgedrucket werden, bevor
[= zumal?] da andere so wohl hier als auf dem land gedruckte Callen-

der, und denenselben bey gebundene Relationes Historicae censuriret werden müssen."[47]

Es folgen die einzelnen Punkte des eigentlichen Erlasses — davon später. Erst mit Datum vom 23. 1. 1730 (tatsächlich vielleicht einige Tage früher) ergeht jenes Hofdekret an die zuständigen Behörden. Mit der folgenden Schlußformel wird die Angelegenheit der niederösterreichischen Regierung als Zwischeninstanz übergeben:

„Fiat allermassen [. . .] und dessen die in Revisions-Sachen verordnete Herren Räthe, alhiesige Universitet, das alhiesige, und das Crembs- und Stainerische Kay[serliche] Statt- und Landt-G[eric]ht nebst beederseittiger beyschlüessung des des [!] Corporis Delicti, und Rueffs, das Kay[serliche] Post Ambt, diese Samentlich [sämtlich] so vil es ein jeden betrifft durch respe[ctiv]e Decrete und Befelch mit Ausziehung wie gebräuchig ex off[ici]o zuerindern [erinnern], nach der Expedition [Aussendung] aber diese allergnädigste Kay[serliche] Resolution in das Consuetudinarium einzutragen."[48]

Uns interessiert hier vor allem, was dabei dem „allhiesigen" — also Wiener — sowie dem Kremser und Steiner Landgericht aufgetragen wird, und davon wiederum vor allem Punkt eins des Dekrets vom 11. bzw. 23. 1. 1730. Nach der oben zitierten Einleitung heißt es dort:

„Als ist solches alles umbständig [ausführlich] Ihrer Kays[erlichen] Majestät allerunterthänigst vorgetragen, und von dd. [derselben] resolviret worden, daß Primo und vor allem das Corpus Delicti nemblichen die noch vorhandene [vorhandenen] Exemplaria sothanner zu Crembs gedruckten heuerigen Callender mit dem anhang der lästerlichen Beschreibung deren Hungarischen geschichten, theils alhier in beyligenden Fascicul an dem neuen Marckt auf einer nächst der alda stehenden Schand-Säullen oder so genanten Setzstein [zu] errichtenden Bühne durch Scharff-Richters-Hand mit vorhergehend: gewöhnlicher Zuezuehung des Huet-Stockhs in begleittung der Wacht, auch Vorreithung des unter-Richters, und von demselben offentlich auf dem Marckt ablesend-hiebey kommenden Rueff verbrennet [d. h. Verlesung durch Unterrichter, Verbrennung durch Scharfrichter], ein gleiches auch zu Crembs in loco Delicti [weil die Schrift dort gedruckt wurde] mit beygeschlossenem Convolut beobachtet werden, theils auch diese offentliche Vertilgung durch das feuer zu Preßpurg, wessentwegen das weitere an seine behörde schon ergangen, geschehen solle:"[49]

194

Man verschickt also Exemplare der zu vertilgenden Schrift an die Durchführungsorte zusammen mit dem bei der jeweiligen Aktion öffentlich zu verlesenden Ruf.

Am 28. Jänner, einem Samstag, wird das im Hofdekret verkündete Urteil zumindest in Wien „würklich vollzogen", wahrscheinlich aber auch in Krems und in Preßburg.[50] Der bei der Wiener Aktion verlesene Ruf ist in der „Hüttnerschen Sammlung" im Niederösterreichischen Landesarchiv erhalten geblieben: „Briff Wie solcher von dem Unter Richter auf dem Neuen Marckt vor Verbrennung deren heurigen Crembser-Calendern offentlich abgelesen werden solle. Es seye die anzeige beschehen" usw. — wie oben, S. 193, Zeile 1 bis 10 des enggedruckten Textes (nur orthographische Unterschiede), gefolgt von einem Einschub und dem oben zitierten Punkt eins:

„[...] offentlich verkauffet, und divulgiret [verbreitet] worden. Wie nun so wohl denen Hung[arisch]en Ständen, als auch dem andurch ladierten publico die behörige Satisfaction zu geben, und hierüber mit exemplarischer Bestraffung fürzugehen ist: Alß hat eine Hohe landtsfürstliche obrigkeit gnädigst resolviret, und anbefohlen; daß vor allen das Corpus Delicti [...]"

usw. — wie oben, S. 194, von Zeile 3 des unteren Zitates bis zu dessen Ende, gefolgt von einem zweckentsprechenden Abschluß (ohne die weiteren Punkte des Hofdekrets):

„[...] schon ergangen, beschehen solle. Wirdet demnach dieser allergnädigste befehl hiemit offentlich kund gemacht, und die exemplaria solcherner lasterhafften Schmach-Karten dem freymann [Scharfrichter] übergeben, da mit er selbe oberwehntermass[en] durch das feuer vertilgen solle."[51]

Der einschlägige — offiziöse — Text im „Wiennerischen Diarium" vom 28. 1. 1730 nimmt von der Textauswahl her eine mittlere Stellung zwischen Hofdekret und Ruf ein. So werden dort die weiteren Punkte des Hofdekrets nicht weggelassen, sondern zusammengefaßt dargeboten. Die Zeitungsmeldung schließt mit den Worten: Das jeweils „Erforderliche" sei an die zuständigen Behörden „ergangen [...]; allermassen auch vorstehende Resolution, und respectivè Urtheil den 28sten Dieses [Monats]/ nemlich heute/ würklich vollzogen worden".[52] Jedenfalls scheint sich diese Vollzugsmeldung auch auf Krems und Preßburg zu beziehen.

Die inkriminierte Schrift selbst kann man sicher nicht völlig zum Verschwinden bringen, waren doch davon beim Einschreiten der Behörden bereits „2000.Exemplaria an den gemeinen Mann [. . .] gebracht" (so das Dekret vom 11. 1.). Möglicherweise hat sich einer dieser Schreibkalender bis heute erhalten. Leider gibt es davon kein behördliches Belegexemplar mehr wie beim zweiten Fall von 1730.

Soweit zum Schicksal der beanstandeten Schrift, mit deren Hinrichtung übrigens zwei weitere Erlässe Karls VI. wohl nicht nur zeitlich in engerem Zusammenhang stehen: Am 21. 1. wird befohlen, daß „ärgerliche" Schriften der schlesischen Pietisten „confisciret und caßiret werden sollen", vor allem jedoch ergeht am 28. 1. (!) das oben bereits erwähnte Patent zur Heiligung der „Sonn- und Feyertäge".[53]

Kopitz, der Drucker bzw. Verleger, kommt glimpflich davon. Seine Kremser Druckerei wird vorerst − gemäß Punkt 2 des Hofdekrets − „cassiret" und letztlich an den Grazer Buchdruckergesellen Anton Präxl verkauft, der dafür im Jänner 1731 die Tochter des ehemaligen Besitzers heiraten muß (ein bei Geschäftsübergaben damals durchaus üblicher Vorgang). Kopitz selbst stirbt 1736 zurückgezogen, aber sicher nicht verarmt, im Alter von 65 Jahren.[54]

Punkt 3 des Hofdekrets vom 11. 1. ordnet die Aufhebung der Landdruckereien wie Retz und Wildberg sowie etwaiger anderer Winkeldruckereien an, Punkt 4 verbietet die Errichtung neuer Druckereien ohne landesfürstliche Zustimmung. Diese Bestimmungen bleiben − nicht nur was Retz und Wildberg betrifft − ohne größere Wirkung.[55] Die übrigen Bestimmungen des Hofdekrets schärfen die Einhaltung bereits ergangener Verordnungen ein, etwa jene über das Verbot geschriebener Zeitungen. Die dortigen Anordnungen gehen allerdings über die Erlässe an die Wiener Universität von 1721 und 1725 hinaus, sodaß Wiesner 1847 nicht zu Unrecht für 1730 den Wunsch Karls VI. feststellt, „die Zensurmaschine ganz anders zu konstruieren". Die erbländische Zensurpraxis der folgenden Jahre sollte jedoch keineswegs derartigen Reformwünschen entsprechen. Es bleibt bei den bisherigen, ungeordneten Zuständen, innerhalb derer die Buchhinrichtungen weiterhin ein außerordentliches Strafmittel gegen besonders mißliebige Schriften sind, ein willkürlich angeordnetes Mittel neben anderen, ebenso willkürlichen Maßnahmen.[56] Noch im selben Jahr (1730) sollte es jedenfalls in Wien selbst zu einer weiteren Schriftenverbrennung durch Henkershand kommen, für deren Vorgeschichte wir bis ins Jahr einer anderen Wiener Buchhinrichtung zurückgreifen müssen.

Im Jänner 1707 wird auf der Pariser Place de Grève ein Gruppenporträt dreier Männer an einem eigens dazu errichteten Galgen befestigt.[57] Einer der solcherart in effigie Hingerichteten — im Jahr zuvor in die kaiserliche Armee übernommenen Franzosen — ist der damals zweiunddreißigjährige Marquis Claude Alexandre de Bonneval, ein entfernter Verwandter der Bourbonen. Bisher General-Feldwachtmeister in der französischen Armee, bringt er es in habsburgischen Diensten zum Obrist-Feldzeugmeister, dem höchsten Rang nach dem eines Feldmarschalls. Ab dem Frühjahr 1724 ist er in Brüssel, auf der Suche nach neuen Aufgaben — rastlos, immer ehrgeizig und äußerst selbstbewußt. Kein Wunder, daß er rasch in die innenpolitischen Streitigkeiten der österreichischen Niederlande verwickelt wird.

Progubernator in Brüssel für den eigentlichen, stets abwesenden Statthalter, den Prinzen Eugen, ist der Piemonteser Ercole Turinetti Marquis de Prié. Zuerst im Dienst Savoyens, dann Habsburgs, wirkte er während des Spanischen Erbfolgekrieges und auch danach erfolgreich als Diplomat. Weniger erfolgreich ist Prié als Vizegouverneur: Er und immer größere Teile der Bevölkerung stehen sich bald feindselig gegenüber. Grund dafür sind die reichlich dubiose Wirtschafts- und Finanzpolitik bzw. die Bestechlichkeit des bereits als solchen verhaßten Ausländers einerseits, sowie anderseits die Prié vielfach von vornherein offen entgegengebrachte Ablehnung zumal seitens der Brüsseler, deren Geist, dem Progubernator zufolge, „von Natur aus zur Unabhängigkeit und Widerspenstigkeit" neigt.[58] Spätestens ab 1723 zeichnet sich eine Fronde bzw. „Cabale" gegen Prié ab, die bald ihr Haupt in Bonneval findet.

Im August 1724 kommt es zum offenen Zerwürfnis zwischen dem Vizegouverneur und Bonneval. Auf einer Abendgesellschaft bei Prié verbreiten nämlich dessen Gattin und Tochter (größtenteils sicher falsche) Gerüchte über Vorgänge am bourbonischen Hof von Madrid, wodurch die Ehre der spanischen Königin, einer Tochter Herzog Philipps von Orléans, verletzt wird. Bonneval nimmt diesen Anlaß wahr, um offen gegen Prié vorzugehen, so gleichzeitig für die Ehre einer Blutsverwandten eintretend. Bei einer von ihm selbst am 17. 8. 1724 veranstalteten Abendgesellschaft verliest er eine Erklärung, die rasch in der folgenden Form (auf französisch) als Flugblatt verbreitet wird:

„Die Marquise von Prié und ihre Tochter, die [verwitwete] Gräfin von Aspremont, haben in ihrem Haus, mitten in einer Gesellschaft und in Anwesenheit des Marquis von Prié, Progubernator der österreichischen Niederlande und Gemahl der besagten Marquise, gesagt, und haben auch fortgefahren, die folgenden Gerüchte – sowohl in anderen Gesprächen wie auch an ihrer Tafel etc. – in Umlauf zu setzen, nämlich:

daß sie Briefe hätten, denenzufolge ein gewisser Marquis von Aiseau, ein Flame, in Madrid umgebracht worden wäre, weil man ihn nachts bei der Königin gefunden hätte, und das wäre der Grund dafür gewesen, daß diese junge [fünfzehnjährige] Prinzessin bei ihren Majestäten ihrem Schwiegervater, Philipp [1700 bis Jänner 1724 und dann wieder ab 31. 8. 1724 bis 1746 als König Philipp V. regierend], und dem [von Jänner 1724 bis zu seinem Tod am 31. 8. 1724] regierenden König Ludwig in Ungnade gefallen wäre.

Diese Rede wurde dem Grafen Bonneval, Infanteriegeneral der kaiserlichen Truppen, berichtet, der in der ganzen Stadt Brüssel bekanntmachen hat lassen [das folgende durch Kursivdruck hervorgehoben], daß Männer, die derartige Reden führten, Schufte und Bösewichte seien, und die Frauen [die das gleiche täten], seien Huren [Gachard hat an dieser Stelle „p . . . . . s" statt dem ursprünglichen „putains"] und Äser [Aase], die es verdienten, daß man ihnen das Gewand beim Gesäß abschnitte, da es ja niemandem auf der Welt gezieme, den Ruf einer so großen Prinzessin anzugreifen, die dem erhabenen Haus Frankreich entstamme, und überdies Königin von Spanien sei;

daß besagter Graf von Bonneval weder irgendein Haus noch irgendeine Person in Brüssel dabei ausnähme, sei es das Haus des Marquis von Prié, seiner Frau oder seiner Tochter, sei sie [die Person] auch Progubernator des Kaisers in den österreichischen Niederlanden, außer, wenn sie unumstößliche Beweise für das gäben, was sie derart öffentlich in Gegenwart so vieler Leute gegen diese große Prinzessin verbreitet hätten.“[59]

Bonneval sollte zwar später behaupten, ein Sekretär habe den Handzettel seiner Erklärung ohne sein Wissen veröffentlicht, noch dazu nicht in der abgelesenen Form; der erste Absatz sei eine nicht verlesene Gedächtnisstütze gewesen.[60] Diese Fragen sind für das weitere Geschehen von ebenso geringer Bedeutung wie die Frage, ob jene Schmähschrift den Tatsachen entspricht, „weilen [ein] Injuriant das [von ihm angeprangerte] Delictum ordentlicher Obrigkeit anzuzeigen schuldig [ist]/ und nicht dergestalten cum scandalo auszubreiten hat“ – so die damalige Rechtsmeinung.[61]

Der Gegenschlag des zutiefst getroffenen[62] Vizegouverneurs läßt nicht lange auf sich warten, wobei Prié in der vorteilhaften

Lage ist, die Beleidigung seiner persönlichen Ehre bzw. der Familienehre mit einem Vergehen gegen den Kaiser und Landesfürsten selbst gleichsetzen zu können. Das Gremium, mittels dessen sich Prié beim folgenden Vorgehen abzusichern versucht, wird von ihm dann allerdings willkürlich und durchaus widerrechtlich zusammengesetzt. In dem für den 1. 9. 1724 einberufenen Personenkreis fehlen die Gegner des Piemontesers, unter ihnen auch die beiden für die Militärperson Bonneval zuständigen Referenten des Staatsrates.[63] Am 2. 9. bringt eine der fünf von Prié hinzugezogenen Personen einen Vorschlag, der die ganze Affäre für uns interessant werden läßt: Graf Christoph(e-) Ern(e)st de Baillet, Präsident des Großen Rates der Herrschaft Mecheln/Malines, gibt Prié darin recht, daß durch jenes verlesene bzw. veröffentlichte „billet" — „un libelle diffamatoire" — sowohl die Familie des Vizegouverneurs beleidigt als auch die Autorität der Regierung untergraben werde. Baillet fordert hartes Vorgehen gegen derartige Schriften, „sogar indem man sie durch Henkershand verbrennen läßt".[64]

Vorerst kommt es in diesem Zusammenhang zu keinem derartigen Vorgehen. Prié gelingt es nicht einmal, die von ihm einberufene Konferenz dazu zu bewegen, seine Sofortmaßnahmen gegen Bonneval gutzuheißen. So läßt der Vizegouverneur auf eigene Faust seinen Beleidiger in vorläufige Festungshaft nehmen.

In einem Rechtfertigungsschreiben vom 29. 9. an seinen Beschützer, den Prinzen Eugen, behauptet Prié, durch sein Vorgehen der Regierungsgewalt den verlorenen Respekt wieder verschafft zu haben — „niemand wagt mehr, von den Billets zu sprechen; alle Welt verdammt offen sein [Bonnevals] Betragen, und stimmt dem Entschluß zu, den ich gefaßt habe".[65] In Wien ist man jedoch über die tatsächliche Lage rasch informiert; man weiß, daß Prié eine untragbare Belastung für die habsburgische Autorität geworden ist. Noch im selben Jahr wird er abgesetzt und nach Wien zitiert. Vor Abschluß der gegen ihn eingeleiteten Untersuchung sollte er im Jänner 1726 sterben.[66] Durch den Sturz seines Protégés ist auch Prinz Eugen gezwungen, sein Amt als niederländischer Generalstatthalter im November 1724 zurückzulegen. Als Regentin folgt ihm bzw. Prié die Erzherzogin Marie Elisabeth nach, eine Schwester Karls VI., die von 1725 bis zu ihrem Tod (1741) in Brüssel residieren sollte.[67]

Für die „Schmähschrift" selbst bedeutet diese Entwicklung vorerst die Rettung vor der Hinrichtung. Noch hat der Vorschlag

Baillets keine Chance auf Ausführung. Wie Prié direkt gegen die Person seines Widersachers vorging, so hat man auch in Wien zunächst nur Interesse an Bonneval selbst. Dabei macht hauptsächlich Prinz Eugen die Verfolgung des Grafen zu seiner eigenen Sache. Er hebt — so Benedikt — „den Handschuh, den Bonneval seinem [Eugens] Statthalter" hinwarf, „selbst auf": Der Prinz bewirkt, daß Bonneval (unabhängig vom Ausgang des Verfahrens gegen Prié) durch ein in Wien tagendes „ohnparteiisches" Kriegsgericht in Abwesenheit zum Tod durch das Schwert verurteilt wird. Dies, obwohl Bonneval bereits zuvor von Nußdorf aus bat, in Wien angehört zu werden. Der Kaiser wandelt allerdings, sehr zum Unwillen des Prinzen Eugen, dieses Urteil auf eine einjährige Festungsstrafe ab.[68]

Nach Ablauf seiner Haft auf dem Brünner Spielberg bietet der Graf verschiedenen Staaten seine Dienste an bzw. erwägt die Annahme entsprechender Angebote, etwa seitens des Madrider Hofes. Dies alles im Sinn seiner Vorstellungen von persönlicher Unabhängigkeit: „Die Personen meiner Geburt haben drei Herren: Gott, ihre Ehre und ihren Souverain" — und schuldeten dem letzteren nichts, „was gegen die beiden ersten verstoßen würde."[69] 1729 begibt er sich in die Türkei, wo er zum Islam übertritt, um so seine von Wien aus mittels Bestechung und dergleichen Mittel betriebene Ausweisung zu verhindern. „Nunmehr", so klagt der österreichische Botschafter in der Türkei, Leopold von Talman, im November 1729, „werde ich wider diesen neuen Achmed [so der neue Name Bonnevals] nichts mehr vorkehren können".[70]

Sehr wohl meint man jedoch in Wien, etwas vorkehren zu können bzw. zu müssen, als im Frühjahr 1730 der Brüsseler Skandal von 1724 wieder ins Gespräch kommt. Im März wird am Kaiserhof bekannt, daß in Holland gerade eine „Geschichte der Streitigkeiten" zwischen Bonneval und Prié gedruckt wird. Die betreffende Schrift ist bereits im selben Monat des Jahres 1730 zumindest am Druckort — Den Haag — erhältlich (Drukker: van Duren); ihr Titel:

„Relation des démêlez entre S[on] E[xcellence] Monsieur le Comte de Bonneval, Général d'Infanterie de Sa Majesté Imperiale & Catholique, &c. &c. et S[on] E[xcellence] Monsieur le Marquis de Prié, Gouverneur des Pays-Bas Autrichiens, &c. &c. Publiez par ordre de Son Excellence Monsieur le Comte de Bonneval M. DCC. XXX."[71]

Inhalt dieses Berichtes sind vier Sammelsendungen — Dokumente rund um die Affäre des Jahres 1724, von Bonneval oder seinen Parteigängern am 30. 8., 8. 9., 21. 9. und 30. 9. 1724 nach Wien geschickt. Mehrfach wiederholtes Kernstück der ganzen Druckschrift ist das gegen die Familie Prié gerichtete Flugblatt. Inwieweit Bonneval selbst an der Veröffentlichung von 1730 beteiligt ist, steht nicht fest. Das Verbrennungsdekret vom 19. 6. hält sich hier an das Titelblatt („im Auftrag von"); auch der damals in Wien weilende Reisende Johann Georg Keyßler nimmt eine direkte Anweisung des Grafen an. Die „Europäische Fama" wiederum schreibt: „auf des bekannten Grafen von Bonneval Befehl (an welchem doch einige zweifeln wollen) in Holland heraus gekommen".[72]

Von März bis Mai 1730 gibt es über jene Schrift eine rege Korrespondenz zwischen dem Prinzen Eugen und seinem Hauptinformanten über die Ereignisse in den österreichischen Niederlanden bzw. auch in den Generalstaaten, dem in Brüssel sitzenden Beamten Patrick MacNeny. Der Prinz läßt sich auch ein Exemplar der „Relation" schicken, kommt aber angeblich nicht vor Ende Mai dazu, es zu lesen.[73]

Über die Verbreitung jener Veröffentlichung in Wien durch den Buchhandel berichtet das Verbrennungsdekret vom 19. 6.: Zuerst sei „die Nachricht eingeloffen, daß" in Holland jene Schrift „in offenem druckh aus gegangen" sei, dann habe man „auch schon einige Exemplaria hiervon an den Nürnbergischen Buchhandler Sebastian Trauthner alhero in Wienn eingeschickhet", von dem „sothanne relation in den heürigen Cathalogo seiner französischen Büchern eingetragen, und auf dem letzt-gewesten Wiennerischen Pfingst-Jahr-Marckht [etwa 15. 5.–6. 6. 1730] bereits etwelche exemplaria verkauffet worden" seien.[74]

Weiter heißt es dort: „indessen nun bey durchgehung so thanner relation sich befunden" etc.; dies bedeutet kaum, daß die Verfolgung jenes Buches durch normale Zensur (Anzeige durch von der Universität bestellte Kommissare) erfolgt. Weit eher ist hier — vor allem auch für die gewählte Art des Vorgehens — eine persönliche Intervention des Prinzen Eugen beim Kaiser in der ersten Junihälfte entscheidend.[75] Nach einer entsprechenden Resolution Karls VI. vom 16. 6. ergeht jedenfalls am 19. 6. in dessen Namen bzw. von der Hofkanzlei aus über die niederösterreichische Regierung als Zwischeninstanz ein Verbrennungsbefehl gegen die „Relation" an das Wiener Stadt- und Landgericht.

Im Anschluß an die Schilderung des Auftauchens jener Schrift wird die „Buchhinrichtung" so begründet und angeordnet:

„[. . .]; indessen nun beÿ durchgehung so thanner relation sich befunden, daß dero inhalt mit verschidenen Famosen und ärgerlichen calumnien angefillet, und Er Comte de Bonneval, welcher vorhin schon seiner schwären verbrechen willen nicht nur seiner Kriegs-Charge entsezet, processiret, und geurtheillet worden, sondern darüber zum Erbfeind der Christenheit durch und über gegangen ist, und noch cautione[m] juratoriam de non offendendo abgeleget,[76] selbige [Relation] in offenen druckh in der Welt aussträhen [ausstreuen] zulassen, und dardurch einem Minister, welcher in einem angesehentlichen Charactere publico gestanden, sambt seiner Familie also Schimpflich zu proscindiren [schmähen], freventlich unterstanden habe;
Danenhero dise vermessenheit in sich selbsten und ex parte calumniantis, auch an seithen der calumnirten Partheÿ also beschaffen ist, daß habita ratione des miteinlauffenden publici [etwa: in Anbetracht des öffentlichen Interesses] eine offentliche demonstration nothwendig fürzukheren [vorzunehmen], anbeÿ dem laedirten theill [der beleidigten Partei] ime gemessene [ihm gemäße bzw. angemessene] reparatio honoris billich zu verschaffen seÿe; Diesemnach von allerhöchst ernant [genannter] Ihro Kaÿ[serlicher] Maÿ[estät] hierüber untern andern Sub dato 16ten hui[us] Gnädigst resolviret worden, daß hierniber khomendes [lt. Wr. Diarium: ‚das gegenwärtig − zu Handen gebrachtes'] Exemplare [Einzahl!] so thanner famos- und ärgerlichen Schmachschrifft an dem Neÿen marckht auf einer nechst der alda stehenden Schand Saullen, oder so genanthen Sezstein [zu] errichtenden bühne durch das Scharff-richters Hand, mit vorhergehend gewöhnlicher Zuziehung des huetstockhs, in begleitung der Wacht, auch Vorreüthung des Unter-richters, und von demselben offentlich auf dem marckht ab[zu]lesend- in dieser conformitet ein[zu]richtenden Rueff verbrenet und vertilget werden solle;
Alß hat mann diser allergnädigst ergangener Kaÿ[serlicher] resolution Ihm Statt- und Landg[erich]t alhier zur nachricht und schleüniger vollziehung vorgedachter Execution hiemit Erinderen [erinnern] wollen. actum Wienn den 19ten Junij 1730."[77]

Von der Durchführung jener Anweisung berichtet das „Wiennerische Diarium" am 24. 6.:

„Eodem [Freitag, 23. 6.] vor-Mittag/ wurde auf dem alhiesigen Neuen-Markt durch den Frey-Mann eine gedrukte Frantzösische Schmäch-Schrift ofentlich verbrennet/ gleichwie ein solches mehrer zu ersehen ist aus folgendem
Ruf.

Wie solcher von dem Kaiserl. Unter-Richter alhier auf dem Neuen-Markt/ vor Verbrennung deren hieunten benannt-gedrukten Schriften [d. h. der in einem Exemplar zusammengefaßten Dokumente] den 23sten Junii 1730. ofentlich abgelesen worden."

Der weitere Text folgt im wesentlichen dem Dekret vom 19. 6. — mit folgendem Schlußabsatz nach „verbrennet werden solle":

„Wird demenach dieser allergnädigste Befehl hiemit ofentlich kund gemachet/ und das Exemplar solcher lasterhaften Schmähe-Carten dem Frey Mann übergeben/ damit er selbe oberwehnter massen durch das Feuer vertilgen solle."[78]

Hier wird also nur eine Schrift, gleichsam symbolisch für alle anderen, hingerichtet, obwohl den Behörden sicher mehrere Exemplare in die Hände fielen. So findet man in der Österreichischen Nationalbibliothek ein vielleicht schon 1730 der Hofbibliothek einverleibtes Exemplar der „Relation", ursprünglich lieblos zusammengefaltet, ohne Original-Titelblatt und mit diesem handschriftlichen — wohl zeitgenössischen — Vermerk am unteren Rand der ersten Seite: „Ces Ecrits ont été brulés a vienne par main de Boureau en 1730" (diese Schriften seien 1730 in Wien durch Henkershand verbrannt worden.[79]

Mit der Verbrennung vom 23. 6. gilt die Affäre zumindest für den Schauplatz Wien von offizieller Seite her als erledigt. Daß die Angelegenheit weiterhin sehr brisant bleibt, zeigt sich im Reisebericht Johann Georg Keyßlers, eines als Begleiter auf einer adeligen Kavalierstour im Juni 1730 in Wien weilenden Sachsen:

„Man hat ihnen nicht unrecht berichtet, wenn von hier gemeldet worden, daß vor kurzer Zeit des bekannten Generals Bonneval Schrift, die er wider den Marquis de Prie in Druck gegeben, öffentlich durch den Hencker verbrannt worden."

Es folgen allgemeinere Bemerkungen über die Schlechtigkeit des Grafen sowie der Hinweis:

„Ein mehrers kan ich vor [für] dieses mahl der feder nicht vertrauen, weil aber N. in wenig Tagen von hier und zu ihnen reiset, so habe [ich] ihm mündlich von einem und andern Nachricht gegeben, und wird er erzehlen, was den Boneval wider den Marquis de Prie und den Prinzen Eugene aufgebracht habe."[80]

Da der Skandal in Brüssel begann und sicher auch 1730 dort wieder für Aufregung sorgt, gibt man sich natürlich nicht mit einer Hinrichtung in Wien zufrieden. Bereits am 14. 6. ergeht ein Rundschreiben der Provinzial-Regierung der österreichischen Niederlande an die Fiskale, alle Exemplare jener „Relation" aus dem Verkehr zu ziehen und sie „en la Chambre du Conseil" in Verwahrung zu bringen, also in Brüssel.[81] Dies geschieht vermutlich noch ohne entsprechende Anweisung aus Wien. Am 17. 6. befiehlt dann Karl VI. seiner Schwester, der Statthalterin Marie Elisabeth, die „Relation" vor aller Öffentlichkeit als verachtenswert und schimpflich erscheinen zu lassen, um insbesonders dem Haus und der Familie des Marquis de Prié Genugtuung zu verschaffen. Mit dieser Motivation habe er — Karl VI. — bereits in Wien jene Schrift durch Henkershand verbrennen lassen, und das gleiche solle auch geschehen, sobald Exemplare davon in Brüssel auftauchen würden.[82]

Achtzehn Tage später, am 5. 7., teilt die Statthalterin dem Conseil de Brabant die Absichten des Kaisers und Landesfürsten über die „derart unanständige und skandalöse" Veröffentlichung mit: Ein Exemplar davon sei bereits in Wien durch Henkershand verbrannt worden, um der Öffentlichkeit die Bestrafung vor Augen zu führen, die derart verleumderische Schriften verdienten. Infolgedessen möge der Rat beschließen (bzw. sich damit einverstanden erklären), eine der besagten Druckschriften durch die Hände des Scharfrichters — „du maître des hautes oeuvres" — verbrennen zu lassen.[83]

Dem Rat von Brabant sind solche Aktionen nichts Neues. Im Februar 1727 wurde auf Anweisung ebenjenes Rates bereits eine Schrift hingerichtet, die der habsburgischen Religionspolitik zuwiderlief.[84] So wiederholt sich am 19. 7. 1730 in Brüssel eine Szene, die Wien vier Wochen zuvor erlebte (Schauplatz ist wahrscheinlich, wie in anderen Fällen, die Place du Sablon). Das „Wiennerische Diarium" berichtet am 12. 8. darüber:

„Brüssel 25. Julii. Die jenige gedruckte Schrift in Frantzösischer Sprache/ welche von denen Strittigkeiten zwischen dem Marquis von Prié, und dem Grafen von Bonneval handelt/ und welche vor einigen Wochen zu Wienn offentlich verbrannt worden/ ist den 19den Julii auch alhier in Beysein zweyer Rähten von dem Raht von Braband durch die Hand des Scharf-Richters denen verzehrenden Flammen aufgeopfert worden."[85]

Mit der Person Bonnevals wird man allerdings nicht so leicht fertig. Seit 1732 in einflußreicher Stellung in Istanbul, ist der neue „Achmed-Pascha" dem Wiener Hof noch lange ein Dorn im Auge. Nachdem jedoch aus einem Mordanschlag auf ihn, zu dem Karl VI. nicht zuletzt auf Betreiben des Prinzen Eugen sein „placet in toto" gab, nichts wird, läßt man nur mehr „ohne alle violenten Mitteln" gegen Bonneval arbeiten. Dieser reorganisiert inzwischen die osmanische Armee. Die Wirkungen daraus zeigen sich bereits im österreichisch-türkischen Krieg von 1737/39 — eine späte Rache des „Renegaten", die Prinz Eugen allerdings nicht mehr miterleben muß. Auch in seinen letzten Lebensjahren ist Bonneval nicht ohne Einfluß an der Hohen Pforte; er wird wiederholt auch von ausländischen Diplomaten konsultiert. Trotzdem zieht es den Franzosen zurück in seine ursprüngliche Heimat. Bevor jedoch aus entsprechenden — gut geheimgehaltenen — Plänen des „Pascha-Grafen" (einschließlich neuerlichen Glaubenswechsels) etwas wird, stirbt er 1747, noch als Moslem, und auch nach seinem Tod von den Türken hoch geschätzt.[86]

Wir haben oben gesehen, wie bereits 1728 und 1729/30 in Preßburg das Thema Buchhinrichtung ins Gespräch kam, wobei 1730 dort wohl tatsächlich eine Schrift durch Henkershand verbrannt wurde. Eine rein ungarische Pasquill-Affäre des Frühjahrs 1730 verläuft hingegen wieder im Sand, wobei Verbrennung von vornherein nicht ernstlich erwogen worden sein mag.[87]

Anlaß eines neuerlichen eklatanten Vorgehens gegen eine mißliebige Schrift in Ungarn ist ein Erlaß Karls VI. bzw. König Karls III. (wie er von den Ungarn bezeichnet wird) vom 21. 3. 1731. Darin wird versucht, den dortigen Protestanten eine demonstrative Sicherstellung ihres Glaubens zu bieten, nicht zuletzt in außenpolitischem Hinblick auf die protestantischen Schutzmächte. Die Evangelischen sollen allerdings weiterhin die katholischen Feiertage zumindest äußerlich einhalten; Beamte und Advokaten sollen den üblichen Eid schwören (also auf die Heiligen und die Jungfrau Maria), katholische Inspektoren die Fähigkeiten evangelischer Geistlicher überprüfen.[88] Alles in allem sicher kein allzu tolerantes Gesetz. Trotzdem wenden sich viele katholische Würdenträger dagegen, allen voran der Bischof von Waitzen/Vácz, Kardinal Michael Friedrich Graf von Althan. Er zog sich bereits in seiner früheren Tätigkeit als Vizekönig von Neapel (1722—1728) durch sein ungeschicktes Vorgehen die Ungnade Karls VI. zu. 1723 hat er übrigens den Jesuiten zuliebe ein mißliebiges Buch angeblich ins Meer werfen lassen.[89] Nach dem Bekanntwerden des Religionserlasses von 1731 hat Althan seinerseits etwas am Verhalten des Kaisers bzw. Königs zu bemängeln. In einer Sitzung der Pester Komitats- bzw. Gespanschaftsbehörde legt der Bischof diesbezüglich schriftlich feierlich Protest ein:

„Er habe die königliche Entscheidung mit Schaudern gelesen; ihr Inhalt sey der Religion und Kirche schnurstracks zuwider; er müsse von Amts wegen sie [die Entscheidung] und ihre Folgen für null und nichtig erklären, und die Befolgung derselben den Römisch-Gläubigen seiner Dióces so lange verbiethen, bis der in Glaubenssachen untriegliche [unfehlbare] Papst darüber würde entschieden haben."[90]

Der Wiener Hof reagiert vorerst sehr milde auf diese Widerspenstigkeit, möchte man doch gerne selbst die als ständige Unruhestifter betrachteten Protestanten, vor allem die der ungarischen und böhmischen Lande, rekatholisieren. Als aber die Gesandten Englands, Preußens, Dänemarks und Schwedens am Wiener Hof intervenieren, und nachdem die folgenden zwei Ladungen Althans nach Wien nicht befolgt werden, kann „nun Karl eine solche Verhöhnung des königlichen Ansehens nicht länger ungeahndet lassen". Am 3. 8. 1731 fordert „er vom Comitate die Zusendung der Eingabe [Althans] im Originale" und sendet sie dann „wieder mit dem Befehle zurück, sie in öffentlicher Sitzung zu zerreißen". Die Güter des Bischofs werden beschlagnahmt (diese „Sequester" sollte „aber schon nach einem Jahr auf Verwendung des Papstes aufgehoben" werden).[91] Einem anderen − allerdings anfechtbaren − Autor zufolge ist die Aktion gegen das unliebsame Dokument eine regelrechte Hinrichtung: Laut Hormayr wird Althans

„als rebellisch und hochverrätherisch erklärte Schrift in der Sitzung des Pesther Comitates vom 3. September 1731, mit großer Feierlichkeit bei offenen Thüren, vom Scharfrichter zerrissen und alsdann auf dem Platze verbrannt."[92]

Wirklich ausschließen kann man hier nur eine direkt von Wien aus angeordnete Verbrennung durch Henkershand; eine derartige Aktion auf Veranlassung der Komitatsbehörde ist zwar wenig wahrscheinlich, aber nicht ganz unmöglich. Die direkte Verantwortung für das Vorgehen gegen die mißliebige Schrift scheint Karl auf die Ungarn abgewälzt zu haben, indem er nur „Zerreißung" ausdrücklich befahl, im übrigen aber die Komitatsbehörde hierin „suis viis et modis" − auf eigene Art und Weise − vorzugehen hieß.[93]

In der ersten Hälfte des 18. Jahrhunderts sind die Länder der Wenzelskrone auf eine besondere Art und Weise gleichsam Nebenschauplätze der Geschichte der Buchhinrichtungen. Abgesehen vom Teschener Fall des Jahres 1714 und der gelegentlichen Forderung von 1730, gegen Schriften tatsächlich gemäß der Josephina vorzugehen, haben wir es hier mit Aktionen zu tun, bei denen kaum jemals wirklich hinrichtungsmäßig vorgegangen wird. Hauptträger dieser Aktionen sind Geistliche, vor allem Jesuitenpatres, oft eng verbündet mit lokalen Obrigkeiten, nicht unbedingt jedoch im Einklang mit Wiener Stellen − vor allem nicht, was die Art der Büchervernichtungen betrifft. Vom Wiener Hof kommen immerhin die grundsätzlichen Einsatzbefehle für jene besondere Form der inneren Mission:

„Von 1717 bis zum Tod Karls VI. [1740] verging kaum ein Jahr, ohne daß die Grundobrigkeiten, die Magistrate und die Kreishauptleute aufgefordert wurden, die ‚Büchereinschleppung' zu verhindern und zur ‚Religionsaufrechterhaltung' die ketzerischen Bücher der Untertanen zu erfassen und der Geistlichkeit zu ‚exhibieren' [auszuhändigen]",

schreibt Klingenstein. Dabei braucht man nicht einmal so sehr religiöse Motive der Regierung anzunehmen, waren doch gerade in den böhmischen Ländern, wie Eduard Winter betont, „die Geheimprotestanten die ideologische Hefe für die Bauernaufstände, die seit 1711 vor allem Ostböhmen immer wieder erschütterten". In diese Richtung weist auch der Brief des schwedischen Gesandtschaftspredigers Lerche 1732 aus Wien:

„Liegen noch sehr viele Minen verborgen, welche Gott zum Sturze des abgöttischen Babel seiner Zeit springen lassen wird, welche wir mit Geduld unter herzlichem Gebet zu dem Herrn abwarten wollen."

Selbst wenn man Babel, Winter folgend, mit Rom und nicht mit Habsburg gleichsetzt − protestantische Bücher müssen zu jener Zeit in den Augen habsburgischer Obrigkeiten wie Sprengstoff sein.[94]

So kommt es gerade in den böhmischen Ländern,[95] über formloseres „Ausrotten" protestantischen Schrifttums hinaus, zu feierlicheren Verbrennungen geistlich-missionarischen Gepräges, die von den weltlichen Behörden vorerst zumindest geduldet werden. In derartige Handlungen werden auch Schulkinder eingebunden, die dabei entsprechende Lieder singen. Einen solchen Text überliefert, wahrscheinlich in Übersetzung, ein Zeitgenosse so: „Wir verbrennen dich, Johann Huß,/ Daß unsere Seel' nicht brennen muß./ Und dich, Martin Luthere,/ Daß du hast verfluchte Bücher und Lehre."[96] Ähnlich berichtet Eduard Winter, ohne direkte Quellenangabe, über die

„von Jesuiten verfaßten tschechischen Lieder, die bei der Verbrennung der ketzerischen Bücher und Schriften von Kindern vorgetragen werden mußten, wie ‚Brenne, brenne Jane Hus, damit nicht unsere Seele brenne'".[97]

Fast als „der" Bücherverbrenner schlechthin hat sich der Jesuitenpater Anton Koniaš einen Namen gemacht. Die Anzahl von 60.000 ketzerischen Schriften vor allem tschechischer Sprache, die er verbrennen lassen haben soll, ist allerdings stark übertrieben. Die „Sagenhaftigkeit" jener ursprünglich als Lob gedachten Angabe wurde, so Heinrich Benedikt, bereits 1862 nachgewiesen:

„Koniaš stellte die Mehrzahl der Bücher nach gründlicher Durchsicht den Besitzern zurück, nachdem er anstößige Stellen mit dicker Tinte unleserlich gemacht hatte. Viele der konfiszierten Werke wurden den Jesuitenbibliotheken einverleibt und Koniaš verdient für seine rastlose Tätigkeit, durch die er die verborgene Literatur ans Licht zog und in die Sicherheit der Klosterbibliotheken brachte, den ihm von Hanuš [dem ‚Ehrenretter' von 1862] beigelegten Ruhm eines Erhalters böhmischen Schrifttums."[98]

Für mehrere öffentlich-feierliche Aktionen der oben erwähnten Art wird er allerdings zuständig gewesen sein, sicher jedoch nicht für Bücherverbrennungen im Jahr 1637 (54 Jahre vor seiner Geburt!), wie 1847 Wiesner und 1854 d'Elvert allen Ernstes behaupten.[99]

Der Ruf des Paters Koniaš ist auch dahingehend einzuschränken, daß er nicht der einzige Verantwortliche für derartige Fälle ist. Diese Aktionen werden vielmehr von verschiedenen Jesuiten durchgeführt — laut Benedikt vor allem unter Berufung auf das Konzil von Trient und auf eine Prager Erzdiözesansynode von 1605.[100] Bereits 1720, also bevor Koniaš seine einschlägige Tätigkeit aufgenommen haben dürfte, spricht ein Autor von seiner unmittelbaren Gegenwart als von einer

„Zeit [. . .]/ da die Missionarii so viel tausend aus denen Kirchen/ Schulen und verschiedenen in Dörffern/ Flecken und Städten gelegenen Häusern hinweggenommene und dem Vulcano aufgeopfferte Ketzerische Bücher mit Catholischen widerum ersetzen zu können/ seuffzen und suchen thäten."[101]

Seit den 1720er Jahren versuchen weltliche Obrigkeiten immer wieder, das Vorgehen gegen ketzerische Bücher den Jesuiten zu entziehen und sich selbst stärker einzuschalten. Dadurch werden die geschilderten Fälle von feierlicher Verbrennung in den Ländern der Wenzelskrone immer seltener; entsprechende Aktionen sollte es aber immerhin noch um 1780 geben.[102]

Die Verhältnisse in den österreichischen Niederlanden haben wir bereits im Zusammenhang mit der Affäre um Bonneval gestreift. Die Rechtsgrundlagen verweisen hier eher auf Verbrennung, zumindest in allgemeinerer Form, als in den damaligen Erblanden. So hält der Rat von Brabant 1729 in einer Anfrage an die Statthalterin Marie Elisabeth ein Dekret Philipps II. von Spanien aus dem Jahr 1571, in dem von Verbrennung ketzerischer Schriften die Rede ist, für noch geltendes Recht.[103] Auf ältere Erlässe wie diesen, vor allem aus der Zeit von 1562 bis 1675, weisen auch Verordnungen Karls VI. immer wieder hin. Direkt ist in den das Bücher- bzw. Pressewesen betreffenden „Ordonnances" Karls allerdings nur gelegentlich von Verbrennung die Rede, und selbst dann — so 1727 in einem durch eine Buchhinrichtungs-Affäre veranlaßten Gesetz! — bloß von formloser, nicht einmal obrigkeitlicher Aktion.[104]

In Brabant kommt es jedenfalls schon im Jahr 1708, knapp vor der eigentlichen österreichischen Herrschaft, zur öffentlichen Verbrennung von in verleumderischer Absicht gefälschten Dokumenten durch Henkershand. 1725 wird dann in Brüssel eine Schrift bloß dazu verurteilt, im Vorzimmer des Staatsrates durch einen Gerichtsdiener bzw. -vollzieher („huissier") in Anwesenheit bestimmter Personen zerrissen zu werden. Einen ähnlichen Fall sollte es auch 1739 geben.[105] Zerreißen bedeutet dabei aber nicht unbedingt Zerteilen in zwei oder mehr Teile, wie sich am 1725 betroffenen Exemplar zeigt: An seinem Titelblatt ist mitten durch etwa zwei Drittel von oben her ein Riß zu sehen sowie ein handschriftlicher Amtsvermerk des durchführenden „huyssier du Conseil d'Estat" über den Vorfall.[106] 1727 wird in Mecheln/Malines eine Schrift wieder ausdrücklich dazu verdammt, durch Henkershand zerrissen und verbrannt zu werden. Dabei geht es um eine Attacke gegen die Bulle „Unigenitus" von 1713 bzw. gegen das einschlägige Durchführungsdekret Karls VI. von 1723.[107]

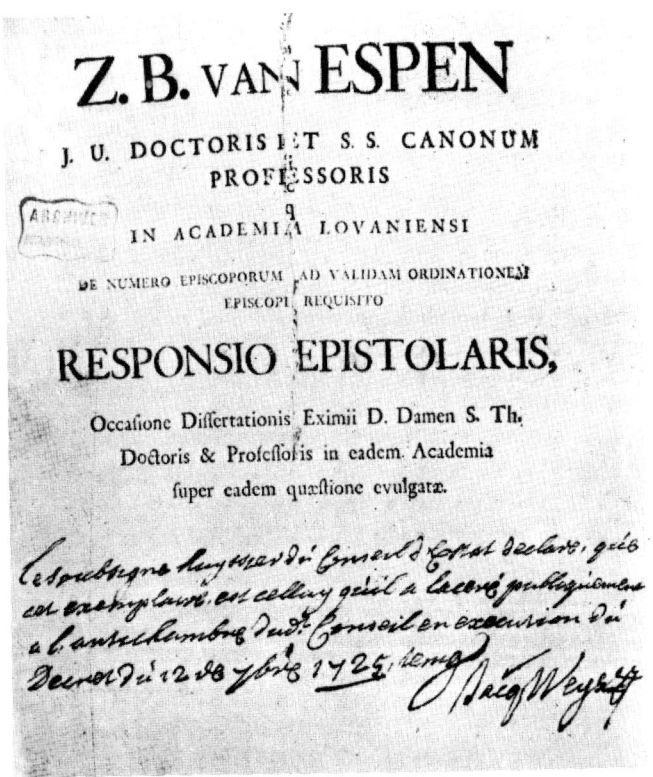

Nach dem bereits erwähnten Fall von 1730 in Brüssel kommt es zwischen 1733 und 1742 zu mehreren Buchhinrichtungen, und zwar nicht nur in der Hauptstadt Brabants. 1733 wird der Buchhändler Wilmet aus Mons (im Hennegau/Hainault) nicht nur zu einer Geldstrafe verurteilt, sondern auch dazu, von ihm geführte Bücher, z. B. Werke des Renaissance-Poeten Clément Marot, durch Henkershand zerrissen und verbrannt zu sehen. In

Roermond/Ruremonde (Obergeldern; heute niederländisch) wird 1737 eine Schrift öffentlich hingerichtet, die den Heiligen Stuhl und die Kirchengerichtsbarkeit angreift.[108] Sowohl in Brüssel – „sur la place du Sablon" – als auch in Namur (Hauptort einer eigenen Grafschaft) wird im Februar 1739 auf Anordnung der Erzherzogin Marie Elisabeth je ein Exemplar einer Schrift verbrannt, „durch welche man versucht, das Betragen eines Prälaten [nämlich des Bischofs von Namur] anzuschwärzen". In Brüssel verbrennt der Scharfrichter bei dieser Gelegenheit auch eine weitere Schrift, und zwar einen Angriff auf einen hohen Finanzbeamten. Eine andere Schrift, die den Bischof von Namur beleidigt, wird 1742 in Brüssel hingerichtet.[109] Ähnliche Szenen sollte es in den österreichischen Niederlanden erst nach längerer Pause wieder geben – nur in Luxemburg bereits 1755, in Mecheln 1769, in Brüssel jedoch erst wieder unter Joseph II.

In den letzten Regierungsjahren Karls VI. wird das Anwendungsgebiet der – mit unserem Gegenstand verwandten – In-effigie-Methode erweitert. Die Falliten-Ordnung vom 18. 8. 1734 für das „Ertz-Herzogthum Oesterreich unter- und ob der Enns" sieht jene Möglichkeit der Hinrichtung von Dingen als Mittel gegen hartnäckig abwesende, zahlungsunwillige Schuldner vor. Unter bestimmten Voraussetzungen ist ihr „Name an die hierzu eigens errichtete Schand-Säulen" anzuheften; bei schwerwiegenderen Vergehen soll, „nach dem vernünftigen Ermessen des Richters, derselbe [der flüchtige Fallit] an einen eigends errichteten Schnell-Galgen in effigie aufgehangen werden".[110]

Um jene Zeit (1737) wird auch das entsprechende kriegsgerichtliche Verfahren neuerlich für den landesherrschaftlichen Bereich Karls VI. kodifiziert:

(Titulus VI.) „§.11. Da sich ergibet/ daß eines/ oder anderen entwichenen Name an den Galgen geschlagen werden solle/ überreichet der Auditor nach publicirtem Sentenz des Kriegs-Rechts dessen Namen/ und Geburts-Ort mit specificirter Zeit/ wann sie untreu worden/ auf einem Blech mit grossem Buchstaben geschriebener dem Profosen; dieser aber begibt sich mit einem Caporalen/ und sechs Mann zu dem Hoch-Gericht/ und lasset es das Blech durch den Scharf-Richter dem Sententz gemäß mit guten Nägeln fest an den Galgen anschlagen/ zu welcher Execution, die Leut in majorem terrorem [zur größeren Abschreckung] erscheinen sollen.
§12. Wann das Kriegs-Recht jemand in Effigie zu justificiren verurtheilet/ so jedoch selten/ und nur in grossen Delictis beschiehet/ wird die

Execution, wie ordinari, geführet/ ausser daß der Profoss die Bildnus des Condemnirten vor sich traget/ damit es jedermann sehe."[111]

In jenem letzten Paragraphen wird eine weitere Ähnlichkeit gerade zu den Wiener Buchhinrichtungen deutlich: Öffentliche Schriftenverbrennungen durch Henkershand werden dort ebenfalls „selten/ und nur in grossen Delictis" vorgenommen. Zumindest in den habsburgischen Erblanden jener Zeit sind sowohl Buchhinrichtungen als auch In-effigie-Hinrichtungen gleichsam die Spitzen zweier Pyramiden von Bestrafungssystemen, wobei diese Spitzen auf verschiedene Art und Weise miteinander zu tun haben.

Für das Verständnis der letzten enger mit Wien zusammenhängenden Buchhinrichtungs-Affären sind die zitierten Belege erweiterten Strafvollzugsdenkens jedenfalls von größerer Bedeutung als eine weitere Kodifizierung im Bereich unseres eigentlichen Untersuchungsgegenstandes: „Der Stadt Konstantz neu verfaßte Policei-Ordnung" vom Jahre 1738 sieht vor, daß Schmähschriften gegen Obrigkeiten am Pranger auszuhängen und dann durch Henkershand zu verbrennen seien.[112] Ob diese Bestimmungen in jener damals vorderösterreichischen Stadt (mit nur geringer Autonomie) auch ausgeführt werden, muß hier dahingestellt bleiben. 1770 ergeht im Namen Maria Theresias jedenfalls ein Auftrag an den Konstanzer Stadthauptmann, eine neue Polizeiordnung entwerfen zu lassen, da die alte unzulänglich bzw. „teils [. . .] gar nicht hinreichend passierlich" sei — vielleicht ist damit auch die erwähnte Vorschrift über Schmähschriften gemeint.[113]

Die erste Berührung Maria Theresias mit dem Phänomen Buchhinrichtung erfolgt bei einer Affäre, die, trotz einschlägiger Bemühungen höchster Kreise, letztlich keinen Abschluß durch Henkershand finden sollte (zumindest nicht für die fragliche Schrift). Die Ausgangslage: Im Verlauf des Österreichischen Erbfolgekrieges wird seit November 1741 Prag von den französischen Hilfstruppen des wittelsbachischen Kaisers Karl VII. besetzt gehalten (zusätzlich ein Drittel des restlichen Böhmens). Die Lage der Besatzer — ihr Anführer: Marschall Belle-Isle — wird immer schwieriger. Preußen zieht sich vom Krieg zurück (Friedenspräliminarien am 11. 6. 1742 in Breslau, eigentlicher Friedensschluß am 28. 7. in Berlin, publiziert am 28. 8.), Prag wird Ende Juni von den Truppen Maria Theresias unter der

Führung ihres Gatten, Franz Stephans von Lothringen, einge-
schlossen.

In dieser Situation entschließt sich die französisch-bayrische
Partei offenbar zu einem Doppelspiel, um bis zum erhofften
Entsatz Prags Zeit zu gewinnen. Einerseits betont man wiederholt die eigenen Friedensabsichten und verhandelt über den eigenen Abzug aus Böhmen mit den Österreichern; so in einer
Unterredung vom 2. 7. 1742, unterstützt durch entsprechende
Erklärungen Kardinal Fleurys, des leitenden Ministers Ludwigs XV.[114] Anderseits läßt Belle-Isle im Juli 1742 ein Patent
veröffentlichen, dessen Inhalt zu den gleichzeitigen Beteuerun-
gen friedlicher Absichten im Gegensatz steht, und zwar auf eine
Weise, die damaligen Obrigkeiten bzw. insbesondere dem Wiener Hof besonders skandalös erscheinen muß:

„Wir Carl der Siebende, Erwählter Römischer Kayser, zu allen Zeiten
Mehrer des Reichs, König im Böheimb, Churfürst in Bayern, Pfaltzgraf
bey Rhein, Ertzhertzog von Oesterreich/ ec. ec. ec. entbiethen Unseren lieben und getreuen Vier Ständen Unseres Erb-Königreichs Böheimb Unsern Gruß.
Nachdeme die Städte/ Flecken/ und Dörffer des Königreichs Böheimb Uns wegen denen Excessen/ so die feindlichen habsburgischen
Trouppen täglich ausüben/ ihre gerechte Klagen vorgetragen/ und
Uns zugleich zu erkennen gegeben/ daß alle ihre Unterthanen sehnlich
wünschten Uns als ihrem rechtmässigen König und Herrn ihren Eyfer
mit Ergreiffung der Waffen zu erweisen/ damit sie so wohl ihre Städte/
Flecken und Dörffer beschützen/ als auch Uns den Feind völlig aus
diesem Königreich zu jagen helffen könten; Als können wir Uns nicht
entbrechen diese Zeichen ihrer Treue gegen Uns zu loben und gutzu-
heissen/ wie Wir dann solche hiemit loben/ und gutheissen/ und umb
denselben Unser besonderes Vergnügen darob zu bezeigen: So erklären Wir durch gegenwärtigen Brief/ daß alle [d. h. auch die leibeige-
nen!] Unterthanen derer Städte/ Flecken und Dörffer/ welche die
Waffen/ so wohl [um] sich selbsten zu beschützen/ als auch [um] den
Feind anzugreiffen/ ergreiffen werden/ von Uns nicht allein aller Hülff
sich zugewarten haben/ sondern auch vor [für] ihre Person frey gemacht und drey Jahr lang von aller Schatzung d. h. Besteuerung frey
seyn sollen; Uber das soll ihr eygen seyn alles das was sie dem Feind ab-
nehmen werden. Wir erlauben ihnen auch sich so wohl aus dem Adel/
als [auch] aus ihrem Mitteln-Stand Häupter zu erwählen/ welchen Wir
noch andere Merckmahle Unserer Danckbarkeit zu geben/ und sie
nach Proportion derer Dienste/ so sie Uns leisten werden/ zu belohnen
Uns vorbehalten.

Befehlen demnach allen Unseren Creyß-Hauptleuten die Hand zu halten [zu helfen]/ damit gegenwärtiges Patent offentlich kund gemacht und vollzogen werden möge.
Gegeben zu Franckfurt den 5. Julii Annô 1742. in dem ersten Jahr der Regirung Unserer Reiche.

Unterschrieben Carl."[115]

Dieses Patent wird im Juli 1742 in mehreren Dörfern rings um Prag verbreitet; zwar im Namen des Kaisers, aber vermutlich ohne dessen Wissen.[116]

Marschall Belle-Isle versucht (im Nachhinein?) sein Vorgehen durch das angebliche Beispiel Maria Theresias zu rechtfertigen: Unter ihrem Namen sei in Böhmen eine Schrift verbreitet worden, in welcher das Volk gegen den Kaiser und seine Hilfstruppen aufgewiegelt worden sei; die Deputation, eine von den Bayern und Franzosen eingesetzte Provinzialbehörde, solle deshalb ein dem entgegenwirkendes Mandat ausarbeiten – so Belle-Isle in einem Schreiben vom 13. 7. 1742 an ebenjene Behörde.[117] Der Zusammenhang mit dem Patent vom 5. 7. 1742 ist nicht ganz klar. Auf österreichischer Seite hält man es anfangs wohl überwiegend für das Ergebnis jener Anordnung Belle-Isles vom 13. 7., wobei man das Datum 5. 7. für eine Vordatierung hält. Eine Vermutung, die in der Tat zutreffen könnte, aber nicht muß.[118]

Das angebliche Edikt Karls VII. wird jedenfalls rasch von Franz Stephan zur Kenntnis genommen: Am 16. 7. berichtet er – unter Beilegung einer Abschrift der Anordnung Belle-Isles vom 13. 7. – aus dem Lager Königssaal/Zbraslav bei Prag an Maria Theresia:

„Als Mir die anverwahrte [beigelegte] von dem Belle Isle, an die noch vermeintliche Deputation in Praga gestelte Schrifft zu handen kommen [ist], vernehme [ich] untereinstens, daß aus der dorthigen Jesuitischen Buch-Druckereÿ nächtlicher Weil die Drucker mit gewalt gezogen, und zur Druckung der ander- darinn angemerckten Schrifft oder Mandement, wovon einige Anzahl würcklich fertig seÿn sollen, angehalten worden. Darauf ist ohngesaumbt [unverzüglich] alles veranstaltet [worden], umb nicht allein berührte Schrifft, sondern auch jene, die solche auszustreichen [auszustreuen] sich unterfangen werden, beÿm Vorschein auffzufangen, und anhero [nach Königssaal] zu liefferen. Gleichwie nun diese, anderen zum Beÿspiehl, billig zu bestraffen, also verdienet auch beÿ gegenwärtigen Umbständen ersagte Schrifft, beÿ der Armée sowohl, als [auch] jener orthen, wo selbe an tag kommen

214

wirdt, gerichtlich verbrennet zu werden; Welches, wan Ewr Maÿ[estät] und L[ie]bden nichts darwieder [haben], gewißlich erfolgen solle."[119]

Tags darauf kann Franz Stephan bereits ein Exemplar jenes Druckes nach Wien schicken: „Die in mein- gestrigen Schreiben angemerckt- zu Prag getruckte Schrifft ist heuth schon zum Vorschein kommen; Den Inhhalt zeiget die beÿlaag."[120] Maria Theresia antwortet sogleich am 21. 7. mit einem von der Böhmischen Hofkanzlei aufgesetzten Befehl:

„Mir seind Ewer Königl[icher] Hoheit und L[ie]bden beede hochschätzbahre Schreiben vom 16ten und 17ten dieses [Monats] wohl zugekommen. Bellisle ist alleweÿl der nembliche. Was derselbe der vermeintlichen Deputation beÿgebracht, und was hierauff zum offentlichen Druck sowohl in Böhmischer als Teutscher Sprach befördert worden, ist allerdings so anzusehen, wie es von Ewer Königl[icher] Hoheit und L[ie]bden angesehen wird.
Da das gedruckte eine folge dessen ist, was Bellisle zu verordnen sich angemasset; So ist zugleich ein gantz offenbahres und höchst ärgerliches falsum hierunter begangen worden; massen [da] die vorhergehende Frantzösische intimation den 13ten dieses [Monats] ergangen, und das mit keiner contrasignatur versehene vermeintliche Patent allschon den 5ten und zwar zu Franckfurth datiret ist, wo mann es doch zu Prag geschmiedet hat. Ist also gar kein anstand, diesen Druck, nebst des Bellisle unwurdiger Verordnung [also mehr als von Franz Stephan angeregt] durch den Hencker verbrennen zulassen, deren ausstreuer aber, sobald sie diesfalls ausser feindlichem gewalt betretten werden, mithin kein zwang von ihnen vorgeschützet werden kan, als concitatores [Aufwiegler] Meiner Unterthanen, folglich als beleÿdiger Meiner Königlichen Maÿestät auf das schärffeste mit der todtes straff anzusehen. Welches sogleich, und ohne weiterem beschehen kan. Wornebst Meiner Königlichen Böhmischen HoffCantzleÿ anbefohlen zu überlegen, ob, oder was etwan gegen das gedruckte hinwiederumb zu publiciren diensahm seÿn möchte? [Es folgt noch ein kurzer Absatz über eine andere Angelegenheit] [. . .] Wienn den 21ten Julij 1742."

Die Königin ist aber nicht mit allem einverstanden, was angeblich „ohne weiterem beschehen kan". Dem Datum und der Unterschrift jenes Briefes an Franz Stephan — „Ewer Königl[icher] Hoheit und L[ie]bden [ab hier eigenhändig] getreueste gemahlin Maria Theresia" — folgt der eigenhändige Zusatz:

„wegen des henckers habe ein bedenckhen les tetes couronnés se doivent toujours porter du respet qu'on les brule mais non par ces mains indignes"

— also die gekrönten Häupter würden sich gegenseitig Respekt schulden; man solle sie — die im Haupttext erwähnten Schriften — verbrennen, aber nicht durch diese (des Henkers) unwürdigen Hände.[121]

Arneth begründet diese Entscheidung folgendermaßen:

„Im letzten Augenblicke jedoch überwog bei der Königin die Vermuthung, die Sache könne doch wohl vom Kaiser selbst herrühren, und die Betrachtung, das Edict sei doch jedenfalls unter seinem Namen erschienen. Die Würde eines Souveräns sei aber auch am Feinde zu ehren, und sie dürfe dieselbe nie und nirgends in den Staub ziehen lassen."[122]

In wohl ebenso zutreffender Weise erklärt Arneth auch, zumindest indirekt, warum die Königin an allen übrigen Entscheidungen ihrer Umgebung, insbesondere des Böhmischen Hofkanzlers, des Grafen Philipp Kinsky, doch festhält:

„Dieses Edict des Kaisers überraschte den Wiener Hof um so peinlicher, als man sich dort schon längst mit dem Gedanken eines ähnlichen Schrittes beschäftigt, denselben aber aus allerlei Bedenken wieder fallengelassen hatte. Man befürchtete[,] durch ein Rütteln an dem Verhältnisse der Leibeigenschaft und der Unterthänigkeit den Bauernstand in eine Aufregung zu versetzen, welche in jener bewegten Zeit leicht zu einem Aufstande der Landleute hätte führen können. Der eigentliche Beweggrund lag jedoch in der Besorgniß, sich den Adel des Landes zu entfremden, und die unmittelbare Einwirkung so vieler Betheiligter mag auf die Entscheidung selbst den größten Einfluß geübt haben. Nun wurde [durch das Patent vom 5. 7.] die Maßregel, vor deren tiefeingreifenden Wirkung man selbst zurückschrak, von Seite des Feindes getroffen und die Spitze derselben gegen die rechtmäßige Herrscherin gekehrt."[123]

Das Schreiben Belle-Isles vom 13. 7. sollte bei den folgenden Reaktionen des Wiener Hofes eher im Hintergrund stehen. Die Korrespondenz zwischen Wien und dem Hauptquartier Königsaal bezieht sich deshalb praktisch nur mehr auf das Patent mit Datum vom 5. 7. 1742. Am 24. 7. antwortet Franz Stephan auf das Schreiben vom 21. 7.:

„Das jenige bedencken, so Ewr Maÿ[estät] und L[ie]bd[en] zu letzt Dero g[nädi]gsten Schreibens von 21ten dieses wegen Bell-Illischen Patentes anziehen, hat mich eben von deme anfänglich-gefasten Vorhaben, solche durch den Henckher verbrennen zu laßen, enthalten, und so viel deren vorfallen, bloß zerreißen und unterdrucken zu laßen, bewogen. Gestern aber wurde ein geschwohrner [Ortsvorsteher] von einem hier ohnweit gelegenen Orth der ursachen [deshalb] geköpfft, und nachgehends anderen zum Abscheü geviertelt, weilen Er solche Patenten nach überlesung derenselben in gegenwarth des Richters weither beförderet und ausgestreüet, und scheinet in der thath, andere [Patente] dargegen ergehen zu laßen, eine Nothwendigkeith zu seÿn."[124]

Mit Datum vom 22. 7. ergeht ein Erlaß Maria Theresias an den Oberst-Burggrafen Böhmens, den Grafen Johann Ernst Anton Schaffgotsch (Schaafgotsche), worin diesmal der Wille der Königin offenbar von vornherein richtig wiedergegeben wird: Dort ist nur mehr davon die Rede, den

„Untergebenen keine solche Feindliche Patenten in Händen zu lassen, sondern wo einige wären, hinweg zu nehmen, und zu dem jeweiligen Königlichen Kreys-Ambt einzuliefern",

also nicht mehr von gerichtlich-feierlicher Zerstörung der Drukke.[125] Zu wenigstens bedingt feierlichen Zerreißungen, vielleicht auch zu formloseren Verbrennungen kommt es höchstens im Wirkungsbereich Franz Stephans. „Recht war es, daß Maria Theresia das Edict öffentlich verbrennen ließ, aber grausam, daß sie acht Dörfer, die dasselbe angenommen hatten, zerstören ließ" — die erstere Behauptung eines Autors aus dem Jahr 1883 ist also in dieser Form falsch, zweitere bezüglich der Dörfer trifft hingegen zu. Der venezianische Botschafter berichtet am 28. 7. 1742, daß zweitausend Reiter die wenigen Dörfer verwüstet („saccheggiarono") hätten, welche die Patente angenommen hätten.[126] Außerdem werden in diesem Zusammenhang noch zwei Verbreiter des Dokuments vom 5. 7. hingerichtet: Von einer Exekution am 23. 7. berichtet Franz Stephan im eben angeführten Brief vom 24. 7.; die zweite Hinrichtung wird am 2. 8. vollzogen — durch Köpfen, Vierteilen des Leibes, Aufhängen der Teile an verschiedenen Straßen und Aufstecken des Kopfes an einen Pfahl, so der Anordnung aus Wien vom 21. 7. folgend, „Ausstreuer" des gefürchteten Patentes „auf das schärffeste mit der todtes straff" zu belegen.[127]

Die bleibende Bedeutung dieser Episode: „Der Gedanke an die Befreiung der Bauern war [. . .] wieder lebendig geworden" — und sollte fortan immer wieder die habsburgischen Obrigkeiten vor allem in bezug auf Böhmen und Mähren beschäftigen, wenngleich noch vorerst für die unteren Bevölkerungsschichten ohne spürbare Ergebnisse. „Das arme Böhmen seufzt, und man hilft ihm nur mit Schreibereien", meint Joseph II. in einem Brief vom 9. 7. 1772 an seinen Bruder, den späteren Leopold II.[128] Auch bei einem noch zu besprechenden Fall von 1749 sollte dieser Hintergrund potentieller bzw. tatsächlicher Unruhen eine gewisse Rolle spielen.

Zuvor ist aber noch eine Affäre der Jahre 1746/47 zu erwähnen: Friedrich II. fordert über seinen Sondergesandten, den Grafen Otto Podewils, wiederholt die Unterdrückung einer vermutlich in Wien erschienenen Schrift. Dort wurden dem Preußenkönig nämlich politische Ratschläge auf eine Art erteilt, die vom Angesprochenen nur als Beleidigung empfunden werden konnte. Der Titel dieser Schrift:

„Politische Historie der Staats-Fehler, Welche die Europäische Machten [Mächte] in Betrachtung der Häuser Bourbon und Brandenburg begangen. Oder, Historische Untersuchung der Staats-Fehler Als Ursachen von dem gegenwärtigen zerrütteten Zustand des Europäischen Staats-Systematis, Und Anzeigung der Mittel, Wie es könne wieder eingerichtet, auch die Herstellung eines gleichen Gewichts der Machten in Europa, Und dadurch die allgemeine Freyheit, Ruhe und Sicherheit erhalten werden."

Die Publikation erscheint anonym, nur mit der Angabe „Anno 1746" versehen. Tatsächlicher Autor ist Gottfried Ernst Fritsch, ein in Wien lebender Legationsrat aus Sachsen-Weimar und Publizist pro-habsburgischer Tendenz.[129]

Ausdrücklich wird von Friedrich II. „eklatante Supprimierung" gefordert, niemals Verbrennung durch Henkershand, wie dies in Veröffentlichungen der Jahre 1847 und 1904 von Wiesner bzw. Hilgers behauptet wird.[130] Im übrigen gelingt es dem Hof- und Staatskanzler, Graf Anton Corfiz von Uhlfeld, im Zusammenspiel mit habsburgischen Diplomaten in Berlin bzw. Potsdam, alle preußischen Forderungen bezüglich der „Staatsfehler"-Schrift und ihres Autors auf elegante Weise abzublokken: Der Verleger jener Publikation, der Buchhändler Peter Conrad Monath, läßt sich (offenbar im Auftrag des Wiener Hofes) von den Berliner Buchhändlern Haude und Spener einige Exemplare einer in Göttingen gedruckten Schrift über die bedrängte Lage der ungarischen Protestanten nach Wien schicken. Prompt kontern daraufhin Uhlfeld und die habsburgischen Diplomaten weitere preußische Vorsprachen in Sachen „Staatsfehler" mit dem Hinweis auf den Versand jener dem Wiener Hof ebenso mißliebigen Schrift über Ungarn – ein Schachzug, dem Friedrich II. zumindest auf diplomatischem Weg nichts mehr entgegensetzen kann.

Neunzehn Jahre nach den beiden Fällen von 1730 wird die Wiener Öffentlichkeit wieder Zeuge einer öffentlichen Bücherverbrennung durch Henkershand. Der Titel der betroffenen zweibändigen Schrift:

„Historische und Geographische Beschreibung des Königreiches Böheim, Erster Theil, worin Dessen alte Einwohner/ Regenten/ Schicksale/ Religion und andere Merckwürdigkeiten, sowol älterer als neuerer Zeiten, aus den besten Nachrichten, Diplomatibus und andern Urkunden gründlich und unpartheyisch vorgetragen, und mit einer accuraten Land-Charte versehen von Rochezang von Isecern" bzw.
„Zweyter Theil, worin die neuesten Begebenheiten dieses Königreichs, von dem Tode des Kaysers Carls VI. an bis auf den heutigen Tag/ gründlich und unpartheyisch vorgetragen, von Rochezang von Isecern"

– beides mit der Angabe: „Franckfurt und Leipzig, 1746".[131]
Gewisse Umstände, vor allem Unterschiede zwischen Text und Anmerkungen, machen es wahrscheinlich, daß der erste Teil jenes Werkes im wesentlichen die Neuausgabe einer 1742 erschienenen Schrift gleichen Titels durch einen anderen Autor ist, der mit dem Verfasser des zweiten Teiles identisch sein dürfte.[132] „Rochezang" ist wohl eine Anlehnung an die Person des hussitischen Erzbischofs von Prag aus dem 15. Jahrhundert, dessen Name zumeist „Johannes Rokizanus" oder „Jan Rokycana" geschrieben wird, aber eben auch „Rochezang". „Isecern" ist höchstwahrscheinlich ein Anagramm für das lateinische Adverb „sincere" (d. h. hier wohl: „aufrichtig", „ehrlich").

August Fournier zufolge steckt hinter jenem Pseudonym ein gewisser F. Zschackwitz – eine Behauptung, die allerdings nicht belegt wird. Die in Bibliothekskatalogen übliche Zuschreibung des Werkes an den Rechtsgelehrten und Historiker Johann Ehrenfried Zschackwitz wiederum ist zumindest für das 1749 tatsächlich inkriminierte Werk unhaltbar: Er starb mehr als ein halbes Jahr vor dem Ende des Berichtzeitraumes der „Beschrei-

bung". Allenfalls kommt er als Autor eines etwaigen Vorläufer-
werkes von 1742 in Frage. Seine Identifizierung mit „Rochezang
von Isecern" mag übrigens damit zusammenhängen, daß im
Jahr 1718 staatsrechtliche Schriften von ihm öffentlich durch
Henkershand verbrannt wurden (in Coburg und Frankfurt am
Main). Gelegentlich schreibt man das hier fragliche Werk dem
Staatsrechtler Johann Jacob Moser zu. Er soll es angeblich aus
Rache dafür verfaßt haben, daß man ihn nicht Reichshofrat werden ließ; eine Anschuldigung, gegen die sich der Gelehrte selbst
wiederholt zur Wehr setzte und die auch sonst eher zu verwer-
fen, wenngleich nicht ganz auszuschließen ist.

Aus dem Inhalt der „Isecern"-Schrift lassen sich immerhin einige Rückschlüsse auf den Autor (bzw. auf die Autoren) ziehen:
Wahrscheinlich war an der Abfassung kein Katholik beteiligt;
weiters ist bereits am Ende des ersten Teils eine deutliche Partei-
nahme für den wittelsbachischen Kaiser Karl VII. zu erkennen.
Grundsätzliche Abneigung gegen die Habsburger braucht man
hier ebensowenig anzunehmen wie für den zweiten Teil; prinzipiell ist dabei höchstens eine Abneigung gegen regierende
Frauen. Ansonsten steht die Loyalität Karl VII. bzw. der selbst-
interpretierten Rechtslage gegenüber im Vordergrund, wobei
letztere gut überblickt wird. Insgesamt gesehen ist man in der
„Isecern"-Schrift tatsächlich vielleicht auch selbst — wie es dort
von einem anderen Autor heißt — „so viel [wie] möglich bemühet, die Wahrheit, es verdriesse gleich wen es wolle, herauszu-
schreiben".[133] Der erste Teil der Schrift bringt, nebst landes-
kundlichen Darlegungen und einer Geschichte Böhmens bis
1742, ein Kapitel mit der Überschrift: „Hinlängliche Nachricht,
was mit der wichtigen Streitigkeit, wegen Führung der Chur-
Böhmischen Stimme [auf ‚Wahl- Reichs- Deputations-Colle-
gial- und auch andern Tägen', so S. 160] vorgegangen"
(S. 160−178). Die österreichischen Argumente kommen zwar
zu Wort, allerdings — österreichischerseits „giebt man vor", ein
juristisches Problem läge so oder so (S. 161), der Verfasser einer
pro-habsburgischen Schrift „behauptet" bloß, „daß Ihro
Maj[estät] die Königin in Ungarn befugt gewesen, die Mit-Re-
gentschaft und die Chur-Würde [für Böhmen] Dero Gemahl
aufzutragen" (S. 167). Die jeweiligen Gegenargumente werden
ausführlicher dargelegt und sind immer wieder als behauptete
Wahrheit erkennbar, so z. B. in Bd. 2, S. 5: „Denn die Reichsgesetze schliessen alles Frauenzimmer von der Wahl eines Kaysers
aus."

In den Augen der Wiener bzw. Prager Behörden des Jahres 1749 muß jene Schrift aber auch wegen der Art und Weise Anstoß erregen, wie die Ereignisse ab 1740 beschrieben werden. Bereits im ersten Teil (S. 190) wird die Unterwerfung Prags unter die Hoheit des Kurfürsten von Bayern (Ende 1741) als „ein beglückter Ausgang" bezeichnet. Im zweiten Teil werden die Eroberungen Friedrichs II. in einer Fußnote (S. 126, Anm. 102) so kommentiert: „Endlich hat das Evangelische Zion in Schlesien die so sehnlich gewünschte Religions-Freyheit erhalten" (Der Altranstädter Vertrag von 1707 wurde ja von den Habsburgern nur sehr bedingt eingehalten). Maria Theresia selbst und ihr Vater werden kritisch, aber nicht direkt beleidigend dargestellt. Da wird etwa geschrieben über

„die ausnehmenden Tugenden und gute[n] Eigenschafften der neuen Regentin [. . .]. Allein, so preißwürdig auch immer diese Monarchin seyn mag, so haben sich doch viele Dornen unter denen Rosen, ich will so viel sagen, viele Trübsale unter der Regierung besagter Printzeßin hervorgethan. Als Carl VI. starb, hinterließ er zwar seiner Erbtochter grosse Länder und Königreiche, und er hatte die Guarantie der Reichs-Nachfolge von den mächtigsten Häuptern der Welt auf das theuerste, ja gegen gantze Provintzien erkauffet. Gleichwohl befanden sich die Finantzien erschöpffet und in gröster Unordnung, die Armeen ruiniret, die Unterthanen meist ausgesogen, kurtz alles in einem verworrenen Zustande." (Bd. 2, S. 1 f.)

Etwa im August 1749 fällt das Werk (offenbar bereits beide Teile in einem Band gebunden) bei Prager Buchhändlern den dortigen Behörden auf. Die neue Provinzialbehörde, die „Repräsentation und Cammer", berichtet darüber in der zweiten Augusthälfte nach Wien, wo sich das neugeschaffene „Directorium in publicis et cameralibus" der Sache annimmt.[134] „Zensursachen auf höchster, zentraler Ebene" gehören zwar bereits „zu den Agenden der Konferenz in internis, die unter dem Vorsitz" Maria Theresias und Franz Stephans, des nunmehrigen Kaisers Franz I., Rat hält. „Die Vorbereitung der Beratungsgegenstände und die Ausführung der Beschlüsse" obliegt jedoch dem Direktorium, jener neuen Zentralbehörde zur politischen und finanziellen Verwaltung der böhmischen und österreichischen Länder unter der Leitung des Grafen Friedrich Wilhelm Haugwitz.[135]

Die Entscheidung Maria Theresias lautet jedenfalls auf Verbrennung der mißliebigen Schrift, und zwar nicht zuletzt deshalb, weil diese bereits „von den hiesigen [Wiener] Buchführern unbedenklich verkaufet" wird.[136] Noch dazu spitzt sich gerade die innenpolitische Lage in Böhmen immer mehr zu. Neue Steuern lösen gegen Ende des Jahres immer stärker werdende Unruhen vor allem unter der Bauernschaft aus; bald kommt es sogar zu Truppenentsendungen nach Böhmen.[137] Außerdem reagiert man am Wiener Hof auf die „Isecern"-Schrift sicher auch deshalb besonders heftig, weil man gerade die Wahl Josephs zum Römischen König plant – ein Projekt, das erst fünfzehn Jahre später verwirklicht werden sollte.[138] Mit Datum vom 1. 11. 1749 ergeht im Namen der Landesherrin der entscheidende Erlaß gegen das Buch – ohne den Namen der übermittelnden Instanz (wohl das Direktorium). Im wesentlichen gleiche Exemplare davon erhalten die Repräsentation in Prag, die niederösterreichische „Regierung in publicis" (eine Repräsentation und Kammer wird dort erst 1750 eingerichtet) und vermutlich auch die mährische Repräsentation in Brünn.

Jenes Dekret sollte achtundzwanzig Jahre später, nur geringfügig verändert, Aufnahme im dritten Supplementband des Codex Austriacus finden, und zwar in dieser Form:

„Anzuzeigen. Es würde eine unter dem Namen Rochezang von Isecern herausgegebene historische und geographische Beschreibung des Königreichs Böheim, welche fast meistens wider das durchläuchtigste Erzhaus von Oesterreich besonders in der Erbfolge viel Schändliches und Aergerliches in sich enthalte, von den hiesigen Buchführern unbedenklich verkaufet;
Obwohlen nun dieses von einem hirnlosen Kopfe herfliessende Werk an sich selbst keine Zurücksicht [Berücksichtigung] verdienete;
So hätten gleichwohl Ihre kaiserl.königl.Majestät in Ansehung [dessen], daß eben auch darinnen verschiedene gekrönte Häupter und glorreiche Kaiser mit vieler Aergerniß angegriffen würden, deren erworbene Ehre und Hochachtung, jedoch durch einen so schlechten Menschen bey der Posterität [Nachwelt] in keine Verkleinerung in Gegenhalt der darunter steckenden grundlosen und gänzlich erdichteten verleumderischen Ausdrückungen zu setzen seye, allergnädigst resolviret, daß vor allem dieses [lt. Wr. Diarium ‚allbereits zu Handen gebrachte'] Buch bey den sämmtlichen Buchführern allhier aufgesucht, durch den Scharfrichter öffentlich verbrennet, und der Namen des sogenennten Verfaßers an den Galgen geschlagen, künftighin aber ihnen Buchführern sothanes Buch weiterhin zu verschreiben [schriftlich anzufordern] und allhier einzufuhren, oder zu verkaufen, unter sonst erfolgender empfindlichen Strafe gäntzlich verboten, auch diese Ihrer Majestät allerhöchste Resolution der hiesigen Zeitung eingedrucket werden soll. [. . .] Wien den 1ten Novemb. 1749."[139]

Die erwähnte „Eindruckung" findet sich in der Ausgabe des „Wienerischen Diariums" vom Samstag, dem 15. 11. 1749, und zwar weitestgehend wie im Codex Austriacus, mit einem Einschub über die Durchführung:

„[. . .] an den Galgen geschlagen werden solle; welches auch gestern, als den 14. dieses lauffenden Monats Novembris Vor-mittag um 9.Uhr sowol auf dem Neuen-markt mittels aldasiger Verbrennung dieses ärgerlichen Buchs, als auch vor dem Schotten-thor mittelst Anheftung des Namens, Rochezang von Isecern an einem auf dem Rabenstein errichteten Schnell-Galgen[140] durch die Hand des Scharf-richters offentlich vollzogen worden ist. Künftighin aber denen Buchführern [. . . etc., wie oben] gänzlich verbotten ist."

Der Rest des Textes aus dem Codex Austriacus bzw. aus dem Originaldekret fehlt hier.

Das Reskript Maria Theresias an die Prager Repräsentation und Kammer wird im Samstags-Anhang des „Wienerischen Diarium" vom 29. 11. wiedergegeben in einer der Meldungen „Aus Teutschland", überschrieben mit „Prag 15. November". Der Inhalt ist im wesentlichen gleich wie im Codex bzw. wie im „Diarium" vom 15. 11., die Form weicht aber doch öfters stark davon ab (wobei noch festzustellen wäre, inwieweit diese Umgestaltung auf das Konto des „Diariums" vom 29. 11. geht – bzw. auf dasjenige der Wiener Behörden).[141] Noch auf der gleichen Seite des Anhangs zum „Diarium" vom 29. 11. beginnt eine Vollzugsmeldung aus Prag, mit Datum vom Dienstag, dem 18. 11.:

„Am vergangenen Montag wurde Vormittags der Namen, Rochezang von Isecern, als des Verfassers, der in denen Samstägigen Zeitungen angeführten Verläumderischen Historisch-Geographischen Beschreibung des Königreichs Böheim, auf dem gewöhnlichen Richt-platz vor dem Neuen-thor, durch des Scharfrichters Hände an den Galgen angeschlagen."

Die auch nach Prag ergangene Anordnung, das Buch „durch den Scharfrichter" öffentlich verbrennen zu lassen, müßte an sich am 17. 11. befolgt worden sein. Warum berichtet aber das „Diarium" nichts davon? Erscheint diese Strafe dort vielleicht nur mehr als unwesentlicher Zusatz zum Namensanschlag? Möchten die Behörden (die Zeitungsredakteure werden hierin kaum selbständig agieren können) die Buchhinrichtung, sofern diese tatsächlich stattfindet, eventuell wider besseres Wissen als unwichtig hinstellen? Vielleicht hält man in Prag oder Wien Bücherverbrennung durch Henkershand für ein überholtes Vorgehen, das man besser nicht an die große Glocke hängt, weil sie der einen oder anderen Stelle peinlich ist? Ereignisse der beiden nächsten Jahre sprechen eventuell für diese Möglichkeit, wie wir sehen werden.

Eine ähnliche Anordnung wie an die politischen Landesbehörden in Wien und Prag scheint ebenfalls an die neue Repräsentation und Kammer Mährens in Brünn zu ergehen. Im „Versuch einer kurzgefaßten politischen Landesgeschichte des Markgrafthums Mähren" schreibt Joseph Wratislaw v. Monse nämlich vierzig Jahre später:

„Der verkappte Rochezang von Isecern (eigentlich Zschackwitz, besser aber Johann Jakob Moser, Professor der Rechte zu Frankfurt an der Oder) dessen Name noch heutiges Tags auf dem brünner Galgen geheftet steht"

(darauf folgt eine Entgegnung auf eine der rechtshistorischen Interpretationen der 1749 hingerichteten Schrift).[142]

Die ganze Affäre ist jedenfalls, wie schon der erste der beiden Fälle von 1730, wichtig für die Entwicklung der erbländischen Zensur im allgemeinen. Im Zusammenhang mit den Hinrichtungs-Anweisungen ergeht an die verschiedenen (auch innerösterreichischen) Landesstellen vom Wiener Hof aus „die Aufforderung, über die Zensurverhältnisse zu berichten und Reformvorschläge einzusenden". Damit wird, so Klingenstein, „erstmals auf gesamtstaatlicher Ebene das Problem der Zensur aufgeworfen".[143] Das „Directorium in publicis et cameralibus" sollte die Aufgabe einschlägiger Reformen allerdings erst Mitte des Jahres 1751 in Angriff nehmen.

Ein halbes Jahr nach der Hinrichtung des „Isecern"-Buches erregt eine andere Schrift Mißfallen beim Wiener Hof. Die anonymen, französisch geschriebenen „Briefe eines holländischen Herren an einen seiner Freunde über die Rechte, die Interessen und die verschiedenen besonderen Interessen der kriegsführenden Mächte" erscheinen ohne Ortsangabe (wahrscheinlich in den Niederlanden), aber mit der Jahreszahl 1747 (die österreichischen Behörden halten ein späteres Erscheinen für möglich, wie wir gleich im Erlaßtext sehen werden). Es geht dabei also um den Österreichischen Erbfolgekrieg, der im Oktober 1748 durch den Frieden von Aachen beendet wird. Am 20. 6. 1750 ergeht gegen jene Schrift ein Erlaß Maria Theresias, der später im Codex Austriacus so wiedergegeben werden sollte:

„Anzuzeigen: Es hätten allerhöchst gedachte Ihre kaiserl. königl. Majestät mit vielem Mißfallen vernehmen müssen, wasgestalten sich mehrmalen eine das Licht scheuende [anonyme] Feder durch eines unter dem Titel: Lettres d'un Seigneur Hollandois a un de ses amis sur les droits, les interets & les differentes vuës particulieres des puissances belligerantes &c.&c. im Jahre 1747. edirt seyn sollendes Impressum [Druckwerk] eine Menge Schmähungen und Lästerungen, auch ganz grobe und unerhörte Erdichtungen, sowohl wider Dero eigene höchste Person und Dero Erbrecht, als [auch] wider die glorwürdigsten Vorfahrer des allerdurchläuchtigsten Erzhauses, und andere mit Deroselben im Bindniße stehende Potenzen auszustoßen erfrechet habe, und dieses ärgerliche Impressum nicht allein auswärts öffentlich verkaufet, sondern auch in die dießseitige Erbländer zu verstreuen und heimlich einzuschleppen getrachtet werde.
Wiewohl nun derley Schandschriften bey der vernünftigen und unpartheyischen Welt den mindesten Eindruck zu machen, zwar an sich unfähig sind, am allerwenigsten aber souverainen Häuptern einigen Nachtheil zuzuziehen vermögen; so können doch deren Einfuhre und Verschleiß in den kaiserl. königl. Erbländern und Staaten keineswegs geduldet werden, sondern erheische vielmehr die Nothwendigkeit, solchen unbesonnenen und frevelhaften Scribenten durch öffentliche Prostitution [Bloßstellung] allmöglichen Einhalt zu thun, und deren Lästerschriften zu vertilgen.
Es hätten dahero Ihrer kaiserl. königl. Majestät allergnädigst resolviret und anbefohlen, daß dieses verleumderische Buch nicht nur bey den Buchhändlern alles Fleißes aufgesuchet, confisciret, und sofort bey Ueberkommung mehrerer Exemplarien durch den Scharfrichter öffentlich verbrennet, sondern auch ihnen Buchhändlern die künftige Einfuhre und Verschreibung [schriftliches Anfordern] desselben, bey widrigens zu gewarten habender empfindlicher Bestrafung verboten und deshalben der aufgestellten Büchercensurirungs-Kommißion (149), womit selbe hierauf besonders invigiliere [bedacht sein soll], das Nöthige bedeutet werden solle. Wien den 20. Junii 1750.“[144]

Die Buchhinrichtung wird hier gewissermaßen als bedingte Strafe ausgesprochen — „bey Ueberkommung mehrerer Exemplarien" der Schrift, wenn also mehrere davon in die Hände der Wiener Behörden fallen sollten — eine Bedingung, die wahrscheinlich nie eintritt. In dieser Angelegenheit kommt es nämlich ziemlich sicher zu keiner öffentlichen Verbrennung durch

Henkershand.[145] Entkommen die „Lettres d'un Seigneur Hollandais" aber tatsächlich bloß deshalb dem Feuer eines Scheiterhaufens, weil den Wiener Behörden zu wenige „Opfer" vorliegen? Es ist kaum anzunehmen, daß die Behörden im Jahr 1750 nicht mehrerer Exemplare habhaft werden können; trotzdem werden diese höchstens formlos vernichtet.

Überlegen es sich die Verantwortlichen, allen voran Maria Theresia, zuletzt doch anders? Vielleicht war aber hier von Anfang an gar keine Buchhinrichtung geplant; die Androhung im Dekret vom 20. 6. könnte man — vor allem angesichts der unbestimmten Bedingungsformel — dann als Versuch ansehen, auf elegante Weise in verschiedener Hinsicht das Gesicht zu wahren. Diese Möglichkeit läßt sich eventuell durch einen Brief vom 17. 6. 1750 untermauern, den der damalige Diplomat und spätere Staatskanzler Kaunitz an den Baron Ignaz Koch (Sekretär Maria Theresias) richtet. Dort ist von der „gewöhnlichen Weisheit" („sagesse ordinaire") die Rede, mit der Ihre Majestät die Unterdrückung zweier „pièces", also wohl von Schriften, durchführen habe lassen. Ein direkter Bezug zu den mit Datum vom 20. 6. verurteilten „Lettres" ist dabei trotz der Angabe „deux pièces" durchaus möglich; vielleicht handelt es sich hier, ebenso wie bei der sieben Monate zuvor hingerichteten Schrift, um zwei zusammen gebundene Teile.[146]

Ein weiteres Indiz dafür, daß öffentliche Bücherverbrennung durch Henkershand seitens des Wiener Hofes als politisches Mittel nunmehr bewußt fallengelassen wird, ist folgendes: 1751 erscheint in Wien eine Neuausgabe des staatsrechtlichen Hauptwerkes von Justus Lipsius (Joest Lips) „Politicorum sive civilis doctrinae libri sex", vom Herausgeber, Ignaz von Menshengen, der „erhabensten und unbesiegbarsten Kaiserin Maria Theresia" gewidmet.[147] Dieses Werk gibt zwar praktisch nur den Text der Originalausgabe (Leiden 1589) wieder (jedenfalls ist es fast ident mit der Ausgabe Nürnberg 1614), trotzdem ist in unserem Zusammenhang eine Stelle für das Jahr 1751 von besonders aktueller Bedeutung: Im Kapitel über das Wesen der Staatsform „Tyrannis" wird, vor allem untermauert durch Tacitus-Zitate, das öffentliche Verbrennen von Büchern als Merkmal der Tyrannei bezeichnet; ein Vorgehen, so bemerkt Lipsius, in welchem Tyrannen „aus Furcht vor üblem Ruf bei der Nachwelt unmittelbar gegen Schriften wüten".[148]

Diese Stelle tritt zwar weder bei Lipsius noch in der Wiedergabe Menshengens (übrigens nach Vorlesungen Wolfgang Rech-

tenbergs, eines Ende 1751 verstorbenen Wiener Philosophie-
professors) besonders hervor; ob jedoch eine solche Veröffentlichung zwei Jahre zuvor möglich gewesen wäre, ist zu bezweifeln.
Das Mittel der Buchhinrichtung wird jedenfalls in Wien selbst
nicht mehr gegen mißliebige Schriften angewandt. Dortige obrigkeitliche Bücherverbrennungen sollten in der Ära van Swieten eine andere Form annehmen.

6. Die Schlußphase des Phänomens Buchhinrichtung in Europa: zweite Hälfte des 18. Jahrhunderts

Die Jahrzehnte von der Mitte des 18. Jahrhunderts bis zur Zeit der Französischen Revolution bringen in verschiedenen Territorien eine letzte Blütezeit der obrigkeitlichen Vorgangsweise, mißliebige Schriften durch Henkershand öffentlich verbrennen zu lassen. Dies ist vor allem in Frankreich der Fall, das damals von Zeitgenossen vielfach als Hochburg jener Erscheinung gesehen wird.

Eine Zusammenstellung dieser Länder präsentiert der Abbé Henri-Joseph Laurens (auch Dulaurens) in seiner „Chandelle d'Arras". Im an Voltaire gerichteten Widmungsbrief jener 1765 erschienenen Versdichtung schildert der Autor, wie ihm bei einem (fiktiven) Besuch in Lappland ein Angehöriger einer „aufgeklärten Horde" seine Verwunderung über europäische Zustände kundgetan hätte:

„Ich weiß nicht, warum man in Frankreich so viele Bücher verbrennt? Und warum verbrennen die Holländer, die auch erwachsene Menschen sein wollen, ebenfalls Bücher? Warum verbrennen die kleinen Pastoren von Genf, die auch die Klugen spielen, ebenfalls die Bücher? Und warum verbrennt der Erzbischof von Paris, der ganz und gar nicht klug ist, ebenfalls Bücher? Man sieht nichts als Feuersbrunst und Unglück in deinem aufgeklärten Europa. Man hat uns hier versichert, daß man all dieses Feuerwerk nur für deine Religion veranstaltet. Also muß deine Religion entweder sehr schlecht oder sehr furchtsam sein. Ich möchte zu gern wissen, fuhr der alte Lappe fort, was das für eine Religion ist, wegen der die Dummköpfe früher so viele Menschen verbrannt haben und für die man heute noch so viele Bücher verbrennt."[1]

Unter „Religion" sind dabei auch die eher machtpolitischen Motivationen zusammengefaßt, Motivationen, die man im Zeitalter des aufgeklärten Absolutismus kaum besser von Religion oder Moral trennen kann als bei Bücherverbrennungen konfessionell-absolutistischen Gepräges. Es verwundert deshalb nicht, daß die zitierte „Chandelle d'Arras" ein Jahr nach ihrem Erscheinen im Namen Kaiser Josephs II. hingerichtet werden sollte. Ein Schicksal, das in jenen Zeiten auch etlichen Schriften des Widmungsempfängers, also Voltaires, widerfahren sollte: In Paris, Bern, Den Haag, Genf, aber auch in Berlin werden seine Bücher verbrannt.[2]

Bücher auf öffentlichen Scheiterhaufen und ein aufgeklärtes Zeitalter – dies paßt besser zusammen, als man auf den ersten Blick glauben könnte. Hier gibt es etwa Versuche, jene Aktionen mit einer Erleuchtung durch den Heiligen Geist in Zusammenhang zu bringen. Dies nicht nur (wie 1711 auf eher symbolische Art, ohne direkten Bezug zu tatsächlichen Verbrennungen) seitens der römischen Kurie, sondern auch etwa 1764, wenn in Paris das Parlament ein pro-päpstliches bzw. anti-gallikanisches Mandat des Erzbischofs von Paris hinrichten läßt: Der entsprechende Beschluß wird auf einer zeitgenössischen Abbildung in der Form verherrlicht, daß der Heilige Geist Flammen auf die Köpfe der Parlamentsmitglieder niedersendet, während sich ein Teufel, mit dem „Mandement de l'archevesque" in den Klauen, in die Flammen der Hölle stürzt.[3]

Wenn um 1750 der Kampf eines aufgeklärten Bischofs gegen „Aberglauben, Unwissenheit und Lüge" symbolisiert werden soll, hält man es für die angemessenste Form der Darstellung, jenen Mann (den vorletzten Bischof von Wiener Neustadt) Blätter mit den entsprechenden Aufschriften verbrennen zu lassen.[4] Ähnlich fordert David Hume um die gleiche Zeit ausdrücklich Verbrennung von theologischen und metaphysischen Büchern, die keine „erfahrungsgemäße Erörterungen über Tatsachen und Existenz" bzw. keine „abstrakte Untersuchung über Größe und Zahl" enthalten.[5] Drei Jahrzehnte später stellt man in einem Taschenkalender die Aufhebung der (Vor-)Zensur ausgerechnet durch einen Katalog verbotener Bücher dar, „der auf einem Sinnbild, die Preßfreyheit vorstellend, mitten in den Flammen liegt, und zwar schon seit dem Jahr 1780 brennet". In diesem Zusammenhang sei an das bereits erwähnte „Versöhnungsopfer" erinnert, das 1776 in Form einer privaten Bücherverbrennung „dem [. . .] Andenken des vortrefflichen Rousseau" dargebracht wird. Auch die oben zitierte „Hekatombe" an die „Wissenschaften" bzw. an die „Wahrheit" in Form von zerstörten Beständen aus Klosterbibliotheken, die Joseph II. „in die Stampfmühl" schickt, ist hier zu nennen.[6]

„Erleuchtung" gilt ohne weiteres als vereinbar mit Flammen, sofern sich diese gegen nicht-aufgeklärte Schriften richten. Der französische Dichter Marmontel vertritt in seinem 1767 erschienenen „Bélisaire" eine eher vereinzelte Gegenansicht, wenn er seinen Helden feststellen läßt: „Die Wahrheit leuchtet mit ihrem eigenen Lichte; und mit der Flamme des Scheiterhaufens werden die Gemüther nicht erleuchtet." Diese Meinung wird bald darauf von Voltaire „Unaufgeklärten" in umgekehrter Form in den Mund gelegt: „Man erleuchtet die Geister nur mit den Flammen von Scheiterhaufen, und die Wahrheit vermöge nicht durch ihr eigenes Licht zu leuchten."[7] Jene Ansicht gilt aber eben keineswegs nur, wie Voltaire seinen Lesern zu suggerieren versucht, in den Augen von ungebildeten Obskuranten als richtig. Es läßt sich vielmehr an zahlreichen Beispielen zeigen, daß gerade Aufklärer des 18. Jahrhunderts (aber auch später) mit Verbrennungs-Forderungen rasch zur Hand sind.[8] Schriftenverbrennungen im allgemeinen und Buchhinrichtungen sind auch bei ansonsten mehr oder weniger aufgeklärt rationalistisch denkenden Leuten offenbar keine ideologischen Fremdkörper. Kein Wunder, wenn man an die aufklärerische Lichtsymbolik und deren Nähe zum „Feurigen" denkt. Von einem „für Rationalismus und Aufklärung so bezeichnenden Dogma, daß im freien Meinungskampf die Wahrheit immer als Siegerin den Platz verlasse" (so Franz Schneider[9]), kann man also angesichts der von uns untersuchten Phänomene nur sehr bedingt sprechen.

In der Zeit von der Mitte des 18. Jahrhunderts bis 1789 werden Schriften am häufigsten in Frankreich öffentlich durch Henkershand verbrannt. Dieses Schicksal widerfährt vorerst hauptsächlich Veröffentlichungen von Gegnern der gallikanischen Kirchenfreiheiten bzw. (wie schon in den Jahren nach der Ermordung Heinrichs IV.) von Befürwortern kirchlicher Widerstandsrecht-Lehren. Bekanntere Fälle sind dann die Aktionen gegen Schriften Voltaires und Jean-Jacques Rousseaus. Auch die Hinrichtung der „Mémoires" von Beaumarchais im Jahre 1774 sei hier genannt. In der Zeit zwischen 1776 und 1789 gibt es mindestens neun weitere Anordnungen („Arrêts") jener Art durch das Pariser Parlament, davon allein fünf vom September 1788 bis zum April 1789; zumindest ein „Arrêt" vom Februar 1789 wird auch noch tatsächlich ausgeführt.[10]

Die einschlägigen Praktiken des Pariser Parlaments werden
von einem Zeitgenossen 1782 – auf sicher etwas übertriebene
Weise – so geschildert:

„Sobald ein Buch den Beifall Europas hat, man es überall liest und seine neuen, scharfsinnigen und gerechten Ideen bewundert, kommt der
Generalanwalt zur Gerichtsschranke, und stellt einen Antrag voller
Unsinn und gewürzt mit Wortgepränge; er reißt – der Journalistenmo-
de gemäß – einige Sätze aus dem Zusammenhang und unterstreicht
sie. Das Buch wird dazu verurteilt, am Fuß der großen Treppe [des Palais de Justice] oder der St. Bartholomäus-Treppe verbrannt zu werden, als ‚häretisch, schismatisch, irrig, gewalttätig, gotteslästerlich, unfromm, gegen die Autorität frevelnd, die Ruhe der Reiche störend‘,
etc.: Es gibt kein einziges Beiwort, das abgeht. Man entzündet ein Rei-
sigbündel in Gegenwart einiger müßiger Gassenjungen die sich dort
zufällig finden. Der Gerichtsschreiber gibt eine alte, wurmstichige Bibel an die Stelle des verurteilten Buches. Der Henker verbrennt den
heiligen, staubigen Band, und der Gerichtsschreiber stellt das verfluchte und gesuchte Werk in seine Bibliothek.“[11]

Selbst unter Berücksichtigung der Parteilichkeit Louis-Sébastien Merciers werden hier doch Verfallserscheinungen des Phänomens Buchhinrichtung erkennbar.

Neben den Pariser Fällen kommt es auch in französischen
Provinzstädten zu Buchhinrichtungen, so 1750 in Kolmar (Col-
mar), wahrscheinlich auch 1770 in Rennes – jeweils auf Anordnung der dortigen Parlamente; für einige derartige Aktionen ist
wohl auch der Straßburger Rat verantwortlich. Ein Fall besonderer Art ist die Abbeviller Buch- und Menschenverbrennung
vom 1. 7. 1766, bei der die Voltaires „Dictionnaire philosophique“
die zentrale Rolle zu spielen scheint, nicht der mitverbrannte Besitzer jenes Buches.[12]

Außerhalb von Paris stirbt das Phänomen Buchhinrichtung
früher aus als in der Hauptstadt, und selbst dort wird bereits
1782 gelegentlich die Umwandlung inkriminierter Schriften zu
Karton in Stampfmühlen als nützlichere Vorgangsweise empfohlen, wenngleich vorerst nur durch eine Privatperson und mit
Worten, welche die damalige Ungewöhnlichkeit des Einstamp-
fens von Büchern erweisen.[13]

Die Revolutionszeit bringt auch für Paris das Ende zumindest
der obrigkeitlichen Buchhinrichtungen im eigentlichen Sinn.
Immerhin kommt es dort aber noch im August 1789 zu einer feierlich inszenierten Privataktion gegen eine nicht-aufgeklärte

wissenschaftliche Schrift, zu einer Verbrennung, deren ideologischer Hintergrund durchaus revolutionären bzw. aufgeklärten Charakters ist.[14] Am 7. 1. 1794 verlangt Robespierre in der Versammlung der Societé des Jacobins, wenngleich nicht ernsthaft, Exemplare der Zeitschrift „Le Vieux Cordelier" inmitten des Versammlungssaales verbrennen zu lassen. Die Jakobiner lachen und applaudieren. Der Hauptbetroffene, Camille Desmoulins, antwortet jedoch pathetisch: „Brûler n'est pas répondre", was Robespierre zur Äußerung: „Eh bien, je rétracte ma derniere motion!" veranlaßt; es folgen verbale Attacken auf Desmoulins selbst, der drei Monate später auf dem Schafott stirbt.[15] — Menschentötung erscheint so als Ersatz für Buchhinrichtung.

In Großbritannien werden im hier fraglichen Zeitraum weniger oft Bücher hingerichtet als in Frankreich. Eine Londoner Schriftenverbrennung von 1763 haben wir bereits erwähnt. Zu weiteren Fällen in der englischen Hauptstadt kommt es noch zumindest 1775 und 1779. 1775 geht es — am 6. 3. im New Palace Yard von Westminster und tags darauf vor der Börse — jeweils um eine Schrift, die ein schärferes Vorgehen der Regierung gegen die widerspenstigen Kolonien in Nordamerika fordert, sowie um die Nummer 3 von Thomas Paines „Crisis"-Flugschriften. 1779 wird dann, wohl nur in London, durch Henkershand eine Schrift verbrannt, in der ein Mitglied des Dubliner Parlaments die Schädigung der irischen Wirtschaft durch England anprangert.[16] In Dublin selbst wird wahrscheinlich 1749 ein Buch mit politischen Reformforderungen hingerichtet. Dort kommt es 1759 im Verlauf von Unruhen auch zu Drohungen, die „Journals" des irischen House of Commons zu verbrennen.[17]

Derartige Bestrebungen von „unten" her werden einige Jahre später in Nordamerika verwirklicht: Im März 1766 verbrennen die Sons of Liberty in Newport/Rhode Island öffentlich-feierlich nicht nur neuangekommene „stamped papers", sondern auch zwei Exemplare einer regierungstreuen Veröffentlichung Martin Howards.[18]

Aus dem Bereich der Generalstaaten sei hier die Verbrennung von Voltaire-Schriften Ende 1764 in Den Haag erwähnt,[19] um wieder auf die eigentlichen Buchhinrichtungen zurückzukommen.

In Genf werden mehrmals Werke Voltaires und Rousseaus öffentlich durch Henkershand zerrissen und verbrannt. Einige Buchhinrichtungen gibt es auch in den damaligen Kantonen der

Eidgenossenschaft (der ja Genf noch nicht angehört), so in Altdorf (Uri), in Bern, in Luzern und in Zürich. Die letzte derartige Aktion in der Schweiz betrifft 1783 in Glarus eine Schrift des Publizisten Wekhrlin, in der dieser gegen eine Hexenverbrennung durch dieselbe Obrigkeit protestierte, die dann auch für die Buchhinrichtung verantwortlich zeichnet . . .[20]

Im polnischen Kamenez-Podolski läßt 1757 ein Bischof Talmud-Exemplare konfiszieren, zum Richtplatz schleppen, angeblich an Roßschweife gebunden, und dort öffentlich verbrennen.[21] Aber auch im autonomen Bereich der polnisch-litauischen Judengemeinden kommt es wiederholt zu öffentlichen Bücherverbrennungen: Dabei werden beispielsweise 1772 und um 1794 auf Anordnung orthodox-rabbinischer Gemeindeobrigkeiten chassidische — gewissermaßen häretische — Schriften vor dem Tor der Wilnaer Synagoge beim dortigen „Schandpfahl" verbrannt.[22] Regelrechte Hinrichtungen sind jene Aktionen allerdings nicht. Die zuständigen Behörden können ja selbst gegen dabei mitbestrafte Autoren höchstens mit Geißelung und Verbannung vorgehen, so um 1769 in Wilna gegen den aufklärerischen Talmud-Gelehrten Abba Glosk Leczeka — ein Fall, von dem auch eine Ballade Chamissos erzählt.[23]

In Rom läßt Papst Klemens XIV. im Jahr 1770 aufklärerische Schriften durch Henkershand öffentlich verbrennen, und zwar, so das „Wiener Diarium", „nach einer [. . .] gehaltenen Congregation der allgemeinen Inquisition, reiflicher Erwegung der Lehrsprüche der Gottesgelehrten, und eingeholtem Beyfalle der Cardinäle General-Inquisitoren".[24] Im Oktober 1774 stirbt Klemens XIV. Noch vor der Wahl seines Nachfolgers (Pius VI., Februar 1775) wird eine Veröffentlichung über das Konklave am 19. 11. 1774 auf der Piazza Colonna hingerichtet.[25] Unter Pius VI. werden am 4. 5. 1791 auf der Piazza della Minerva Schriften nebst anderen freimaurerischen Utensilien des Grafen Cagliostro durch Henkershand verbrannt: Eine dreiviertel Stunde habe sich das römische Volk, so ein Zeitungsbericht, dort wie bei einem Fest vergnügt. Bei jedem Utensil, das man ins Feuer warf, bei Scharteken, Patenten oder Ordensbändern der Maurerei, habe man in die Hände geklatscht und Freudenschreie ausgestoßen (Cagliostro — richtiger: Giuseppe Balsamo — wurde bereits zuvor eingekerkert; 1795 stirbt er in einem römischen Gefängnis).[26]

Außerhalb Europas ist hier vor allem auf China zu verweisen. Dort läßt Kaiser Ch'ien Lung ab 1772 aus dem ganzen Reich systematisch Schriften für die kaiserliche Bibliothek in Peking sammeln, an sich in der durchaus aufgeklärten Absicht, seltene Bücher zu bewahren. In Verbindung damit ordnet er aber auch die Anfertigung eines Katalogs zu verbietender Bücher sowie deren Ablieferung und Verbrennung an. Betroffen sind in der Folge über zweitausend Titel (nicht Exemplare!). Inkriminiert werden abfällige Äußerungen über Angehörige der Mandschu-Dynastie bzw. Hochverrat anderer Art, aber auch beispielsweise gröbere stilistische Mängel. In den folgenden Jahren, abgeschwächt wohl bis zum Tode Ch'ien Lungs im Jahr 1795, findet daraufhin eine Literatur-Säuberung größten Ausmaßes statt. Dabei kommt es vermutlich zu keinen demonstrativen, wirklich feierlich-öffentlichen Aktionen seitens der Obrigkeiten.[27]

Doch wieder zurück nach Europa. Auch ab der Mitte des 18. Jahrhunderts werden in verschiedenen Reichsgebieten noch Schriften öffentlich durch Henkershand verbrannt.

In Kurmainz scheint dies sogar nur in der zweiten Hälfte des 18. Jahrhunderts vorzukommen, so 1767 und 1784. Aus Bayern ist zumindest ein Fall zu erwähnen: „Gerechte Klagen wider das Mönchswesen" werden am 28. 7. 1770 „auf offentlichen Platze" in München verbrannt, weil in jener Schrift die Klöster und die diesbezügliche kurfürstliche Politik „angetastet" würden. Einzelne Buchhinrichtungen gibt es damals auch in Köln, 1776 werden dort „unmoralische" Schriften von Voltaire, Ovid und anderen Autoren verbrannt, in Ulm und Dresden. Mehrmals gibt es derartige Fälle noch in Hamburg: 1749 werden „Gedichte, worin [. . .] über die Religion und Geistlichen gespottet wurde", 1782 Anmerkungen zum Hamburger Grundgesetz, dem „Hauptreceß" (der Autor, Heinrich Ludwig Hess, wird nur ausgewiesen), dem Feuer überantwortet.[28] Eine letzte Schriftenverbrennung durch Henkershand auf unmittelbare offizielle Anordnung einer deutschsprachigen Obrigkeit findet vielleicht um 1788 in Nördlingen statt. Diese Affäre rund um den Publizisten Wekhrlin müßte aber noch näher untersucht werden.[29] Ein Problem besonderer Art ist hier Preußen bzw. Brandenburg. Bereits 1746/47 forderte Friedrich II. vom Wiener Hof Satisfaktion an einer ihm mißliebigen Schrift, nicht bloß an derem Autor. Wie jene Genugtuung unter Umständen gedacht war, kann man nicht zuletzt an Ereignissen des Jahres 1752 sehen: Friedrich II. verbrennt vorerst wohl selbst vor den Augen Voltaires eine Abschrift von dessen „Diatribe du docteur Akakia", einer Spottschrift auf Maupertuis, den Präsidenten der Berliner Akademie der Wissenschaften. Als dieses Werk, entgegen einem Versprechen des Autors, im Druck erscheint, läßt der König Exemplare des Buches am 24. 12. 1752 „auf den vornehmsten Plätzen" Berlins „durch die Hände des Henckers öffentlich" verbrennen.[30]

Das Bewußtsein von der Unangemessenheit und Nutzlosigkeit solcher Aktionen scheint fortan bei Friedrich II. die Oberhand über irrationale „Aufwallungen" zu behalten. Allerdings – gegen öffentliches Verbrennen menschlicher „Mordbrenner" hat er noch in seinem Todesjahr (1786) offenbar keine Einwände.[31] So ist es auch nicht verwunderlich, daß noch unter seiner Regierung eine letzte Kodifizierung von Buchhinrichtungen vorbereitet wird. Die entsprechenden Satzungen werden zuerst 1791 im Allgemeinen Gesetzbuch für die Preußischen Staaten veröffentlicht, das selbst nie in Kraft tritt.[32] Das Allgemeine Landrecht für die Preußischen Staaten – eine teilweise Umarbeitung des Allgemeinen Gesetzbuches — wird 1794 veröffentlicht und tritt am 1. 6. jenes Jahres in Kraft. In Schlesien ersetzt es übrigens (ab 1795) die Josephina von 1707/08, deren Buchhinrichtungs-Bestimmung allerdings wenig äußere Ähnlichkeit mit derjenigen des Landrechtes aufweist.[33]

Die uns interessierenden Paragraphen, sie sind identisch mit denjenigen von 1791/92, befinden sich im zwanzigsten Titel des zweiten Teils:

„§619. Pasquille, welche auf Veranstaltung des Pasquillanten schon öffentlich angeschlagen oder verbreitet worden, sollen als der höchste Grad symbolischer Injurien an dem Verfasser bestrafet werden.
§620. Die Schmähschrift selbst soll der Gerichtsdiener, in Gegenwart des Verfassers, und dreyer von dem Beleidigten gewählten Zeugen, vor dem versammelten Gerichte zerreißen, und mit Füßen treten.
§621. Hat der Verfasser sich nicht genannt: so soll das Pasquill, auf Verlangen des Beleidigten, durch den Henker auf öffentlichem Platze verbrannt werden."[34]

Beim zuletzt genannten Paragraphen 621 handelt es sich um eine juristische Totgeburt, da in Preußen zu jener Zeit wohl weder die schärfsten Zensurgewaltigen (Wöllner etc.) noch die empfindlichsten Privatpersonen ernsthaft daran denken, anonyme Schmähschriften hinrichten zu lassen.

Die Bestimmungen selbst scheinen auf den ersten Blick klar zu sein — Verbrennung durch Henkershand unter den Voraussetzungen von II 20 § 619 bzw. 621. Einem zeitgenössischen Kritiker, dem Rechtsgelehrten Steltzer, erscheint jedoch die Ausformulierung aus gutem Grund in mancher Hinsicht als unbefriedigend:

„Die Schmähschrift (jedes Pasquill [also angeblich nicht nur gemäß § 619] soll, (§.620.) in Gegenwart des Verfassers — warum nicht des Urhebers, denn oftmals ist der Verfasser nicht Pasquillant? — und dreyer, von dem Beleidigten gewählten Zeugen, an Gerichtsstelle durch den Gerichtsdiener zerrissen und mit Füssen getreten, wenn sich der Verfasser aber nicht genannt hat, (§.621.) von dem Henker öffentlich verbrandt werden. Auch dann, wenn der Pasquillant gegenwärtig ist? Sollte denn keine bessere Strafschärfung wider ihn [gegen einen ausgeforschten Autor einer anonymen Schrift] anwendbar seyn? Darüber ist nichts bestimmt. In Absicht des gänzlich unbekannten Pasquillanten ist jenes Verbrennen durch den Henker ganz unzweckmäßig. Die Zernichtung des Pasquills ist nothwendig, auch hat wohl niemand etwas dawieder, wenn es auf eine eben nicht ehrenvolle Art geschieht, damit dem Publicum Verachtung solcher Thathandlungen demonstrirt werde. Ist der Pasquillant entflohen oder verborgen [aber bekannt], so kann auch jene entehrende Vernichtung, durch beleidigendere Förmlichkeit [d.h. wohl auch mittels Verbrennung durch Henkershand], als Strafmittel angewandt werden. Aber was soll die verstärkte Entehrung in der Zernichtung gegen den unbekannten Pasquillanten würken? Ein Abwesender wird nur durch Ehrenstrafen beleidigt, wenn er sich vorstellen kann, daß man wisse, er sey entehrt, und diese Vorstellung ist für ihn unmöglich, wenn ihn Niemand, als den Verbrecher, anerkennt. Das Verbrennen des Pasquills durch den Henker kann also, in diesem Fall, nichts nützen, wohl aber ist es, auf einer andern Seite schädlich, da die Gerichtsobrigkeiten oder die Gemeinde des Orts mit unnützen Exekutionskosten belästigt wird. Es wäre darum noch eine positive Erklärung der Legislation zu wünschen, in welchem Falle eigentlich mit dem Verbrennen verfahren werden solle?"[35]

Zu einer derartigen Klarstellung seitens des Gesetzgebers sollte es jedoch nie kommen. Dies, obwohl die fraglichen Bestimmungen noch in späteren Ausgaben des Landrechtes beibehalten werden und der entsprechende Teil jenes Gesetzes (II 20) erst 1851 durch ein neues Strafgesetzbuch ersetzt wird.[36]

Auf Veranlassung von Reichsbehörden sollte es in der zweiten Hälfte des 18. Jahrhunderts zwar zu keiner Kodifizierung öffentlicher Bücherverbrennungen kommen, wohl aber gibt es noch einige tatsächliche Buchhinrichtungen im Namen der Kaiser Franz I. und Joseph II. Mit Datum vom 22. 11. 1749 ergeht ein kaiserliches Reskript aus Wien an den Magistrat zu Frankfurt am Main: Man solle dort gewisse „höchstärgerliche" (religionskritische) Schriften Johann Christian Edelmanns „von allen [...] Buchführern [...] wegnehmen" lassen, „auch mit aller Schärffe und Nachdruck jezt und künftig gegen die Ubertrettern, wie es Herkommen ist, die Ahndung" verfügen, „auch benöthigten falls gleich es bey oberwehnten Büchern der Casus zu seyn scheinet, dem Ärgernuß offentlich Reichs-Gesätzmäßig" vorbeugen. Von Buchhinrichtung ist hier also nicht die Rede.[37]

Erst acht Tage zuvor wurde jedoch in Wien auf Befehl Maria Theresias, der Gattin des Kaisers, eine andere Schrift hingerichtet. Es ist also nicht verwunderlich, daß es schließlich in Frankfurt zu der Aufforderung kommt,

„bishero eingezogene Exemplarien deren Gottlosen Edelmannischen Schrifften [...] zu offentlicher Bezeigung dererselben Detestation [Verabscheuung], und um weiterer Ärgernuß vorzubeugen, publice zu verbrennen — und wie solches geschehen, mich benachrichtigen zu lassen belieben möge, damit [ich] an Kayserliche Majestät darüber den geziemenden allerunterthänigsten Bericht abstatten könne."

Dieses Zitat stammt aus einer „Requisition" Johann Conrad von Birckenstocks, der als „General-Reichs-Fiscal und Bücher-Commissarius" am Wetzlarer Reichskammergericht sitzt. Sie ist mit 20. 4. 1750 datiert und über den „Actuarius" (Amtsschreiber) der kaiserlichen Bücherkommission in Frankfurt am Main indirekt an den dortigen Magistrat gerichtet.[38] Die Buchhinrichtung selbst geht wohl im Mai 1750 auf dem Frankfurter Römerberg vor sich, also am dortigen Repräsentationsplatz. In dieser Form ist das Vorgehen zumindest von Wien aus gedeckt, wenngleich auch wohl nicht von dort aus initiiert.[39]

Direkt aus Wien kommen hingegen die Hinrichtungs-Befehle in einer Affäre acht Jahre später. Zuerst am 25. 8., dann noch einmal am 6. 10. 1758 ergeht eine entsprechende Anordnung des Kaisers bzw. des Reichshofrates im Namen von Franz I. an den Frankfurter Magistrat bzw. an die dortige Bücherkommission als Zwischeninstanz. Beanstandet werden Schriften eines religiösen Schwärmers, nämlich des Handwerkers Johann Friedrich Ludewig, der selbst zwar verhaftet, jedoch bald wieder freigelassen wird. Seine Schriften aber, offenbar alle verfügbaren Exemplare, werden am 18. 11. 1758 auf dem Römerberg durch Henkershand zerrissen und verbrannt.[40] Die Aktion von 1758 ist übrigens wahrscheinlich diejenige, die Goethe in seiner Selbstbiographie beschreibt — in der Erinnerung vielleicht verschmolzen mit einem Ereignis acht Jahre später.[41]

Jenes Ereignis von 1766 geht wieder von der kaiserlichen Bücherkommission aus. Deren Frankfurter Amtsschreiber berichtet an den Bücherkommissar Birckenstock nach Wetzlar vom Verkauf zweier „gotteslästerlicher" Schriften: „La Chandelle d'Arras" und „Imirce ou La fille de la nature", beide vom Abbé Henri-Joseph Laurens (oder Dulaurens). Birckenstock fordert vorläufig über den Frankfurter Aktuar den dortigen Magistrat bloß auf, die Schriften ihm (dem Aktuar) zur Verwahrung zu übergeben. Den Schwierigkeiten, die Frankfurt dann bei der Übergabe des bald verhafteten Autors an das Mainzer erzbischöfliche Gericht macht, entspricht auch ein — wenngleich kürzeres — Sträuben des Magistrates, die Buchhinrichtung durchführen zu lassen. Diese wird höchstwahrscheinlich wieder von Wetzlar aus (durch Birckenstock) angeregt und durch ein kaiserliches Reskript an Bürgermeister und Rat vom 13. 2. 1766 (offiziell präsentiert am 10. 3., ausgeführt am 12. 3.) erzwungen: Man solle „binnen zweier Monathen [. . .] zu einiger Genugthuung des Publici, von jedem derselben [von beiden Büchern] ein Exemplar, alsogleich durch den Scharfrichter öffentlich verbrennen [. . .] lassen"; die übrigen Exemplare hingegen solle man versiegelt aufbewahren.[42]

Im September des folgenden Jahres taucht in Ulm ein dreiteiliges Werk mit dem Titel: „Spanisch-jesuitische Anekdoten" auf, das wegen seiner Angriffe auf die damals eben aus Spanien vertriebenen Jesuiten in Wien offiziell dazu verurteilt wird, durch Henkershand öffentlich zerrissen und verbrannt zu werden. Inoffiziell geht dem wohl eine entsprechende Empfehlung aus Wetzlar bzw. von den in Frankfurt am Main sitzenden Mitgliedern der Bücherkommission voraus. Eine entsprechende Aufforderung ergeht an den Ulmer Magistrat, der die Schrift am 13. 1. 1768 „auf dem öffentlichen Markte in Beysein einer obrigkeitlichen Deputation und 30 Mann vom Stadtmilitär mit scharf geladenen Gewöhren, durch den Scharfrichter" verbrennen läßt.[43] In der gleichen Affäre kommt es wohl auch in Mainz zu einer Buchhinrichtung, kaum hingegen in Frankfurt am Main (trotz möglicher Anweisungen durch den Kaiser bzw. Reichshofrat aus Wien und über die Bücherkommission als Zwischeninstanz).[44]

Daß es in der Folge zu keinen weiteren Buchhinrichtungen auf Veranlassung von kaiserlichen Behörden kommt, hat verschiedene Ursachen: Der Einfluß der Bücherkommission nimmt immer mehr ab, da vor allem der Frankfurter Magistrat einerseits selbst immer nachlässiger in Zensursachen (und nicht nur dort) wird, anderseits aber die Tätigkeit der Bücherkommission zunehmend bewußt hemmt.[45] Die Reichsbehörden unterstützen diese Entwicklung zumindest indirekt. Am 4. 6. 1771 ergeht ein kaiserliches Reskript an den Frankfurter Magistrat, in Zukunft nicht erst auf Drängen der Bücherkommission, sondern schon von Amts wegen gegen „ärgerliche und verbotene" Druckwerke vorzugehen; was der Magistrat daraufhin beharrlich so interpretiert, daß ihm die Bücherkommission überhaupt nichts vorzuschreiben habe. Diese, von Wien aus im Stich gelassen, ist bald froh, überhaupt das Gesicht (bzw. ihre „Gerechtsame") durch bloß formelle „protestationes" wahren zu können. An eine Befolgung ihrer Rechtshilfe-Ansuchen bzw. -Befehle wagen die Bücherkommissare im letzten Drittel des 18. Jahrhunderts jedoch immer weniger zu denken.[46] Um das Jahr 1788 herum halten es Reichsbehörden jedenfalls nicht mehr für nötig bzw. für nicht mehr möglich, auch gegen Schriften selbst in strafähnlichen Aktionen vorzugehen.[47]

Allmählich setzt sich in Deutschland sogar in schwerwiegenden Fällen die Ansicht durch, Totschweigen sei besser als eine Buchhinrichtung. 1781 meint eine Kommission im Auftrag der fürstbischöflichen Regierung in Würzburg, selbst gegen ein „durchaus anstößiges und verbrennungswürdiges Buch" von Diderot sei „dermaßen behutsamer Art" vorzugehen, daß jenes Werk „durch eben diese Gelegenheit nicht bekannt werde" − und die Regierung scheint diesen Rat auch zu befolgen.[48] Man ist außerdem zunehmend geneigt, über auswärtige Aktionen feierlich-demonstrativer Art gegen Bücher herablassend zu spötteln: „Können wir Deutsche dabey etwas anders thun, als von ganzem Herzen darüber lachen?" schreibt ein Autor im Jahr 1791 über „ein förmliches Auto-da-fe" Lavoisiers gegen eine Schrift, in der die alte Phlogiston-Theorie zur Entstehung von Feuer vertreten wurde.[49]

Innerhalb wie außerhalb Deutschlands werden öffentliche Aktionen gegen Ende des 18. Jahrhunderts immer unmoderner. Dem entspricht ein Wandel in der Haltung gegenüber der Vergangenheit im allgemeinen und gegenüber bestimmter ihrer − nunmehr als zunehmend dunkler empfundenen − Details im besonderen. Dies gilt auch für Stellungnahmen zum niederländischen Bildersturm des Jahres 1566: 1778 nennt der französische Historiker Kerroux noch „von Stadt zu Stadt die Namen der ehrsamen Bürger und Honoratioren [. . .], die als Anstifter und Planer der lokalen Bilderstürme in Erscheinung getreten sein sollen". Zehn Jahre danach bezeichnet Schiller jene Ereignisse, im wesentlichen aus den gleichen Quellen schöpfend, als eine „Schandtat", die keineswegs „die Frucht eines überlegten Planes gewesen" sei und die „nur in dem schlammichten [schlammigen] Schoß einer verworfenen Pöbelseele" ihren Ursprung hätte haben können.[50]

„Mit dieser Verlagerung der Verantwortung in den Schoß der Pöbelseele schüttelt Schiller den Bildersturm-Makel von einem Bürgertum ab, dem Kunst inzwischen ranggleich geworden war mit Religion und Sittlichkeit, so daß ihm ein bilderstürmerischer Gedanke unmöglich angelastet werden konnte."[51]

Hier gilt also — nach Abänderung von nicht einmal sehr viel Abzuänderndem — Ähnliches wie in bezug auf die Haltung von immer mehr Menschen des späten 18. Jahrhunderts zu öffentlich-feierlichen Bücherverbrennungen.

In Wien selbst gibt es in der zweiten Hälfte des 18. Jahrhunderts zwar keine öffentlichen Bücherverbrennungen durch Henkershand mehr, bestimmte Begleiterscheinungen bzw. Grundlagen des Phänomens Buchhinrichtung werden aber immer noch von Wien aus gelegentlich bestätigt bzw. weiterentwickelt. So wird der Strafvollzug an Selbstmörder- oder Duellanten-Leichnamen ebenso in verschiedenen Gesetzen festgelegt wie der Vollzug von Strafen an Bildern oder Namenstafeln.[52]

Für uns besonders interessant ist hier die „Constitutio Criminalis Theresiana, oder [. . .] Mariä Theresiä [. . .] peinliche Gerichtsordnung", die seit 1752 in Wien erarbeitet wird, mit 31. 12. 1768 datiert ist und Anfang des Jahres 1770 für die Erbländer in Kraft tritt.[53] In dieser Nemesis Theresiana ist vorgesehen, daß bei „überschweren, und abscheulichen Lastern [. . .] zu allgemeinen Schrecken, und Abscheu" selbst „an dem entseelten Körper des Thäters die verdiente Straffe" vollzogen werden könne. Es bleibt auch nicht bei der neuerlichen Kodifizierung des In-effigie-Verfahrens.[54] Im Artikel 101 — „von Schmachkarten, und Schandbriefen" — heißt es überdies:

„§.7. Ein solch-boshafter Ehrenschänder, so dergleichen Schmachschriften verfasset, oder wissentlich verbreitet, wenn er der That geständig, oder überwiesen ist, solle nach Umständen seines Verbrechens auf den Pranger gestellet, öffentlich ausgepeitschet, und nebst dessen Ehrloserklärung aller Erblanden auf ewig verwiesen, oder wenn es ein Innländer wäre, nebst der Ehrloserklärung auf mehrere Jahre zu einer Vestungs- Zuchthaus- oder anderen öffentlichen Arbeit, oder bewandten Umständen nach zu einer empfindlichen Geldstraffe verurtheilet, auch jenen Falls, wenn der Schandbrief, oder Schandzeichen zu Schmach, und Unehr Unserer Ministern, Räthen, oder Unserer Landesstellen, und Aemtern, oder wohl gar zu Verkleinerung Unserer Landesfürstlichen Hoheit gereichete, oder sonst die That mit gar bösen Umständen beschweret wäre, mit dem Schwerd hingerichtet, anbey allemal vorläuffig der Schandbrief, oder Schmachkarte durch den Scharffrichter öffentlich verbrennet, jenen Falls hingegen, da der Thäter flüchtig wäre, und über beschehene Edictal-Fürforderung ungehorsam ausbliebe, immitelst, bis er betretten, und das gefällte Urtheil an ihme vollzogen werden könne, dessen Namen an [den] Galgen geschlagen werden."[55]

Dieser Artikel ist vielleicht absichtlich eher unklar gehalten. Jedenfalls hat er geringe Ähnlichkeit mit der entsprechenden Bestimmung der Josephina, welche hier trotzdem zumindest eine Rolle als Anregung spielt.[56]

Die Buchhinrichtung selbst ist dabei offenbar von vornherein eine überholte Satzung. In zeitgenössischen Lehrbüchern wird sie zwar kommentarlos referiert, in der Praxis zieht man jedoch zumindest in diesem Punkt seitens des Wiener Hofes die Konsequenz aus der Erkenntnis, daß „der Endzweck der Strafen allzeit erheischt, daß ihre Vollziehung kein Gelächter erwecke". Und Furcht vor Lächerlichkeit ist seitens buchhinrichtender Obrigkeiten der zweiten Hälfte des 18. Jahrhunderts bereits wesentlich berechtigter als zuvor. Vielleicht wurde deshalb schon 1749 das Vorgehen gegen die „Isecern"-Schrift besonders eng mit dem In-effigie-Verfahren verknüpft.[57] Wenn 1781 Hofrat Haan, einer der Mitarbeiter an der Theresiana, feststellt, daß „kaum das zweite Blatt der Nemesis mehr gelte", trifft dies jedenfalls de facto auf die Buchhinrichtungen in den Erblanden zu (man vergleiche etwa den Mißerfolg der einschlägigen Forderung 1782 in Prag, die man dem Verbrennungswütigen rasch ausreden kann).[58]

Bei den Vorarbeiten zum Zivilgesetzbuch (Codex Theresianus) scheint man auch stufenweise von der Buchhinrichtungs-Bestimmung der parallel dazu erarbeiteten Peinlichen Gerichtsordnung abzurücken. Immerhin verweist man bis zum Abbruch jener Vorarbeiten (1776) noch auf die im Strafgesetzbuch festgesetzten Bestimmungen gegen Schmähschriften. Dies geschieht allerdings immer mehr in einer Form, die nur auf erwünschte Bestrafung menschlicher Übeltäter schließen läßt.[59]

Im Strafgesetzbuch Josephs II. von 1787 ist dann die Möglichkeit der Buchhinrichtung bereits auf „Vertilgen" − ohne nähere Erläuterung − reduziert. Dieser Tatsache trägt weiters ein neuerlicher Entwurf Martinis für ein Zivilgesetzbuch 1793/94 Rechnung. Nichts weist dort mehr darauf hin, daß im gleichen Gesetzeszusammenhang noch zwanzig Jahre zuvor ein Verweis auf die strafrechtliche Möglichkeit geplant war, Schmähschriften öffentlich durch Henkershand verbrennen zu lassen.[60] Vom Handlungsrepertoire des Jahres 1749 bleibt unter Joseph II. jedoch nur ein Teil „auf der Strecke". In-effigie-Hinrichtungen, vor allem im weiteren Sinn, ohne eigentliche Bilder, sind auch nach 1787 gebräuchlich, und zwar nicht nur auf dem Papier der Gesetze, welche die Theresiana ersetzen.[61]

Ein ähnlicher Wandel wie in der Kodifikationspraxis läßt sich in unserem Zusammenhang auch in der Praxis feststellen. Indirekte Schlüsse sind hier aus Dekreten bzw. Gesetzen von 1761, 1763 und 1766 zu ziehen, in denen noch ausdrücklich wenigstens „Ausrottung" bzw. „Vertilgung" mißliebiger Schriften auf dem Programm steht, welche wohl auch, wenngleich eher formlos, tatsächlich durchgeführt wird. In Wien selbst wird dabei höchstens einmal die „Vertilgung aller in Vorschein kommenden Exemplarien" eines „sowohl der wahren Religion als [auch] dem Staat schädlich[en]" Buches „dem Publiko zur nachrichtlichen Wissenschaft" gebracht — so das „Wiener Diarium" am 11. 7. 1770 in Befolgung eines Hofdekrets.[62] Eine gelegentlich angewandte weitere Möglichkeit damaligen Bücherverbrennens: 1767 läßt Maria Theresia die niederösterreichische Regierung wissen, daß es ihr „ernstlicher Willen" sei, „daß die zur Freygeisterey anleitende[n], und der Geheimnisse des Glaubens, so wie der Satzungen der Kirche spottende[n] Bücher von jedem Innhaber sogleich in Zeit von 8.Tagen selbst verbrennt werden sollen".[63]

Doch zurück zu Vorgangsweisen, bei denen Obrigkeiten bzw. deren Vollzugsorgane im eigentlichen Sinn des Wortes die Hand im Spiel haben. Wir haben es in Wien dabei vor allem mit der Tätigkeit der Wiener Zensurkommission unter der Leitung Gerard van Swietens zu tun (1759—1772), über die der Berliner Aufklärer Friedrich Nicolai später einen oft zitierten Bericht verfaßt: Die ins Land gebrachten Bücher habe man — „so wie noch jetzt" (veröffentlicht 1784) - den Zensoren übergeben. „Waren es neue Bücher, die man unzuläßig fand, so wurden sie das erstemal versiegelt, und konnten aus dem Lande geschickt werden."[64] Das Besondere dabei (ungefähr bis zum Jahre 1780): Waren diese Bücher „schon vorher verboten, so wurden sie verbrannt".[65] Dann schildert Nicolai, auf welche Weise man dabei vorzugehen pflegte:

„Nicht allein ganze Bücher wurden verboten; sondern wenn einzelne Stellen in den Büchern der Censur nicht gefielen, so wurden ganze Blätter und Bogen ausgeschnitten. Wer aber einen Freund unter den Sekretaren der Censur hatte, der wußte es in die Wege zu richten, daß die Blätter, die ausgeschnitten werden solten, nur durchgeschnitten wurden, so daß sie noch zu lesen waren: oder die ausgeschnittenen Blätter wurden auch wohl von den Unterbedienten auf die Seite gebracht und verkauft. Die Bücher oder die Blätter die vorher schon verboten waren, wurden wie schon angeführt, der Regel nach, ohne Barmherzigkeit verbrannt [und zwar offenbar im Amtsgebäude oder in dessen unmittelbarem Bereich]. Doch hier fand man auch zuweilen Mittel, ins geheim Barmherzigkeit zu erlangen, so daß dasjenige, was verbrannt werden solte, nur angebrannt wurde. Ich habe selbst dergleichen Bücher gesehen."[66]

Schlimmeres soll Meinhard (einem Freund Nicolais) passiert sein, der mit Werken Machiavellis und Jean-Jacques Rousseaus im Gepäck nach Wien kam: Die Bücher habe man ihm vorerst, wie üblich, weggenommen; als er aber „selbst zum Freyherrn von Swieten" ging, „um ihn nur zu bitten, daß die Bücher versiegelt und an der Gränze ihm wieder ausgeliefert werden möchten", erhielt er „ganz trocken zur Antwort: ‚Die Bücher wären schon verbrannt'".[67]

Betroffen ist bei diesen Aktionen in Wien — und auch bei anderen Landesstellen, etwa Brünn — nicht zuletzt das Schrifttum der französischen Aufklärer, die vor allem ab der Mitte des 18. Jahrhunderts ihre Buchproduktion „wie eine Welle über die europäischen Büchermärkte" gehen lassen.[68] Dementsprechend kommt Gerard van Swieten etwa bei Voltaire in den Ruf eines argen Bücherverbrenners:

„Ein gewisser Arzt [lt. späteren Ausgaben: Scharlatan], der sich Einfluß verschafft hat, gibt vor, daß nur er Geist besitze. Dazu wirst du nicht gelangen, Abtrünniger des Hippokrates; du könntest eher die Dünste meiner Milz heilen. Geh', höre auf, die Lebenden und die Toten zu quälen; Tyrann meines Denkens, Mörder meines Körpers, du kannst wohl deine Kranken am Leben hindern, du kannst sie alle töten, nicht aber ein gutes Buch; du verbrennst sie [die Bücher], Jérôme [vermutlich Anspielung auf Girolamo Savonarola], und die Flamme dieser Verurteilten — mich beleuchtend — schwärzt deine Schurkennase."[69]

Wenn wir schon bei Büchern sind, die damals in Wien tatsächlich, zumindest gelegentlich, verbrannt werden — Joseph II. zeichnet zu jener Zeit nicht nur für Buchhinrichtungen im Reich verantwortlich; um 1769 läßt er, wenngleich sicher formlos, die ihm vorgelegten Exemplare einer Schrift verbrennen, die er auf Anraten der Reichs-Bücherkommission verbietet.[70] 1778 spricht sich dann ein Bericht der Hofkanzlei für Maßnahmen gegen bestimmte (in diesem Fall protestantische) Bücher aus, rät jedoch, „daß man die Bücher mit Bescheidenheit, ohne eine Art von ‚Brennerei' confiscire".[71] Als Alleinregent verfolgt Joseph II. in den Erblanden eine ähnliche Politik:

„Der Gebrauch, jedem Reisenden [. . .] alle seine Truhen und Bettsäk-ke zu durchsuchen, um entweder ein Buch zum Verbrennen zu finden, oder ein hier noch nicht bekanntes zu zensurieren, und also jedem sein Eigenthum [. . .] vorzuenthalten [. . .] oder endlich selbe [die selbigen Bücher] wohl gar zu vertilgen [. . .], alles dieses scheint nicht allein [nicht] räthlich [zu sein], sondern auch wirklich das Maaß der Billigkeit sehr zu verfehlen."

Soweit „Grundregeln" für die Zensur aus dem Jahr 1782. Um die selbe Zeit schreibt Joseph II. an den Kurfürsten von Trier: „Muß man sich nicht mehr vor dem Verbote als vor schlimmen Büchern fürchten? Denn das erstere ist es, was die letzteren lesen macht."[72] Wenigstens für den engeren habsburgischen Herr-schaftsbereich verschwindet also unter Joseph II. die Bücherver-brennung aus dem Kreis der offiziell zugegebenen politischen Maßnahmen. Der Kaiser bzw. Landesherr distanziert sich selbst von formlosen Aktionen jener Art, ist aber mit späteren Buch-hinrichtungen in den österreichischen Niederlanden einverstan-den, wie wir noch sehen werden.

In den Erblanden wird nunmehr tatsächliche Vernichtung von Schriftlichem höchstens in der Form von Verstümmelungen („auslöschen", „mit einem weißen Papiere verpicken" etc.) of-fen angeordnet. Noch 1826 sollte ein josephinisch gesinnter Pfarrer in Mürzzuschlag den Erzbischof bei Hof verklagen, weil jener ihm ein vollständiges Brevier — vor allem mit den Stellen über Papst Gregor VII. bzw. über dessen Kampf gegen Hein-rich IV. — übergab. Daraufhin verfügen Sedlnitzky bzw. die Hof-kanzlei neuerlich die Ausmerzung der inkriminierten Stellen, hierin Dekreten Josephs II. folgend.[73] Zu dessen Zeit wird auch immer mehr die Möglichkeit aktuell, mißliebigen bzw. „unnüt-zen" Schriften in der Stampfmühle ein symbolisches „Blutbad" zu bereiten, wobei damals Altpapierverwertung höchstens ge-ringe wirtschaftliche Bedeutung hatte. Es handelt sich am Ende des 18. Jahrhunderts noch vorrangig um Vernichtung, kaum je-mals um wirklich effektive Nutzbarmachung von Rohstoffen.[74]

Auch unter Leopold II. und Franz II. ist Verbrennung von Schriften in keiner Form mehr Bestandteil des offiziellen Ver-haltensrepertoires der Obrigkeiten. Öffentliche Aktionen ein-schlägiger Art scheut man immer mehr (die Banknotenverbren-nung von 1811 — vgl. S. 260 — kann man hier außer acht lassen). So möchte Kaunitz 1790 keinen „Eklat" bezüglich einer „Skar-tek" im Zusammenhang mit den Vorgängen jener Zeit in Frank-reich, um der betreffenden Schrift keine zusätzliche Publizität

(„neue Umtriebe") zu verschaffen.[75] Äußerstenfalls heißt es, besonders arg gesetzwidrige Schriften seien durch „das Revisions-Amt sogleich zu vertilgen" — so eine Bestimmung in den Beilagen der „Erneuerten Censurs-Ordnung" vom 22. 2. 1795.[76]

Länger als in Wien selbst werden Schriften in anderen Ländern unter habsburgischer Herrschaft hingerichtet, nämlich in Ungarn und in den österreichischen Niederlanden, wovon noch zu sprechen sein wird.

Öffentlich-feierliche Schriftenverbrennungen anderer Art gibt es in der zweiten Hälfte des 18. Jahrhunderts auch in den Erblanden, hauptsächlich gegen protestantische Bücher gerichtet, zumeist von Geistlichen durchgeführt. Was die Art der Durchführung betrifft, so werden sie höchstens von untergeordneteren Beamten offen (mit-)verantwortet. Mit einem derartigen Fall werden 1751 die evangelischen Reichsstände in Regensburg konfrontiert. An diese ergeht eine Eingabe oberösterreichischer Protestanten aus den heutigen Bezirken Gmunden, Wels-Land und Vöcklabruck, derzufolge

„von Zeit zu Zeit sich in diesen Ihren Orten der Clerus anmasset, Visitationes in den Häusern nach Evangelischen Büchern zu thun, dieselbe mehrentheils in Abwesenheit der Innwohner unternehmen, die gesperrete[n] Thüren aufsprengen, oder durch die Fenster einsteigen, Schaufeln und anderes Geräthe zu Aufhebung des Bodens und Umgrabung der Erde bey sich haben, und die gefundene[n] Bücher in Gegenwart vieler hundert offentlich verbrennen, gleich als ohnlängst der Pfarrer zu Offenhausen auf dasigem Freithof mit denen dem Matthias Kühner zu Pfaffendorff abgenommenen erfahren, hierzu aber nicht derortigen Herrschafftlichen Beamten ihre Hülffe, sondern ausser dem Bezirck andere Diener von andern entlegenen Gerichten erforderen und gebrauchen".[77]

Daß diese Bücherverbrennungen von der Geistlichkeit fast allein verantwortet werden, zeigt sich weiter unten im selben Dokument, wo eingehender über das „unchristliche und bedauernswürdige Verfahren mit dem Matthias Kühner" zu lesen ist, „als diesem vor ohngefähr 7.Monathen", genauer — am 6. 6. 1751, „durch den Parochum zu Offenhausen seine Evangelischen Bücher abgenommen und offentlich verbrannt worden".[78]

Ähnliche Dinge ereignen sich damals, wie bereits gelegentlich in den Jahrzehnten davor, in der Steiermark. Lutherische Bü-

246

cher werden etwa im Jänner 1752 in Hohentauern durch den Pölser „Erzpriester" (Dekan) Freystätter verbrannt, und zwar höchstwahrscheinlich öffentlich-feierlich.[79]

In Ungarn kommt es hingegen in zumindest einem Fall auch nach 1750 zu einer regelrechten staatlichen Buchhinrichtung. Auslösendes Moment dieser Affäre ist eine Schrift von Franz Adam Kollár, des ersten Kustosses (und späteren Direktors) der Wiener Hofbibliothek, über „Ursprünge und Ausübung der gesetzgebenden Gewalt in kirchlichen Dingen seitens der apostolischen Könige von Ungarn". Dort wird nicht bloß Partei zugunsten weitestgehender staatlicher Gewalt in kirchlichen Dingen ergriffen, was dem Buch die Aufnahme in den römischen „Index librorum prohibitorum" einbringen sollte; der Autor wendet sich vielmehr auch gegen die Steuerfreiheits-Privilegien für Geistlichkeit und Adel: Diese Stände sollten aufhören, alle finanziellen Lasten „auf den unglücklichen Bauern und das elende Volk [zu] wälzen" und die Aufstellung eines stehenden Heeres ermöglichen.[80] Geschrieben wurde dieses Buch zwar nicht im direkten Auftrag des Hofes, aber doch ganz im Sinne der damals dort hauptverantwortlichen Personen.

Am 5. 7. 1764, bald nach dem Erscheinen jenes Werkes, bekommen die ungarischen Stände am Land- bzw. Reichstag zu Preßburg Forderungen der Krone präsentiert, die dem Buch Kollárs in einigen Punkten entsprechen. Bei den ungarischen Magnaten herrscht daraufhin Entsetzen: Würden nun die Wiener Behörden auch den Rest der Forderungen Kollárs zu verwirklichen trachten? Man ist sich bald „einhellig in dem Begehren, daß Kollár selbst proscribirt, sein Buch aber verbrannt werde".[81] Letzteres vor allem deshalb, weil man weiß, daß der Verfasser seitens des Wiener Hofes kaum zur Verantwortung gezogen werden würde. Tatsächlich rät Kaunitz Maria Theresia, den Ungarn nur ein Minimum an Genugtuung zu gewähren:

„Ich wünschte gar sehr, daß dieses Buch [. . .] allein zu geheimer Nachricht Eurer Majestät und des Ministerii gedient hätte. Denn die Vorsicht erfordert, auf die gewöhnliche Denkungsart der Menschen und auf die obwaltenden Umstände zurückzusehen und nicht immer Alles herauszusagen, was an und für sich wahr und zu vertheigen ist."[82]

Weil das Buch aber nun schon einmal da ist, verbietet man wenigstens seine Einfuhr nach Ungarn. Außerdem wird die Ablieferung der Schrift an das Statthaltereiamt verfügt — offiziell wegen der „gegen die katholische Kirche anstößige[n] Dinge".[83] Die Magnaten geben zumindest in diesem Punkt nach (Dankadresse vom 16. 8. 1764), die Forderungen des Wiener Hofes lehnen sie jedoch weiterhin hartnäckig ab. Maria Theresia sollte ihre Reformpläne tatsächlich bis zum Ende des Land- bzw. Reichstages (im Mai 1765) nicht durchbringen können.

Die Politik des Hofes — und die Absichten Kollárs — werden nach der Verweigerung einer echten Bestrafung von Autor und/ oder Buch noch im Herbst 1764 auf andere Weise bekämpft. Man läßt „eine anonyme Schrift unter dem bezeichnenden Titel ‚Vexatio dat intellectum'; ‚Plackerei verschafft Einsicht' in den Kreisen der aufgeregten Stände" zirkulieren — ein politisches Pamphlet, aus dem, so Krones, „der ganze Groll der privilegierten Stände gegen Kollárs Ideen und die Reformgedanken der Regierung" atmet.[84] Der Inhalt jener Schrift: Maria Theresia solle sich von den „böswilligen Rathgebern" trennen, „die in hochverrätherischer Weise das Verderben der ungarischen Nation bezwecken; man solle die diplomatischen Beziehungen verbessern, vor allem zu Preußen, und im Inneren „für das hergebrachte Gesetz und Recht" eintreten. Als Gipfel der Ausführungen heißt es: „Unser König [Maria Theresia gilt ja in Ungarn als ‚rex'] solle durch unsere Gesetze gebunden werden, die er allein weder zu geben noch aufzuheben im Stande ist."[85] Diesem Grundsatz entsprechend wendet sich der Autor der „Vexatio" auch gegen die wirtschafts- bzw. finanzpolitischen Absichten Kollárs bzw. des Wiener Hofes: Den Ständen stehe nicht nur das Nutzungsrecht, sondern ein unmittelbares Eigentumsrecht über die ungarischen Güter zu, deshalb dürfe der König heimgefallene Güter nicht dem Fiskus zuführen, sondern müsse sie wieder vergeben; deshalb wäre auch die Abgabenfreiheit des Adels berechtigt, der ja durch die Beitragsleistungen der eigenen Untertanen voll besteuert sei; freiwilliges Entgegenkommen der Ungarn, wie es Kollár und die Vorlage der Wiener Regierung verlangten, käme ebenfalls gar nicht in Frage; die Forderung nach Hilfsgeldern sei unberechtigt, weil kein Notstand vorläge, und außerdem wären die Ungarn der Krone gegenüber bisher zu großmütig und freigiebig gewesen.

Der Wiener Hof, der seine Reformpläne immer mehr scheitern sieht, rächt sich an dieser konzentrierten Äußerung ständischer Widerspenstigkeit. Maria Theresia befiehlt vorerst — am 28. 11. 1764 — dem ungarischen Hofkanzler, Grafen Esterházy, den Verfasser jenes handschriftlich verbreiteten Pamphletes herauszufinden. Schom am 1. 12., also verdächtig rasch, erklärt sich Esterházy für außerstande, den Verfasser der „Vexatio" sowie den einer anderen (weniger inkriminierten) Schrift auszuforschen. Daraufhin entscheidet die Königin:

„Falls die Authores dieser boshaften Schriften binnen vierzehn Tagen nicht ausfindig gemacht werden sollten, werde Ich alle diejenige, so hievon eine Wissenschaft gehabt und solche nicht entdecket haben, als Mitschuldige ansehen und Meine Ungnade, auch Strafe empfinden lassen."

Da sich aber offenbar keine verantwortliche Person finden läßt, muß die Schrift selbst herhalten. Ein Mandat aus Wien mit Datum vom 18. 2. 1765 befiehlt schließlich die öffentliche Verbrennung der „Vexatio" durch Henkershand, und zwar beim Pranger am Preßburger Hauptplatz.[86] Das Ereignis selbst wird in einer − ebenfalls nur handschriftlich verbreiteten und anonymen − „Schutzrede" noch im gleichen Jahr so geschildert (hier nach einer zwanzig Jahre später erschienenen Übersetzung aus dem lateinischen Original):

„Den 18. Febr. des gegenwärtigen 1768 [sic!][87]. Jahres ist auf dem Presburger Platz ein Schauspiel gegeben worden. O fürwahr ein Schauspiel! welchem aber nur Hausknechte und Trost[d. h. wohl Troß-]buben zugesehen hatten. Es nahm mich Wunder, da ich den ganzen Platz, die Gässen der Stadt, und die Thore mit gewaffneten Soldaten angefüllt sehen mußte; konnte es auch nicht genugsam begreifen, ob diese Szene Einzelne, oder aber Alle zu erschröcken bestimmt wäre. − Von Einzelnen will ich aber nicht dieses Urtheil fällen; Alle hat es aber gewiß nicht erschröcket. Durch Schröken wird die Ehrfurcht übel erworben.

Es wird also der Scheiterhaufen erbauet; die Scherge[n] besteigen die Bühne, als eben die Ausführer des Lustspieles, der Abschaum des Pöbels aber waren die Zuseher. Den Stoff, aus welchem dieses Schauspiel bestehen sollte, gaben wenige Bogen Papiers, so von einer unglückseligen Feder beschrieben wurden. So recht! die Blätter werden zerrissen; dieß ist der Wahrheit Lohn! Allein die Einigkeit der Gemüther wird verstärkt, die Verfolgung entflammt sich; dieß ist die Rache wider die Blätter, welche der Wind hinweg reißt. Doch glimmert es weiter. Glaubet ihr wohl, daß ihr mit dieser Schrift auch alles dasjenige, was uns noch lieb und heilig ist, verbrennet? Die göttlichen und menschlichen Rechte müßten dem Feuer übergeben seyn worden, wenn dieses Gerechtigkeit soll benennet werden.
[. . .] Gut! verbrenne man die unnützen Papiere, wenn nur dadurch für die allgemeine Ruhe besser gesorget wird; es ist ja auch dem Spieler

erlaubt, nach seinem Verlust die Karten zu zerreissen, oder, wenn es ihm so beliebig ist, auch zu verbrennen. Indessen mag es verbrennet werden, wie es immer will, so bleibt dessen Inhalt doch immer tief in unsere Herzen eingeprägt; denn es läßt sich mit den Herzen nicht eben so schalten und walten, wie mit den Holzscheitern."[88]

Zwanzig Jahre später sollte ein Belegexemplar der „Vexatio" aus den Akten der Staatsanwaltschaft, das dem Pamphletisten Joseph Grossinger (auch Grossing) in die Hände fällt, für Aufregung sorgen. Dieser übersetzt es ebenso wie die „Schutzrede" aus dem lateinischen Original ins Deutsche. 1785 veranstaltet der berüchtigte Drucker und Verleger Georg Philipp Wucherer eine zweisprachige Ausgabe beider Texte, die aber dann doch, zumindest in Wien, nicht verkauft wird. Der Verleger dürfte „Winke bekommen haben, daß man ihn zur Verantwortung ziehen würde."[89]

Franz von Krones berichtet im Anschluß an die Buchhinrichtung von 1765 auch von einer Notiz in der handschriftlichen Chronik eines slowakischen Franziskanerklosters, derzufolge am 27. 3. 1770 eine weitere Schrift das Schicksal der „Vexatio" teilt: „Fromme Betrachtungen und der ungarische Katechismus", ein — im Original vermutlich lateinischer — „neuer Wehruf über die Regierung" von einem gewissen Johann Pécsy. Der Autor selbst wird nach Graz „zur lebenslänglichen Kerkerhaft abgeführt".[90] Mehr weiß auch Krones nicht über jene Angelegenheit zu berichten, deren Faktizität somit vorerst dahingestellt bleiben muß. Mag sein, daß eine angekündigte öffentliche Verbrennung des Buches dabei unterblieb, weil man sich am Autor schadlos halten konnte.

In den Ländern der Wenzelskrone scheinen sich die Bücherverbrennungen der oben beschriebenen kirchlichen Art bis zum Beginn der Alleinherrschaft Josephs II. zu halten, wie sich in einer Kurzbiographie Karl Raphael Ungars, des Direktors der Prager Universitätsbibliothek (seit 1780), aus dem Jahr 1784 zeigt:

„Ehedem wurden zu Prag alle freye[n] Bücher von dem [erzbischöflichen] Consistorium konfisziert, und alljährlich, am grünen Donnerstag, (mit dem Judas) verbrannt. Auf seine [Ungars] Vorstellung befahl der Monarch, daß dieser Unfug unterbleiben, und jedes dieser Bücher ihm [also der Bibliothek] eingeliefert werden solle."[91]

250

Entsprechende Anordnungen ergehen mehrmals in Form von Hofdekreten, vor allem an böhmische Landesstellen, zumindest in den Jahren 1781 bis 1785. Dabei wird entweder nur angeordnet, die Hausdurchsuchungen nach akatholischen Büchern seitens der Kleriker einzustellen oder auch die bereits konfiszierten Schriften, sofern noch vorhanden und nicht verbrannt, den Eigentümern zurückzustellen.[92]

Fortan behalten sich die weltlichen Behörden in Wien bzw. deren Vertreter in den Ländern die Beschlagnahme von Büchern selbst vor, und zwar auch von Schriften nicht anerkannter Religionsgemeinschaften, wobei aber eben das Verbrennen zunehmend bewußt durch Einstampfen oder Sekretieren ersetzt wird.[93]

Im Jahr 1782 fordert allerdings in Prag noch ein Mann eine Buchhinrichtung, der in Rautenstrauchs „Biedermanns-Chronik" als Musterbeispiel eines josephinisch gesinnten Beamten dargestellt wird.[94] Im März 1782 führt nämlich der Rakonitzer Kreishauptmann, Philipp Graf von Kolowrat-Krakowsky, als landesfürstlicher Kommissär die Aufhebung des Nonnenklosters zu Doxan (etwa 40 km nordöstlich von Prag) durch. Dabei kommt es angeblich zu schweren Amtsüberschreitungen bzw. Amtsmißbräuchen gegenüber Personen und Gütern sakraler Art. Eine Untersuchung wird eingeleitet, der Graf vorerst seines Amtes enthoben.

Über diese Vorgänge wird im Sommer 1782 in Nürnberg eine Dokumentationsschrift veröffentlicht, die bald auch in Prag zum Vorschein kommt, wo sie großes Aufsehen erregt.[95] Der Verleger und Buchhändler Lochner, gerade in Prag anwesend, wird gezwungen, den Verfasser zu nennen: Karl Franz Guolfinger, Ritter von Steinsberg — ein junger Journalist[96], der Prag noch rechtzeitig vor dem behördlichen Einschreiten verlassen konnte.

In dieser Lage dringt Graf Philipp Clary, Gubernialrat und Referent der Geistlichen Hofkommission zu Prag, „darauf, diese Schrift durch Henkers Hände verbrennen zu lassen". Graf Franz Anton Nostitz, der Präsident des böhmischen Landesguberniums, verhindert dies, und zwar angeblich mit folgender Argumentation:

„Clary's Exzellenz wolle erwägen, daß, nachdem er in dieser Schrift so oft genannt worden, der Henker somit auch seinen Namen verbrennen würde. Mit diesem Autodafe gieng es also schlechterdings nicht an, und man begnügte sich blos von Seiten des Guberniums daran, des Kaisers

Majestät zu bitten, daß er, andern zum Exempel, den Verfasser bestrafen lasse, weil sich sonst kein Rath getrauen würde, irgend einer Kommission beyzusitzen, wenn er Gefahr liefe, so, wie jene Assessores bey der Doxaner Nonnenaufhebungskommission — ausgelacht zu werden."[97]

Der Kaiser hält jedoch keineswegs den Bericht Steinsbergs für eine indirekt majestätsbeleidigende Darstellung des ungerechten Vorgehens gegen Kolowrat (Suspendierung ohne vorhergehende Anhörung des Betroffenen!), vielmehr läßt Joseph II. die Untersuchung gegen Kolowrat wieder aufnehmen (er wird bald darauf rehabilitiert). Die Verfolgung der Steinsberg-Schrift und ihres Autors wird niedergeschlagen. So kann dieser noch Ende 1782 eine stark erweiterte Neuausgabe der inkriminierten Schrift fertigstellen, die im Jahr darauf anstandslos veröffentlicht wird.[98]

An hier einschlägigen Aktionen aus anderen Gebieten unter habsburgischer Herrschaft in der zweiten Hälfte des 18. Jahrhunderts ist vorerst eine bereits erwähnte Lemberger Privataktion von 1786 zu nennen.[99]

Zu echten Buchhinrichtungen kommt es zu jener Zeit noch in den österreichischen Niederlanden. In Luxemburg ordnet der dortige Rat mindestens zweimal entsprechendes Vorgehen gegen Schriften an: 1755 wird eine Schrift durch den „huissier ordinaire de la cour" zerrissen und verbrannt, in der ein kaiserlicher Offizier beleidigt wird, was indirekt als Antasten der landesfürstlichen Autorität gedeutet wurde; 1772 geschieht das gleiche — diesmal allerdings durch die Hände eines „maîtres des hautes œuvres", also eines regelrechten Scharfrichters — mit einer Schrift, die angeblich den „Rechten und Hoheiten der Kaiserin und den Grundmaximen des öffentlichen Rechtes in der Provinz Luxemburg" zuwiderläuft.[100] Beide Aktionen finden auf der Freitreppe vor dem Eingangstor zum Gebäude des Rates statt. Inwieweit dabei Einflußnahme aus Brüssel bzw. aus Wien gegeben ist, bliebe noch festzustellen.

Im Jahr 1768 verurteilt der Magistrat von Mons (Hainault/ Hennegau) eine religiös anstößige Schrift dazu, auf einem Schafott vor dem Rathaus durch die Hand des Henkers verbrannt zu werden.[101] Am 5. 7. 1769 befiehlt Maria Theresia durch ein Dekret dem Brüsseler Conseil privé, an den Grand Conseil von Mecheln/Malines ein Ansuchen auf ähnliches Vorgehen zu stellen: Eine verleumderische Schrift möge durch die Hände des Scharfrichters auf einem Schafott verbrannt werden. Diese Aktion wird höchstwahrscheinlich durchgeführt, und zwar, wie auch die anderen Fälle in den österreichischen Niederlanden, offiziell verantwortet von den lokalen Obrigkeiten.[102]

Die letzten Buchhinrichtungen in jenen Provinzen — und im habsburgischen Herrschaftsbereich überhaupt — gibt es im Zusammenhang mit den Unruhen, die sich ab Mai 1787 in immer stärkerem Ausmaß gegen die Versuche Josephs II. richten, auch in diesen Randgebieten seines Machtbereiches Reformen durchzuführen. Dabei schleppt gerade in jenem Monat „das Volk" bzw. der „Pöbel" in Brüssel „Strohmänner mit dem daran befestigten Namen ‚Kreishauptmann' durch die Straßen", die „auf öffentlichem Markte" verbrannt werden (so ein Bericht Georg Forsters).[103] Dieser Widerstand gegen die Maßnahmen des Wiener Hofes und seiner Vertreter steht von Beginn an in engem Zusammenhang mit der Verbreitung „aufrührerischer Schriften" („libelles seditieux"). Dementsprechend erläßt man ab Juli 1787 im Namen Josephs II. gegen Anfertiger und Verbreiter solcher Schriften mehrere strenge Edikte, deren Nutzlosigkeit man sich aber bald immer mehr eingestehen muß.[104]

Als nun im Sommer 1788 in Brüssel eine besonders gefährlich scheinende Broschüre auftaucht, sehen sich auch die dortigen österreichisch bzw. habsburgisch gesinnten Behörden gezwungen, „zu den allerauerordentlichsten [. . .] Maßregeln ihre Zuflucht [zu] nehmen" — in Brüssel gab es ja wahrscheinlich über vierzig Jahre lang keine Buchhinrichtung.[105] Der Titel jenes (anonym im Ausland erschienenen) neuen „Feindes" (in Übersetzung aus dem Französischen):

„Getreuer Führer für die gesamte Größe des Herzogtums Brabant, Limburgs und der Markgrafschaft Antwerpen, mit einer Skizze der [jenen Gebieten im wesentlichen gemeinsamen] Provinzialverfassung und Mitteln zu deren Bewahrung, den Ständen von Brabant von einem Freund des Vaterlandes gewidmet."[106]

Autor ist möglicherweise Henri Van der Noot, ein Brüsseler Advokat, und, zumindest in den Augen der Öffentlichkeit, bald wichtigster Anführer des sich eben entwickelnden belgischen Aufstandes. Wenigstens wird ihm die Abfassung des „Guide fidèle" in Behördenkreisen zugetraut.[107] Der Inhalt der Schrift deckt sich jedenfalls mit Van der Noots Überzeugungen: Nicht nur der Fürst, sondern auch die Stände seien souverän, ganz im Sinn einer „gemischten" Verfassung; die Stände hätten aber auch − vor allem gemäß der Joyeuse Entrée von 1355 − das Recht, unter bestimmten Umständen den Fürsten abzusetzen.[108]

Graf Trauttmansdorff, der bevollmächtigte Minister Josephs II. in den österreichischen Niederlanden, übersendet mit Datum vom 18. 7. 1788 dem Kaiser ein Exemplar jenes „Guide fidèle" und berichtet von der Schwierigkeit, auf den bisher angewandten gesetzlichen Wegen den mutmaßlichen Autor „beim Kragen zu packen" (Van der Noot ist nicht mehr greifbar, zumindest ab 8. 8. befindet er sich im Ausland). Trauttmansdorff schildert Joseph II. die zu beanstandenden Punkte der Broschüre. Von Maßnahmen gegen jene Schrift ist dabei kurz und eher indirekt die Rede: Nur böse Menschen könnten vermuten, daß das, was geschehen werde, persönliche Rache sei, weil man ihn, Trauttmansdorff, in jener Schrift angegriffen habe.[109] Derartige Maßnahmen sind bereits eingeleitet, und zwar nicht ohne Mitwirken Trauttmansdorffs, wie ein Brief an den Kaiser vom 20. 7. indirekt erkennen läßt: Der Rat von Brabant habe eine Probe seiner Unparteilichkeit gegeben und auf den Wunsch − offenbar des Grafen − hin, gegen den „Guide fidèle" streng vorzugehen, einstimmig beschlossen, jene Broschüre öffentlich durch Henkershand verbrennen zu lassen.[110]

Jene Einstimmigkeit kam natürlich nicht von alleine zustande. Drei Monate zuvor hatte die habsburgische Regierung in Brüssel acht bekanntermaßen widerspenstige Mitglieder des Conseil de Brabant nach Antwerpen versetzen lassen. Nur so konnte am 19. 7. 1788 das von Trauttmansdorff tags darauf stolz Joseph II. mitgeteilte Urteil ermöglicht werden: Der „Guide fidèle" frevle gegen die Souveränität Seiner Majestät, enthalte falsche und strafbare Darlegungen und Behauptungen, die wahre Verfassung des Landes vernichtend und dazu angetan, das Volk in Aufruhr zu versetzen. Man ordne deshalb an, jene kleine Druckschrift öffentlich durch die Hand des Scharfrichters zu verbrennen, und zwar auf einem Schafott, das zu diesem Zweck auf dem Niedermarkt Brüssels aufzustellen sei; auf jenem Platz, wo man für gewöhnlich die Kriminalurteile des Rates vollstrecke.[111] Trauttmansdorff läßt dieses Urteil vorerst geheim halten und dessen Vollstreckung aufschieben, um so, wenn möglich, den Autor selbst entdecken zu können. Davon erhofft man sich noch andere Vorteile, etwa wohl die Aufdeckung einer − übrigens tatsächlich existierenden − Verschwörung.[112]

In einem Brief vom 4. 8. aus dem Feldlager bei Semlin (wo man übrigens mit den Nachwirkungen der Tätigkeit eines gewissen Bonneval zu tun hat) billigt Joseph II. das Vorgehen seines Ministers bzw. wohl auch dasjenige der einheimischen Räte. Auf die Buchhinrichtung geht er dabei nicht direkt ein. Sie ist ihm offenbar unangenehm, obwohl er zugleich ihre Notwendigkeit einzusehen vermeint.[113] Bereits vorher kam es in Brüssel zum Vollzug des Urteils vom 19. 7., und zwar anscheinend ohne vorhergehende ernsthafte Suche nach einem verantwortlich zu machenden Menschen:

„Am 24. Juli, während der Hof mit Festen und Belustigungen aller Art die Anwesenheit Erzherzog Maximilians [Erzbischof von Köln und Bruder der Statthalterin Marie Christine] in Brüssel feierte [. . .], ließ man auf dem Großen Platz [. . .] ein Schafott errichten, und um elf Uhr morgens wurde dort der unglückselige ‚Guide fidèle' durch Henkershand verbrannt, mit dem ganzen Apparat, wie er für den Vollzug von Kriminalurteilen gebräuchlich ist."

Einen Dichter habe dies zu den Zeilen inspiriert: Um das Fest dieses erhabenen Fürsten zu ehren, habe man den gerechtesten „Führer" verbrannt. Aus der Wahrheit habe man Kohle gemacht, um die Eingeweide aller Schurken zu rösten.[114] Ein französischer Agent in Brüssel berichtet tags darauf darüber nach Paris: Man habe gestern ein für dieses Land völlig neues Schauspiel geboten. Der Henker habe auf einem Schafott eine Broschüre zerrissen und verbrannt, die selbst eine Brandstifterin sei und die gegenwärtigen Unruhen beträfe.[115]

Anscheinend noch im selben Jahr veröffentlichen die Aufständischen eine Neuausgabe des „Guide fidèle" – mit einem beigefügten „Rat für den Dritten Stand" eines anderen Autors (vor allem Gewaltentrennung im Sinne Montesquieus und insbesondere einen unabhängigen „cour de Justice" betreffend). Davor, in unmittelbarem Anschluß an den Originaltext des „Guide", findet sich in Form einer Anmerkung folgender Zusatz: Kaum daß jenes Werk erschienen sei, habe es die Regierung durch die Hand des Henkers verbrennen lassen, und sie habe zu diesem Zweck ein Dekret des vorgeblichen Rates von Brabant erlangt – das heiße, einiger der Regierung untertäniger Mitglieder, die, während des Exils der anderen, in Brüssel geblieben wären. Dieser Machtmißbrauch der Regierung beweise besser als alles andere, daß das Buch gut sei, daß es starke und überzeugende Beweisgründe enthalte — und außerdem: Verbrennen sei kein Antworten.[116]

Am Wiener Hof scheint das Sprichwort „brûler n'est pas répondre"[117] nicht unbekannt zu sein. Die Brüsseler Buchhinrichtung ist dort wohl nicht nur dem Kaiser peinlich. Aber anscheinend hält es auch Joseph II. angesichts der immer kritischer werdenden Situation für notwendig, zu eher irrational gefärbten Machtmitteln zu greifen bzw. solche Mittel zuzulassen. Dementsprechend schreibt er am 5. 11. 1789, viereinhalb Monate vor seinem Tod, an den militärischen Oberbefehlshaber in den österreichischen Niederlanden, den General d'Alton:

„Ich vermuthe, daß sie den Obersten [der Aufständischen] van der Mersch [gemäß Militärstrafrecht] mit Trommelschlag werden haben auffordern lassen. Da er wahrscheinlicher Weise nicht erscheinen wird, so werden sie ihn in effigiè hängen lassen, bis man das Vergnügen haben wird, dieses Urtheil an seiner Person zu vollziehen."[118]

Um jene Zeit kommt es in Brüssel selbst zu einer weiteren Buchhinrichtung, und zwar zur letzten derartigen Aktion im Auftrag von Behörden, die einen habsburgischen Landesfürsten anerkennen. Mit Datum vom 31. 10. 1789 ergeht ein einschlägiges Dekret des Großen Rates von Mecheln, der seit Juni desselben Jahres den Großen Rat von Brüssel in seinen Funktionen in der Hauptstadt Brabants ersetzt. Der Antrag für dieses Dekret wurde vom zuständigen Ratsmitglied, einem Vertreter des Landesfürsten, gestellt. Ein Manifest der Aufständischen wird nebst einem Begleitdokument zum „libelle incendiaire" erklärt, also zum „Brandstifter", was eine spiegelnde Strafe nötig erscheinen läßt. Beide Schriften verurteilt man dazu, durch die Hand des Henkers zerrissen und verbrannt zu werden, und zwar auf einem Schafott, das auf dem Großen Platz Brüssels zu errichten sei, genau an jener Stelle, wo man für gewöhnlich die Kriminalurteile des Rates vollstrecke.[119]

Die Begründung jenes Vorgehens: Das Manifest samt Begleitstück sei eine brand- bzw. unruhestiftende Schmähschrift; die dadurch verbreiteten Grundsätze seien falsch, hassenswert und frevelnd gegenüber der souveränen Autorität; sie neigten zum Umsturz jeglicher Gesellschaft, zur Errichtung der Anarchie und der Widergeburt der alten Barbarei und ihres Schreckens. Die Vorwürfe jenes Libells gegen Joseph II. und seine Minister seien ungeheuer ungerecht und auf abscheuliche Weise beleidigend; jene Schrift stelle übertriebensten Ungehorsam, verwegensten Aufruhr und höchsten Verrat dar, sie sei nichts anderes als ein Gefüge von beleidigenden Schmähungen an Seiner Majestät und an seinen Ministern.[120] — Angesichts dieser Anhäufung von Beschuldigungen wäre „normale" Zensur, d. h. ohne zeremonielle bzw. rituelle Elemente, nahezu undenkbar.

Am 3. 11. wird jene Buchhinrichtung in Brüssel vollstreckt; eine Aktion, die Trauttmansdorff bereits vorher Joseph II. so ankündigte: Er hoffe, Seine Majestät werde mit jenem Dekret des Großen Rates zufrieden sein. Ein derartiges Urteil sei die wirksamste Widerlegung, die vorgenommen werden konnte.[121] Im Unterschied zu 1788 geht der Kaiser in seiner Antwort am 11. 11. 1789 immerhin deutlich auf das Verbrennungsdekret der Provinzialbehörde ein: Das gegen das Manifest Van der Noots gefällte und vollstreckte Urteil sei ebenso gerecht wie natürlich.[122] Dies ist aber auch schon die ganze im Brief ersichtliche Reaktion Josephs II., woraus man wieder auf ein gewisses Unbehagen seinerseits schließen kann.

Ein Jahr später sehen sich die aufständischen Belgier, seit Dezember 1789 im Besitz Brüssels, in einer ähnlich bedrängten Situation wie die pro-habsburgischen Behörden zuvor. Die Wiedereroberung des Landes durch die Truppen Leopolds II. ist nur mehr eine Frage der Zeit. In dieser Lage erläßt der neue Kaiser mit Datum vom 14. 10. 1790 von Frankfurt am Main aus eine Deklaration an die Belgier: Er wolle alle „constitutions, chartres et privilèges" anerkennen, die unter Maria Theresia in Geltung gewesen wären, fordere aber die Anerkennung seiner rechtmäßigen Autorität. Deshalb habe er 30.000 Mann in Marsch gesetzt, die um den 21. 11. eintreffen würden. Bis zu diesem Zeitpunkt könne man sich noch straflos seiner Hoheit unterwerfen.[123] Die Reaktion der Brüsseler — sicher auch von Leuten, die 1788 begeistert der Maxime „Brûler n'est pas répondre" zustimmten: Eine Proklamation im Namen des „souveränen Volkes von Brabant" verurteilt jene Deklaration Leopolds dazu, „am Großen Markte unserer Hauptstadt, am Fuße des [an einer Stange bzw. auf einem ‚Freiheitsbaum' befestigten] Freiheitshutes" (d. h. wohl einer Mütze), „zerrissen und verbrannt zu werden" — ein Urteil, das am 6. 11. 1790, vier Wochen vor dem Einmarsch der Österreicher, tatsächlich vollstreckt wird.[124]

7. Öffentliche Schriftenverbrennungen und verwandte Phänomene nach dem Zeitalter der Buchhinrichtungen

Im 19. Jahrhundert kommt es wohl nur mehr zu zwei echten obrigkeitlichen Buchhinrichtungen.

Der erste dieser Fälle — in Rom 1815 — erinnert stark an Aktionen der Jahre 1770 und 1791. Diesmal werden Freimaurerschriften öffentlich durch Henkershand verbrannt: Schriften und „sonstige Werke von geheimen Gesellschaften, die man [. . .] beim gewesenen Konsul König Murats fand".[1]

Im September 1822 greifen die ultraliberalen Munizipalbehörden Barcelonas zum gleichen Mittel. Von der royalistischen Regentschaft in Seo d'Urgel verbreitete Proklamationen, in denen Ferdinand VII. zum absoluten Herrscher erklärt wird, läßt man „in Gegenwart aller Militair- und Civil-Behörden auf öffentlichen Plätzen durch Henkershand" verbrennen. Einem anderen Bericht zufolge kommt es wenigstens „vor der Börse beim Konstitutionsstein" zu einer solchen Aktion.[2]

Ohne Henkersbeteiligung geht wohl bereits 1821 eine öffentlich-polizeiliche Vernichtungsaktion in Neapel vor sich. Nachdem infolge eines Beschlusses der konservativ-restaurativen Großmächte auf dem Laibacher Kongreß eine österreichische Armee einmarschiert ist, lassen die einheimischen Gegner der vertriebenen Carbonari-Regierung den liberalen „Katechismus der christlichen Lehre und der gesellschaftlichen Pflichten" (nebst „45 Bänden von Voltaires, 7 von Rousseaus und 18 von D'Alemberts Werken") „vor dem Pallaste der Polizei, [. . .] unter dem Toben einer wilden Volksmenge" verbrennen.[3]

Ansonsten praktizieren die Obrigkeiten jener Zeit meist andere Arten der Bekämpfung mißliebiger Schriften — Madame de Staëls „De l'Allemagne" beispielsweise wird 1810 auf Anordnung Napoleons eingestampft.[4]

Die Opfer Metternichscher Zensur werden eher gelegentlich zum „Vertilgen" bestimmt, womit fast nur Einstampfen gemeint sein dürfte. 1819 oder 1820 sollen zwar die Behörden Exemplare eines Grillparzer-Gedichtes „verbrannt" haben (so ein Tagebuch-Bericht), in Wirklichkeit kann es sich auch bei dieser — jedenfalls formlosen, nicht-öffentlichen — Aktion um Einstampfung gehandelt haben.[5] Das üblichste Schicksal beanstandeter Schriften, die nicht dem Verleger zurückgeschickt werden, ist um jene Zeit womöglich sogar das Verschwinden in Privatbibliotheken der zuständigen Beamten und deren Freunde.[6]

Willibald Alexis zeichnet 1833 die österreichischen Zustände so:

„Man rühmt es Dir, daß die allergefährlichsten und verbotensten Schriften in Aller Hände sind, wie denn wirklich, wer in Wien etwas lesen will, es auch lesen kann. Denn weit davon ist das Gubernium entfernt, um eine Erkenntnis zu unterdrücken, ein Ketzergericht anzustellen und Bücher zu verbrennen. Es weiß [oder, besser: ahnt] sehr wohl, daß man im neunzehnten Jahrhundert eine Idee nicht mehr vernichtet und lacht im Stillen über die Länder, die im Glauben, das ginge noch, es ihm im Buchstaben nachthun wollen."[7]

Immerhin hat man aber in der Habsburgermonarchie noch die Möglichkeit, in bestimmten Fällen Urteile gegen flüchtige Menschen durch In-effigie-Hinrichtung (Anschlagen von Namenstafeln bzw. Urteilstexten an den Galgen) vollstrecken zu können; eine Methode, die, darauf wurde bereits hingewiesen, in verschiedener Hinsicht mit dem Phänomen Buchhinrichtung in Verbindung steht, dieses nun allerdings überlebt. 1875 schrieb Eduard von Bauernfeld in einem Schauspiel über Ereignisse im Spanien Philipps II. jedenfalls nicht von ungefähr folgenden Dialog zweier Minister:

„Ich soll fliehen? Dann wird das Escorial meinen Namen an den Galgen schlagen lassen." — „Pah! das thut nicht weh, und man kann auch dabei ein zweites Mal Minister werden. Man hat Beispiele."[8]

Diese Sätze, von der Theaterzensur ab „und man kann [. . .]" gestrichen, schildern exakt das Schicksal des damaligen Außenministers, des Grafen Gyula Andrássy. Er war unter jenen 36 geflohenen Ungarn, gegen die sich am 22. 9. 1851 die wohl letzte öffentliche Hinrichtung Abwesender in der Habsburgermonarchie richtete.[9] Noch im Jahr 1820 legt ein Hofdekret Wert darauf, daß schon die „Anheftung des Todesurtheiles an einen Galgen" tatsächlich der „Vollzug eines Todesurtheiles wider einen Abwesenden oder Flüchtigen" sei, ein Vollzug, der „durch den Scharfrichter zu geschehen" habe — wobei dieser auch die gleiche Entlohnung erhält wie für die Hinrichtung habhaft gemachter Menschen.[10] Die Methode hinrichtungsmäßigen, obrigkeitlichen Vorgehens gegen dingliche Stellvertreter stirbt also auch in Österreich nicht so einfach aus.

Wenn jedoch im 19. Jahrhundert Papier auf Anordnung habsburgischer Behörden ausdrücklich „öffentlich" verbrannt wird, dann handelt es sich dabei höchstens um eine Maßnahme zur Einschränkung des Papiergeldumlaufes; so geschehen am 26. 8. 1811 — anläßlich des Staatsbankrotts — „in dem Verbrenn-Hause auf dem Glacis" zu Wien.[11]

In Ungarn wird 1830 von konservativen Adeligen, eventuell also auch von Lokalbehörden, noch einmal öffentliche Verbrennung einer Schrift (durch Henkershand?) gefordert. Es gibt Gerüchte, daß die betroffene Schrift — Graf István Széchenyis nationalökonomische Reformschrift „Hitel" („Kredit") — tatsächlich verschiedentlich verbrannt worden sein soll. Dabei handelte es sich aber wahrscheinlich um wenig spektakuläre, eher private Aktionen.[12]

Eine Verbrennung anderer Art wird 1806 durch die neu angekommenen bayrischen Beamten und Soldaten in Vorarlberg vorgenommen (das Land wurde Ende 1805 im Frieden von Preßburg Bayern zugesprochen): Der Bibliothekssaal des eben aufgelösten Klosters Mehrerau (bei Bregenz) wird für eine Tanzveranstaltung ausgeräumt; die Bücher — auf jeden Fall der größte Teil davon, einschließlich Inkunabeln und Handschriften — werden „vor dem Bibliothekssaal ,in einem Haufen, so groß wie eine Scheune', geschichtet und angezündet. Und während draußen unwiederbringliche Kunstwerke mönchischen Fleißes von Jahrhunderten in Flammen" aufgehen, tanzen „im Bibliothekssaal die bayrischen Soldaten und Beamten zur Blechmusik."[13]

In der ersten Hälfte des 19. Jahrhunderts kommen jedoch andere Aktionstypen häufiger vor — öffentliche Verbrennungen, die eher von „unten" her durchgeführt werden, Aktionen, die des öfteren als gleichsam „demokratisierte" Abwandlungen der früher ungleich häufigeren obrigkeitlichen Aktionen gegen Schriften bezeichnet werden können.

Eine vergleichbare Demokratisierung zeigt sich auch im Vorgehen gegen Bilder mißliebiger Personen. Obrigkeiten reduzieren die In-effigie-Hinrichtung zunehmend auf — feuerloses — Anschlagen von Namenstafeln oder Urteilstexten. Hingegen kommen im letzten Drittel des 18. Jahrhunderts öfters als vorher vergleichbare, sehr wohl „feurige" Aktionen des „Volkszorns" vor; Fälle, die es zumindest bis zur Mitte des 19. Jahrhunderts immer wieder gibt. Bilder im Sinn von Gemälden einerseits und (im weiteren Sinn) von Strohpuppen etc. anderseits werden dabei schon von den Zeitgenossen praktisch kaum unterschieden.[14]

Sowohl zeitlich als auch in der Sache ähnlich verläuft die Entwicklung bei den nicht-obrigkeitlichen, öffentlichen Vorgangsweisen gegen Schriften. Dabei sind etwa einige Verbrennungen religiösen Gepräges zu erwähnen, die, in unterschiedlichem Ausmaß, mit den Verbrennungen der Eitelkeiten des 15. Jahrhunderts vergleichbar sind, wobei diesmal zumeist Schriften ausschließliche Angriffsziele sind.

Eine Übergangsform zu obrigkeitlichem Vorgehen sind die Bücherverbrennungen infolge kirchlicher Missionen im Frankreich der Restaurationszeit — vor allem um 1820, wohl durch reumütige Besitzer aufklärerischer Schriften durchgeführt.[15] In Österreich wird um diese Zeit wenigstens gelegentlich von aufklärerisch-josephinischen Seelsorgern empfohlen, alte Gebetbücher mit abergläubischen Inhalten „dem Feuer [zu] übergeben, damit sie in keines Menschen Hände mehr gerathen."[16] Ohne Beteiligung des Klerus von Sektierern durchgeführt werden öffentliche Bücherverbrennungen zumindest 1817 im Kirchenstaat, 1832 im schweizerischen Kanton Waadt und 1844 in Schweden. Dort sind die Werke Luthers betroffen, bei deren Herausgabe der Satan ein Jubelfest gefeiert habe; er solle nun ein Trauerfest haben — so die Begründung der Janssonisten-Sekte für ihr Vorgehen.[17]

Andersartige, nicht religiös geprägte Verbrennungen von unten her gibt es in der ersten Häfte des 19. Jahrhunderts ebenfalls häufiger als vorher bzw. als bis zum Ende des 19. Jahrhunderts (zumindest was den Raum nördlich der Alpen betrifft). 1802 richtet sich der Bourla-Papey-Aufstand waadtländischer Bauern gegen Urkunden von Stadt- und Schloßarchiven (Grandson, Yverdon u. a.; „bourla-papey" heißt in ihrem Dialekt soviel wie „brûle-papier"); man möchte so „die urkundlichen Zeugen" eigener „wirtschaftlicher Abhängigkeit für immer auf die Seite [. . .] schaffen".[18] Ein anders gearteter Fall liegt beim „Krumbacher Weiberaufstand" von 1807 vor: Bregenzerwälderinnen vernichten dabei Musterrollen, mittels derer die bayrisch-französischen Besatzer Rekruten einziehen wollen.[19]

Eine der vier oder fünf „klassischen", meistzitierten Bücherverbrennungen gehört ebenfalls hierher — ein Ereignis, das eher am Rande des Wartburgfestes im Oktober 1817 stattfindet: Die um ein „Sieges- und Dankfeuer" zum zehnjährigen Gedenken der Völkerschlacht bei Leipzig versammelten Studenten halten ein „Feuergericht" über mißliebige, als unpatriotisch bzw. absolutistisch-unterdrückerisch angesehene Schriften und Symbole (z. B. auch über Zopf und Korporalstock). Diese Dinge, die Bücher meist vertreten durch Makulaturpapier, werden „zuerst an einer Mistgabel hoch in die Höhe gehalten dem versammelten Volk gezeigt, und dann unter Verwünschungen in die Flammen geworfen".[20] Durch dieses Ereignis veranlaßt, veröffentlicht der preußische Polizeidirektor von Kamptz eine „Rechtliche Erörterung über öffentliche Verbrennung von Druckschriften": Derartiges Vorgehen sei an sich eine „höchst zweckmäßige Strafe", und mit gutem Grund gebe es noch die einschlägige Bestimmung im Allgemeinen Landrecht. Nicht-behördliche Aktionen jener Art lehnt der Herr Polizeidirektor natürlich entschieden ab — nicht nur deshalb, weil man seine eigene Gesetzessammlung, den Codex der Gendarmerie, verbrannte.[21]

In Deutschland kommt es dann von 1830 bis 1848 zu mehreren Verbrennungsaktionen von unten her. 1830 verbrennt man in Hessen-Darmstadt „unter dem Geschrei von Freiheit und Gleichheit Steuerrollen, Zolltarife und Mautakten" und stößt „Drohungen gegen die Städter aus". Papiere eines Zollhauses werden auch im Rahmen des Sturms auf die Frankfurter Hauptwache im Jahr 1833 vernichtet. 1846 in Mainz kommt es zu einer interessanten Kombination von Puppen- und Schriftenverbrennung.[22]

1848 gibt es zumindest einige feierlichere Aktenverbrennungen im Großherzogtum Baden. In Österreich werden damals höchstens Puppen — Radetzky, den späteren Kaiser Wilhelm I., Liguorianer (Ordensleute) und andere darstellend — öffentlich-feierlich verbrannt (am 12. 6. in Hainbach, also auf heutigem Wiener Gemeindegebiet).[23]

Obrigkeitlich-schriftliche Angriffsziele haben auch 1842 die englischen Plug-Plot Riots (Strafregister und Armenbücher). Überhaupt gilt zu jener Zeit Feuer als ein für britische Aufstände typisches Kampfmittel, wenngleich hauptsächlich bei agrarischen Unruhen — und zumeist gegen Heuschober gerichtet.[24]

1849 lassen übrigens die Verwaltungsbehörden eines englischen Colleges angeblich ein Buch im offenen Feuer der College Hall verbrennen. In Wirklichkeit gibt bloß die entsprechende Privataktion eines Professors gegen einen Roman, in dem der Glaubensverlust eines Anglikaners geschildert wird, Anlaß zu derartigen Gerüchten.[25]

Abschließend sei hier eine Aktion angeführt, die wieder Produkt breiten Volkszorns ist: Im Rahmen des walachisch-rumänischen Aufstandes von 1848 wird in Bukarest das unter russischer Aufsicht ausgearbeitete Verwaltungsstatut von 1829 verbrannt.[26]

Bis zur Mitte des 19. Jahrhunderts werden, überdies ungleich häufiger als in den folgenden zwei, drei Jahrzehnten, hier in verschiedener Hinsicht einschlägige Wünsche nach Bücherverbrennung geäußert — oder auch ideologischen Gegnern in den Mund gelegt — in den unterschiedlichsten Zusammenhängen und verschieden ernst gemeint. Dabei wird in einzelnen Fällen Verbindung mit dem Henker hergestellt (vergleiche etwa Grillparzers Gedicht „Der Henker hole die Journale"). Üblicher sind allerdings entsprechende Feststellungen mit bloßem Bezug auf Schriftenverbrennung an sich.[27]

Zeitverschoben gegenüber jener Entwicklung wird allerdings auch verschiedentlich in der ersten Hälfte des 19. Jahrhunderts die Vergangenheit gewissermaßen „gesäubert", was Bücherverbrennungen betrifft: Lenau bringt 1837 seinen — positiven — Helden Savonarola überhaupt nicht mit dem in Verbindung, was angeblich ein „Zug, dem Pöbel angehörend", tut. Auch die verschiedenen Überlieferungen zum Aufenthalt Capistrans in Wien sind hier von Interesse (wenngleich gerade er weniger Bücher als vielmehr hauptsächlich andere „Eitelkeiten" verbrennen läßt): Um 1830 wird in einem Gedicht die Verbrennung nur nebenbei, um 1840/50 in einem anderen Capistran-Gedicht gar nicht mehr erwähnt (in Veröffentlichungen von 1857 bzw. 1853). Erst am Ende des 19. Jahrhunderts sollten der entsprechende Aufruf des Predigers und die prompte Befolgung jener Aufforderung ausführlicher, und deutlich positiv gesehen, erwähnt werden.[28]

Im dritten Viertel des 19. Jahrhunderts gerät das Phänomen Buchhinrichtung bzw. öffentlich-feierliche Schriftenverbrennung noch mehr in Vergessenheit. Dies zeigt sich gerade dann, wenn sich ein Autor gezwungen sieht, von einem derartigen Fall der Vergangenheit Kenntnis zu nehmen — wobei die Fassungslosigkeit noch durch den Umstand verstärkt werden kann, daß der Buchhinrichter ein aufgeklärter Herrscher war:

„Nein, diese Art, gegen ein Buch vorzugehen, mußte der Fürst der Aufklärung der spanischen Inquisition überlassen, und Voltaire hat ihm [Friedrich II.] in der That etwas geschenkt, daß er diesen Act nicht zum besonderen Gegenstand einer satirischen Darstellung gemacht hat"

— so David Friedrich Strauß in einer zuerst 1870 veröffentlichten Schrift.[29] Auch allgemeinere Stellungnahmen zum Themenkreis Bücherverbrennung sind zu dieser Zeit seltener als vorher und nachher.

Weltliche Obrigkeiten lassen mißliebige Schriften zumindest bis zur Zeit des Ersten Weltkrieges noch konsequenter formlos vernichten als vor der Mitte des 19. Jahrhunderts; dabei handelt es sich wieder hauptsächlich um Einstampfungen. Immerhin setzt 1857 der Obscene Publications Act für England neue gesetzgeberische Maßstäbe, die aber erst nach dem Ersten Weltkrieg in verstärktem Ausmaß angewandt werden.[30] Wenigstens als Verbrennung angeprangerte Polizeiaktionen gegen Schriften gibt es dann mindestens ab dem späten 19. Jahrhundert in Rußland — 1896 ist dabei eine Schrift Lenins betroffen.[31]

Gelegentlich werden freilich auch in den Jahrzehnten nach 1850 Schriften öffentlich verbrannt, so zweimal auf Veranlassung von Bischöfen: 1859 im kolumbianischen Bogotá und 1861 in Barcelona, gerichtet gegen Bibeln bzw. gegen spiritistische Schriften. In Neapel verbrennen 1865 Studenten eine päpstliche Enzyklika und den Syllabus vom Dezember des Vorjahres im Hof der Universität. Drei Jahre später wird in Madrid nach der Absetzung der Königin Isabella das Konkordat verbrannt.[32] Die erwähnten Ereignisse finden nicht zufällig in Gegenden statt, wo zum Teil Menschen länger auf obrigkeitliche Anordnung hin verbrannt werden als anderswo: in Spanien vermutlich 1826 das letzte Mal bei einem „Auto de Fé"; in Südamerika zumindest noch 1877 in Mexiko und 1888 in Peru; die letzten Brandstifterverbrennungen finden in Wien 1772, in London 1786, in Berlin 1813 statt.[33]

Im letzten Viertel des 19. Jahrhunderts gerät das Phänomen Bücherverbrennung, wenigstens in dieser allgemeinen Form, wieder des öfteren in den Blickpunkt verschiedenartiger Interessen. So wird 1877 in einer theologischen Zeitschrift von den Katholiken die − wenngleich private − Verbrennung kirchlich verbotener Bücher verlangt, da ja sogar die „Athener [...] die atheistisch scheinenden Schriften des Protagoras öffentlich verbrennen lassen" hätten.[34] Auch einschlägige belletristische Äußerungen finden sich wieder verstärkt ab den 1880er Jahren, wobei etwa Savonarolas Verbrennungen der Eitelkeiten wieder positiv bewertet werden.[35]

Es kommt mehrmals zu öffentlich-demonstrativen Aktionen von unten her. 1886 werden bei anti-klerikalen Demonstrationen zumindest in Vicenza, vielleicht auch in Mantua, Mailand und Ravenna „ganze Haufen geistlicher Bücher" den Flammen übergeben. Ein Jahr darauf verbrennt der irische Politiker William O'Brien bei einer Massenkundgebung das polizeiliche Verbot eben dieser Versammlung. Weiters wird zum Beispiel 1887 in Amsterdam eine Aktionsform erprobt, die mehr als neunzig Jahre später wieder verstärkt in Mode kommen sollte: die Zerstörung von ideologisch mißliebigen Buchhandlungen.[36] Von anderen Fällen berichtet Lenin 1917 in einem (deutsch gehaltenen) Vortrag:

„Im Dezember 1905 verbrannten in Hunderten von Schulen die polnischen Schulkinder alle russischen Bücher, Bilder und Zarenporträts, prügelten und vertrieben die russischen Lehrer und russischen Kameraden aus den Schulen unter dem Ruf: ‚Fort mit euch nach Rußland!'"[37]

Im Bereich der Habsburgermonarchie gibt es wieder demonstrativ-öffentliche Bilderverbrennungen. So zeigt schon 1871 Erzherzog Ludwig Viktor, der jüngste Bruder Franz Josephs, seine anti-preußischen Gefühle, indem er vor einem Berghotel in Nordtirol Bilder Bismarcks, Kaiser Wilhelms und Moltkes (aus dem dortigen Speisesaal) „mit Hilfe seines Kämmerers" verbrennt, „ohne Rücksicht auf anwesende Reichsdeutsche zu nehmen" − er muß sich dafür dann in Gastein bei Kaiser Wilhelm und Bismarck entschuldigen. 1877 wird von „hussitischen Prager Jünglinge[n] [...] des Papstes Bild" verbrannt.[38] Auch Fahnen werden wieder so vernichtet. 1895 verbrennen beispielsweise kroatische Studenten in Zagreb/Agram ungarische Fahnen.[39] Welche Bedeutung solchen demonstrativen Aktionen damals wieder beigemessen werden konnte, zeigt ein Bericht Richard Kraliks über einen Tiroler Fall von 1899, ein Bericht, der gerade in seiner Parteilichkeit interessant ist:

„Der Fürstbischof [Simon Aichner] von Brixen erließ einen Hirtenbrief gegen die am 21. Juni in Innsbruck veranstaltete unkirchliche und
unpatriotische Sonnwendfeier, mit dem Thema ‚Los von Rom'. [. . .]
Es kam zu Gegenkundgebungen, und bei einem Fackelzug zu Ehren
des Dichters Adolf Pichler am 6. Juli wurde der Hirtenbrief vor dem
Ursulinenkloster feierlich verbrannt. Darauf erfolgte eine riesige Pro-
testversammlung des wahren Tiroler Volkes aus allen Gauen Tirols in
Waffen und Wehr. Ich habe den Zug mit höchster Ergriffenheit durch
die Straßen Innsbrucks ziehen sehen, die Bauern in ihren malerischen
Trachten, geführt von ihren Geistlichen."[40]

1908 sollen in Semlin, der Belgrad am nächsten liegenden Stadt
Österreich-Ungarns, öffentlich etwa 2.000 Bände einer „Geschichte des serbischen Volkes" verbrannt worden sein; dies
wohl im Zusammenhang mit der Annexionskrise als Reaktion
auf öffentliche Verbrennungen von Fahnen der Doppelmonar-
chie in Serbien.[41] Hier sei noch eine Aktion beim Abschluß einer
Gerichtsverhandlung erwähnt: Im Mai 1912 verbrennt der
Richter im Kreisgericht Sankt Pölten persönlich eine Aktzeich-
nung Egon Schieles — wenngleich ohne gesetzliche Deckung,
gewissermaßen also eine Privataktion.[42]

Bereits Tacitus hatte gehofft, daß die von ihm geschilderten
Schriftenverbrennungen überholte Schreckenstaten endgültig
vergangener Zeiten gewesen wären. Zwei Jahrhunderte später
griffen römische Obrigkeiten wieder in großem Ausmaß zu derartigen Mitteln, um mißliebige Ideen zu bekämpfen.[43] Auf ähnliche Weise schrieben im ersten Drittel des 19. Jahrhunderts
Peignot und Alexis über frühere obrigkeitliche Aktionen jener
Art — sichtlich darauf hoffend, daß solche Szenen einer als bar-
barisch empfundenen Vergangenheit in Zukunft nie mehr vorkommen mögen. Ein englischer Autor, James Anson Farrer,
stellt noch 1892 fest: „The custom of bookburning, never for-
mally abolished, died out at last from a gradually decline of public belief in its efficacy."[44] Tatsächlich sollten dann im 20. Jahrhundert, vor allem ab den 30er Jahren, nicht nur von unten her,
sondern auch auf obrigkeitliche Anordnung bzw. wenigstens
Anstiftung „papierne Feinde"[45] auf öffentlich-demonstrative
Weise verbrannt werden.

Dem 20. Jahrhundert jedoch ist gerade der Gedanke der
Buchhinrichtung im Sinn der Zeit vor der Französischen Revolution im allgemeinen eher fremd. Es gibt zwar gerichtlich angeordnete Schriftenverbrennungen, etwa in den USA: So wird

1936 das im Rahmen eines Ehescheidungsprozesses eine Rolle spielende, aber keineswegs zur Veröffentlichung bestimmte Tagebuch der Filmschauspielerin Mary Astor vom Gericht als Pornographie eingestuft — und daraufhin im Ofen des Gerichtes verbrannt. 1956 werden in mehreren Vernichtungsaktionen Bücher Wilhelm Reichs auf Betreiben der Food and Drug Administration vernichtet, allein sechs Tonnen davon in einer New Yorker Müllverbrennungsanlage. Noch 1945 erläßt man in Massachusetts ein Gesetz, demzufolge (deutlicher als in sonstigen „objektiven" Verfahrensordnungen) Büchern anstatt deren Verkäufern oder Autoren der Prozeß gemacht werden kann.[46]

Für unser Jahrhundert sollten dennoch andere Arten öffentlicher Schriftenverbrennungen typisch werden. Formen, die zur Zeit der Buchhinrichtungen eine untergeordnete Rolle spielten: Aktionen mehr oder minder spontaner oder auch — vielfach durch lokale oder zentrale Obrigkeiten — gelenkter und gewollter bzw. wenigstens von oben her gedeckter Volkswut, Akte einer politischen Lynchjustiz".[47] Die Grenzen zu Obrigkeitsferne bzw. -feindlichkeit sind dabei freilich oft genug nicht eindeutig zu ziehen, etwa dann, wenn entsprechend handelnde Volksmassen Instrumente im Machtkampf von Obrigkeiten sind.

Entsprechende Bereitschaft papierenen Feinden gegenüber ist zumindest bis etwa 1918 zunehmend häufiger festzustellen (ebenso Zustimmung zu Bücherverbrennungen der Vergangenheit), und zwar von den verschiedensten weltanschaulichen Positionen her. Marino Marinetti fordert im „Grundlegenden Manifest" des Futurismus vom 11. 1. 1909: „Und legt Feuer an die Regale der Bibliotheken"; Karl Kraus wünscht sich in einem Vortrag am 19. 11. 1914 ein „schlichtes Autodafé" gegen haßschürende Zeitungen; um 1915 kommt es zu einer freiwilligen Vernichtungsaktion deutscher Verleger gegen selbstverlegte „Schundliteratur", was ein Zeitgenosse begeistert mit der Aktion der Epheser nach der Bekehrung durch Paulus vergleicht, um hier nur drei Belege anzuführen.[48] Autoren mehr oder weniger wissenschaftlicher Absicht befassen sich verstärkt mit dem Thema Bücherverbrennung. Entsprechende Metaphern werden wieder des öfteren auch für „feuerlose" Streitigkeiten oder Zensuraktionen verwendet.[49]

Öffentlich-demonstrative Schriftenverbrennungen gibt es zur Zeit des Ersten Weltkrieges etwa in den USA. 1917 in Wyoming und 1918 in Cleveland/Ohio werden „deutsche Bücher unter Absingung patriotischer Lieder verbrannt".[50] Erwähnenswert ist hier auch das Vorgehen von Ludwig Windisch-Graetz im Februar 1918 als neuer ungarischer Ernährungsminister in Budapest. Er läßt „187.000 Akten im Hofe" des Ministeriums „mit Benzin übergießen und verbrennen. Im Licht der Flammen" glaubt er, dabei „den Schimmer einer neuen Verwaltungsmethode zu erblicken". Der Ministerrat droht mit einem Anklageverfahren; Kaiser Karl, den der Aktenfeind daraufhin in Baden aufsucht, billigt jedoch sein Vorgehen mit den Worten: „Sie haben recht gehandelt, ich danke Ihnen."[51]

In den zwanziger Jahren kommt es zum Beispiel in Österreich und in Irland zu öffentlichen Schriftenverbrennungen von unten her. Im März 1920 zertrümmern monarchistisch gesinnte Mittelschüler die Schaufenster einer Innsbrucker Buchhandlung und verbrennen zwei italienische Bücher über Wilhelm II.; noch spektakulärere Fälle — mit religiös-moralischen Begründungen — ereignen sich vor allem 1927/28 in Irland.[52]

Daneben gibt es immer wieder formlosere Büchervernichtungsaktionen vor allem durch Zollbehörden in Irland, Großbritannien, Kanada und den USA — zwar nicht wirklich öffentlich-demonstrativ durchgeführt, aber wohl nicht zu Unrecht wiederholt als „Verbrennung" angeprangert.[53]

Am 21. 1. 1932 berichtet die Berliner „Deutsche Allgemeine Zeitung" über „Deutsche Bücher auf dem Scheiterhaufen. Polens Kampf gegen deutsche Bücher".[54] Was dabei wirklich geschehen ist, bliebe noch zu untersuchen. Interessanter ist hier jedenfalls die Umkehrung jenes Titels, nämlich: „Bücher auf deutschen Scheiterhaufen".

„Und dann geht gebückt zum Scheiterhaufen,—/ Und das Letzte läpp'schen Fremdtums,/ Fremdtums in Gedanken,/ Fremdtums in den Kleidern,/ Fremdtums in den Worten,—/ Werft es,/ Betend, beichtend/ In das blanke Läuterfeuer/ Eures blonden Gottes . . ./ Aufrecht, lichtwärts euch dann reckend/ Segnet selig euer Opfer"

— soweit ein ernst, wenngleich noch eher metaphorisch gemeintes „Heldengebet" des Hamburger Gymnasialprofessors Gustav Leisner, geschrieben im Sommer 1915, veröffentlicht in einem Band, in dem auch davon die Rede ist, daß „tausend Stämme zwergbehirnter, schwarzbehaarter Menschenkraken" noch „der Wikingsfaust" warten.[55]

Derartige Anschauungen sind bereits damals kein Einzelfall. Sie gewinnen in der Weimarer Republik immer mehr an Boden und nähern sich zunehmend der Schwelle zum tatsächlichen Handeln – einer Schwelle, die bereits vor 1933 mehrfach überschritten wird. Eine Verbrennung von „Schmutz- und Schundliteratur" durch Hunderte von Jugendlichen in Berlin-Tempelhof wird vom sozialdemokratischen Minister Köster am 3. 4. 1922 als beispielhaft im Reichstag lobend erwähnt. Gruppierungen verschiedener Art (keineswegs nur Deutschnationale) legen nicht nur immer mehr Wert auf Umrahmung ihrer Veranstaltungen durch Flammen, sondern übergeben auch bereits des öfteren Ausweise ferngebliebener Mitglieder, „alle unangenehmen Schreiben" und dergleichen mehr „dem Feuer zur Schlichtung". Hier etwa ein „Flammenspruch" bei einer Sonnwendfeier des Reichsverbandes der Deutschen Presse auf der Kieler Förde 1930: „Alles, was Not und Verderben gestiftet, / Was uns im innersten Marke vergiftet, / Reißt es mit festentschlossenem Mut / Aus eurem Herzen, werft's in die Glut!" Zum Vergleich ein Zitat aus einem „Handbuch zur Gestaltung sozialistischer Jugendfeiern" im Jahr 1929:

„Lodernde Flammen verbrennen traditionelle Fesseln, läutern die Kräfte für reines, edles, schlackenloses Menschentum [. . .]. So entwickelte sich das sozialistische Fest der Sonnenwende als Symbol der Sehnsucht der Massen nach Befreiung, nach Licht".[56]

Allerdings setzt sich immer mehr eine besondere „Verehrung des Feuers nicht in seiner leuchtenden, sondern in seiner brennenden Kraft"[57] durch. Flammen gehören damit weniger zur Lichtsymbolik mit Betonung des erhellenden Leuchtens, sondern gelten zunehmend als Symbol der Zerstörung „schlechter", vor allem alter Dinge bzw. als Mittel zu solcher Zerstörung. Diese Akzentverschiebung zeigt sich deutlich in der jeweiligen Auswahl verschiedener Liederbücher, und zwar am Verhältnis der Bedeutungen „brennend" zu „leuchtend" beim Vorkommen von Feuer, Sonne etc.: In einer Sammlung von 1939 beträgt dieses Verhältnis etwa 1 : 1, bei nach 1933 geschriebenen Texten sogar rund 2,5 : 1; im Vergleich dazu die Zahlen für ein Liederbuch von 1948: zirka 1 : 4,5.[58]
1930/31 hat ein nationalsozialistisch geführtes Volksbildungsministerium in Thüringen – unter dem späteren Reichsinnenminister Wilhelm Frick – Gelegenheit zu ersten obrigkeitlichen Aktionen gegen „undeutsche Einflüsse" im Kulturleben (also nicht nur gegen eindeutig parteipolitisch gegnerische Kul-

turäußerungen); demonstrative Vernichtungsaktionen gibt es allerdings vorerst nur gegen Wandfresken, die übertüncht werden. Immerhin kann sich die NSDAP spätestens seit den thüringischen Neuwahlen vom Juli 1932 der machttechnischen Gefahrlosigkeit und breiten Popularität kunstpolitischer Zwangsmaßnahmen selbst weitgehender Art sicher sein. So ist es dann auch nicht verwunderlich, daß etwa die örtliche Leitung der Real- bzw. Mittelschule im thüringischen Allstedt, ohne Anstoß von oben her, die alte „Schulfahne [. . .] am 22. April 33 zusammen mit einigen Schriften marxistischen Inhaltes auf dem Marktplatz öffentlich" verbrennen läßt.[59]

Bald nach der Errichtung des Reichsministeriums für Volksaufklärung und Propaganda, noch im März 1933, erhält der Bibliothekar Wolfgang Herrmann „den Auftrag, die ersten Schwarzen Listen anzufertigen und die Verbrennung der marxistischen und jüdischen [. . .] Bücher einzuleiten".[60] Mit der Durchführung der so vorbereiteten „Säuberungsaktionen" betraut das Goebbels-Ministerium die Deutsche Studentenschaft, also den „privatrechtlichen Zusammenschluß der Allgemeinen Studentenausschüsse [. . .] der Hochschulen".[61] Das rasch errichtete Hauptamt für Presse und Propaganda — ab Ende April Hauptamt für Aufklärung und Werbung — innerhalb jenes bereits nationalsozialistisch geleiteten Verbandes übernimmt die offizielle Alleinverantwortung für die nun folgende „Aktion wider den undeutschen Geist" äußerst bereitwillig und prompt; dies vor allem deshalb, um so dem Monopolanspruch des Nationalsozialistischen Deutschen Studentenbundes auf politischweltanschauliche Erziehung der Studenten entgegentreten zu können.[62]

Höhepunkte der „Säuberungen" in den meisten deutschen Hochschulstädten (nicht z. B. in Tübingen) sind Verbrennungen an markanten öffentlichen Orten, etwa am Römerberg in Frankfurt am Main, der in dieser Hinsicht eine lange Tradition hat. Durchgeführt werden sie in engem Einvernehmen mit den Lokalbehörden, vereinzelt auch von anderen Gruppierungen. So gibt es in Heidelberg eine Aktion der Studentenschaft am 17. Mai, genau einen Monat später eine eigene der Hitlerjugend. In manchen Städten — zumindest in Dresden, Erlangen, Königsberg, Münster und Rostock — nagelt man zusätzlich Schriften an öffentliche Schandpfähle. Nicht alle Verbrennungen finden am 10. Mai statt. In Hamburg kommt es erst am 15. dazu, in Köln am 17. Mai, in Darmstadt am 21. Juni. Hauptursache für diese zeitlichen Verschiebungen: Am 10. Mai regnet es in fast ganz Deutschland, sodaß auch die Berliner Organisatoren bei der Durchführung Probleme haben, wie ein von Arnold Zweig mitgeteilter Augenzeugenbericht erweist.[63] Bei der Verbrennung am Berliner Opernplatz, wo am 10. 5. mindesten 20.000 Bände in Flammen aufgehen, verherrlicht Goebbels jenes Vorgehen der Studenten unter anderem mit diesen Worten: Man tue

„gut daran, [. . .] den Ungeist der Vergangenheit den Flammen anzuvertrauen. Das ist eine starke, große und symbolische Handlung, eine Handlung, die vor aller Welt dokumentieren soll, hier sinkt die geistige Grundlage der Novemberrepublik zu Boden; aber aus diesen Trümmern wird sich siegreich erheben der Phönix eines neuen Geistes, eines Geistes, den wir tragen, den wir fördern und dem wir das entscheidende Gesicht geben und die entscheidenden Züge aufprägen."[64]

Wir haben bereits oben gesehen, wie schon 1933 jene Ereignisse als Vorstufe von Menschenverbrennungen erahnt werden konnten. Auch war davon schon die Rede, wie sehr später die Aktionen vom Mai 1933 (oft reduziert auf Berlin) als „die" Bücherverbrennung schlechthin gesehen werden.[65]

Drei Jahre später dienen jene Verbrennungen offenbar als Vorbild für Anhänger des Generals Joannis Metaxas, der seit dem Putsch vom 4. 8. 1936 im Einverständnis mit König Georg III. in Griechenland eine Diktatur errichtet: Am 8. 8. versammelt „sich eine große Gruppe nationalistischer Studenten vor dem Gebäude der Universität, wo sie Scheiterhaufen" errichten und „zahlreiche kommunistische Flugschriften" verbrennen.[66]

In Österreich werden bereits im Februar 1934 durch Heimwehrleute im Wiener Karl-Marx-Hof Schriften verbrannt, die aus Arbeiterwohnungen geholt wurden.[67] Am 30. 4. 1938 läßt der Nationalsozialistische Lehrerbund auf dem Salzburger Residenzplatz rund 1.200 oder 2.000 Bände „jüdischen und klerikalen Inhaltes" vernichten, so etwa — neben Schuschniggs „Dreimal Österreich" — Bücher von Stefan Zweig, Franz Werfel und Arthur Schnitzler.[68] In Wien kommt es 1938/39 nur zu eher tumultuarischen bzw. wenig feierlichen Aktionen. Am 8. 10. 1938 werden beim Sturm der Hitlerjugend auf das Erzbischöfliche Palais zumindest Kleider, aber wohl auch Bücher verbrannt. Über die Reichskristallnacht am 9./10. 11. 1939 in der Leopoldstadt wird berichtet: „Im 2. Bezirk wurden jüdische Betbücher und sonstiges Büchermaterial auf der Straße verbrannt." Im allgemeinen werden bei den Synagogenzerstörungen wie etwa in Linz Schriften nur mitvernichtet, nicht eigens gezielt verbrannt.[69] Erwähnenswert ist auch die symbolische Verbrennung von Baracken des Konzentrationslagers Wöllersdorf am 2. April 1938. Gauleiter Bürckel hält dabei eine vom Radio übertragene Rede, die in ihrer Pathetik mit einigen Änderungen durchaus auch fünf Jahre zuvor auf dem Berliner Opernplatz gehalten hätte werden können. Genau zwei Monate später werden dann in Bregenz bei einer Sonnwendfeier — nach einer Rede des Bürgermeisters — Schriften und Bilder des austrofaschistischen Regimes feierlich verbrannt.[70]

Nicht zu übergehen sind hier die Verbrennungen von Werken der bildenden Kunst durch Nazi-Behörden: Am 20. März 1939 werden „in einer symbolischen, propagandistischen Handlung" fast 5.000 Gemälde, Zeichnungen und dergleichen — allesamt „entartete" Kunstwerke — im Hof der Berliner Feuerwache verbrannt. Zu einer ähnlichen Aktion kommt es am 27. Mai 1943 in Paris: Etwa 500 oder 600 „Gemälde der Moderne" aus Privatsammlungen verbrennt man im

„Garten des Jeu de Paume [. . .], auf der Terrasse der Tuilerien. [. . .] Die Ausführenden unterhielten den Scheiterhaufen mit einer Sorgfalt, als ob sie an einer rituellen Opferfeier teilnähmen. Ein bewaffneter Posten bewachte die Szene und verhinderte, daß sich ihr jemand näherte"

berichtete Rose Valland, Konservatorin der nationalen Museen Frankreichs.[71] Soweit zu den nationalsozialistischen Verbrennungen.

1951 wird jedoch in einem Zeitschriftenaufsatz nicht zu Unrecht festgestellt: „Die Flammen jener Scheiterhaufen sind noch nicht erloschen."[72] Bereits das Ende des Nazi-Regimes wird von verschiedenartigen — in mehreren Fällen auch demonstrativ-öffentlichen — Aktionen gegen Bücher, Bilder und dergleichen materielle Überbleibsel des Nationalsozialismus begleitet. So sieht Helmut Presser 1945 „in Berchtesgaden einen Berg von Büchern, die verbrannt werden sollten". Auch beispielsweise im burgenländischen Frauenkirchen verbrennen mehrere Einwohner aus Angst vor den anrückenden Russen neben Büchern z. B. Bilder von Privatpersonen in Uniform; das Ganze in durchaus öffentlich-demonstrativer Form.[73]

Zumindest Engländer und Amerikaner beschließen „schon frühzeitig, nichts zu unternehmen, das an einen Index verbote-

Historische und Geographische
Beschreibung
des Königreiches
Böheim,
Erster Theil,

worin
Dessen alte Einwohner / Regenten / Schicksale / Reli=
gion und andere Merckwürdigkeiten,
sowol älterer als neuerer Zeiten,
aus den besten Nachrichten, Diplomatibus und andern Urkunden
gründlich und unpartheyisch vorgetragen,
und mit einer accuraten Land-Charte versehen
von
Rochezang von Isecern.

Franckfurt und Leipzig,
1 7 4 6.

T. 18: Das Angriffsziel der letzten Wiener „Buchhinrichtung"

T. 19: Paris 1764: eine „aufgeklärte" Bücherverbrennung

GUIDE FIDELE

POUR TOUTE L'ÉTENDUE DU

DUCHÉ DE BRABANT,

PAYS DE LIMBOURG

ET

LE MARQUISAT D'ANVERS:

Avec une Esquisse de la Constitution de la
Province, & Moyens de la conserver.

DÉDIÉ

AUX ÉTATS DE BRABANT,

Par un Ami de la Patrie.

Les tyrans ont toujours quelqu'ombre de vertu,
Ils soutiennent les Loix, avant de les abattre....
                    CATILINA Tragéd.

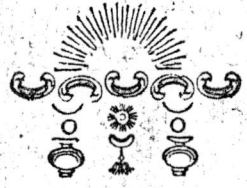

A LONDRES.

MDCCLXXXVIII.

T. 20: Titelblatt der ergänzten Neuauflage eines „Buchhinrichtungs"-Opfers von 1788

nicht selbst aufreiben, so lang sie im Ganzen das ist, was eine Landsmannschaft im Theil.

Das überlegt! Geht nicht aus einander, wie ihr gekommen seyd! Einige Grundgesetze macht, und gebt sie jedem mit nach Hause. Ein geschriebenes Wort hat Wunderkraft! —————— Auf Wiedersehen, doch nicht vor drey Jahren!————

Darauf wurde zum Essen geblasen. Es war ein fröhliches. Der Wein stärkte das Gefühl und den guten Vorsatz, der aus jedem Gesicht leuchtete. Es wurden Gesundheiten ausgebracht, die uns aber nicht im Geiste des Festes geschienen; daher behielten wir die unserigen im Herzen.

Nach Tische, es mochte 3 Uhr seyn, gieng der Zug den Berg herunter, und mit dem Landsturm freundschaftlich und gleichen Ranges in die Stadtkirche, wo die Predigt allgemeine Wirkung hervorbrachte.

Darauf wurden Turnübungen auf dem Markte angestellt — und darauf wurde es dunkel. — So ist jede Minute in löblicher Thätigkeit zugebracht worden.

Nach 7 Uhr zogen die Studenten, jeder mit einer Fackel, also deren etwa an 600 auf den Berg zu den Siegesfeuern, wo der Landsturm schon versammelt war. Oben wurden Lieder gesungen und wieder eine Rede von einem Studenten gehalten, die wir nicht gehört, die aber allgemein als besonders kräftig gerühmt worden ist.

Darauf wurde Feuergericht gehalten über folgende Stücke, die zuerst an einer Mistgabel hoch in die Höhe gehalten dem versammelten Volke gezeigt, und dann unter Verwünschungen in die Flamme geworfen wurden.

Es waren aber die Abgebrannten diese:

Ein

Eine

Ein

(Ob jedoch diese drey Dinge die ersten oder die letzten gewesen, wissen wir nicht.) Ferner:

 F. Ancillon: Ueber Souverainitaet etc.

 F. v. Cölln: Vertraute Briefe. — Freymüthige Blätter, ua.

∴ Crome: Deutschlands Crisis u. Rettung.

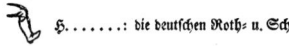

Dabelow: der 13e Artikel der deutschen Bundesacte. usw.

H........: die deutschen Roth= u. Schwarzmäntler.

⚜ K. L. v. Haller: Restauration der Staatswissenschaft.

∵ Hark: Ui. die gemeinschädl. Folgen der Vernachlässigung einer den Zeitbedürfnissen angemessenen Policey in Universitätsorten überhaupt und in Ansehung der Studierenden ins Besondere.

 Janke: Der neuen Freyheitsprediger Constitutionsgeschrey.

 Kotzebue: Geschichte des deutschen Reichs.

L. Theobul Kosegarten: Rede gesprochen am Napoleonstage 1809. ——— Geschichte meines fünfzigsten Lebensjahres. ——— Vaterländische Lieder.

 K. A. v. Kamptz: Codex der Gensd'armerie.

 W. Reinhard: Die Bundesacte über Ob, Wann und Wie? deutscher Landesstände.

 Schmalz: Berichtigung einer Stelle in der Bredow=Venturinischen Chronik; und die beyden darauf.

 Saul Ascher: Germanomanie.

⚜ Chr. v. Benzel Sternau: Jason.

Werner: Weihe der Kraft. — — — die Söhne des Thals.

⚜ K. v. Wangenheim: die Idee der Staatsverfassung.

⚜ Der Code Napoleon und? Zachariä über denselben. Immermann: Ein Wort zur Beherzigung [gegen die Burschenschaft zu Halle.]

▽ Wadzeck, Scherer und andere gegen die Turnkunst.

✶ Die Statuten der Adelskette.

✡ Allemannia, und andere Zeitschriften und Zeitungen, deren Titel wir nicht erfahren konnten. Doch die Namen von vielen, die nicht verbrannt worden, können wir bey den Herausgebern, welchen daran liegt, nennen.

Nach 12 Uhr begab man sich zur Ruhe.

Des anderen Tages versammelten sich Vormittags die Studenten wieder auf der Wartburg, wobey vieles zur Sprache gekommen, was den künftigen Studentenbrauch, besonders die Einschränkung der Zweykämpfe betrifft. Die durch Landsmannschaften feindlich zerrissenen Studenten aus Gießen werfen sich in die Arme, und söhnen sich aus. So hat ein heiliger, aber freyer Augenblick, wo nur die Stimme der Jünglinge galt und rieth, gethan, was nicht der Darmstädter Hof mit all seinen Soldaten, was nicht der gesammte Senat, in Perückengesetze gesteckt, hervorzubringen im Stande gewesen; ja vielmehr, was den Haß

T. 21: Zeitgenössischer Bericht über das Wartburgfest

T. 22: Salzburger Residenzplatz, 30. 4. 1938

T. 23: „Politische Lynchjustiz" – Djakarta 1966

T. 24: Düsseldorf 1965 — Frühchristentum oder Nationalsozialismus?

ner Bücher oder an eine öffentliche Bücherverbrennung" erinnern könnte.[74] Es kommt jedoch zu einem Kontrollratsbefehl für Deutschland (Nummer 4, vom 13. 5. 1946), demzufolge „literature and material of a Nazi and militarist nature" den Zonenbefehlshabern „for destruction" zur Verfügung zu stellen seien. Die tatsächliche Durchführung wird allerdings zumindest von den Westmächten eher halbherzig betrieben – insbesondere vermutlich ohne Verbrennungen, sondern vor allem durch abgesonderte Lagerung.[75]

Weniger zurückhaltend verbrennt hingegen eine Menschenmenge 1948 am (West-)Berliner Bahnhof Zoo sowjetische lizenzierte Zeitungen. 1954 wiederum geht die kommunistische Freie Deutsche Jugend auf gleiche Weise gegen westliches Schrifttum im Osten Berlins vor: Ein amerikanischer Journalist findet dort auf einem erloschenen Scheiterhaufen auch Reste von Mickymaus-Heften.[76] Kommunistische Gruppierungen bzw. Behörden zogen und ziehen sonst im allgemeinen unauffälligere Vernichtungsmethoden gegen mißliebige Schriften vor. Lenin kritisiert Bücherverbrennung wiederholt als Mittel zaristischer Zensur. Auf welche Weise 1917 die russische Übersetzung eines antimarxistischen Buches von Simkovič verbrannt wird, bliebe noch ebenso zu untersuchen wie die Art und Weise der Aktenverbrennungen durch das „Volk" im selben Jahr.[77]

Stalin hat 1948, Manès Sperber zufolge, an den russischen Juden „kulturellen Genocid verübt. Fast in einer einzigen Herbstnacht [. . .] hat er alle jüdischen Zeitungen, Druckereien, Schulen, Bibliotheken und Theater verboten und zerstört" – aber eben ohne öffentlich-demonstrative Vernichtungsrituale.[78] Sechs Jahre später wird er beim ungarischen Volksaufstand selbst zum Angriffspunkt einer kombinierten Bild- und Buchvernichtung. Nach der Zerstörung seines riesigen Budapester Denkmals stürmte die Menge eine Parteibuchhandlung

„und warf sämtliche Bücher von und über Stalin auf die Straße, wo andere sie aufsammelten und in den Kopf der Stalin-Statue stopften. Das Volk jubelte und steckte die Bücher in Brand. Als die Flammen aus dem Kopf züngelten, rief jemand: ‚Endlich leuchtet sein Geist!' [. . .] Immer neue Bücher wurden um die Gestalt Stalins aufgehäuft, bis ein großes Flammenmeer sie einhüllte und die dunkle Budapester Straße weithin erhellte."

In der gleichen Nacht wurden auch, einem anderen Augenzeugenbericht zufolge,

„die Lagerräume des kommunistischen ‚Szikra'-Verlages [...] gestürmt, die Bücher von Lenin, Stalin und Marx auf die Straße geschleppt und angezündet. Dasselbe Schicksal erlitten auch die Akten
und anderen Papiere"

der Redaktion einer pro-russischen Zeitung.[79]

Die „book-burnings" im Verlauf von Machtkämpfen innerhalb der nordamerikanischen Kommunisten (vor allem 1945)
finden wohl nicht öffentlich statt, sondern eher in Höfen von
Parteilokalen. Wenn J. Edgar Hoover im Zusammenhang damit schreibt: „No wonder communism can operate only in the
glow of book burnings",[80] ist dies allerdings ein nicht sachgerechtes Ablenkungsmanöver von ähnlichen Vorfällen innerhalb
der eigenen Reihen.

Um jene Zeit werden nämlich die USA für „book-burnings"
aller Art bekannt, die sich zumeist gegen „linke" Bücher richten.
Bereits 1940 verbrennen bürgerwehrähnliche Vigilantees im
städtischen Sportstadion von Oklahoma City die Bestände eines
kommunistischen Buchhändlers, wobei die lokale Obrigkeit
diese Privataktion zumindest duldet. Schwierigkeiten mit den
Behörden hat in der Folge jedenfalls vor allem der Ausgeplünderte — Robert Wood, hoher Funktionär der US-Kommunisten —, nicht etwa einer der Verbrenner. Bald darauf kündigt
Eugene Talmadge, der Gouverneur von Georgia, den Antrag
auf einen Gesetzesentwurf an, demzufolge die Verbrennung von
„interracial cooperation" befürwortenden Bibliotheksbüchern
angeordnet werden solle — was dann allerdings nicht verwirklicht wird.[81]

Im Zusammenhang mit der „Hexenjagd" des Senators McCarthy und seiner Anhänger bzw. in Verbindung mit dem Kalten
Krieg kommt es in den fünfziger Jahren zu weiteren hier einschlägigen Ereignissen:

„Book-burning, real and symbolic, has become a common spectacle. A
phenomenon commonly associated with medievalism, the Inquisition,
Nazi Germany, Communist Russia, and other authoritarian regimes
has suddenly appeared to menace certain basic freedoms in the United
States"

— so ein amerikanischer Autor im Jahr 1953,[82] der dabei die
Buchhinrichtungen der Neuzeit nicht ganz zu Unrecht, wenngleich kaum bewußt, außer acht läßt; ähneln doch die meisten

Schriftenverbrennungen unseres Jahrhunderts zumindest dem äußeren Eindruck nach, aber auch öfters in der Gesinnung eher älteren Aktionsformen, etwa den Verbrennungen der Eitelkeiten des 15. Jahrhunderts. Gerade zu jener Zeit, in der US-Präsident Eisenhower sich veranlaßt sieht, seinen Landsleuten zuzurufen: „Don't join the bookburners",[83] gehen allerdings weniger Bücher tatsächlich in Flammen auf, als man glauben könnte. Bei den vom State Departement angeordneten Säuberungen in den amerikanischen Overseas Libraries sollen 1953 nur 11 Bücher von übereifrigen Beamten verbrannt worden sein. Im selben Jahr sprengt aber auch eine „unkontrollierte [. . .] Menge" die Versammlung der Gesellschaft für amerikanisch-russische Freundschaft und verbrennt dabei mehrere Bücher. Hingegen wird eine Forderung der texanischen San Antonia Minute Women auf Verbrennung der Bücher von Autoren mit „Communist front affiliations" (Einstein, Thomas Mann, Norbert Wiener etc.) nicht erfüllt.[84]

1955 meint Charles G. Bolte in seinem Aufsatz „Security through Book Burning", derartiges Vorgehen sei bereits wieder „out". Als Beispiel führt er an, daß die Boy Scouts in Portsmouth/Rhode Island ihre Verbrennungsaktion gegen mißliebige Bücher an Lincolns Geburtstag auf öffentlichen Druck hin von einer Gedenkstätte der Amerikanischen Revolution weg und auf den städtischen Müllabladeplatz hin verlegen mußten. Derartige Aktionen sollte es jedoch spätestens in den sechziger Jahren wieder häufiger geben.[85]

In Österreich steht man nach 1945 sogar im Bundesrat ausdrücklich zur gelegentlichen Notwendigkeit obrigkeitlicher Bücherverbrennungen und Büchereinstampfungen wenigstens formloser, nicht-öffentlicher Art. Nationalrat und Bundesrat beschließen allerdings dann nicht einmal die — im Rahmen der Entnazifizierung — in einem „Literaturreinigungsgesetz" geplanten Einstampfungen größeren Ausmaßes.[86]

Von den tatsächlichen Verbrennungen im Österreich der Zweiten Republik ist vor allem ein Fall im Zusammenhang mit den Unruhen um Taras Borodajkewycz, einen deutschnationalen Geschichtsprofessor an der Wiener Hochschule für Welthandel, zu nennen: Am 31. 3. 1965 verbrennen „Pro-Borodajkewycz-Demonstranten Stöße des ‚Kurier' auf den Stufen der Wiener Universität".[87] In jener Zeitung wurde nämlich wiederholt gegen den neu erwachenden Rechtsradikalismus Stel-

lung genommen. Darauf nimmt dann Vizekanzler Bruno Pitter-
mann in einer Rundfunk-Rede so Bezug:

„Manche Akte der Demonstranten erinnern an nationalsozialistische
Methoden. So wurde die Wiener Tageszeitung ‚Kurier‘ öffentlich auf
der Ringstraße verbrannt. Ich habe mich oft gegen manche Artikel dieser Zeitung gewendet, sodaß meine heutige Stellungnahme wohl von
jeder parteilichen Stellungnahme frei ist. Aber der Scheiterhaufen, auf
dem Studenten Zeitungen verbrennen, die eine andere Meinung vertreten als sie, kann eines Tages zum Scheiterhaufen werden, auf dem
wieder einmal die Demokratie verbrannt wird, wenn man nicht rechtzeitig den Übeltätern das Spiel mit dem Feuer abgewöhnt."[88]

Weniger an 1933 als vielmehr an 1518 (Wittenberg) oder an
1817 (Wartburgfest) erinnert hingegen das Vorgehen von Be-
wohnern des Internationalen Studentenheimes in Wien-Döb-
ling am 19. 1. 1978. Sie verbrennen „auf der Straße die strittige
Heimordnung", die ein Jurist der Hochschülerschaft „als ‚frap-
pant ähnlich einer Sträflingsordnung‘ bezeichnete" — soweit ein
Bericht der „Presse", die es ein Jahr später auch für berichtens-
wert hält, daß offenbar humanistisch gesinnte Schüler des Gym-
nasiums Rainergasse in Wien eine Zeitung verbrennen, in der
die Abschaffung des Lateinunterrichtes gefordert wurde.[89]
  Wie schwer gegeneinander abgrenzbar derartige Vorgangsweisen sind, zeigt sich in folgender Affäre: Bei einer Matinée
zum hundertsten Todestag Richard Wagners am 13. 2. 1983 zer-
reißt Marcel Prawy vor Publikum die Photokopie eines kritischen Wagner-Artikels von Hans Weigel. Das erweckt beim
Kulturkritiker der „Presse" eine „Assoziationskette hin zur ein-
stigen Bücherverbrennung" (soll heißen: zu 1933); man habe
„sich in alten Haßritualen" geübt. Da Leserbriefschreiber und
auch Journalisten anderer Zeitungen auf diese Sichtweise eher
feindselig bis verständnislos reagieren, erläutert Franz Endler
seine Aussagen so:

„Als Schreiber ist es mir unerträglich, Augenzeuge eines tätlichen An-
griffes auf Schriften zu sein. Womit ich die öffentliche Vernichtung eines Beitrages zur Literatur — ohn’ Ansehen des Formats oder der Tendenz — meine."[90]

Doch zurück zu obrigkeitlichen Aktionen: Nach 1945 lassen vor
allem Zollbehörden und Polizeiorgane vieler Länder Schriften
verbrennen, öfters allerdings einstampfen. Derartiges Vorgehen

— vor allem gegen als „pornographisch" eingestuftes Schrifttum gerichtet — ist allerdings kaum jemals öffentlich-demonstrativer Art. Schauplätze solcher Handlungen regulär polizeilicher Natur sind meist nach außen hin abgeschlossene, inneramtliche Bereiche — wie die städtische Müllverbrennungsanlage von New York, auf der 1956 die Bücher Wilhelm Reichs verbrannt wurden. Trotzdem kann etwa 1961 ein Journalist im „Spiegel" die Verbrennung eines alten chinesischen Romans in der Züricher Müllverbrennungsanlage als „Autodafé" kritisieren, und zwar in einem Aufsatz mit dem beziehungsvoll-lakonischen Titel: „Verbrannte Bücher". Und selbst wenn keine Schriften in Flammen aufgehen, kann es, nicht ganz zu Unrecht, im Obertitel einer „Dokumentation zu den Staatsschutzaktionen gegen den linken Buchhandel" heißen: „[. . .] wie man Bücher verbrennt, ohne sich die Finger schmutzig zu machen". Es gibt eben auch unspektakuläre Ersatzmaßnahmen für Bücherverbrennungen, denen trotzdem dieser Charakter anzuhaften scheint. In ähnlichem Sinn schreibt 1983 Margit J. Mayer über die Beschlagnahme des Filmes „Gespenster" von Herbert Achternbusch, der ja auch ein Buchverbot folgte: „Keine malerischen Flammen loderten, keiner tanzte in braunen Kniehosen um Bücherfeuer — nichts Aufregendes. Vier Herren nahmen einen Film mit."[91]

Bei „echten" Bücherverbrennungen dominieren in den letzten Jahrzehnten immer mehr Aktionen politischer Lynchjustiz, wobei einschlägige Kategorisierungen aber nur auf eher unzulängliche Weise durchführbar sind. So kommt es in den USA auch nach der gleichsam offiziellen Book-burning-Ära der fünfziger Jahre zu einschlägigen Handlungen, die nunmehr teilweise durchaus mit Verbrennungen der Eitelkeiten oder auch mit anderen älteren Aktionsformen vergleichbar sind — etwa dann, wenn um 1966 und dann wieder öfters in den letzten Jahren im Zeichen einer „neuen Moral" sogenannte unmoralische Bücher nebst Schallplatten verbrannt werden.[92]

Wie sehr demonstrativ-öffentliche Schriftenverbrennungen, trotz äußerlicher Ähnlichkeiten und vergleichbarer Gedankenmechanismen, voneinander verschieden sein können, zeigt das Vorgehen pazifistischer Katholiken am 17. 5.1968 in Catonsville/Maryland: Sie verbrennen Einberufungsakten für Vietnam durch Übergießen mit selbstgemachtem Napalm, und zwar aus Protest gegen Bombardierung nordvietnamesischer Zivilisten. „Das ganze Papier dieser Welt ist nicht das Leben eines einzigen Kindes wert", so der Jesuitenpater Daniel Berrigan.[93] Völlig in der Tradition der Paulus-Anhänger von Ephesos sehen sich wiederum jene Mitglieder des evangelischen Jugendbundes für entschiedenes Christentum, die am 3. 10. 1965 in Düsseldorf „unmoralische" Bücher von Camus, Grass, Kästner, Nabokov, Sagan etc. vor herbeigeholten Pressevertretern am Rheinufer verbrennen. Parallelen zu 1933, wie sie daraufhin vor allem Erich Kästner anprangert, können die Durchführenden dabei überhaupt nicht ausmachen.[94]

Auch außerhalb von Europa und Nordamerika gibt es immer wieder öffentlich-demonstrative Schriftenverbrennungen. In Surabaja (Indonesien) verbrennt 1964 eine Menschenmenge auf der Straße die Bücher des US-Informationszentrums samt einem Sternenbanner. 1966 werden in Djakarta zur Abwechslung kommunistische Bücher, Fahnen und Embleme öffentlich dem Feuer übergeben. Im selben Jahr verbrennen aber auch die Roten Garden in China Schriften, nämlich heilige Bücher der dortigen Moslems, meist wohl in Verbindung mit der Beseitigung anderer „reaktionärer" Gegenstände. Antimarxistische Verbrennungen gibt es hingegen wiederum 1973 in Chile und drei Jahre später in Thailand.[95] Seit 1979 ist auch der Iran mehrmals Schauplatz von derartigen Akten politischer Lynchjustiz — Handlungen, die in westlichen Medien als „regelrechte Bücherstürme" gesehen werden oder, so „Le Monde" in Anspielung auf 1933, als „Autodafés", die eine düstere Vergangenheit wachrufen.[96]

Schriftenverbrennungen jener Art haben also — ebenso wie öffentliche Verbrennungen von Fahnen oder von durch Puppen dargestellten Menschen — noch lange nicht ihre Rolle ausgespielt. Immer noch sind die weitaus meisten der im ersten Teil dieser Arbeit geschilderten Gedankengänge und psychologischen Mechanismen wirksam. Regelrechte Buchhinrichtungen wird es — seien wir lieber vorsichtig: zumindest in absehbarer Zeit — kaum wieder geben. Allerdings verlangt man immer noch gelegentlich die obrigkeitliche, öffentlich-demonstrative Vernichtung von materiellen Trägern mißliebiger Ideen. So bringen argentinische Rechtsradikale 1980 eine Klage auf die gerichtliche Verbrennung eines Filmes (über die Entführung Adolf Eichmanns) vor dem Regierungsgebäude in Buenos Aires ein.[97]

Dabei berechtigt im übrigen die verminderte Ritualisierung, insbesonders das Wegfallen des Scharfrichters, bei den öffentlichen Schriftenverbrennungen des 20. Jahrhunderts keineswegs zur Annahme, derart relativ unfeierliche Handlungen (meist mehr oder weniger politische Lynchjustiz) seien weniger ernst zu nehmen als Vorgangsweisen von stärkerer — äußerlicher — Ähnlichkeit mit den früheren Buchhinrichtungen. Man vergleiche etwa auf der einen Seite die in den letzten Jahren häufigen Brandanschläge vor allem französischer und bundesdeutscher Rechtsradikaler auf linke Buchhandlungen,[98] auf der anderen Seite die ironisch-parodistische Verbrennung von Büchern — nebst Strohpuppe — durch etwa vierzig als Kapuziner verkleidete Gegner des kirchlichen Lehrverbots für Hans Küng im Jänner 1980 vor dem Kölner Dom.[99]

Die Bereitschaft von Einzelmenschen bzw. von Gruppen zu öffentlich-demonstrativen Vernichtungsaktionen gegen Schriften ist gerade in den letzten Jahren weiter verbreitet, als dies zu den Blütezeiten der Buchhinrichtungen der Fall war. Die oben festgestellte Demokratisierung — oder besser: Popularisierung — jenes Phänomens ist heutzutage zumindest latent auf breiterer Basis gegeben als jemals zuvor. Im Unterschied zu früheren Jahrhunderten sind es nunmehr vor allem Privatpersonen und nicht-obrigkeitliche Gruppierungen, bei denen „Zuflucht zu magisch-sakralen Praktiken der Reinigung durch Feuer [. . .] argumentatives Unvermögen" gegenüber Symbolen bzw. materiellen Trägern geistiger Gegnerschaft verrät.

Diese Popularisierung äußert sich auch in modernen Abwandlungen des alten Themas öffentliche Schriftenverbrennung. So zünden am 12. 5. 1977 die schlechtbezahlten Arbeiter aus den Betrieben des Fabrikanten-Brüderpaares Fritz und Hans Schlumpf einen Oldtimer aus deren riesiger Automobil-Privatsammlung an. Schauplatz dieser durchaus öffentlich-feierlichen Aktion von unten ist das französische Mühlhausen (Mulhouse).[101] Weit häufiger sind freilich weiterhin Fälle etwa der Art, daß Stahlarbeiter ihnen mißliebige Akten verbrennen (so am 2. 3. 1982 in Lüttich/Liège).[102]

Ein Kapitel für sich wären die künstlerischen Ausformungen des behandelten Themas. Vor allem seit 1933 entstanden zahlreiche Äußerungen bzw. Arbeiten, die eine eigene Darstellung verdienen würden.[103]

Wir haben es hier jedenfalls mit Phänomenen zu tun, die in ihrer Bedeutung für kulturelle bzw. gesellschaftliche Entwicklungen meist unterschätzt werden; mit Phänomenen, deren Wesen für unser Jahrhundert vielleicht schwerer darzustellen ist, als das für Buchhinrichtungen vergangener Zeiten der Fall ist. Ein besonderes Problem ist in diesem Zusammenhang das Verhältnis von obrigkeitlich und nicht-obrigkeitlich. So teilt 1973 ein Sprecher der chilenischen Junta offiziell mit: „Die Junta respektiert Ideen und glaubt nicht, daß das Verbrennen von Büchern Ideen aufhält. [. . .] Soldaten, Polizisten und Studenten handeln nicht immer in einer Weise, die mit der Regierungspolitik übereinstimmt."

Vierzig Jahre zuvor wälzten die obersten deutschen Nationalsozialisten die Verantwortung für öffentliche Bücherverbrennungen nicht ganz so kraß, aber doch auch nach „unten" ab: „Wenn ihr Studenten euch das Recht nehmt, den geistigen Unflat in die Flammen zu werfen" etc. — so Goebbels am Berliner Opernplatz.[104] Trotzdem werden derartige Äußerungen angeblichen Volkszorns oder soldatischen Übereifers nicht ganz zu Unrecht als obrigkeitliche Aktionen gesehen. Die Leitung von oben her kann eben auch in längerfristiger ideologischer Vorprogrammierung bestehen. Gerade autoritäre Regimes haben es immer wieder fertiggebracht, Volkszorn unter bestimmten Voraussetzungen herbeizuführen, ohne unbedingt immer genaue Befehle geben zu müssen, was denn nun eigentlich mit dem „Feind" zu geschehen habe.

Abgrenzungsschwierigkeiten anderer Art ergeben sich vor allem im Umgang mit dem Phänomen Bücherverbrennung nach 1933. Einerseits gibt es hier ein Regime, unter dem Bücher feierlich-öffentlich, wenngleich nicht wirklich offiziell verbrannt werden; ein Regime, das auch für den Tod vieler Millionen Menschen verantwortlich ist. Anderseits ist da beispielsweise eine eher positiv gesehene Landesmutter (und Mutter von sechzehn Kindern), die Bücher regelrecht hinrichten läßt (z. B. Wien 1749); einmal (1742) hat sie zwar Skrupel, eine bereits beschlossene Schriftenhinrichtung vollziehen zu lassen, genehmigt aber die Vierteilung von Verbreitern der fraglichen Veröffentlichung.[105]

Kann, soll, bzw. darf man den Eindruck erwecken, daß Maria Theresia in bezug auf Bücher einen ähnlichen Standpunkt wie die Verbrenner von 1933 einnimmt? Könnte dies eine unzulässige Aufwertung der Nazis, eine unzulässige Abwertung Maria Theresias sein? Ist die besondere Zeremonialität früherer Buchhinrichtungen als ein „Pluspunkt" oder als erschwerender Umstand gegenüber 1933 zu werten?

All diese Fragestellungen — so sehr sie sich auch aufdrängen mögen — sind, meines Erachtens, eher sinnlos. Hier sollte es nicht um einzelne Gut- oder Schlechtpunkte gehen, nicht um

Aufrechnung von Zahlen oder Durchführungsweisen (womöglich unter Miteinbeziehung auf das jeweilige „Konto" gehender Vernichtungen menschlichen Lebens). Die 20.000 Bücher vom Berliner Opernplatz sind um 20.000 *zuviel;* ein auf dem Neuen Markt in Wien hingerichtetes Buch ist eben nicht *nur eines* zuviel, sondern eben um eines *zuviel* (abgesehen von der zeitbedingten Relativität der Buchhinrichtungen).

Nun ist aber nicht nur das Aufrechnen von Zahlen eine Versuchung, der man leicht erliegen könnte, aber besser nicht erliegen sollte. Eine weitere Versuchung scheint mir die zu sein, „das Kind nicht mit dem Bade" ausschütten zu wollen, wie dies Armin Mohler anläßlich der Düsseldorfer Aktion von 1965 vorschlug. Dort wurden neben „unmoralischen" Büchern von Sagan, Grass oder Kästner auch Landserhefte öffentlich verbrannt. Mohler zufolge ist ein Protest gegen alle Bücherverbrennungen als „pathetische Unverbindlichkeit" abzulehnen.[106]

Um auf die oben zitierte Äußerung Endlers vom Februar 1983 zurückzugreifen: Könnte es nicht doch Beiträge „zur Literatur — ohn' Ansehn des Formats und der Tendenz —" geben, deren öffentlicher Vernichtung Gegner und Gegnerinnen totalitärer Methoden aller Art ruhig zusehen könnten? Meines Erachtens lautet die Antwort nein; die Abgrenzungsfrage bzw. die Frage nach Abgrenzern bleibt unlösbar.

Wichtiger scheint es zu sein, sich der Selbstbefragung zu stellen, inwieweit in uns allen auch die Neigung steckt, Konkurrenten bzw. Konkurrentinnen zu ignorieren oder ausschalten, gleichsam „tottreten" zu wollen; inwieweit sind etwa Schreibende in öffentlichen Äußerungen „Anbeter, Nutznießer, Mitläufer" inhumaner Machtmechanismen, anstatt mitzuhelfen, diese bloßzulegen und zu kontrollieren?[107] Inwieweit liefern wir uns vermeintlichen Sachzwängen blind aus, anstatt sie mißtrauisch zu beobachten und vor ihnen zu warnen?

Verbales oder tatsächliches öffentlich-demonstratives Vernichten von Schriften ist in dieser Hinsicht jedenfalls grundsätzlich so problematisch, daß dieses Mittel lieber nicht angewendet werden sollte. So „gut" kann die eigene moralische bzw. weltanschauliche Position gar nicht sein, um derart eklatante Methoden der Auseinandersetzung mit mißliebigen Gedanken rechtfertigen zu können. Bücherverbrennung — zumal öffentlich-feierlicher Art — ist eben keine akzeptable Antwort.

Anmerkungen

Vorbemerkung

1 Heinz Knobloch, Das Lächeln der Zeitung, Halle 1975, S. 240.
2 R[obert] R[oswell] Palmer, The Age of the Democratic Revolution, Bd. 1: The Challenge, Princeton, N. J. 1969, S. 118.

Einleitung

1 Vgl. z. B. S. 225 f. der vorliegenden Arbeit zu einem Wiener Fall von 1750.
2 So Rochus, Chronica, S. 65 in bezug auf die Hinrichtung dreier Bauern 1612 in Prag.
3 Z. B. Paris 1604 und 1724; vgl. Peignot, Dictionnaire, Bd. 2, S. 250 u. S. 254.
4 Vgl. z. B. S. 255.
5 Vgl. Schneider, Pressefreiheit, S. 55 ff.
6 Erstere: begonnen durch Johann v. Hüttner, einen 1787 verstorbenen Hofrat der Obersten Justizstelle (Originale, Abschriften und Exzerpte aus dem Bereich des Rechtslebens im weitesten Sinne); „Diarium": ab 1703, seit 1780 als „Wiener Zeitung"; „Nachrichten": protestantisch-theologische Zeitschrift wechselnden Titels — vgl. Literaturverzeichnis.
7 Rationalität gilt allerdings erstens nicht immer als positives Ideal — vgl. die S. 57 zit. Stellungnahme von Comenius/Komenský —, und zweitens ist sie ihrem Inhalt nach zeitlich und regional sehr verschieden.
8 Im Sinne von Ansätzen bei Autoren im Umkreis der Zeitschrift „Annales" (Fernand Braudel, Robert Mandrou etc.).
9 Im unter dem Namen des Photios überlieferten „Nomokanon der XIV Titel". Vgl. Speyer, Büchervernichtung, S. 143.
10 „Warum des Papstes und seiner Jünger Bücher von D. Martin Luther verbrannt sind". In: Luther, Werke, Bd. 7, Weimar 1897, S. 152—186. Vgl. S. 147 im vorliegenden Text.
11 Z. B. Gabriel Putherbeus [d. i. Puy-Herbaut], Theotimus de tollendis et expurgandis malis libris, Paris 1549; dessen dt. Üs. durch den Fürstlich-Salzburgischen Rat Johann Baptista Fickler, Von verbot unnd auffhebung deren Bücher und Schrifften/ [. . .], München 1581; Justus Lipsius 1589: vgl. S. 226 f.
12 Gretser, De jure (1603), 1. Buch, Kap. XXII (S. 117—150) („Brevis refutatio libelli, qua se Lutherus purgat ob Jus Canonicum publice exustum"; vgl. auch das Kap. davor, S. 110—117: „Libros Haereticorum prohiben-

dos & comburendos esse docent exemplo sive ipsimet Haeretici"); Rosolenz, Bericht (1606), 12. Kap. — vgl. S. 149 f.; Piccart, Observationes
(1616), S. 59—65.

13 Vgl. S. 39 f., S. 55 f., S. 62, S. 63 f., S. 70 u. S. 103.

14 1675: Gerhard, Dissertatio; Henker: Eylenbergk, De jure (1682), Beier,
De eo (1702). Vgl. auch Döpler, Theatrum, Bd. 1, S. 550.

15 Vgl. S. 178 f.

16 Thomas Bartholinus, De bibliothecae incendio dissertatio, Kopenhagen
1670. Ein Bibliotheksbrand ist auch Anlaß für die Neuauflage von Klotz,
De libris (1768); vgl. die dortige „Praefatio".

17 Döpler, Theatrum, Bd. 1 (1693) sowie Bd. 2 (1697, nach dem Tod des
Autors vom Verleger hg.), v. a. S. 552—556, im Kapitel „Von der Straffe
des Verbrennens".

18 Westphal, Epistola I bzw. II. Nicht zugänglich waren mir „Dissertatio I."
bzw. „II de combustione librorum haereticorum" von Friedrich Wilhelm
Schütz (beide Leipzig 1697 oder 1696 und 1697 — vgl. Schelhorn, Amoenitates lit., Bd. 7, S. 75, Anm. a sowie Zedler, Lexicon, Bd. 35, Sp. 1390).

19 Schelhorn, Amoenitates lit., Bd. 7, S. 75—172; Bd. 8, S. 338—390 bzw.
S. 463—510; Bd. 9, S. 651—751. „Analecta" zu letzterem: ebenda,
S. 752—778.

20 Vgl. Schelhorn (wie Anm. 19), Bd. 2, in der „Dissertatio de libris rariori-
bus et variis raritatis eorum causis" Kap. 4—6 u. 11; Schelhorn, Amoenitates hist., Bd. 1, S. 969 ff., Bd. 2, S. 38 ff.; Schelhorn, Ergötzlichkeiten
(keine Übersetzung des vorigen!), Bd. 1, S. 9 ff. u. Bd. 2, S. 164 ff.

21 So in Schelhorn, Amoenitates lit., Bd. 7, S. 75 ff.

22 Bucher, Dissertatio (1726, repr. 1736) u. Klotz, De libris (1768, wesentlich erweitert gegenüber 1728).

23 Zedler, Lexicon, Bd. 47 (1746), Sp. 244 f.; v. a. aus Thomasius geschöpft
(vgl. S. 178).

24 Vgl. Rafetseder, Bücherverbrennungen, S. 11, Anm. 35.

25 Johann Ernst Gruner, Cremutius Cordus oder Über die Bücherverbote,
Leipzig 1798 (zu Cremutius Cordus: vgl. S. 134), Weber, Injurien (v. a.
Abschnitt 19, „Ueber die Injurien der Schriftsteller", Bd. 2, S. 163—223
u. Bd. 3, S. 1—128; Peignot, Dictionnaire.

26 Vgl. z. B. Rafetseder, Bücherverbrennungen, S. 288 f. (Schlager 1842),
S. 290, Anm. 251 (Gräffer 1846/1867), S. 357, Anm. 477 (Austria
1857) u. Wiesner, Denkwürdigkeiten.

27 Farrer, Books (1892), Louise Fargo Brown, On the Burning of Books. In:
Vassar Mediæval Studies, 1923, S. 247—271. Peter Hampson Ditchfield,
Books Fatal to Their Authors, London 1895, ist wie Klotz einzustufen
(auf den sich Ditchfield auch im Vorwort beruft); beide Arbeiten sind für
uns nur mehr von forschungs- bzw. rezeptionsgeschichtlichem Interesse.

28 Albert Cim [d. i. Cimochowski], Le livre, v. a. Bd. 2, Paris 1905, S. 263 ff.
(„bourreau": ebd., S. 296).

29 Gillett, Books; Peignot, Dictionnaire; Hart, Index.

30 Bogeng, Streifzüge, S. 1—21.

31 Z. B. Schlegel, Dichter. Vgl. Sauder, Bücherverbrennung, v. a. S. 263 ff.

32 Forbes, Books (1936); Cramer, Bookburning (1945) u. Arthur Stanley
Pease, Notes on Book-burning. In: M. H. Shepherd u. S. E. Johnson
(Hg.), Munera Studiosa, Studies presented to W. H. P. Hatch [. . .], Cam-
bridge/Mass. 1946, S. 145—160.

33 Einige davon gesammelt bei Downs, Freedom.
34 Beck, Anmerkungen (1952). Vgl. auch Beck, Macht.
35 Ernst Weizmann, Das Buch auf dem Scheiterhaufen. In: Graphische Revue Österreichs 56, 1954, S. 189—197.
36 Speyer, Büchervernichtung.
37 Am besten noch die Einleitung bei Sauder, Bücherverbrennung (S. 9—39).
38 Sturm, Todesstrafen; Brückner, Bildnis; Freudenthal, Feuer; Bächtold-Stäubli, Handwörterbuch (verschiedene Artikel).
39 Vgl. den Artikel „Verbrennung der Schrifften durch den Hencker", in: Zedler, Lexicon, Bd. 47, Sp. 244 f.; „Bücherverbrennung" bestenfalls als Sonderfall des Begriffes „Verbrennen", aber nicht als eigenes Stichwort — z. B. bei David-Etienne Choffin, Nouveau dictionnaire du voyageur françois-allemand-latin, Frankfurt a. M. u. Leipzig 2 1770, s. v. „brûler".
40 1. Theil, Braunschweig 1807, S. V.
41 Jacob u. Wilhelm Grimm (Hg.), Deutsches Wörterbuch, Bd. 2, Leipzig 1860, s. v. „Bücherverbot" bzw. Bd. 12, 1. Lieferung (1886, bearbeitet v. E. Wülcker), s. v. „verbrennen" (2 c.: 9 Belege aus dem 16., 1 aus dem 18. Jh.).
42 Konrad Fuchs u. Heribert Raab, dtv-Wörterbuch zur Geschichte, Bd. 1, München 1972, s. v. „Auto-da-fé" (portug.; span. eigentlich „auto de fe"). In diesem Sinn z. B. Chrétien Frédéric Schwan, Nouveau dictionnaire [. . .], Bd. 1, Mannheim 1787 („feierl. Handlung des Ketzergerichts").
43 Z. B. Abbé Mozin u. a. (Hg.), Neues vollständiges Wörterbuch der dt. u. frz. Sprache. Dt. Theil, Bd. 1, Stuttgart u. Tübingen 1811, s. v. „Auto-da-Fe": „Glaubensgericht, Ketzergericht, Ketzerverbrennung". In unserer Zeit dem ähnlich beide Auflagen des „DDR-Meyer" (wie Anm. 54).
44 Emile Littré, Dictionnaire de la langue française, Paris 1863 ff., Bd. 1; Adolphe Hatzfeld u. Arsène Darmesteter, Dictionnaire général de la langue française, Paris 1890 ff. (Vorarbeiten v. a. in den siebziger Jahren), Bd. 1; Pierre Larousse, Dictionnaire complet illustré, Paris 59 1892 — s. v. „auto-da-fé" (die ersten beiden) bzw. „autodafé". Littré, wie oben, s. v. „brûler": „Fig. [. . .] Brûler ses livres, tout faire pour réussir. Locution tiré de l'alchemiste, qui, ayant tout tenté, brûle ses livres, désesperé de ne pas réussir, ou, ayant tout dépensé, brûle jusqu'à ses livres pour chauffer ses fourneaux" — mit 3 Belegen aus der 2. Hälfte des 17. Jh.s; ebenda auch ein Beleg für „brûler les livres" als Bsp. für — buchstäbliche — Anwendung von „brûler/ 1. consumer par le feu" (aus Blaise Pascals „Provinciales" — zumindest 1657 und 1660 selbst Opfer von Buchhinrichtungen).
45 Enciclopedia universal ilustrade, Bd. 6, Barcelona (1909): „fig. y fam. Acto de quemar públicamente libros ó documentos".
46 Bereits bei Lorenz Crell, Chemische Annalen, 1. Th., Helmstedt u. Leipzig 1789, 6. Stück, S. 519. Dann wieder Ludwig Fulda, Das Recht der Frauen [Lustspiel], Leipzig (1884), III, 13; bezügl. Wien 1668: Hoffmann, Studien, S. 121; Karl Kraus 1914: vgl. S. 267.
47 Bd. 1, s. v. „Autodafé": „add. also transfer." Belege: 1917 u. 1930. Für die USA vgl. z. B. Cramer, Bookburning, S. 167 f.
48 Bd. 1, Paris 1960 — ebenso wie andere neuere frz. Wörterbücher (z. B. Dict. Quillet 1959), aber auch wie der „Brockhaus" von 1967 allgemeiner gehalten — bzw. Bd. 2 — Beispiele: J. Calvin und C. Desmoulins; vgl. S. 232 u. S. 256.

49 Wie Anm. 47, s. v. „book; spec. comb. 18" – Belege: 1892, 1899, 1951 u. 1954 – bzw. Webster's Third New International Dictionary of the English Language, Springfield 1971.

50 Bd. 2, New York u. Chikago 1948, S. 246: „If the whole world turns totalitarian, there may be a holocaust in books beside which Savonarola's Florentine bonfires will pale into utter insignificance." Vgl. auch eine in Zedler, Lexicon, Bd. 50, Sp. 1300 zit. Quelle des frühen 16. Jh.s: „infamis holocausti specimen" als Umschreibung für eine obrigkeitliche Bücherverbrennung im England Jakobs I. „Holocaust of Books" bzw. „Bibliocaust", 1933 in US-Kommentaren zu Deutschland; vgl. den unten, S. 331, Anm. 56 zit. Akademie-Katalog, S. 97.

51 Vgl. Great Soviet Encyclopedia, Bd. 2, 1973 (Orig.: 1970) bzw. Meyers neues Lexikon, Bd. 1, Leipzig 1961 bzw. [2] 1972, jeweils s. v. „Autodafé".

52 Großer Herder, Bd. 1, Freiburg i. Br. [5] 1952; dessen 6. Aufl. – Der neue Herder, Bd. 1, 1965 –; Meyers enzyklopädisches Lexikon, Bd. 2, Mannheim u. a. [9] 1971; Brockhaus-Enzyklopädie, Bd. 2, Wiesbaden [17] 1972.

53 Nachwort des Herausgebers in: Edelmann, Selbstbiographie, S. 490 u. S. 513; Herrmann-Mascard, censure, S. 127; Der Spiegel, 23. 8. 1961, S. 50 [Neudruck eines chinesischen Romans aus dem 17. Jh.]; Gerhard Neureiter, Vor einem Autodafé auf dem Ballhausplatz. In: Salzburger Nachrichten, 15./16. 7. 1978, S. 1.

54 Brockhaus-Enzyklopädie, Bd. 3, Wiesbaden [17] 1967; Meyers enzyklopädisches Lexikon, Bd. 4, Mannheim u. a. [9] 1972 – jeweils s. v. „Bücherverbrennung". Stärker auf demonstrative Öffentlichkeit bzw. auf 1933 konzentriert: Kunze/Rückl, Lexikon, Bd. 1, Sp. 367 f.; im „DDR-Meyer" – Meyers neues Lexikon, jeweils Bd. 2 von 1962 u. 1972 – ist s. v. „Bücherverbrennung" nur vom Mai 1933 die Rede.

55 Vgl. Kunze/Rückl, Lexikon, Bd. 1, Sp. 367 f. bzw. Bd. 2, Sp. 1601. Als wörtl. Übersetzungen: russ. „сожжение книг", engl. „book-burning", span. „quema de libros". Dazu frz. „autodafé des livres" u. span. „auto de fe de libros".

56 Vgl. Anm. 54. Derartige Reduzierungs-Tendenzen waren - v. a. im Jubiläumsjahr 1983 – auch in der westlichen Welt stark festzustellen.

57 „Brandmarken": vgl. Rafetseder, Bücherverbrennungen, S. 24, Anm. 85; sonst: vgl. ebenda, Anm. 86 f.; Zitat: Downs, Freedom, S. 341.

58 Kästner, Verbrennen, S. 215 f.

59 Marcic, Buch, S. 21: Fts. ebenda: „Wie der Honig die Waben, so durchdringt das Buch als Baugesetz die menschliche Gesellschaft, die auf die Freiheit sich zubewegt." So sei es auch nicht verwunderlich, daß „häufiger Bücher denn Menschen am Scheiterhaufen verbrannt würden".

60 Kästner, Verbrennen, S. 215.

61 „Widerlegung": Arnold, Historie, Bd. 2, S. 1029 (ähnlich z. B. Ráth-Végh, Komödie, S. 104); 2. Zitat: Tacitus, Agricola, 2; „freedom of speech" für „vox populi": Forbes, Books, S. 124. Vgl. den aktualisierenden Kommentar bei Kästner, Verbrennen, S. 216.

62 Rinser, Geist, S. 96.

63 Kunze/Rückl, Lexikon, Bd. 1, Sp. 367.

64 Hier spannt sich in gewisser Weise ein Bogen von den Wittenberger Studenten im Jahr 1518 bzw. 1520 über die Teilnehmer am Wartburgfest bis hin zum Wien des Jahres 1978 (vgl. S. 146 u. S. 276).

65 Kokoschka, Comenius, S. 237. Vgl. Palacký, Geschichte, S. 98 f. u. S. 103.
66 Kunze/Rückl, Lexikon, Bd. 2, Sp. 367.
67 Vgl. die Antwort des Comenius auf die eben erwähnten Worte eines freiheitssuchenden Bücherverbrennungs-Anhängers, Kokoschka (wie Anm. 65).
68 Beide Zitate: Edelmann, Selbstbiographie, S. 11 (1752, mit Bezug auf das Schicksal eigener Schriften in Straßburg, Hamburg u. Frankfurt a. M.) — vgl. S. 237 f.
69 Vgl. S. 229 u. S. 253—257 zu Joseph II., S. 235 zu Friedrich II., S. 56 zu Pufendorf, weiters S. 228—230.
70 So Kästner, Verbrennen, S. 215 (sehr wohl dieser Meinung).
71 Vgl. Rafetseder, Bücherverbrennungen, S. 31 f., Anm. 106—108. (Historiker: Timagenes, in bezug auf Augustus; vgl. Speyer, Büchervernichtung, S. 58).
72 Durch Autoren: Warschau 1664 — vgl. Ludolff, Schaubühne, Bd. 4, Sp. 198—200 (Autor dann gevierteilt); durch Besitzer: Böhmen 1628 — vgl. Rochus, Chronica, S. 87 bzw. Döpler, Theatrum, Bd. 2, S. 55; 1689: vgl. S. 88.
73 Vgl. S. 150.
74 Vgl. Warnke, Bildersturm. V. a. für die Zeit von 300 bis 1430: Horst Bredekamp, Kunst als Medium sozialer Konflikte, Frankfurt a. M. 1975.
75 Vgl. S. 140—142.
76 Vgl. Gillett, Books, Bd. 1, S. 15 bzw. Lauro Thompson, Guam and Its People, Princeton ³ 1947, S. 218 sowie Josef Luitpold, Das Sternbild, Bd. 3, Wien 1964, S. 143 („Chamorro-Ballade") u. S. 432.
77 So Martin Warnke, Durchbrochene Geschichte? Die Bilderstürme der Wiedertäufer in Münster 1534/35. In: Warnke, Bildersturm. S. 80. Ähnlich z. B. die Hussiten in Böhmen — vgl. Bretholz, Geschichte, Bd. 2, S. 73 f. Derartige Aktionen gab es auch beim englischen Bauernaufstand von 1381 — vgl. William Shakespeare, The Second Part of King Henry VI., hg. v. Andrew S. Cairncross, London ³ 1957, S. 122 f., Anm.
78 Vgl. Rafetseder, Bücherverbrennungen, S. 34, S. 514 u. S. 516 ff.
79 Margaret Barrington, The Censorship in Eire. In: Downs, Freedom, S. 401.
80 Vgl. z. B. Jeanne-Favret-Saada, Die Wörter, der Zauber, der Tod, Frankfurt a. M. 1979, über Hexenglauben im heutigen Frankreich sowie allgemein über die Möglichkeiten wissenschaftlicher Erforschung solcher Denkstrukturen; über die Verbreitung magischer Praktiken in verschiedenen Gesellschaftsschichten der heutigen USA: z. B. Robert W. Pelton, The Complete Book of Voodoo, New York 1972, S. 8 ff.
81 Zitate — bei Brückner, Bildnis, S. 12 (mit Bezug auf In-effigie-Praktiken).
82 Karl Beth, Art. „Elementargedanke". In: Bächtold-Stäubli, Handwörterbuch, Bd. 2, Sp. 767.
83 Schlegel, Dichter, S. 51.
84 Abele, Unordnung, Bd. 1, S. 317.
85 Eylenbergk, De jure, Kap. V, § 9 als Punkt 5 solcher formeller Bedingungen.
86 Quelle von 1767, zit. bei Freund, Bücherzensur, S. 42. Zur Bedeutung des „geschlossenen Kreises" im Militärstrafrecht vgl. Johannes Kostka,

Observationes militares theoretico-practicae [. . .], Wien [2] 1738, S. 141 sowie die milit. Strafprozeßordnung von 1737, Tit. IV, in: König, Anmerkungen, S. 178 f.

87 Codex Austriacus, 1. Suppl., S. 495.

88 Vgl. S. 156 bzw., zur 2. Möglichkeit, Ludolff, Schaubühne, Bd. 3, Sp. 1315 f.

89 Vgl. Rafetseder, Bücherverbrennungen, S. 40, Anm. 139.

90 Vgl. Schelhorn, Amoenitates hist., Bd. 2, S. 970. Vgl. auch S. 35 („wenig erbäulich" als Begründung für Zensur).

91 Z. B. zu Frankfurt 1766 – vgl. Schnelle, Aufklärung, S. 180 – bzw. zu Mainz 1784 – vgl. Freund, Bücherzensur, S. 42.

92 Vgl. Döpler, Theatrum, Bd. 2, Vorwort bzw. Schnelle, Aufklärung, S. 113 (Schreiben Josephs II. vom 18. 8. 1766).

93 Zitat: Duelledikt Leopolds I. vom 23. 9. 1682. In: Codex Austriacus, Bd. 1, T. 1, S. 288. Vgl. auch den Begriff: „zur öffentlichen Genugthuung erkennte Straffen" in der „Theresiana" – (4. Artikel, § 17; im Unterschied zur „Entschädigung und Genugthuung", die unmittelbar „beleidigt- oder benachtheiligte Personen" am Täter bzw. „an dessen Vermögen und Erben [. . .] Rechtsbehörig ersuchen" können).

94 Brief an Christian Adolph Klotz (Sohn des oben, Anm. 22 Zitierten) vom 5. 3. 1769. In: Hermann Rollett (Hg.), Briefe von Sonnenfels, Wien 1874, S. 23.

95 Vgl. S. 134 bzw. Art. „Aedilis" in: August Pauly u. Georg Wissowa (Hg.), Realencyklopädie der klassischen Altertumswissenschaft, Bd. 1, Sp. 454.

96 Vgl. ebenda, Bd. 3, 6. Halbbd., Sp. 1599 (carnifex) u. 2. Reihe, 13. Halbbd., Sp. 518 f. (triumvir) u. Forbes, Books S. 124.

97 Vgl. Bächtold-Stäubli, Handwörterbuch, v. a. Bd. 2, s. v. „Enthaupten", Bd. 3, s. v. „Galgen" u. „Hängen" etc.

98 So bereits 1415 bei Hus, dessen Bücher „solenniter ac publice" verbrannt wurden – vgl. S. 140.

99 Vgl. S. 148.

100 Vgl. Puttemans, censure, S. 162.

101 So Teschen 1714 – vgl. S. 188 f.

102 Zur Praxis vgl. Rieffel, Reichshofrath, S. 408; Theoretiker: z. B. Döpler, Theatrum, Bd. 1, S. 527 ff.

103 Bilder: z. B. Leipzig 1571 – vgl. Kapp/Goldfriedrich, Geschichte, Bd. 2, S. 162 – u. Haarlem (?) 1640 – vgl. Zedler, Lexicon, Bd. 44, s. v. „Torrentius"; Fahnen: z. B. 1642 in Prag die Fahne des Regiments, das bei Niederlage der Kaiserlichen bei Leipzig zuerst floh – vgl. Ludolff, Schaubühne, Bd. 2, Sp. 943 f. Vgl. weiters etwa Albert Köster (Hg.), Briefe von Goethes Mutter, Leipzig 1919, S. 119 (sie wünscht sich in einem Brief vom 23. 12. 1793 an ihren Sohn Verbrennung der in Deutschland damals erhältlichen Spielzeug-Guillotinen durch Henkershand).

104 Vgl. S. 99.

105 Vgl. James Alexander, A Brief Narrative of the Case and Trial of John Peter Zenger [. . .]. Hg. v. S[tanley] N[ider] Katz, Cambridge/Massachusetts [2] 1972, S. 43 ff.

106 Kostka (wie Anm. 86) S. 141 mit Bezug auf das Militärstrafrecht (einschließlich „Nahmen an Galgen hefften").

I. GRUNDLAGEN ÖFFENTLICH-FEIERLICHER BÜCHERVERBRENNUNGEN

1. Arten der Rechtfertigung bzw. der Begründung für Buchhinrichtungen

1 Hans Kelsen, Was ist Gerechtigkeit? In: Österr. Juristen-Zeitung 8, 1953, Nr.9 (= Vortrag vor der Wr. Jurist. Gesellschaft am 11. 2. 1953), S. 239.

2 Vgl. Schneider, Pressefreiheit, S. 43 ff.

3 Vgl. z. B. Peignot, Dictionnaire, Bd. 1, S. X ff. Religion als durchgängiger Hauptgrund: vgl. Forbes, Books, S. 118 u. Belege bei Speyer, Büchervernichtung, S. 5.

4 Freund, Bücherzensur, S. 47.

5 Vgl. Schelhorn, Ergötzlichkeiten, Bd. 1, S. 554 („blasphema in Majestatem Regiam" − Anton Reiser in einem Brief an Gottlieb Spitzel über den Fall Drabík i. J. 1671) bzw. im vorliegenden Text S. 42 u. S. 169.

6 Z. B. bezüglich eines 1710 „hingerichteten" Buches: „scandalous, seditious, and blasphemous" bzw. „tend[s] to promote Immorality and Atheism, and to create Divisions, Schisms and Factions" für denselben Tatbestand − Journals of the House of Commons, Bd. 16, [London] 1803, S. 385 (vgl. S. 87 f.).

7 Ahasver Fritsch, Tractatus de typographis, Jena 1675, dt. Üs. Regensburg 1750, zit. bei Hans Widmann, Der deutsche Buchhandel in Urkunden und Quellen, Bd. 2, Hamburg 1965, S. 408 f.

8 1655: zit. bei Kink, Geschichte, Bd. 1, Th. 2, S. 235 f.; vgl. z. B. Eisenhardt, Aufsicht, S. 115 f. (Joseph II. und das Reichszensurrecht) u. S. 69 f. (Reichsbehörden).

9 Kapp/Goldfriedrich, Geschichte, Bd. 3, S. 398; vgl. Rafetseder, Bücherverbrennungen, S. 52, Anm. 15.

10 Vgl. S. 185−188, S. 241 f., S. 235−237 u. S. 212.

11 Z. B. Böhmen 1730 − vgl. S. 187.

12 Serponte, Promptuarium, S. 307. Vgl. auch die Theresiana (wie im vorliegenden Text S. 241), Art. 7, v. a. § 4.

13 Gerstlacher, Handbuch, S. 1194 ff. (1577) u. S. 1203 ff. (1715; Zit.: S. 1205); vgl. auch Weber, Injurien, Bd. 2, S. 186 ff.

14 Vgl. z. B. S. 237−239.

15 Vgl. Döpler, Theatrum, Bd. 2, S. 555, Bucher, Dissertatio, S. 23, Weber, Injurien, Bd. 1, S. 215 ff. etc.

16 Codex Justinianus, Corpus juris civilis, I,5,6; übernommen aus Codex Theodosianus, XVI,5,66.

17 Z. B. Corpus juris civilis, I,5,8 (455 n. Chr.) bzw. ebenda, IX, 36,2 (= Codex Theodosianus IX,34,7) (365 n. Chr.).

18 Vgl. S. 144 u. S. 147.

19 „Die Geschichtlichkeit dieser Erzählung darf vielleicht schon allein wegen des außerordentlich hohen Geldbetrages angezweifelt werden" (Speyer, Büchervernichtung, S. 169). Entscheidend ist hier aber nicht Faktizität, sondern die Wirkung der Überlieferung.

20 Milton, Areopagitica, S. 45.

21 Luther, Werke, Bd. 7, S. 162 („eyn alt herkumner prauch, vorgifftig, boß bucher zuvorprennen, wie wyr leßen in Actis Apostolorum 19". Vgl. S. 146 den Aufruf Melanchthons).

22 Address to Newlyweds (31. 7. 1940), in: Michael Chinigo (Hg.), The Pope Speaks. The Teachings of Pope Pius XII., New York 1957, S. 184.

23 1760: Kemmerich, Geschichte, S. 141; „Freudenfeuer" lt. Lhotzky, Mensch, S. 46 (der sich 1918 für „Hintertreppenliteratur" Ähnliches erwartet). Nur für Zensur: z. B. Vorrede zum Index der Löwener Universität von 1550 (Sammlung 1744, S. 703).

24 Copia decreti; „Beati estis cum maledixerint vobis [homines] (et persecuti vos fuerint), &dixerint omne malum adversum vos mentientes, propter me, gaudete & exultate, quoniam merces vestra copiosa est in coelis. (Sic enim persecuti sunt prophetas, qui fuerunt ante vos.)" — Matthäus 5,11 f.; [ ] = Zusatz 1634, ( ) = fehlt 1634 gegenüber dem Vulgata-Text in: Biblia Sacra, Innsbruck 1834/35.

25 Vgl. Luther, Werke, Bd. 7, S. 163 f. bzw. Gretser, De jure, S. 113–117.

26 Rosolenz, Bericht, fol. 88 r.

27 Fritsch (wie Anm. 7), S. 408.

28 Milton, Areopagitica, S. 78.

29 Karl S. Kramer, zit. bei Brückner, Bildnis, S. 221. Vgl. auch Schlager, Skizzen, S. 147 ff.

30 Vgl. S. 52 f.

31 Vgl. S. 204 u. S. 321, Anm. 82.

32 Codex Austriacus, 1. Suppl., S. 714 (in einem Erlaß „Die Gotteslästerungen betreffend" vom 28. 7. 1713). Ähnlich ebenda, S. 674 (Pest-Ordnung vom 25. 11. 1712): „durch unzählbare Laster-Schulden beleydigten göttlichen Majestät".

33 Ebenda, 2. Suppl., S. 622 (vgl. ebenso im vorliegenden Text S. 196).

34 Übergangszeit vom konfessionellen zum aufgeklärten Absolutismus; vgl. Winter, Barock, v. a. S. 10 u. S. 86 ff.

35 Vgl. S. 193 u. S. 204 bzw. S. 321, Anm. 82.

36 Wie S. 202. Vgl. etwa auch die vom Pariser Parlament durch „Buchhinrichtung" verteidigte „honneur des Puissances" in einem „Arrest" von 1733 (HHStA, Flugschriften 1709–1750, Nr. 7, S. 4).

37 Wie S. 195; vgl. S. 29 u. Anm. 93 auf S. 288.

38 Dies zeigen die Angriffe dagegen in Carl Theodor Welcker, Art. „Injurie". In: Carl Rotteck u. Carl Theodor Welcker (Hg.), Staats-Lexikon, oder Enzyklopädie der Staatswissenschaften, Bd. 8, Altona 1839, v. a. S. 353 ff.

39 Vgl. S. 68 (lindern) bzw. S. 86 f. (abwenden).

40 Antwort der jurist. Fakultät der Universität Frankfurt a. d. Oder 1674 auf Anfrage aus Magdeburg (zit. in Gerhard, Dissertatio, Kap. VI, § 6).

41 Vgl. z. B. Ludolff, Schaubühne, Bd. 5, Sp. 938 (Dänemark 1681) u. im vorliegenden Text S. 48 (zu Anm. 67) (Schweden 1728).

42 Zit. bei Gillett, Books, Bd. 1, S. 520 (Universitätsbehörden verurteilen Schriften „Destructive to the Sacred Persons of Princes, their State and Government, and of all Humane Society" — von Hobbes, Milton, Buchanan u. a. — „to be publicly burnt, by the hand of our Marshal in the court of our Scholes" — ebenda, S. 516 bzw. S. 519).

43 Vgl. Sturm, Todesstrafen, S. 43 f.

44 Arnoldus Wicht, im Orig. zit. bei Brückner, Bildnis, S. 259.

45 Z. B. 5. Buch Moses, 19,19; 21,21; 22,21 f.

46 Vgl. Amira, Thierstrafen, v. a. S. 554; Zitat: Allg. Landrecht, II,20, § 1069 (ähnlich die Ferdinandea von 1656: „durch das lebendige Feuer

von der Erden vertilgt" − Art. 73, § 4; in: Codex Austriacus, Bd. 1, T. 1, S. 706).

47 Wie S. 11 (Anm. 2).
48 Döpler, Theatrum, Bd. 2, S. 645.
49 Ebenda, S. 656 (recte 655). Vgl. Beier, De eo, S. 32 f. u. Eylenbergk, De jure, Kap. IV, § 12.
50 Wormser Edikt: nach Kapp/Goldfriedrich, Geschichte, Bd. 1, S. 536; Rom 1559: nach Schelhorn, Amoenitates hist., Bd. 2, S. 40.
51 1668: Abele, Unordnung, Bd. 1, S. 318; „Genugthuung": so z. B. Frankfurt a. M. 1766; vgl. Instrumentum, fol. 159 r.; „Beyseyn und Gegenwart einer unzehlbaren Menge Menschen" (ebenda, fol. 162 r.) gilt hier dermaßen als konstituierendes Element der Aktion, daß der Tilgungsgedanke weitestgehend verdrängt wird.
52 Zit. bei Anton M. Keim, 11mal politischer Karneval, Frankfurt a. M. u. Hamburg 1969, S. 52.
53 Wie S. 194 (vorletzte Zeile).
54 Codex Austriacus, Bd. 1, T. 1, S. 373 (gegen Frangepány; mit kleinen Unterschieden, ebenda, T. 2, S. 49 u. S. 545 − gegen Nádasdy bzw. Zrínyi −; z. B. Austilgung „vor der Welt" − ein „Freudscher" Druckfehler?).
55 Döpler, Theatrum, Bd. 2, S. 656 (recte 655); vgl. ebenda, S. 644 die Verdeutschung der Überschrift „De damnatione memoriae": „Oder von Verdamm- und Ausrottung eines Ubelthäters Gedächtniß von der Erden".
56 Ebenda, S. 652.
57 Ebenda, S. 651. Eine solche Inschrift findet man bei Benedikt, Neapel, S. 28.
58 Stauffenberg, Relation, S. 66 bzw. Abele, Unordnung, Bd. 1, S. 316. Vgl. im vorliegenden Text S. 163.
59 Wie S. 170.
60 Copia decreti, S. 8, S. 4 bzw. S. 4 f.
61 Tacitus, Annales, XIV,50. Weitere Beispiele: Weber, Injurien, Bd. 3, S. 49 ff. u. Kapp/Goldfriedrich, Bd. 3, S. 453 f. (z. B. in bezug auf kirchliche Bücherverbote: „Notabitur Romae, legetur ergo"). Ovid: Amores, III, 4,17 („Nitimur in vetitum semper cupimusque negata").
62 Conring: „Nescis, quam late spargantur favillae combustorum librorum" − In: Johann Daniel Gruber (Hg.), Commercii epistolici Leibnitiani [. . .] tomus prodromus, Hannover u. Göttingen 1745, S. 100 f. (vgl. auch S. 154); Grammond: „splendescitque per flammas alias obscurus liber" (1653, ad 1610) − zit. bei Schelhorn, Amoenitates lit., Bd. 8, S. 374; Voltaire: vgl. Radio Wien 7 (1930/31), Nr. 7 (14. 11. 1930), S. 23.
63 Johann Wolfgang v. Goethe, Aus meinem Leben. Wahrheit und Dichtung, 1. Th., 4. Buch (i. d. Werkausgabe durch Heinrich Düntzer Bd. 5, Stuttgart u. Leipzig 1886, S. 85 − mit Abb.). Von Tucholsky auch 1933 als zeitgemäß zitiert (vgl. Sauder, Bücherverbrennung, S. 279). Hierher gehören auch die Aufträge von Briefschreibern an Empfänger, erhaltene Briefe zu verbrennen: „Es ist, als wenn jeder Brief durch diese Formel erst recht feuerfest würde" − so Thümmel, Reise, S. 208; vgl. Forbes, Books, S. 115.
64 Vgl. Rafetseder, Bücherverbrennungen, S. 73, Anm. 102.
65 Anweisung an die niederöst. Regierung v. 13. 5. 1721; NÖLA, Slg. Hüttner, Bd. 51 (alt: 54), fol. 91 v.

66 Vgl. H[einrich] H[ubert] Houben, Hier Zensur — wer dort?, Leipzig 1918, S. 36. Ebenso in Bayern: vgl. Kapp/Goldfriedrich, Geschichte, Bd. 3, S. 431.

67 Schwedisches Edikt gegen die Schriften eines religiösen „Schwärmers" (Johann Conrad Dippel), in: Sammlung 1729, S. 145.

68 Kelsen (wie Anm. 1).

2. Unbewußte Beweggründe im allgemeinen

1   Allerdings wurden die entsprechenden Werte v. a. im 17. Jahrhundert nicht unbedingt positiv gesehen; vgl. z. B. S. 57.

2   Henry Stuart Hughes, Geschichte und Psychoanalyse. In: Wehler, Geschichte, S. 33 f.

3   Vgl. zu diesen Problemen Wehler, Geschichte.

4   Marc Bloch, Apologie der Geschichte oder der Beruf des Historikers, Stuttgart ² 1980, S. 198.

5   Vgl. Freud, Abriß, S. 24 („Alles Unbewußte, das [. . .] leicht den unbewußten Zustand mit dem bewußten vertauschen kann, heißen wir darum lieber bewußtseinsfähig oder vorbewußt").

6   Wie S. 287, Anm. 79.

7   Vgl. Thomas, Religion, S. 396.

8   Peter R. Hofstätter, Sozialpsychologie. Zit. in: Arnold Gehlen, Die Seele im technischen Zeitalter, Hamburg 1957, S. 47.

9   Ebenda (mit Bezug auf den Abergläubischen im allgemeinen).

10 Cushing Strout, Historiker und Ich-Psychologie. In: Wehler, Geschichte, S. 50 u. S. 65, als „Anzeichen tiefer innerer Konflikte". Vgl. z. B. S. 67 f.

11 Vgl. Strout (wie Anm. 10), S. 158, Anm. 15 („Interpretation des neurotischen Verhaltens als eines unbewußt zweckgerichteten Verhaltens").

12 Vgl. etwa die vielen scharfen Edikte gegen vagierende Personen im Codex Austriacus (z. B. s. v. „Zigeuner, Räuber, Diebsgesindel" etc.).

13 Friedrich II. an d'Alembert, zit. bei Weber, Injurien, Bd. 3, S. 11 f.

14 Kapp/Goldfriedrich, Geschichte, Bd. 3, S. 11 f.

15 Vgl. S. 173 u. S. 241.

16 Vorschläge zur Gründung eines Forschungsinstitutes für politische Psychologie und zum Studium von Massenwahnerscheinungen. In: H. B., Zur Universitätsreform, Frankfurt a. M. 1969, S. 93 (mit Bezug auf komische Züge an Minoritäten). Vgl. F[ranz] L[eopold] Neumann, Angst und Politik, Tübingen 1954.

17 Sulpiz Boisserée, Tagebücher 1804—1854, hg. v. Hans J[oachim] Weitz, Bd. 1, Darmstadt 1978, S. 265 (11. 9. 1815; zuvor: „Goethes Wut gegen dergleichen [Hervorbringungen der Romantiker] — wie sie sich ehemals ausgelassen mit Zerschlagen der Bilder an der Tischecke — Zerschießen der Bücher usw.").

18 Hughes (wie Anm. 2), S. 36 (mit Hinweis auf Johan Huizinga, Der Herbst des Mittelalters, wo gezeigt werde, „wie im 14. und 15. Jahrhundert die Ausarbeitung von protokollarischem rituellem Verhalten als Beruhigungsmittel gegen unerträgliche Angst diente").

19 Vgl. Bächtold-Stäubli, Handwörterbuch, Bd. 5, Sp. 794.

20 Sturm, Todesstrafen, S. [X].

21 Karl Beth, Art. „Elementargedanke". In: Bächtold-Stäubli, Handwörterbuch, Bd. 2, Sp. 775. Vgl. aber auch zur Relativität solcher Werturteile Claude Lévi-Strauss, La pensée sauvage, Paris 1962.
22 Brückner, Bildnis, S. 313 (als Gegensatz von „direkter Zweckhandlung" bei neuzeitlichem Strafvollzug).
23 Ebenda, S. 314 (über Formen der executio in effigie).
24 Magie-Definition von Maurice Pradines, zit. bei Gehlen (wie Anm. 8).
25 Magie-Definition bei Thomas, Religion, S. 800.
26 Vgl. Richard Hoggart, The Uses of Literacy, London 1957, S. 18.
27 Milton, Areopagitica, S. 49 (Zitat) bzw. S. 39 u. S. 45 (gegen Verbrennungen).
28 Ebenda, S. 78.
29 Vgl. S. 175; Zitat aus: Emil Gigas (Hg.), Briefe Samuel Pufendorfs an Christian Thomasius (1687–1693), München u. Leipzig 1897, S. 55.
30 Ebenda, S. 57. Vgl. Rafetseder, Bücherverbrennungen, S. 88, Anm. 143.
31 Hinterlassene Werke Friedrichs II., Augsburg 1789, Bd. 15, S. 16 (26. 7. 1766). Vgl. Koser/Droysen, Briefwechsel, Bd. 3, S. 51 (zu Paris 1759), S. 128 u. S. 131 f. (zu Bern 1766), S. 176 ff. u. S. 185 (zu Rom 1770) etc.; zur Affäre um Voltaire: S. 235; zur Bücher- und Menschenverbrennung: S. 88.
32 Freud, Abriß, S. 83.
33 „Statement on the Freedom to Read" dieser Juristen-Standesvertretung; in: Downs, Freedom, S. 342.
34 Vorwort zu Johann Amos Comenius, Das Labyrinth der Welt [. . .] und das Paradies des Herzens, Luzern u. Frankfurt a. M. 1970, S. 14. Zu Koniaš vgl. S. 208 f.
35 Comenius, Pampaedia (VI.18,1), S. 148 (lat.) bzw. S. 149 (dt.). Vgl. ebenda, S. 155 bzw. S. 157: „Übrigens muß jener Mißbrauch, daß jeder nach Belieben irgendwelches Druckpapier in der Öffentlichkeit ausstreuen darf, diese dauernde Quelle aller Verwirrung, unbedingt zum Versiegen gebracht werden. Keine Spur darf davon bleiben."
36 Johann Amos Comenius, Orbis sensualium pictus, Nürnberg 1658, Repr. Dortmund 1978, S. 293 (dt. Üs.: Siegmund von Birken; „Unterdrückerin": „Pietas" bzw. „Gottseeligkeit").
37 Spruchband: vgl. Alexander Novotny u. Berthold Sutter (Redakteure), Innerösterreich 1564–1619, (Graz 1968). Abb. zwischen S. 176 u. S. 177. Vgl. ebenda, S. 173 ff. bzw. im vorliegenden Text S. 150. Zu ähnlichen „Vergeß-Malen" vgl. S. 46.
38 Ähnliche Ausdrücke bei Broch (wie Anm. 16), S. 82 (in bezug auf Massenwahn-Erscheinungen).

3. Die Bedeutung des Buches für die Menschen

1 Marcic, Buch, S. 9.
2 Karl-Albrecht Tiemann, Art. „schreiben, Schrift, Geschriebenes". In: Bächtold-Stäubli, Handwörterbuch, Bd. 9/Nachtrag, Sp. 385. Vgl. zum Folgenden auch andere Artikel ebenda („ABC", „Buch[stabe]" etc.), Franz Dornseiff, Das Alphabet in Mystik und Magie, Leipzig u. Berlin 1922 sowie Alfred Bertholet, Die Macht der Schrift in Glauben und Aberglauben, Berlin 1949.

3   Guarinoni, Grewel, S. 217.
4   Notanda das Bücher-Commissariat betreffend, für den Kurfürsten von Mainz. In: Adolf Harnack, Geschichte d. kgl. preuß. Academie d. Wissenschaften zu Berlin, Bd. 2, Berlin 1900, S. 4.
5   Josef v. Sonnenfels, Grundsätze der Polizey, Handlung und Finanz, Bd. 1, Wien 6 1798, S. 116.
6   Vgl. Schneider, Pressefreiheit, S. 123 f.
7   Vgl. ebenda, S. 124.
8   Vgl. Leonard W. Levy (Hg.), Freedom of the Press from Zenger to Jefferson, Indianapolis u. a. 1966, S. 20 f. („Cato's Letter" Nr. 100). Ähnlich Milton, Areopagitica, S. 48.
9   Vgl. S. 87.
10 Lhotzky, Mensch, S. 166.
11 Vgl. z. B. Karl Schottenloher, Bücher bewegten die Welt, Stuttgart 1951; Fritz Hodeige (Hg.), das werck der bucher, Freiburg i. Br. 1956; Downs, Books; Beck, Macht.
12 Lhotzky, Mensch, S. 9; Emblem: z. B. in Henry Christman, Tin Horns and Calico, New York 1945, S. IV; Hayno Focken, Von Buchhändlern und ihren Büchern, Dresden 1940, S. 76.
13 Downs, Freedom, S. 407.
14 Kapitelüberschrift bei Lhotzky, Mensch, S. 47.
15 „Westchester Statement" der American Library Association i. J. 1953. In: Haight, Books, S. 125.
16 Milton, Areopagitica, S. 34 f.
17 Johannes Mario Simmel, Niemand ist eine Insel, Wien 1948, S. 16 bzw. S. 27.
18 Robert B. Downs, The Bookburners Cannot Win. In: Downs, Freedom, S. 312.
19 Vgl. S. 97 f.
20 Downs, Freedom, S. 407.
21 Bradbury, Fahrenheit, S. 53 f.
22 Weber, Injurien, Bd. 3, S. 46 (anderer Autor: J. E. Gruner).
23 Milton, Areopagitica, S. 35.
24 So Max Kretzer, Das verhexte Buch (Erzählung). In: M. K., Der Baßgeiger. Das verhexte Buch. Zwei Berliner Geschichten, Leipzig o. J., S. 66.
25 Hans Halm, Matthias Abele, Weimar 1912, S. 55.
26 Amira, Thierstrafen, S. 595.
27 Vgl. Hans Schreuer, Das Recht der Toten. In: Zeitschrift für vergleichende Rechtswissenschaft 33, 1916, S. 333−432 bzw. Brückner, Bildnis.
28 Vgl. Norbert Janovsky, Das selbständige Verfallsverfahren. In: Österr. Juristen-Zeitung 8, 1953, Nr. 9, S. 230−237, Nr. 10, S. 263−266 u. Nr. 11, S. 291−295.
29 Vgl. die von Franz Erhart kommentierte Ausgabe dieses Gesetzes v. 31. 3. 1950, Graz u. a. 1955, v. a. S. 49 f.
30 So von Janovsky (wie Anm. 28), S. 295.
31 Hoffmann, Studien, S. 122 (zu Wien 1668).
32 John Steinbeck, Some Random and Randy Thoughts on Books. In: Downs, Freedom, S. 284.
33 Stenographische Protokolle über die Sitzungen des Nationalrates der Republik Österreich, V.Gesetzgebungsperiode, S. 142.
34 Vgl. Rafetseder, Bücherverbrennungen, S. 105, Anm. 206 f.

35 William Saroyan, A Cold Day. In: W.S., The Daring Young Man on the Flying Trapeze and other stories, New York 1934; zit. bei Downs, Freedom, S. 281 bzw. S. 282.

36 „Teufelsschriften": Reuss (Hg.), Chronik, S. 31 (Quelle zu einer Buchhinrichtung 1672); Werkzeug: vgl. Guarinoni, Grewel, S. 217 f. („Wo der Teufel nicht hinkan/ schickt er sein Werkzeug"); Kammer: Schelhorn, Ergötzlichkeiten, Bd. 2, S. 165; Austreibung: Charles-Augustin de Saint-Beuve, Port-Royal, Bd. 2, Buch 2, Paris 1842, S. 190 (M. de Saint-Cyran, ca. 1630).

37 Friedrich Ritter v. Lama, Prophetien über die Zukunft des Abendlandes, T. 1, Wiesbaden 1953, S. 22 f.

38 Thomasius, Bericht, S. 387.

39 Brief an Jeanne Françoise Chantal, zit. bei Ernest Müller, Die Gefahren für die Tugend des Glaubens. In: Theologisch-praktische Quartal-Schrift 34, 1881, S. 5. Vgl. Comenius, Pampaedia, S. 137 u. S. 146.

40 Z. B. bei Lhotzky, Mensch, S. 31 ff.

41 Westphal, Epistola I, fol. 3 r. (In Berlin empfehlen Theologen u. a. Ratgeber i. J. 1693 dem Kurfürsten, „ut liber ille pestilentissimus publice Vulcano consecraretur").

42 Vgl. S. 77.

43 Gachard, Lettre, S. 124; vgl. im vorliegenden Text S. 197–205.

44 Stanhope, History, S. 303.

45 Ebenda, S. 302.

46 Vgl. Hofstätter (Hg.), Psychologie, S. 248 (Eigentliche „Quellschrift der modernen Psychosomatik": der „Versuch über den Zusammenhang der tierischen Natur des Menschen mit seiner geistigen" des jungen Friedrich Schiller, 1780).

47 I. J. 1759; vgl. Koser/Droysen, Briefwechsel, Bd. 3, S. 160, Anm. 2.

48 Peignot, Dictionnaire, Bd. 1, S. XXIV bzw. S. XXV.

49 Zit. in: Der Monat 55, April 1953, S. 98.

50 Schelhorn, Ergötzlichkeiten, Bd. 2, S. 167 f.; lat. Quelle dazu: ebenda, S. 166 f.; eine ähnliche Überlieferung aus dem ostjüdischen Kulturbereich des Jahres 1808: Simon Dubnow [d. i. Semen Dubnov], Geschichte des Chassidismus, Bd. 2, Berlin 1931, S. 211 f.

51 Vgl. Erik H. Erikson, Der junge Mann Luther, Frankfurt a. M. 1975, S. 53.

52 Koser, Briefwechsel, S. 286 (24. 12. 1752; vgl. im vorliegenden Text S. 235).

53 Vgl. Schlegel, Dichter, S. 55; Herbert Freudenthal, Art. „verbrennen". In: Bächtold-Stäubli, Handwörterbuch, Bd. 8, Sp. 1552 f.

54 Ebenda, Bd. 9/Nachtrag, Sp. 301.

55 Georgia Montanea, Monumenta emblematum christianorum virtutum tum politicarum, Frankfurt a. M. 1619 (zuerst Lyon 1571); in: Henkel/ Schöne, Emblemata, S. 131 (1 Kor. 3,12–15: „[. . .] Und das Feuer wird erproben, wie das Werk eines jeden beschaffen ist [. . .]"). Vgl. Speyer, Büchervernichtung, S. 185 (Abb.).

56 Zit. bei Stöber, Chronik, S. 85.

57 Vgl. die Zeichnung von Paul Flora auf dem Umschlag von Dieter E. Zimmer (Hg.), Die Grenzen literarischer Freiheit, Hamburg 1966.

58 HHStA, Österr. Akten, NÖ, Fasz. 12, fol. 407 r.; auch bei Raupach, Oesterreich, 3. Fts., S. 267 u. bei Wiesner, Denkwürdigkeiten, S. 104.

59 Mercier, Tableau, Bd. 7, S. 21 („Observons que ces écrits qui flattent plus ou moins la malignité publique, dissipent en étincelles fugitives un feu central, qui comprimé feroit peut-être le volcan").

60 Karl Kraus, Die letzten Tage der Menschheit, III,3.

61 Vgl. Karl Friedrich Frh. v. Moser, Publizität. In: Batscha, Aufklärung, S. 105 (zuerst 1792); vgl. auch die in Anm. 68 erwähnten Äußerungen.

62 Vgl. Jedin, Handbuch, Bd. 4, S. 74 u. Kapp/Goldfriedrich, Geschichte, Bd. 1, S. 415. Frühere Beispiele bei Speyer, Büchervernichtung, S. 39–41, vgl. auch ebenda, Abb. 6 (S. 172), ein späterer Fall: im vorliegenden Text S. 206.

63 Milton, Areopagitica, S. 41.

64 William Shakespeare, The Tempest, V,1 („And deeper than did ever plummet sound/ I'll drown my book") bzw. III,2 („Burn but his books").

65 Vgl. z. B. die Fälle getrennten Verfahrens (Frauen ertränkt, Männer verbrannt oder enthauptet) bei Josef Beck (Hg.), Die Geschichtsbücher der Wiedertäufer in Oesterreich-Ungarn, Wien 1883 (= Fontes rerum Austriacarum, Abth. 2, Bd. 43), S. 20, Anm. 1, S. 24, S. 26, Anm. 1, S. 53 (Ehepaar Hubmaier, Wien 1528) etc.

66 Codex Austriacus, Bd. 1, T. 1, S. 235. Vgl. Kink, Geschichte, Bd. 1, Th. 1, S. 249 f., Anm. 288, Kapp/Goldfriedrich, Geschichte, Bd. 1, S. 554 u. im vorliegenden Text S. 148.

67 Full, Briefe, S. 144. Vgl. S. 247–250.

68 1807: vgl. H[einrich] H[ubert] Houben, Polizei und Zensur, Berlin 1926, S. 42 f.; 1819: Kapp/Goldfriedrich, Geschichte, Bd. 4, S. 253 (Görres an Friedrich Christoph Perthes).

69 Gustav Radbruch (Hg.), Die Peinliche Gerichtsordnung Kaiser Karls V. von 1532, Stuttgart 1967, S. 113; vgl. ebenda, S. 10.

70 1728: zit. in Sammlung 1729, S. 521; 1788: vgl. S. 255; 1713: Ludolff, Schaubühne, Bd. 3, Sp. 605 f.

71 Vgl. Speyer, Büchervernichtung, S. 35 f.

72 Sammlung 1726, S. 868 f. bzw. 1729, S. 341; vgl. S. 89.

73 Zit. bei Schneider, Pressefreiheit, S. 295.

74 Bradbury, Fahrenheit, S. 61.

4. Die Bedeutung des Feuers

1 Döpler, Theatrum, Bd. 2, S. 552.

2 Freudenthal, Feuer, S. 101.

3 Vgl. S. 48.

4 Vgl. S. 121 f., S. 189 f. u. S. 209 f.

5 Vgl. z. B. Anne Sauvy, Livres saisis à Paris entre 1678 et 1701, Den Haag 1972, v. a. S. 5, S. 438 f. u. S. 466.

6 Vgl. S. 258 f. u. S. 264. Herstellen neuen Papiers aus Altpapier wird erst in den letzten Jahrzehnten häufiger (v. a. für Packpapiere), obwohl eine entsprechende (und brauchbare) Technologie schon 1774 erfunden wurde; vgl. Franz Maria Feldhaus, Die Technik [. . .], München 1970, s. v. „Papier". Im 19. Jh. wurde Altpapier v. a. durch „Krämer, Schneider oder die Schießpatronenfabriken" verwendet (so Ráth-Végh, Komödie, S. 94).

7 Stenographische Protokolle über die Sitzungen des Bundesrates der Republik Österreich 1945–1949, S. 63.

8 Wie S. 294, Anm. 33.
9 Ebenda, Nr. 62 der Beilagen, Art. II. Vgl. auch die Rede von Karl Lug-
mayer am 11. 4. 1946 (wie Anm. 7), S. 61 — („[. . .] und daher solche Literatur [v. a. Geschichtslehrbücher auch der Zeit von 1918 bis 1938]
höchstens als Rohstoff dienen kann, und zwar in der eingestampften
Form zur Herstellung besserer Erzeugnisse").
10 Guarinoni, Grewel, S. 182.
11 Bradbury, Fahrenheit, S. 3.
12 Ebenda, S. 102.
13 Ebenda, S. 107.
14 Ebenda, S. 103.
15 Codex Austriacus, Bd. 1, T. 1, S. 529 bzw. S. 527.
16 Vgl. Bächtold-Stäubli, Handwörterbuch, Bd. 6, Sp. 1503 (Pest hört angeblich auf, weil man 40 Hexen verbrannte) u. Rafetseder, Bücherverbrennungen, S. 126 f., Anm. 284.
17 Vgl. Freudenthal, Feuer, S. 90.
18 Vgl. Bächtold-Stäubli, Handwörterbuch, Bd. 4, Sp. 1084—1099; für den
außereuropäischen Bereich: Walter Hough, Fire as an Agent in Human
Culture, Washington 1926, S. 173 f.
19 Freudenthal, Feuer, S. 101.
20 Vergil, Georgica, I,87 f. („sive illis omne per ignem/ excoquitur vitium
atque exsudat inutilis umor").
21 Abb., Text u. Üs.: Henkel/Schöne, Emblemata, Sp. 128 f.
22 Griech. Ausdruck für Befleckung als Zustand, Freveltat, Greuel,
Schandfleck. Vgl. Speyer, Büchervernichtung, S. 31, Sturm, Todesstrafen, S. 98 u. im vorliegenden Text S. 67 f.
23 Vgl. Schelhorn, Ergötzlichkeiten, Bd. 2, S. 164—178 u. im vorliegenden
Text S. 68.
24 Artikel für Webergesellen, 9. 7. 1772. In: Kropatschek, Sammlung,
S. 497.
25 Döpler, Theatrum, Bd. 1, S. 2: vgl. z. B. die Vokabel „supplicium" („fle-
hentliches Bitten" insbes. zu Gottheiten bzw. „Bestrafung, bes. Todesstrafe, Hinrichtung, Marter") u. „mactare" („schlachten, strafen" bzw.
eine Gottheit „ehren, versöhnen").
26 Johann Güthe, Chronik der Stadt Meiningen (1676), zit. bei Enno Niel-
sen (Hg.), Die Hexe von Endor, München 1978, S. 160. Vgl. auch
Anm. 16.
27 Vgl. Bächtold-Stäubli, Handwörterbuch, Bd. 6, Sp. 163 u. Bd. 2, Sp. 964
(„Erweichung einer grausamen Opfersitte in eine weniger grausame").
Vgl. aber auch S. 99—104.
28 Amira, Thierstrafen, S. 574 f.; vgl. im vorliegenden Text S. 42.
29 Amira, Thierstrafen, S. 574.
30 Vgl. Bächtold-Stäubli, Handwörterbuch, Bd. 5, Sp. 796 f. (griech. „euer-
gesiai": „Wohltaten"). Die euergetische Absicht bildet ein Zwischenglied
zwischen kathartischen und den noch zu behandelnden apotropäischen
Vorstellungsmodellen.
31 2 Moses 24,17; Apokalypse 1,14 u. 19,12; 2 Moses 3,1 ff. u. Ezechiel
1,4 ff.; vgl. auch Jeremias 23,29 („Brennt nicht mein Wort wie Feuer —
spricht Jahwe — [. . .]?"). Rezensionen dreier älterer Arbeiten zu jenem
Thema: Sammlung 1728, S. 282—285, 1738, S. 345 f. u. 1740, S. 587 f.
32 2 Moses 13,21. Vgl. Sturm, Todesstrafen, S. 99 f.

33 3 Moses 3,5 bzw. 1 Moses 8,21.
34 Z. B. im Österr. Museum für Volkskunde; vgl. dortigen Katalog von Leopold Schmidt u. d. T. „Volk und Schrift", Wien 1971, S. 28 u. S. 30.
35 Edelmann, Selbstbiographie, S. 11.
36 Adelung, Geschichte, Bd. 3, S. 391.
37 Wie S. 293, Anm. 33.
38 Horst Bredekamp, Renaissancekultur als „Hölle": Savonarolas Verbrennungen der Eitelkeiten. In: Warnke (Hg.), Bildersturm, S. 54.
39 Vgl. Döpler, Theatrum, Bd. 2, S. 533 bzw. im vorliegenden Text S. 84 ff.
40 Bd. 47, Sp. 238 (1746).
41 Juan de Boria, Empresas morales, Prag 1581, üs. von Georg Friedrich Scharff, Berlin 1698, beide zit. in Henkel/Schöne, Emblemata, Sp. 132 („[. . .] ser opinion de los antiguos que ningun sacrificio: era açepto a Dios sin fuego").
42 Bächtold-Stäubli, Handwörterbuch, Bd. 1, Sp. 1487. Vgl. Sturm, Todesstrafen, S. 63 (Verbrecherisches bzw. Dämonisches sei ein abgesplitterter Teil der Gottheit. Durch das Zurücksenden jener Teile im Rauch werde die Gemeinschaft von Übel befreit, aber auch der Gottheit ihre Kraftfülle zurückgegeben. So könne man auf verschiedenen Ebenen die gestörte Ordnung aller Dinge wiederherstellen.).
43 Vgl. ebenda, S. 119 f. u. Freudenthal, Feuer, S. 4 f.; zu Nero: Sturm, Todesstrafen, S.121.
44 Vgl. Will-Erich Peuckert, Theophrastus Paracelsus, Stuttgart u. Berlin 1944, S. 423.
45 Z. B. Petrarca, Dichtungen, Briefe, Schriften, Frankfurt a. M. 1956, S. 63 (Brief vom 13. 1. 1350) u. Schelhorn, Amoenitates lit., Bd. 2, S. 377 u. Bd. 7, S. 147 u. S. 149.
46 Zitat: Rochus, Chronica, S. 109 (4 „Mordbrenner", Prag 1663); Hexen: z. B. Abraham a Sancta Clara 1691 über steirische Fälle, zit. in: Franz Loidl, Menschen im Barock, Wien 1938, S. 257. Vgl. weiters Rafetseder, Bücherverbrennungen, S. 137.
47 1599: Rosolenz, Gegenbericht, fol. 28 r+v (Schladming); 1600: Loserth, Akten, Bd. 2, S. 18 (Graz) (1616 wird den Kärntnern und Krainern auferlegt, selbst „alle ihre Bücher dem Vulcano aufzuopfern", die bei früheren Verbrennungen übriggeblieben waren − vgl. Dedic, Verbreitung, S. 448); 1693: Westphal, Epistola I, fol. 3 r.; 1671: wie im vorliegenden Text S. 289, Anm. 5.
48 Opfer: Schelhorn, Amoenitates hist., Bd. 2, S. 40 („Vulcano [. . .] consecrasse") u. im vorliegenden Text S. 209 (1720); Übergabe: Schelhorn, Amoenitates lit., Bd. 2, S. 358 („Vulcano tradit"); 1730: vgl. S. 204; 1766: Instrumentum, fol. 161 v. bzw. 162 r+v.
49 Das graue Ungeheuer 8, 1786, S. 101 bzw. S. 102 (ab „Seufz'").
50 Thümmel, Reise, S. 234 (v. a. jesuitische Moral-Literatur).
51 Schelhorn, Ergötzlichkeiten, Bd. 2, S. 167. Vgl. Rafetseder, Bücherverbrennungen, S. 140, Anm. 335 f.
52 Vgl. Bächtold-Stäubli, Handwörterbuch, Bd. 2, Sp. 1398 f., Bd. 3, Sp. 248 ff. u. Freudenthal, Feuer, S. 369 ff. (die beiden letzten über „Füttern der Elemente") bzw. 3 Moses 3,11.
53 Luther, Werke, Bd. 7, S. 153 u. im vorliegenden Text S. 146 bzw. Schelhorn, Amoenitates lit., Bd. 7, S. 113 (Brief des Franziskaners Johann

Joachim Schober — er hoffe, „noch manches Lutherische Buch [. . .] offentlich zu verbrennen").

54 Vgl. S. 204.
55 Wulf, Literatur, S. 46 bzw. S. 48.
56 Codex Austriacus, Bd. 1, T. 1, S. 519 (Infektions-Ordnung Leopolds I. für Wien, 9. 1. 1679) bzw. S. 637 (Edikt Ferdinands II. über bessere Administration der Justiz, 14. 12. 1631).
57 Ebenda, S. 648 (Patent Leopolds I. über besseres Benehmen in Kirchen, 26. 2. 1681) bzw. wie Anm. 56 (1679) (2. u. 3. Zitat).
58 Döpler, Theatrum, Bd. 1, S. 4 bzw. S. 5 (ab „frembder Sünden").
59 Codex Austriacus, Bd. 1, T. 1, S. 688 (Art. 59, § 11).
60 Ebenda, S. 25.
61 Ebenda, 2. Suppl., S. 518.
62 (Martha Polzer), Chronik von Arnoldstein, Arnoldstein o. J., S. 62. Vgl. Rafetseder, Bücherverbrennungen, S. 144 f. (Lausitz 1611 u. Istanbul 1831).
63 Wie Anm. 56 (1631).
64 Sammlung 1748, S. 82.
65 Codex Austriacus, 1. Suppl., S. 673 (Pest-Ordnung Karls VI. v. 25. 11. 1712) bzw. S. 605 (Pest-Patent Josephs I., 14. 8. 1710) (Ausbruch in Ungarn: 1709, verstärkt 1712; in Wien erst im Februar 1713).
66 Ebenda, S. 604; weitere Beispiele (1631 u. 1710): Rafetseder, Bücherverbrennungen, S. 146, Anm. 365.
67 Vgl. die Verordnungen über die „Kirchen-Schwätzen Abstellung" im Codex Austriacus, Bd. 1, T. 1, S. 647−650: 1668, 1677 u. 1681 mit Hinweis auf zu befürchtenden Zorn Gottes; 1699 fehlt dieser Hinweis, 1703 ist er wieder da — auch 1714; vgl. ebenda, 1. Suppl., S. 748.
68 Ebenda, S. 726 bzw. Rafetseder, Bücherverbrennungen, S. 147, Anm. 367.
69 Adelung, Geschichte, Bd. 2, S. 233.
70 Sammlung 1748, S. 82 f.
71 Beyträge 1751, S. 75 f. (Londoner Bischof Sherlock) u. 1756, S. 900.
72 Speyer, Büchervernichtung, S. 31.
73 Koser/Droysen, Briefwechsel, Bd. 3, S. 401 (Orig. frz.).
74 Codex Justinianus, Corpus juris civilis, I,1,3 (Schriften des Porphyrios „igni tradantur. omnia enim scripta, quae deum ad iracundiam provocant animasque offendunt, ne ad auditum quidem hominum venire volumus") (Orig. griechisch).
75 Große Vorrede zum „Buch Paragranum" (1529), zit. in: Paracelsus. Leben und Lebensweisheit in Selbstzeugnissen. Ausgew. u. eingel. v. Karl Bittel, Leipzig 1944, S. 69.
76 Vgl. S. 58.
77 Codex Austriacus, 2. Suppl., S. 622. Vgl. ebenso S. 196.
78 Drei Jahre Predigtverbot (unter dem Schutz der Königin Anna bzw. der Tories); lt. Stanhope, History, S. 147 „almost equivalent to an acquittal".
79 Vgl. Rafetseder, Bücherverbrennungen, S. 152, Anm. 383 f.; Einrückkung: Journals of the House of Commons, Bd. 16, S. 383.
80 Ebenda, S. 387; vgl. auch Rafetseder, Bücherverbrennungen, S. 153 über eine Erinnerung an 1710 i. J. 1754. Mehr über „Göttliche Straf-Gerechtigkeit": Beyträge 1751, S. XII ff.
81 Sammlung 1729, S. 1306 bzw. S. 1307.

82 Vgl. Rafetseder, Bücherverbrennungen, S. 153 f.
83 Vgl. Hertz, Voltaire, 7. Kap. (Bußfeierlichkeiten: S. 245 f., über die Bücher: v. a. S. 253 u. S. 259). Ein junger Mann in effigie, einer (de La Barre) in personam verbrannt; vgl. im vorliegenden Text S. 102.
84 Historia fanaticorum, Frankfurt a. M. 1701, S. 81 (im Sammelband III 412.585 der Wiener Universitätsbibliothek); vgl. Adelung, Geschichte, Bd. 2, S. 62—80. Möglicherweise eine Antwort auf einen entsprechenden Fall 1605 in Rußland — vgl. Schillers Werke, 16. Theil, Berlin: Gustav Hempel [ca. 1870], S. 338.
85 Preußisches Dekret (Friedrich Wilhelms I.) vom 13. 5. 1727 gegen „des Dr. [Christian] Wolffen Metaphysische und Moralische Bücher", zit. in: Sammlung 1728, S. 899 f.; direkt: vgl. Rafetseder, Bücherverbrennungen, S. 155, Anm. 395.
86 Herlitz/Kirschner, Jüdisches Lexikon, Bd. 1, Sp. 1322; vgl. Gedicht „Chananja ben Teradjon". In: Ludwig August Frankl, Gesammelte poetische Werke, Bd. 2, Wien u. a. 1880, S. 159—163.
87 Vgl. Speyer, Büchervernichtung, S. 27 f. bzw. im vorliegenden Text S. 165.
88 Speyer, Büchervernichtung, S. 177.
89 Ebenda, S. 178 (zit. Gregor von Tours). Vgl. Hough (wie Anm. 18), S. 170 ff.
90 Bächtold-Stäubli, Handwörterbuch, Bd. 3, Sp. 1016.
91 Vgl. Rafetseder, Bücherverbrennungen, S. 158, Anm. 403—406.
92 Gustav Winter (Hg.), Niederoesterreichische Weisthümer, Bd. 1, Wien 1886, S. 11 (1. u. 3.) u. S. 70 (2. u. 4. Zitat).
93 Vgl. Rafetseder, Bücherverbrennungen, S. 159, Anm. 409—411.
94 Vgl. ebenda, S. 159 f., Anm. 412—417.
95 Adolph Franz, Die kirchlichen Benediktionen im Mittelalter, Freiburg i. Br. 1909, Bd. 2, S. 349. Vgl. Rafetseder, Bücherverbrennungen, S. 160, Anm. 418.
96 Vgl. Leonhard v. Matt u. M. H. Vicaire, Dominikus, Wien 1957, S. 89. In der Kirche von Fanjeaux wird heute noch ein versengter Balken gezeigt, der von jener Aktion herrühren soll. Verläßlichere Traditionen verweisen aber auf Montréal als Schauplatz (beide Orte: 20 bzw. 30 km westlich von Carcassonne); vgl. ebenda, Abb. 60 u. 61.
97 Vgl. Harry B. Wehle, Art Treasures of the Prado Museum, New York 1954, S. 227 bzw. Tafel 3; L. V. Bertarelli, Guida d'Italia del Touring Club Italiano, Liguria [. . .] Bd. 2, Mailand 1924, S. 160; Ludwig Weber, Bologna, Leipzig 1902, S. 53. Eines der Berruguete-Bilder wird in einem russ. Werk von B. S. Gorbačevskij über „Kreuze, Scheiterhaufen und Bücher" (Moskau 1965) als „Bücherverbrennung durch den Inquisitor Torquemada" bezeichnet (bei S. 81). Büchner, Bücher, S. 66 verwendet einen Ausschnitt desselben Bildes — ohne ein in die Höhe springendes Buch, zu dem die „Ketzer" verwundert aufblicken — als Beispiel für das „Vernichten von mißliebigen Büchern".
98 Nicephoros Gregoras, Romanae, hoc est Byzantinae historiae Libri XI, Basel 1562 (parallel lat. — vgl. Rafetseder, Bücherverbrennungen, S. 162, Anm. 424 — u. griech. Original).
99 Freudenthal, Feuer, S. 447 f.
100 Bruno Bauer, Das entdeckte Christentum, zit. vom Hg. in Edelmann, Selbstbiographie, S. 494.

101 Angebliches Wieland-Zitat bei König, Ausgeburten, S. 95 (nicht im Oberon, wo es am ehesten passen würde).
102 Vgl. Thomas, Religion, S. 260: Funktion der Ordalien überhaupt – „to reinforce a verdict which had already been reached".
103 Rosolenz, Bericht, fol. 48 r.
104 Probatio spiritus et doctrinae Democriti, Frankfurt a. M. 1701, S. 8 (im oben, Anm. 84 zit. Sammelband als Adl. 14) (über das Werk des „Schwärmers" Johann Conrad Dippel).
105 Vgl. Freudenthal, Feuer, S. 447 u. im vorliegenden Text S. 151 f.
106 Gedicht „Antibrüderlichkeit" in: Friederike Kempner, Gedichte, Berlin[5] 1888, S. 3 (vollständig bei Rafetseder, Bücherverbrennungen, S. 165, Anm. 432).
107 Johann Fischl, Wissenschaft und Offenbarung, Wien 1947, S. 9.
108 Guy Patin 1664, zit. bei Schelhorn, Amoenitates lit., Bd. 9, S. 663.
109 Vgl. ebenda, Bd. 8, S. 365 f. (Beleg von ca. 1713) bzw. im vorliegenden Text S. 55.
110 Vgl. S. 240.

5. Bücherstrafen und Menschenstrafen

1 Diarium Europaeum, 18. Fts. (= 19. Theil), Frankfurt a. M. 1669, S. 323.
2 1674: Gerhard, Dissertatio, Kap. 6, § 6 ebenda ein ähnlicher Beleg für Hamburg 1671: „wenn der Thäter nicht zu finden/ die Bestraffung an den exemplarien/ so zu finden oder bey handen seyn/ vorgenommen und procediret werde"); 1728: NÖLA, Slg. Hüttner, Bd. 34, fol. 234 r. (vgl. S. 192).
3 Copia decreti, S. 4: öffentliche Verbrennung von Bücher durch den Henker u. a. „ad castiga[n]dum in ipsis, quoad fieri potest, horum Tractatuum Autores"; ähnlich ebenda, S. 8.
4 Händler: z. B. Ofen 1524, Paris 1559; Drucker: z. B. Vilvorde/Brabant 1536 (William Tyndale – auch als Übersetzer), Paris 1546; Leser: vgl. S. 102. Näheres Rafetseder, Bücherverbrennungen, S. 169.
5 Vgl. S. 155.
6 Ausweisung: z. B. Boston 1650, Berlin 1752; Zusehen: z. B. Altona 1719; Leichnam: z. B. England 1556 u. Basel 1559. Näheres: Rafetseder, Bücherverbrennungen, S. 169.
7 Kästner, Verbrennen, S. 216.
8 Döpler, Theatrum, Bd. 1, S. 32.
9 Vgl. S. 156.
10 Vgl. William Camden, Annales rerum Anglicarum et Hibernicarum regnante Elizabetha, Amsterdam 1677, S. 365 f., Dictionary of National Biography, Bd. 55, s. v. „John Stubbs" u. Gillett, Books, Bd. 1, S. 82 f.; 1671 Preßburg: vgl. im vorliegenden Text S. 170.
11 Schreibhand etc.: z. B. Preßburg 1671 (vgl. S. 170) u. Paris 1717 oder 1718 (vgl. Schelhorn, Amoenitates lit., Bd. 9, S. 740 u. Nachrichten 1718, S. 840); nur Eingeweide: z. B. Berlin 1572 (vgl. König, Ausgeburten, S. 233–235 u. Abb. bei S. 256).
12 Z. B. wenn ein Chronist für Straßburg 1672 betont, daß die „Pasquille" des - vom Scharfrichter geköpften – Malefikanten „durch einen henckersknecht verbrannt" wurden. Allerdings hat jener die Gnade er-

halten, daß ihn — und vielleicht daher auch sein Buch — „der scharffrichter [. . .] nicht anrühren doerffe" (Reuss, Chronik, S. 32).

13 Z. B. Westphal, zit. bei Schelhorn, Amoenitates lit., Bd. 8, S. 465 (vgl. im vorliegenden Text S. 165).

14 Xanthippos (d. i. Ludwig Hamann), Konventionelle Lügen im Buchhandel, Leipzig ³ (ca. 1900), S. 103. Ähnlich Lhotzky, Mensch, S. 80—83.

15 Vgl. Sturm, Todesstrafen, S. 50 ff. (mit Einschränkungen) und Bächtold-Stäubli, Handwörterbuch, Bd. 1, S. 440—447.

16 Vgl. ebenda, Sp. 446.

17 „pars pro toto: vgl. S. 22. Vgl. Bächtold-Stäubli, Handwörterbuch, Bd. 8, Sp. 1556, weiters s. v. „Analogiezauber", „Bild/Bildzauber", „Fernzauber", „Puppe", „Rachepuppe" etc., u. Arthur Stanley Pease (Hg.), M. Tulli Ciceronis De natura deorum libri III, Darmstadt 1968, Bd. 2, S. 358, Anm.: antike Bücherverbrennung „was probably regarded [. . .] (sometimes, at least) as by sympathetic magic injuring the authors of the books".

18 Brückner, Bildnis, S. 301.

19 1634: vgl. Anm. 3. „Scheinhandlung": vgl. Bächtold-Stäubli, Handwörterbuch, Bd. 7, Sp. 1024—1027.

20 Z. B. bei Gerhard, Dissertatio, Kap. V f. u. Döpler, Theatrum, Bd. 2, S. 635.

21 Döpler, Theatrum, Bd. 2, S. 626.

22 Schlager, Skizzen, S. 154 (vgl. Rafetseder, Bücherverbrennungen, S. 175, Anm. 473).

23 Vgl. WSLA, Nachlässe, Nachlaß Johann Evangelist Schlager, Schachtel 18, Fasz. 35, fol. 23 r. bzw. Rafetseder, Bücherverbrennungen, S. 175, Anm. 474.

24 Vgl. Visini, Handbuch, S. 7 (Hofdekret v. 18. 11. 1803) u. S. 378 f. (Hof-Kammer-Dekret v. 19. 12. 1819).

25 Vgl. Hofstätter, Psychologie, S. 215: Substition — „Verschiebung des Affektes auf Ersatzobjekte", Sublimation bzw. Sublimierung - „Überführung primitiver Triebregungen in sozial hoch bewertete Tätigkeiten" — vgl. Freud, Unbehagen, S. 132: „Die Triebsublimierung ist ein besonders hervorstechender Zug der Kulturentwicklung".

26 Kokoschka, Comenius, S. 202.

27 So Erika Weinzierl im „Club 2" vom 4. 3. 1979 (ORF, FS 2) in bezug auf den Nationalsozialismus (ohne direkte Erwähnung der Bücherverbrennungen); (Anlaß: TV-Serie „Holocaust").

28 Vgl. S. 59 ff. bzw. Rafetseder, Bücherverbrennungen, S. 197, Anm. 479.

29 Johann Wolfgang v. Goethe, Sämtliche Werke in 40 Bänden, Bd. 6, Stuttgart u. Tübingen 1840, S. 162; Daumier: Fuchs, Karikatur, Bd. 2, bei S. 96; 1933: Schlegel, Dichter bzw. Jürgen Serke, Die verbrannten Dichter, Weinheim u. Basel 1977.

30 Leopold v. Ranke, Deutsche Geschichte im Zeitalter der Reformation, Bd. 1, München 1925, S. 333.

31 Abele, Unordnung, Bd. 1, S. 318 bzw. Diarium Europaeum (wie Anm. 1).

32 Heinrich Heine, Almansor [Schauspiel; geschrieben 1820/21]. In: H. H., Sämtliche Werke, Bd. 1, Leipzig 1911, S. 314 (vgl. im vorliegenden Text S. 142).

33 Bredekamp bei Warneke (Hg.), Bildersturm, S. 52 bzw. Rudolf Kirch-
   schläger, Geleitwort im Katalog zu: Bücherverbrennung. Ausstellung
   über die verbotene Literatur der NS-Zeit, Wien 1979, S. 3. Ähnlich bereits aber schon Erasmus v. Rotterdam 1525 — vgl. Hochhuth, Bücher,
   S. 100.
34 12 u. 16: vgl. Cramer, Bookburning, S. 167 f. bzw. S. 183 f.; 21: vgl. ebenda, S. 188; 8: vgl. im vorliegenden Text S. 134.
35 Vgl. S. 140.
36 Vgl. Tilmann Buddensieg, Gregory the Great, the Destroyer of Pagan
   Idols. In: Journal of the Warburg and Courtauld Institutes 28, 1965, S. 52
   (Padua 1413).
37 Arnold, Historie, Bd. 2, S. 497.
38 Vgl. Hertz, Voltaire, S. 265 f. bzw. im vorliegenden Text S. 88.
39 Vgl. Böhmer, Welt des Biedermeier, S. 46 f. bzw. S. 54.
40 Bogeng, Streifzüge, S. 8.
41 Johannes Scherr, Dämonen, Leipzig 1871, S. 143.
42 Neue Freie Presse, 12. 5. 1933 (Morgenblatt), S. 6; vgl. Hochhuth, Bücher, S. 102: „Schade, daß wir ihn [Heinrich Mann] nicht selber haben" —
   von Golo Mann am 10. 5. 1933 auf dem Berliner Opernplatz gehörte Äußerung.
43 Wulf, Literatur, Text zu Abb. 2 bzw. Kamnitzer, Buch, S. 493.
44 Milton, Areopagitica, S. 35.
45 August Heinrich Hoffmann v. Fallersleben, zit. bei Kapp/Goldfriedrich,
   Geschichte, Bd. 4, S. 256.
46 Sandburg: bei Downs, Freedom, S. 411; Steinbeck: ebenda, S. 284.
47 Kästner, Verbrennen, S. 219.
48 Wie Anm. 31.
49 Goethe (wie Anm. 29), S. 84 f. u. Peignot, Dictionnaire, Bd. 1, S. XXI.
50 Vgl. Rafetseder, Bücherverbrennungen, S. 185, Anm. 517.
51 Abele, Unordnung, Bd. 1, S. 318 bzw. S. 317; ein eventuell erfundenes
   Detail — vgl. Rafetseder, Bücherverbrennungen, S. 289 f.
52 Rafetseder, Bücherverbrennungen, S. 186 — nach dem lat. Orig. bei
   Schelhorn, Amoenitates lit., Bd. 8, S. 340 f.
53 Arnold, Historie, Bd. 2, S. 1156 (Bücher Jakob Böhmes).
54 Staats-Relation derer neuesten Europäischen Nachrichten und Begebenheiten auf das Jahr 1750, S. 303.
55 Vgl. Rafetseder, Bücherverbrennungen, S. 187 f., Anm. 524 f.
56 Vgl. Büchner, Bücher S. 127.
57 Haight, Books, S. 116. Vgl. Irving Shulman, Harlow, London 1964,
   S. 319 f. über ähnliche Aktionen in den USA der 30er Jahre („bookburning crusade" der Mutter Jean Harlows, tatsächlich eher durch Zerreißen).
58 Vgl. Herlitz/Kirschner, Lexikon, Bd. 4, T. 2, Sp. 1556 u. 1560.
59 „Circulare" vom 26. 10. 1782 (2. zit. Stelle) bzw. vom 10. 5. 1787 (1. u.
   3. Zitat) (beide im Besitz des Autors). Vgl. auch S. 245.
60 [Johann Rautenstrauch], Wie lange noch? Eine Patriotenfrage an die Behörde über Wucherers Skarteken Großhandel, Wien 1786, S. 50.
61 Full, Briefe, S. 136.
62 Weber, Injurien, Bd. 3, S. 31. Vgl. ebenda, Bd. 1, S. 226 u. Bd. 2, S. 219,
   Sauder, Bücherverbrennung, S. 17 („Kreuzerhöhung" eines Romanes
   durch Goethe i. J. 1779) u. im vorliegenden Text S. 126.

63   Schelhorn, Amoenitates lit., Bd. 8, S. 358.

64   Stöber, Chronik, S. 127 (Fall von 1763). Vgl. Döpler, Theatrum, Bd. 2, S.
      635: einem geflüchteten General wird 1639 in Frankreich „der Kopff
      aberkant/ welches auch an seinem Bildniß/ auff einem Chavot, durch ein
      herabfallendes Beil werckstellig gemacht worden".

65   Wien und die Wiener 24, 1950, Mai-Heft, 4. Umschlagseite.

66   Vgl. S. 121 f.

67   Vgl. S. 70 f. u. Schelhorn, Amoenitates lit., Bd. 8, S. 366—368.

68   Vgl. Speyer, Büchervernichtung, S. 67 (Redner müssen ihre Schriften
      mit dem Schwamm oder der Zunge löschen) bzw. Oelrichs, fatis,
      S. XXXXV f. (Mailand 1356).

69   Ezechiel 2,8—3,3 bzw. Apokalypse 10,9 f. Ein ähnliches Erlebnis hat
      auch 1628 die Seherin Poniatowska — vgl. Bächtold-Stäubli, Handwör-
      terbuch, Bd. 9, Nachtrag, Sp. 86 bzw. im vorliegenden Text S. 165 ff.

70   Vgl. Wilhelm Fraenger, Von Bosch bis Beckmann, Dresden 1977,
      S. 198 ff.

71   Ludolff, Schaubühne, Bd. 3, Sp. 1029 f.; vgl. Kapp/Goldfriedrich, Bd. 1,
      Sp. 593 u. Ráth-Végh, Komödie, S. 109.

72   Ranke (wie Anm. 30), Bd. 4, S. 110 bzw. Friedrich Sachse, Die Anfänge
      der Büchercensur in Deutschland, Leipzig 1870, S. 27.

73   Vgl. Oelrichs, fatis, S. XXXX ff., Ráth-Végh, Komödie, S. 108—110 u.
      Bogeng, Streifzüge, S. 9—11.

74   Die Presse, 12./13. 8. 1978, S. 14. Vgl. z. B. den Film „The Man Who
      Shot Liberty Valence" (Regie: John Ford, 1962): Dort zwingt ein Revol-
      verheld im Dienste verbrecherischer Politiker einen Zeitungsredakteur,
      einen unliebsamen Artikel aufzuessen.

75   Lothar Lang (Hg.), Walter Trier, München 1971, S. 16.

76   1530: Schelhorn, Amoenitates lit., Bd. 8, S. 357; 1606: Rosolenz, Be-
      richt, fol. 88 v.

77   Wilhelm Ludwig Wekhrlin, Denkwürdigkeiten von Wien, o. O. 1777,
      S. 122 f.; vgl. im vorliegenden Text S. 243 f.

78   Zit. bei Ernst Kienitz, Zeittafel zur deutschen Kolonialgeschichte, Mün-
      chen 1941, S. 47.

79   Vgl. Rafetseder, Bücherverbrennungen, S. 195 f.

80   Montgomery Adviser, zit. bei Renwick C. Kennedy, Alabama Book-toa-
      sters. In: Downs, Freedom, S. 377.

81   Hier im psychologischen bzw. psychoanalytischen Sinn: nachträgliche
      Scheinbegründung für an sich nicht „vernünftige" Handlungen; ebenso
      wie Verdrängung und Sublimation ein Abwehrmechanismus unbewußter
      Art. Vgl. Hofstätter, Psychologie, bzw. im vorliegenden Text S. 56 (Pu-
      fendorf 1691).

6. Mögliche rituelle Elemente der Vorbereitung und Durchführung von Bücherhinrichtungen

1   Johann Jacob Moser, Von der reichsverfassungsmäßigen Freyheit, von
     teutschen Staats-Sachen zu schreiben, Göttingen 1772, S. 62.

2   Vgl. Hertz, Voltaire, S. 102 f.

3   Vgl. Gillett, Books, Bd. 1, S. 50—52.

4   Vgl. S. 182 f. bzw. S. 162.

5   1637: Milton, Areopagitica, S. 12 (Beilage); 1657: in frz. Üs. bei Laurent
    Goblot, Apologie de la censure, Rodez 1960, S. 26 (in bezug auf die
    „Provinciales" von Pascal).
6   Copia decreti (im Titel).
7   Abbildung/ deß auß König. Mayst. in Spanien befelchs/ ergangenen Ge-
    richtsurtheils/ und Execution, wider etliche famosbücher [. . .], Köln
    1634 (HHStA, Bücherkommission im Reich, Karton 2, bei fol. 14 ff.
8   Abele, Unordnung, Bd. 1, S. 316. Der Bericht im Diarium Europaeum,
    18. Fts., Frankfurt a. M. 1669, S. 323 betont immerhin, das Buch sei „or-
    dentlicher Weise verurtheilt" worden.
9   Vgl. Helmut Coing, Zum juristischen Prozeßbegriff. In: Karl-Georg Fa-
    ber u. Christian Meier (Hg.), Historische Prozesse, München 1978
    (= Theorie der Geschichte. Beiträge zur Historik, Bd. 2), S. 365–373.
10 Sammlung 1722, S. 79.
11 HHStA (wie Anm. 7).
12 Vgl. S. 105.
13 HHStA (wie Anm. 7).
14 Vgl. Copia decreti, S. 3, Rafetseder, Bücherverbrennungen, S. 203 u.
    S. 137.
15 Schlager, Skizzen, Bd. 4, S. 154 bzw. Abele, Unordnung, Bd. 1, S. 315 f.
16 Vgl. z. B. S. 254.
17 Jedin, Handbuch, Bd. 4, S. 77.
18 Vgl. Rafetseder, Bücherverbrennungen, S. 204, Anm. 597.
19 Koser, Briefwechsel, S. 286, Anm. 1.
20 Vgl. Richard Perger, Der Hohe Markt, Wien u. Hamburg 1970, z. B. S.
    28: nur „bis 1706 die traditionelle Stätte für Enthauptungen".
21 Vgl. Felix Czeike, Der Neue Markt, Wien u. Hamburg 1970, S. 27 u.
    S. 35 f. (Pranger u. „Bäckerschupfen"). In Notzeiten wie 1683 gab es
    dort auch einen Schnellgalgen - vgl. Perger (wie Anm. 20), S. 39.
22 Schlager, Skizzen, Bd. 4, S. 159.
23 Vgl. Rubinstein/Farley, Booke, S. 15 (1660).
24 Vgl. Rafetseder, Bücherverbrennungen, S. 206, Anm. 604 bzw. im vor-
    liegenden Text S. 231.
25 1768: Kapp/Goldfriedrich, Geschichte, Bd. 3, S. 396; 1702: Beier, De
    eo, S. 32.
26 Z. B. 1763: Stöber, Chronik, S. 127; 1782: Gunter Grimm (Hg.), Satiren
    der Aufklärung, Stuttgart 1975, S. 235.
27 Der Stadt Hamburg Gerichts-Ordnung und Statuta, Hamburg 1842,
    S. 575 f. (Stadtrecht von 1603).
28 Hubert, Correspondance, S. 353, Anm. 3; vgl. im vorliegenden Text
    S. 254 u. S. 255.
29 Vgl. S. 314, Anm. 22.
30 Rafetseder, Bücherverbrennungen, S. 208, Anm. 612.
31 Gerhard, Dissertatio, Kap. VI, § 6 (Hamburg 1671); vgl. im vorliegenden
    Text S. 125 (London 1661). Öfters auch bewußt an Markttagen − so
    1718 in Frankfurt a. M. (Kapp/Goldfriedrich, Geschichte, Bd. 2, S.
    459).
32 1. Zitat: Instrumentum, fol. 160 r.; 1768: wie im vorliegenden Text
    S. 239.
33 1763: Wr. Diarium, 21. 12. 1763; vgl. Rudé, Volksmassen, S. 55 u. Um-
    schlagbild; 1521: Sammlung 1727, S. 827.

34 Vgl. S. 194.
35 Hans v. Hentig, Gerichtliche Klänge und Geräusche. In: Schweizerische Zeitschrift für Strafrecht 63, 1948, S. 130 f.
36 HHStA (wie Anm. 7).
37 Ein extremes Beispiel bei Johann Christian Lünig, Theatrum ceremoniale historico-politicum, Bd. 2, Leipzig 1720, S. 1467 f. („Beschreibung, mit was vor Ceremonien der Kayser von Marocco auf dem Nacht-Stuhl gehet").
38 Vgl. Bächtold-Stäubli, Handwörterbuch, z. B. die Artikel „Erz", „Geräusch", „Glocke", „Horn II", „Lärm", „Paucke", „Trommel", „Trompeten" etc.
39 „Fulgur arcens et daemones malignos" (Erfurter Dom 1497), „Huius campanae sonus vincit tempestates, daemones repellit" (San Martino/ Ponte Valentino) — Eduard Stemplinger, Antiker Aberglaube in modernen Ausstrahlungen, Leipzig 1922, S. 86; vgl. Hentig (wie Anm. 35), S. 134 f.
40 Hentig (wie Anm. 35), S. 121 ff.
41 Hans Commenda, Geschichten um Anton Bruckner, Linz [1946] S. 12; vgl. Unsere Heimat N. F. 9, 1936, H. 2, S. 41, Anm. 2, ebenda, H. 4, S. 124, Nachtrag sowie Florian Oberchristl, Glockenkunde der Diözese Linz, Linz 1941, S. 706.
42 Vgl. Rafetseder, Bücherverbrennungen, S. 211, Anm. 628. Aber auch 1410 — vgl. S. 140.
43 Hentig (wie Anm. 35), S. 126 (in bezug auf die Prangerstrafe).
44 Vgl. ebenda, S. 131.
45 1543: vgl. S. 153; 1528: vgl. S. 148 f.; 1521: vgl. S. 311, Anm. 15.
46 Copia decreti, S. 3. Vgl. S. 117.
47 Hentig (wie Anm. 35), S. 129 f. u. Beier, De eo, S. 23.
48 1724: Michael Lilienthal, Erleutertes Preußen, Bd. 3, Königsberg 1726, S. 154; 1766: Instrumentum, fol. 160 v. bzw. 161 r.
49 Wie S. 314, Anm. 26.
50 Vgl. S. 162 bzw. S. 195 u. S. 203.
51 Instrumentum, fol. 157 v. (Gewand) bzw. 161 v.
52 Vgl. S. 185, S. 194 u. S. 202.
53 Rafetseder, Bücherverbrennungen, S. 214 f., Anm. 644 f.
54 Freund, Bücherzensur, S. 72 f.
55 Vgl. S. 163 u. S. 185.
56 Wr. Diarium, 28. 1. u. 24. 6. 1730 sowie 15. 11. 1749 — vgl. auch im vorliegenden Text S. 195, S. 202 f. u. S. 222 f.
57 Codex Austriacus, Bd. 1, T. 2, S. 532.
58 Wie S. 162.
59 Döpler, Theatrum, Bd. 1, S. 454.
60 Codex Austriacus, Bd. 1, T. 1, S. 454 (Art. 51, § 4).
61 Wie S. 314, Anm. 26.
62 Instrumentum, fol. 161 r.; 4 Richter: fol. 160 v., „Craiß": fol. 161 r.; es folgen das 3. Schlagen des „Appels" und die Urteilsverlesung.
63 Perger (wie Anm. 20), S. 72 bzw. ebenda, Abb. 1 u. 2.
64 Z. B. Titelblatt u. S. 5 einer Schrift von 1733 zit. bei Rafetseder, Bücherverbrennungen, S. 206, Anm. 604.
65 Wie S. 147.
66 Fritz Popelka, Geschichte der Stadt Graz, Bd. 1, Graz u. a. 1959, S. 427; vgl. ebenso im vorliegenden Text S. 190.

67 Schelhorn, Amoenitates lit., Bd. 8, S. 358 ff; vgl. auch S. 209 f.
68 Instrumentum, fol. 161 v.
69 Z. B. Teschen 1714 – vgl. S. 188.
70 Wie S. 170.
71 1707: wie S. 185; 1661: Ludolff, Schaubühne, Bd. 3, Sp. 1315 f.; vgl. Rafetseder, Bücherverbrennungen, S. 219, Anm. 668 f.
72 Hertz, Voltaire, S. 103; vgl. im vorliegenden Text S. 231.
73 Herrmann-Mascard, censure, S. 127 bzw. Jedin, Handbuch, S. 77; vgl. Puttemans, censure, S. 123 zu ähnlichen Praktiken in den österr. Niederlanden um 1754.
74 Lilienthal (wie Anm. 48); vgl. ebenda, Bd. 2, S. 808–811 über die Schrift. Thorn/Toruń: damals freie Stadt mit dem polnischen König als Schutzherrn; nicht der „Republic Pohlen" unterworfen - vgl. Lilienthal, Bd. 2, S. 755. Hinweis auf den Fall: Oelrichs, fatis, S. XXVIII f., Anm.
75 Die Bedeutung des burschenschaftlichen Wartburgfestes von 1817. In: Velhagen & Klasings Monatshefte 32 (1917/18), H. 3 (Nov. 1917), S. 282. Vgl. ebenso S. 262.
76 Vgl. S. 96, S. 99 ff. u. S. 169 f.
77 Vgl. auch S. 30 über das Verbrennen inkriminierter Bilder durch Henkershand.
78 Freudenthal, Feuer, S. 105; vgl. im vorliegenden Text S. 97 f.
79 Brückner, Bildnis, S. 209.
80 Vgl. S. 139.
81 Bredekamp bei Warnke (Hg.), Bildersturm, S. 53 (vgl. auch S. 140 f.).
82 Rafetseder, Bücherverbrennungen, S. 223, Anm. 682–684.
83 Sauder, Bücherverbrennung, S. 166.
84 Vgl. S. 155.
85 Beier, De eo, S. 32 („per Carnificem in foro sub patibulo").
86 Rafetseder, Bücherverbrennungen, S. 225, Anm. 689 f.
87 Gerhard, Dissertatio, Kap. VI, § 6.
88 Döpler, Theatrum, Bd. 2, S. 635. Vgl. Dictionary of National Bibliography, Bd. 28, London 1871, S. 383 f.
89 Z. B. 1695 in Graz – vgl. Popelka (wie Anm. 66), S. 426. Vgl. ebenso S. 98 f., S. 174, S. 211 f., S. 241 u. S. 259 f.
90 Schlager, Skizzen, S. 154.
91 Vgl. S. 163.
92 Wie S. 223.
93 Vgl. S. 212.
94 Sauder, Bücherverbrennung, S. 237–239 u. Abb. 15 f.
95 Hans v. Hentig, Die Strafe, Bd. 1, Berlin u. a. 1954, S. 316.
96 1656: Codex Austriacus, Bd. 1, T. 1, S. 706 (Art. 73, § 4) bzw. ebenda, S. 680 (Art. 48, § 1); 1771: vgl. Franz Englisch, Die alte Hinrichtungsstätte auf der Gänseweide unter den Weißgerbern. In: Wiener Geschichtsblätter 14 (74), 1959, H. 3, S. 65.
97 „Verschwemmen": vgl. Bächtold-Stäubli, Handwörterbuch, Bd. 9, Nachtrag, Sp. 360 u. 365; vgl. ebenda, Bd. 1, Sp. 616 f. u. Bd. 2, Sp. 1681 ff.; 1714: Wie im vorliegenden Text S. 189; Ulm: Kapp/Goldfriedrich, Geschichte, Bd. 3, S. 396 u. Hentig (wie Anm. 95), S. 317.
98 1624: Brückner, Bildnis, S. 231; 1634: Ludolff, Schaubühne, Bd. 2, Sp. 342 u. Schelhorn, Amoenitates lit., Bd. 8, S. 507 f.; 1766: vgl. im vorliegenden Text S. 88; 1689: wie S. 88.
99 1710: Vgl. S. 87 f.; 1600: vgl. S. 58.
100 Zit. bei Böhmer, Welt, S. 62.

II. GESCHICHTLICHE ENTWICKLUNG DER ÖFFENTLICH-FEIERLICHEN BÜCHERVERBRENNUNGEN

1. Öffentliche Schriftenvernichtungen von den Anfängen bis ins 15. Jahrhundert

1   Ingeborg Bachmann, Der Fall Franza, München 1979, S. 104; vgl. Dieter Metzler, Bilderstürme und Bilderfeindlichkeit in der Antike. In: Warnke, Bildersturm, S. 15.

2   Metzler (wie Anm. 1), S. 14 f.

3   Vgl. 2 Moses 32,19 u. 5 Moses 9,17 sowie Speyer, Büchervernichtung, S. 36 bzw. — zu Nabonassar — ebenda, S. 110, Beck, Macht, S. 7 f. u. Beck, Anmerkungen, S. 2 f. (eher legendäre Nachricht).

4   Jeremias 36,23; vgl. Rafetseder, Bücherverbrennungen, S. 233, Anm. 7—10.

5   Esra: nach Zedler, Lexicon, Bd. 47, Sp. 238 (3 u. 4 Esra sind nicht im tridentinischen Kanon, aber noch etwa in: Biblia sacra, Innsbruck 1834, als Anhang beigegeben); Makk.: vgl. Zaccaria, Storia, S. 249 u. Speyer, Büchervernichtung, S. 50.

6   Vgl. S. 39 f.

7   Vgl. Speyer, Büchervernichtung, S. 46 u. Rafetseder, Bücherverbrennungen, S. 234, Anm. 15.

8   Metzler (wie Anm. 1), S. 15.

9   Vgl. z. B. Milton, Areopagitica, S. 49—51 u. Theophilus Raynaldus [d. i. Théophil Raynaud], Erotemata de malis ac bonis libris, Lyon 1653, S. 40.

10   Warnke, Bildersturm, S. 144, Anm. 32. Laut Speyer, Büchervernichtung, S. 87 „wohl verleumderisch" von Aristoxenos v. Tarent behauptet.

11   Zedler, Lexicon, Bd. 60, Sp. 742 f. bzw. — 1. Zitat — Beck, Macht, S. 18. Vgl. Derk Bodde, China's First Unifier. A study of the Ch'in dynasty as seen in the life of Li Ssu ⟨280?—208 B. C.⟩, Leiden 1938 bzw. stellenweise verbesserter, seitengleicher Reprint Hongkong 1967, v. a. S. 22—24, S. 80—84, S. 121 f. u. S. 162—166.

12   Goodrich, Inquisition, S. 10.

13   Rafetseder, Bücherverbrennungen, S. 236, Anm. 25 f.

14   Vgl. Speyer, Büchervernichtung, S. 52, Zaccaria, Storia, S. 250 u. Weber, Injurien, Bd. 3, S. 34—36.

15   Vgl. Cramer, Bookburning u. Rafetseder, Bücherverbrennungen, S. 237, Anm. 29—33.

16   Cramer, Bookburning, S. 160 bzw. S. 167. Vgl. Ronald Syme, The Roman Revolution, Oxford ² 1952, v. a. S. 486—489.

17   Vgl. S. 29.

18   Tacitus, Annales, XIV,50.

19   Tacitus, Agricola, II,1 f.; vgl. im vorliegenden Text S. 29 f. u. Speyer, Büchervernichtungen, S. 72.

20   Tacitus, Annales, IV,35.

21   Vgl. S. 89 u. Speyer, Büchervernichtung, S. 74. In Rom werden unter Hadrian höchstens Schuldbücher öffentlich verbrannt — natürlich mit anderer Motivation; vgl. Speyer ebenda, S. 81 u. Abb. 1 f. (Steuerlisten-Verbrennung auf Relief bzw. Münze).

22   Rafetseder, Bücherverbrennungen, S. 239, Anm. 42.

23   Speyer, Büchervernichtung, S. 79 bzw. S. 76; ältere: vgl. Rafetseder, Bücherverbrennungen, S. 240, Anm. 43.

24 Vgl. Rafetseder, Bücherverbrennungen, S. 240, Anm. 44 u. Speyer, Büchervernichtung, S. 77 f.
25 Vgl. Rafetseder, Bücherverbrennungen, S. 240, Anm. 45.
26 Rosolenz, Bericht, fol. 87 v.; vgl. Speyer, Büchervernichtung, S. 149.
27 Vgl. Rafetseder, Bücherverbrennungen, S. 242, Anm. 49.
28 Vgl. Piccart, Observationes, S. 64 u. Speyer, Büchervernichtung, S. 131 f.
29 Rosolenz, Bericht, fol. 87 v.; vgl. Speyer, Büchervernichtung, S. 170.
30 Vgl. S. 39 u. S. 86.
31 Vgl. S. 39.
32 Vgl. Speyer, Büchervernichtung, S. 145.
33 Deshalb wird Cäsar 1942 zusammen mit dem Kalifen Omar als „bookburner" in eine Reihe gestellt – George W. Lyon, Book Burners in History. In: Saturday Review, 15. 8. 1942, zit. bei Downs, Freedom, S. 3. Abb. dazu: Schedelsche Weltchronik, Reprint Dortmund 1978, fol. 92 v. (auch bei Rubinstein/Farley, Booke, S. 1).
34 Der Treppenwitz in der Weltgeschichte. Begr. v. William Lewis Hertslet, fortgef. v. Hans Ferdinand Helmolt, neubearb. v. Friedrich Wencker-Wildberg, Berlin 12 1967, S. 189. Vgl. Rafetseder, Bücherverbrennungen, S. 244, Anm. 58; als wahr neuerdings noch bei Rinser, Geist S. 96.
35 Zedler, Lexicon, Bd. 11, Sp. 767; vgl. Rafetseder, Bücherverbrennungen, S. 242 f., Anm. 59 f.
36 587: vgl. Speyer, Büchervernichtung, S. 150; Ältere: z. B. Zaccaria, Storia, S. 59; um 480: vgl. Zaccaria, Storia, S. 256 (im Kapitel: „Le nostre proibizioni de' libri sono autorizzato dalla pratica degli Eretici e antichi, e moderni") u. Speyer, Büchervernichtung, S. 158.
37 Vgl. Rafetseder, Bücherverbrennungen, S. 245, Anm. 63 f.
38 Ebenda, S. 246, Anm. 66–69.
39 Ebenda, S. 246, Anm. 70 f.
40 Vgl. Arthur Christensen, L'Iran sous les Sassanides, Kopenhagen 2 1944, S. 360. Zu einer wohl erfundenen Überlieferung, derzufolge Attila 452 in Padua ein Lobgedicht auf sich verbrannt haben soll: Schelhorn, Amoenitates lit., Bd. 9, S. 668 f.
41 Rafetseder, Bücherverbrennungen, S. 247, Anm. 73 u. im vorliegenden Text S. 93.
42 Vgl. Peignot, Dictionnaire, Bd. 1, S. 250 u. Zedler, Lexicon, Bd. 25, Sp. 1114.
43 Vgl. Rafetseder, Bücherverbrennungen, S. 248, Anm. 75–77.
44 Zaccaria, Storia S. 81 („[. . .] ad confusionem perfidiae Judaeorum publice coram clero & populo incendio concremarint"). Vgl. Taddäus Zaderecki, Der Talmud im Feuer der Jahrhunderte, Wien 1937, S. 13. Ähnlich bereits 1242 in Paris: vgl. ebenda u. Abram S. Isaacs, The Talmud in History. In: The Jewish Quarterly Review 13, 1901, S. 440 f. Zu den jeweils vorhergehenden Papstbriefen: Hilgers, Bücherverbote, S. 14 f.
45 Rafetseder, Bücherverbrennungen, S. 249, Anm. 79 f.
46 Iran: vgl. Handbuch der Bibliothekswissenschaft. Begr. v. Fritz Milkau, 2. Aufl. hg. v. Georg Leyh, Bd. 3, 1. Hälfte, Wiesbaden 2 1955, S. 230; China: vgl. Goodrich, Inquisition, S. 3 f.
47 Döpler, Theatrum, Bd. 2, S. 637; vgl. z. B. Gerhard, Dissertatio, Kap. IV, § 3 bzw. Brückner, Bildnis, S. 231 u. S. 293.
48 Vgl. Franz Xaver Kraus, Dante, Berlin 1897, S. 271 f. u. S. 747 f. („in pubblico, siccome cose eretiche continente, dannò al fuoco") bzw. Hilgers, Bücherverbote, S. 16.

49   Vgl. Ferdinand Hoefer (Hg.), Nouvelle biographie générale [. . .], Bd. 13, Paris 1857, s. v. „Daubentonne".
50   1409: vgl. Hus in Konstanz. Der Bericht des Peter von Mladoniowitz. Üs., eingeleitet u. erläutert v. Josef Bujnoch, Graz u. a. 1963, S. 169 u. Zaccaria, Storia, S. 126 f.; 1410: vgl. Palacký, Geschichte, S. 249−252.
51   Palacký, Geschichte, S. 278 (nach dem Bericht eines Teilnehmers).
52   Vgl. Zaccaria, Storia, S. 128.
53   Rafetseder, Bücherverbrennungen, S. 252, Anm. 92 f. (dort auch lat. Originalstellen aus dem Urteil, sowie zu weiteren Bücherverbrennungen 1418 in Konstanz, bei denen die Autoren nur abschwören müssen).
54   Vgl. Palacký, Geschichte, S. 98 f. u. S. 103, Rochus, Chronica, S. 27 bzw. − zu Retz − Rudolf Resch, Retzer Heimatbuch, Bd. 1, Retz 1936, S. 55 f.
55   Vgl. Bredekamp in Warnke (Hg.), Bildersturm, S. 55 (1423), S. 53 f. (1424) bzw. (zur Hexenverbrennung) Jacob Burckhardt, Die Kultur der Renaissance in Italien, Berlin 1928, S. 471; Buch samt Autorenbild als Hauptangriffsziel: um 1431 in Mailand, Bologna und Ferrara − vgl. Bredekamp, wie oben, S. 53 u. Schelhorn, Amoenitates lit., Bd. 8, S. 474; Paris: vgl. René Héron de Villefosse, Singularites de Paris, Paris 1940, S. 114 f.
56   Rafetseder, Bücherverbrennungen, S. 253, Anm. 98.
57   Rafetseder, Bücherverbrennungen, S. 254, Anm. 99.
58   Vgl. Bredekamp in Warnke (Hg.), Bildersturm, S. 54.
59   Vgl. ebenda, S. 41−64, weiters Joseph Schnitzer, Savonarola, München 1924, Bd. 1, S. 392 ff. u. S. 480 f.; „Mißbrauch": vgl. Brief Savonarolas, zit. in: Pasquale Villari, La storia di Girolamo Savonarola e de' suoi tempi, Bd. 1, Florenz 1859, S. 475, Anm. 1 („Nec ego aliquando artem poeticam damnandum putavi, sed quorundam abusum").
60   1457: [David Wilkins (Hg.),] Concilia Magnae Britanniae et Hiberniae, Bd. 3, London 1737, S. 576; vgl. Zaccaria, Storia, S. 131 f.; 1479: vgl. ebenda, S. 132, Zedler, Lexicon, Bd. 55, Sp. 731 f. u. Hilgers, Bücherverbote, S. 17.
61   Jüdische: 1461 Valladolid − vgl. Zaderecki (wie Anm. 44), S. 20; 1490 Salamanca − vgl. Haight, Books, S. 7. 1499: vgl. Zedler, Lexicon, Bd. 60, Sp. 753.
62   Zit. bei Georg Voigt, Die Wiederbelebung des classischen Alterthums, Bd. 2, Berlin ² 1881, S. 316.

2. Öffentliche Schriftenverbrennungen (insbesondere durch Henkershand) vom Beginn des 16. bis zum mittleren Drittel des 17. Jahrhunderts

1   1487: vgl. Hilgers, Index, S. 480−482; 1501: vgl. Zaccaria, Storia, S. 133−135; 1515: vgl. [Jean Hardouin (Hg.)], Acta conciliorum [. . .], Bd. 9, Paris 1714, Sp. 1780 („illorum librorum publicam combustionem"). Zu einer gleichen Verordnung der „Dieci" Venedigs 1515 vgl. Geo[rge] Haven Putnam, Books and Their Makers during the Middle Ages, Bd. 2, London 1897, S. 357.
2   Rafetseder, Bücherverbrennungen, S. 258, Anm. 116 f.
3   Vgl. Hardouin (wie Anm. 1), Sp. 1891−1902, v. a. Sp. 1897.
4   Vgl. Jedin, Handbuch, S. 74−77 u. Deutsche Reichstagsakten, Jüngere Reihe, Bd. 2, Gotha 1896, S. 471 f., Anm. 4 bzw. Rafetseder, Bücherverbrennungen, S. 259, Anm. 119 f.

5   Brief vom 1. 12. 1520 („puerilis stultitae") — vgl. Luther, Werke, Bd. 7, S. 153.
6   Vgl. Hilgers, Index, S. 2 u. Zaccaria, Storia, S. 257.
7   Vgl. Luther, Werke, Bd. 7, S. 153 u. S. 183 bzw. Rafetseder, Bücherverbrennungen, S. 260, Anm. 123 f. (Anm. 124 — lat. Originaltext).
8   Vgl. Jedin, Handbuch, S. 77 u. Luther, Werke, Bd. 7, S. 153. Die Entwicklung der Darstellungen jenes Ereignisses in Bildender Kunst und Belletristik wäre einer eigenen Darstellung würdig.
9   Luther, Werke, Bd. 7, v. a. S. 162 f.; vgl. auch einen in den Nachrichten 1718, S. 174 zit. Brief Luthers („non esse magnarum virium, libros exurere, quos confutare non possent") bzw. im vorliegenden Text S. 178.
10 Rafetseder, Bücherverbrennungen, S. 261, Anm. 127.
11 Ebenda, S. 262, Anm. 128 (frz. Originaltext).
12 Vgl. Reichstagsakten (wie Anm. 4), S. 656 bzw. S. 657.
13 Vgl. ebenda, S. 953 f.
14 Zit. ebenda, S. 953, Anm. 4.
15 Z. B. Bernhard v. Luxemburg (1529), zit. bei Schelhorn, Ergötzlichkeiten, Bd. 2, S. 624 („Carolus V. [. . .] tradidit flammis ultricibus [. . .] libros Luteri in sua praesentia tubis clangentibus & buccinis").
16 Vgl. ebenda, S. 624 f. bzw. Rafetseder, Bücherverbrennungen, S. 263, Anm. 136.
17 Vgl. Rafetseder, Bücherverbrennungen, S. 263, Anm. 137; zumindest einige Verbrennungen in England konnte Erasmus von Rotterdam verhindern — vgl. Hochhuth, Bücher, S. 104.
18 Vgl. Kink, Geschichte, Bd. 1, T. 2, S. 124—126.
19 Anton Mayer, Wiens Buchdrucker-Geschichte 1482—1882, Bd. 1, Wien 1883, S. 165.
20 Ebenda, S. 166.
21 Rafetseder, Bücherverbrennungen, S. 264, Anm. 140 u. S. 265, Anm. 144.
22 Vgl. Codex Austriacus, Bd. 1, T. 2, S. 295 f. u. Kapp/Goldfriedrich, Bd. 1, S. 553.
23 Kink, Geschichte, Bd. 1, T. 1, S. 250, Anm. 288 bzw. Rafetseder, Bücherverbrennungen, S. 265, Anm. 143.
24 Hormayr, Anemonen, S. 321, Anm.
25 Rafetseder, Bücherverbrennungen, S. 266, Anm. 145 f.
26 Hildegund Gismann-Fiel, Das Täufertum in Vorarlberg, Dornbirn 1982, S. 135.
27 Vgl. Rafetseder, Bücherverbrennungen, S. 267, Anm. 149.
28 Rosolenz, Bericht, fol. 34 r.; vgl. Fritz Pichler, Ein siebzigtägiger Feldzug. In: Jahrbuch der Gesellschaft für Geschichte des Protestantismus in Österreich 14 (1893), S. 1—44.
29 Rosolenz, Bericht, fol. 88 r.
30 Ebenda, fol. 87 v.; vgl. im vorliegenden Text S. 136.
31 Vgl. Rosolenz, Bericht u. Dedic, Verbreitung, S. 441—444.
32 Loserth, Akten, S. 18 bzw. S. 20.
33 Franz Christoph Graf Khevenhüller, Annales Ferdinandei, Bd. 5, Leipzig 1723, Sp. 2213; vgl. Dedic, Verbreitung, S. 443 f. u. im vorliegenden Text S. 58; zu einer angeblichen Schriftenverbrennung anderer Art am 18. 6. 1600 in der Grazer Jesuitenkirche vgl. Kemmerich, Geschichte, S. 109 (mit Blut geschriebener „Teufelspakt").

34   Rafetseder, Bücherverbrennungen, S. 269, Anm. 160.
35   Vgl. Dedic, Verbreitung, S. 445 f.
36   d'Elvert, Geschichte, S. 137.
37   Vgl. Bretholz, Geschichte, Bd. 3, S. 12.
38   Rochus, Chronica, S. 81 u. Döpler, Theatrum, Bd. 2, S. 554.
39   Punkt 10 („publicè igne consumari faciant"); in: Carolus [d. i. Carlo] Carafa, Commentaria de Germania Sacra [. . .] Teil 2, Antwerpen 1631, S. 165.
40   Rafetseder, Bücherverbrennungen, S. 271, Anm. 167.
41   Vgl. Wahrhaffte Relazion wegen der nechst fürgangenen Kays: Religions Reformation im Ertzhertzogthumb Oesterreich ob der Ennß, Augsburg 1626 (unpaginiert).
42   Vgl. Cäcilia Doppler, Reformation und Gegenreformation in ihrer Auswirkung auf das Steyrer Bürgertum, Wien 1977.
43   Vgl. Linzer Regesten, C III C 1, Nr. 201, 265, 289, 293, 306, 359 (1631–1646) etc.
44   Rafetseder, Bücherverbrennungen, S. 271 f., Anm. 170–173 (Zit.: Codex Austriacus, Bd. 1, T. 2, S. 212).
45   Josef Svátek, Culturhistorische Bilder aus Böhmen, Wien 1879, S. 33.
46   Codex Austriacus, 1. Suppl., S. 189 bzw. S. 190. 20 Tage vor der 1. Wiener „Buchhinrichtung" gibt es übrigens eine – vorerst erfolglose – städtische bzw. ständische Petition an den Kaiser zur „Abschaffung" der Juden aus Wien – vgl. Fuhrmann, Wien, S. 949.
47   „Für den Länder- und Herrschaftskomplex der deutschen Linie des Hauses Österreichs – einschließlich Ungarns – [. . .] seit dem späteren 17. Jahrhundert" üblich werdender Begriff – so Erich Zöllner, Formen und Wandlungen des Österreichbegriffes. In: Hugo Hantsch u. a. (Hg.), Historica, Wien u. a. [1965], S. 75.
48   Vgl. Brückner, Bildnis, S. 296 f.; Namenstafeln: vgl. Döpler, Theatrum, Bd. 2, S. 641 f. (z. B. „bey den feldflüchtigen Soldaten" können auch nur die „Nahmen auf ein Blech geschrieben/ dasselbe durch den Scharffrichter an den Galgen geschlagen", und die Betreffenden „also zu Schelmen gemacht werden").
49   Vgl. S. 173.
50   Zit. bei Brückner, Bildnis, S. 251.
51   Vgl. ebenda, S. 261 f. u. im vorliegenden Text S. 52 f.
52   Rafetseder, Bücherverbrennungen, S. 275, Anm. 185–187.
53   1543: Rafetseder, Bücherverbrennungen, S. 211, Anm. 628 (frz. Orig.); sonst: ebenda, S. 276, Anm. 188.
54   Vgl. ebenda, S. 276 f., Anm. 189–192.
55   Abele, Unordnung, Bd. 1, S. 317 („wiewolen es in Franckreich nichts neues ist").
56   Rafetseder, Bücherverbrennungen, S. 277, Anm. 194–196.
57   Deutsche Reichstagsakten Jüngere Reihe, Bd. 4, S. 497; ebenda, S. 156, Anm. 2 die Mitglieder der zuständigen Kommission.
58   Rafetseder, Bücherverbrennungen, S. 278, Anm. 199 („quod forsan heic brevi publico in foro cremabitur per carnificem iussu Caesaris, et concessu Electorum ceterorumque ordinum omnium").
59   1580: Beyträge 1757, S. 225 f.; 1629: vgl. Sammlung 1729, S. 731 u. Zedler, Lexicon, Suppl. Bd. 3, Sp. 1326 f.
60   1538: Hilgers, Index, S. 282; sonst: vgl. Rafetseder, Bücherverbrennungen, S. 279, Anm. 203–205 bzw. im vorliegenden Text S. 30 u. S. 127 f.

61 Servet: vgl. Georg Josef Erwin Mautner Markhof, Verschwörung der Inquisitoren [...], Wien 1974, S. 253 (Urteil) u. S. 266, weiters z. B. Zedler, Lexicon, Bd. 37, Sp. 455; Joris: vgl. Rafetseder, Bücherverbrennungen, S. 280, Anm. 208.

62 Rafetseder, Bücherverbrennungen, S. 280, Anm. 209.

63 Ebenda, Anm. 210 (auch zu weiteren Genfer Fällen).

64 Vgl. ebenda, S. 280 f., Anm. 211–213.

65 Ebenda, S. 281, Anm. 214.

66 Vgl. ebenda, Anm. 215.

67 Ebenda, Anm. 216.

68 1556 Martin Bucer u. Paul Fagius (gest. 1551 u. 1549) exhumiert u. mit ihren Büchern verbrannt – vgl. ebenda, Anm. 217. 1554: vgl. Gillett, Books, Bd. 1, S. 28–31: Autor gehenkt und geviertelt, Buch durch Henkershand (?) verbrannt.

69 Vgl. Rafetseder, Bücherverbrennungen, S. 282, Anm. 219 f.

70 Ebenda, S. 282 f., Anm. 221 f.

71 Rubinstein/Farley, Booke, S. 5 f.; vgl. Leona Rostenberg, Literary, Political, Scientific, Religious & Legal Publishing, Printing & Bookselling in England, 1551–1700, New York 1965, Bd. 2, S. 176–182.

72 Vgl. Rafetseder, Bücherverbrennungen, S. 283 f., Anm. 224 f.

73 Vgl. Rubinstein/Farley, Booke, S. 18 bzw. Gerardus Croesus, Historia quakeriana, Amsterdam [2] 1696, S. 393.

74 Vgl. Rafetseder, Bücherverbrennungen, S. 284, Anm. 227 f.

75 Ebenda, S. 285, Anm. 229–232.

76 Amerika: vgl. Schelhorn, Amoenitates lit., Bd. 8, S. 369 f. u. Fernand Salentiny, Santiago! Die Zerstörung Altamerikas, Frankfurt a. M. 1980, S. 337 u. S. 341 (Anordnung Bischof Zumarragas, am großen Platz des früheren Tenochtitlán) bzw. S. 347.

77 Vgl. Rafetseder, Bücherverbrennungen, S. 285 f., Anm. 234 f.

78 Ebenda, Anm. 236.

79 Vgl. Ludolff, Schaubühne, Bd. 1, Sp. 470–472 bzw. (1666) Willy Hentze, Am Hofe des Kaisers Menelik von Abessynien, Berlin [ca. 1905], S. 154.

80 Warnke, Bildersturm, S. 80.

81 Rafetseder, Bücherverbrennungen, S. 287, Anm. 241 (auch zum „Sacco di Roma" von 1527).

82 1647: Ludolff, Schaubühne, Bd. 2, Sp. 1372; 1615: ebenda, Bd. 1, Sp. 539–541.

3. Die Monarchia Austriaca von der ersten Wiener Buchhinrichtung bis zum Tod Leopolds I.

1 Vgl. S. 312, Anm. 47.

2 Vgl. Rafetseder, Bücherverbrennungen, S. 288–290.

3 Ebenda, S. 290 f. bzw. Johann Nikolaus Vogel, Specimen bibliothecae Germania Austriacae, Teil 2, Bd. 2, bearb. v. Leopold Gruber, hg. v. Joseph Wendt v. Wendtenthal, Wien 1785, S. 743.

4 Vgl. Georg Wagner, Der Wiener Hof, Ludwig XIV. und die Anfänge der Magnatenverschwörung 1664/65. In: Mitteilungen des Österr. Staatsarchives 16 (1963), S. 89 ff. u. S. 112 f.

5 Stauffenberg, Relation, Titelblatt, „Praefation" bzw. S. 66 u. S. 67 (Kritikpunkte; auch bei Rafetseder, Bücherverbrennungen, S. 292, Anm. 262).

6 Abele, Unordnung, Bd. 1, S. 317; etwas andere Titel bei anderen Quellen — vgl. Rafetseder, Bücherverbrennungen, S. 293, Anm. 263.

7 Rafetseder, Bücherverbrennungen, S. 293, Anm. 264—266.

8 Vgl. ebenda, Anm. 267.

9 Gonnet, Briefwisseling, Bd. 1, S. 457 („veel leugens ende ignominieuse saken teghens den General-Luitenant Graef Raymond Montecuculi ende andre hoghe Officieren").

10 Abele, Unordnung, Bd. 1, S. 318 f.; lt. Vogel (wie Anm. 3) Verbrennung des Buches „quod Caesarem eiusque ministros vehemente traduceret", ähnlich 2 andere Berichte — vgl. Rafetseder, Bücherverbrennungen, S. 294, Anm. 269.

11 Wie S. 294, Anm. 4, S. 5.

12 Gonnet, Briefwisseling, Bd. 1, S. 458 („[. . .] vele menschen quader spraken als het boeckie niet konde doen").

13 So Leopold am Tag der Verbrennung an den Fürsten Lobkowitz (Anreise und nicht so geschwinde Rückkehr eines eben zum Freiherrn ernannten Spaniers würden, wenn „auch vielleicht hierwieder [gegen die Ernennung] sollte geredet werden [. . .], den Leuten das Maul bald stopfen". In: Max Dvorak (Hg.), Briefe Kaiser Leopolds I. an [. . .] Lobkowitz [. . .], Wien 1894, S. 26.

14 Vgl. Rafetseder, Bücherverbrennungen, S. 295, Anm. 274.

15 Ebenda, Anm. 276; vgl. im vorliegenden Text S. 90.

16 Vgl. Rafetseder, Bücherverbrennungen, S. 295 f., Anm. 277 f.

17 Katalog zu: Raimund Montecuccoli. Historische Gedächtnisausstellung (in Hafnerbach, 1980), S. 65.

18 Vgl. Rafetseder, Bücherverbrennungen, S. 296, Anm. 280 f.

19 Ebenda, S. 297, Anm. 282 f.

20 Vgl. ebenda, Anm. 284—286.

21 Tabarelli, Panoptikum, S. 46 f.

22 Abele, Unordnung, Bd. 1, S. 315; vgl. Gonnet, Briefwisseling, Bd. 1, S. 457 („op de plaets, daer de criminelen haer sententie krighen, wert daeghs te vooren, eer iemant sterven sal, een toot laken uytgehangeen" — auf dem Platz, wo die Verbrecher ihr Urteil empfangen, wird tags zuvor, wie wenn jemand sterben soll, ein rotes Tuch ausgehängt).

23 Deshalb z. B. „22. 4." lt. Johannes Prätorius, M.DC.LXVIII. Zodiacus Mercurialis eXpLICanDIssIMVs, Jena 1669, S. 7.

24 Schlager, Skizzen, S. 154 („Stadtprotokoll").

25 Abele, Unordnung, Bd. 1, S. 315 f.; ähnlich Gonnet, Briefwisseling, Bd. 1, S. 457.

26 Abele, Unordnung, Bd. 1, S. 316; vgl. „Stadtprotokoll" (wie Anm. 24), „alldorten nach abgelesener Sentenz dem allhiesigen Freymann in seine handt uberantwortt".

27 Gonnet, Briefwisseling, Bd. 1, S. 457 („[. . .] gecondemneert ende den scherprechter overgegeven om publiek gebrant te werden [. . .]").

28 Abele, Unordnung, Bd. 1, S. 316; lt. Stadtprotokoll (wie Anm. 24), „nitweniger dessen nahm so dieses Büchl ausgehen lassen an vier Eckhen des Prangers angeschlagen worden".

29 Ebenda bzw. Abele, Unordnung, Bd. 1, S. 316.

30 Abele, Unordnung, Bd. 1, S. 318.
31 Vgl. Stadtprotokoll (wie Ann. 24), „dess Freimanns gebühr p. 45 kr. und des Huetstockhs p. 6 kr. bezahlt".
32 Tabarelli, Panoptikum, S. 49.
33 Vgl. Rafetseder, Bücherverbrennungen, S. 301 f., Anm. 306 f.
34 Anhang zum Diarium Europaeum, 21. Theil, Frankfurt 1670 (betroffen: Friederich von Cretzschmar).
35 Vgl. S. 101.
36 So Prof. Robert A. Kann in einem Brief vom 22. 11. 1980 an den Autor (über obrigkeitliche Bücherverbrennungen im allgemeinen).
37 Abele, Unordnung, Bd. 4, S. 112 bzw. (Westphal) Schelhorn, Amoenitates lit., Bd. 8, S. 465.
38 Vgl. Milada Blekastad, Comenius, Oslo u. Prag 1969 (1623: S. 98). Näheres zur Vorgeschichte: Rafetseder, Bücherverbrennungen, S. 304–309.
39 Vgl. Heinrich Corrodi, Kritische Geschichte des Chiliasmus, Bd. 1, Leipzig u. Frankfurt a. M. 1781, S. 111.
40 Zur Poniatowska vgl. auch S. 304, Anm. 69; Cromwell: Blekastad (wie Anm. 38), S. 513 u. S. 526 f.; allgemeiner zur Rolle von Visionen: Thomas, Religion, S. 151–173.
41 Vgl. Blekastad (wie Anm. 38), S. 547 u. S. 550.
42 Rodgero Prümers (Hg.), Tagebuch Samuel Adam Hartmanns [. . .]. In: Zeitschrift der Historischen Gesellschaft für die Provinz Posen 14, 1899, S. 253.
43 Rákóczi wird besiegt und von der Hohen Pforte abgesetzt, Dänemark gerät in Konflikt mit Schweden, gegen das sich auch Brandenburg wendet; der Kurfürst verspricht Leopold I. seine Stimme bei der Kaiserwahl – diese erfolgt 1658 tatsächlich –, Cromwell, Karl X. Gustav u. Georg II. Rákóczi sterben; England: Stuart-Restauration etc.
44 Blekastad (wie Anm. 38), S. 600.
45 Vgl. ebenda, S. 616 (1663) bzw. S. 619 u. S. 626 (1664).
46 Rafetseder, Bücherverbrennungen, S. 308, Anm. 336–338.
47 S. 5 der „Drabicianarum Visionum Continuatio", beigebunden dem Exemplar der Ausgabe von 1664 bzw. – so das Titelblatt, nachdatierend – 1665 in der Wiener Nationalbibliothek („Revelatio" Nr. 621 in durchgehender Zählung).
48 Vgl. Blekastad (wie Anm. 38), S. 653 ff.
49 Eine berührende Legende um den Tod Komenskýs und das kleine Mädchen auf Rembrandts „Nachtwache" erzählt Kokoschka, Comenius, S. 266–272.
50 Vgl. im vorliegenden Text S. 46 u. Rafetseder, Bücherverbrennungen, S. 310, Anm. 345.
51 So Johann Labsansky 1683, zit. von Job Krestiansky, Kurtze Nachricht/ entgegen gesetzet dem Lügenhafften Bericht/ [. . .] des Labsansky, o. O. 1683, S. 29.
52 Leopold I: vgl. Theodor v. Karajan, Kaiser Leopold I. und Peter Lambeck. In: Almanach der kaiserl. Akademie der Wissenschaften 18, 1868, S. 129 u. S. 151; Montecuccoli: vgl. Georg Wagner, Das Türkenjahr 1664 – eine europäische Bewährung, Eisenstadt 1964, S. 501.
53 Vgl. Blekastad (wie Anm. 38), S. 638.
54 HHStA, Ungarn/Specialia, Fasz. 294, Konv. B, fol. 1 r.

55 Vgl. Lux in tenebris, o. O. 1657, Revelationes Nicolao Drabicio, Teil 2, S. 52. Memel: vgl. Blekastad (wie Anm. 38), S. 657.

56 HHStA, Ungarn/Specialia, Fasz. 294, Konv. B, fol. 41–50.

57 Ebenda, fol. 18 r. (Leopold I. an Rottal, 11. 7. 1671). Zu den Bekehrungsversuchen: zeitgenöss. „Relatio" in: Bernhard Friederich Hummel (Hg.), Neue Bibliothek [. . .], Bd. 2, Nürnberg 1777, S. 98–105.

58 HHStA, Ungarn/Specialia, Fasz. 294, Konv. B, fol. 26 v.

59 Zit.: ebenda, fol. 18 v.

60 Ebenda, fol. 20 r. u. 21 r.

61 Im „Grünstübelhaus"; vgl. (Emil Kumlik), Illustrierter Führer durch Pozsony Preßburg und Umgebung, Preßburg 1907, S. 78 f.

62 Arnold, Historie, Bd. 3, S. 245 (lat.: vgl. Rafetseder, Bücherverbrennungen, S. 314, Anm. 361).

63 HHStA, Ungarn/Specialia, Fasz. 294, Konv. B, fol. 26 r. (Rottal an Leopold I., 16. 7.; vgl. ebenda, fol. 34 r. den Beginn eines Widerrufes Drabíks, „so er mit aigner handt schreiben wollen, aber schwachheit halber nicht thun können" – so fol. 34 v.).

64 Ebenda, fol. 30 v., 30 r. u. 28 r.; die Visionen ließ sich Drabík von Komenský ins Lateinische übersetzen – vgl. Blekastad (wie Anm. 38), S. 619.

65 HHStA, Ungarn/Specialia, Fasz. 294, Konv. B, fol. 30 v. (bis „der Scheitter-") bzw. 36 r. (fol. 31–35: Beilagen) (Rottal an Leopold I., 17. 7.).

66 Adelung, Geschichte, Bd. 2, S. 59.

67 HHStA, Ungarn/Specialia, Fasz. 294, Konv. B, fol. 9 r. („[. . .] cadaver, una cum istiusmodi Libris famosis, quot quot ad manus sunt, vel haberi possunt comburendum esse judicaremus").

68 HHStA (wie Anm. 65), fol. 36 r.

69 Vgl. Blekastad (wie Anm. 38), S. 680 u. Arnold, Historie, Bd. 3, S. 207 („Lux e tenebris" sei „allenthalben supprimirt worden, so daß in einem gewissen ort in Holland noch etliche 100 exemplaria versteckt liegen").

70 Blekastad (wie Anm. 38), S. 680.

71 Ebenda.

72 Adelung, Geschichte, Bd. 2, S. 61 f.

73 Vgl. ebenda, S. 62 u. S. 49–52.

74 Komenský: vgl. Eduard Winter, Revolution, Neoabsolutismus und Liberalismus in der Donaumonarchie, Wien 1969, S. 130 ff.; Drabík: Hormayr, Anemonen, S. 130.

75 1671: Peignot, Dictionnaire, Bd. 1, S. 16; 1673: Reinmundus Rimandus [d. i. Daniel Wilhelm Moller], Preßburger Kirchen- und Schul-Verlust, o. O. 1673, S. 19.

76 1692: Theodor Wiedemann, Geschichte der Reformation und Gegenreformation im Lande unter der Enns, Bd. 5, Prag 1886, S. 169; 1678: Anton Schlossar, Ein Censurstreit aus Steiermark im Jahre 1720. In: Archiv für Geschichte des Dt. Buchhandels 6, 1881, S. 173.

77 Leopold Florian Meißner, Aus den Papieren eines Polizeikommissärs, Bd. 4, Leipzig o. J., S. 86; vgl. Codex Austriacus, Bd. 1, T. 2, S. 532 bzw. (1672) ebenda, S. 533.

78 Codex Austriacus, Bd. 1, T. 2, S. 175 f.

79 Vgl. Schelhorn, Amoenitates lit., Bd. 2, S. 343, Bd. 8, S. 465 u. Rubinstein/Farley, Booke, S. 26 („Diarium itineris in Moscoviam [. . .]").

80 1668: Vgl. Rafetseder, Bücherverbrennungen, S. 320; 1682: Codex Austriacus, Bd. 1, T. 1, S. 287; 1702: vgl. ebenda, S. 141. Nicht in analogen Erlässen von 1689, 1702 u. 1703 − ebenda, S. 138−140, S. 141 f. u. S. 142 f.

4. Das Phänomen Buchhinrichtung außerhalb der Monarchia Austriaca: letztes Drittel des 17. und erste Hälfte des 18. Jahrhunderts

1 Vgl. Rafetseder, Bücherverbrennungen, S. 320, Anm. 387 f.
2 Autor: Guiljelmus Saldenius [d. i. Wilhelm Selden oder Salden], Amsterdam 1688; Abb. des Titelkupfers (von Johannes van den Aveele) bei Taubert, Bibliopola, S. 63.
3 Döpler, Theatrum, Bd. 2, S. 555.
4 Vgl. Heinrich Luden, Christian Thomasius, nach seinen Schicksalen und Schriften dargestellt, Berlin 1805, v. a. S. 80 ff., S. 117 ff., S. 164 u. S. 179 ff.; zur strittigen Theorie des Thomasius vgl. seine „Institutionum jurisprudentiae divinae libri tres", Halle 1702, v. a. S. 566 ff.; Titel der Monatsschrift: wechselnd, z. B. „Freymüthige [. . .] jedoch Vernunfft- und gesetz-mäßige Gedancken [. . .]". Vgl. im vorliegenden Text S. 56.
5 Hier erwähnt Thomasius indirekt auch den eigenen Fall: Es wäre falsch, „wenn heute zu Tage ein interesirter Mann seinem Fürsten weiß machen wolte: Er würde seine Souverainité nicht behaupten/ und den untergedruckten Adel unter dem Joch erhalten können/ als wenn er alle diejenigen Bücher, darinnen gelehret würde/ quod Deus sit causa Majestatis mediata und nicht immediata, durch den Hencker verbrennen liesse". (S. 388).
6 Ratgeber des Tiberius bzw. Ludwigs XIII., gestürzt 31 bzw. 1617; Sejan z. B. verantwortlich für den Fall Cremutius Cordus − vgl. S. 134.
7 Bd. 47, Sp. 244 f.; vgl. Rafetseder, Bücherverbrennungen, S. 327, Anm. 399 (Zitate).
8 Titel nach Schelhorn, Amoenitates lit., Bd. 8, S. 390; vgl. Nachrichten 1715, S. 685−687; zum Anlaß der Schrift − polnische „Buchhinrichtung" 1715 − vgl. Zedler, Lexicon, Bd. 54, Sp. 219 u. Rafetseder, Bücherverbrennungen, S. 331, Anm. 413.
9 Rafetseder, Bücherverbrennungen, S. 368 (Marquis de Prié 1724 an Prinz Eugen).
10 Ebenda, S. 328 f.; belletristische Darstellung eines Falles von 1703 (London): Stefan Heym, Die Schmähschrift oder Königin gegen Defoe, Zürich 1970; vgl. im vorliegenden Text S. 162 (1667) u. S. 87 f. (1710).
11 Abele: zit. bei Rafetseder, Bücherverbrennungen, S. 288, Anm. 244; sonst: vgl. ebenda, S. 329 f.
12 Rafetseder, Bücherverbrennungen, S. 330 frz. Originalstelle (Voltaire, La Pucelle, chant III, v. 209-216).
13 Vgl. Rafetseder, Bücherverbrennungen, S. 330 f., Anm. 410−412; 1687 − Zitat: Ludolff, Schaubühne, Bd. 4, Sp. 200.
14 Rafetseder, Bücherverbrennungen, S. 331, Anm. 413.
15 Ebenda, S. 332, Anm. 414 bzw. im vorliegenden Text S. 125 (1671) u. S. 82 (1693).
16 Vgl. Kapp/Goldfriedrich, Geschichte, Bd. 2, S. 458 f. u. im vorliegenden Text S. 220.

17 1713: Wr. Diarium, 3./5. 1. 1714 – vgl. Bucher, Dissertatio, S. 62; 1722: zit. ebenda, S. 59 f.; vgl. Rafetseder, Bücherverbrennungen, S. 333, Anm. 416 f. (1713: Reichstag vorübergehend in Augsburg).

18 Schelhorn, Amoenitates lit., Bd. 8, S. 488.

19 New York: vgl. Rafetseder, Bücherverbrennungen, S. 45 f. u. S. 333; China: vgl. im vorliegenden Text S. 72 bzw. Goodrich, Inquisition, S. 24 f.

5. Die Monarchia Austriaca von 1707 bis zur Mitte des 18. Jahrhunderts

1 Wr. Diarium, 5./7. 1. 1707.

2 Ebenda, 12./15. 3. 1707; lt. Benedikt, Neapel, S. 40: Proklamation Leopolds I. vom 3. 2. 1702, eher jedoch das Manifest Karls vom 22. 12. 1706 – vgl. Wr. Diarium, 12./15. 3. 1707, Beilage (Text) bzw. 16./19. 4. 1707, Continuatio Diarii [. . .], zum 23. 12. 1706.

3 Wr. Diarium, 12./15. 3. 1707.

4 Benedikt, Neapel, S. 40.

5 Wr. Diarium, 23./26. 7. 1707; ähnlich Post-täglicher Mercurius, 27. 7. 1707 – vgl. auch S. 184.

6 Über Moles (auch „Pareto" oder „Baretti") vgl. Marcus Landau, Geschichte Kaiser Karls VI. als König von Spanien, Stuttgart 1889, S. 443–445; zu d'Avalos (auch „Davalvos" oder nur „Vasto") vgl. ebenda, S. 158 u. Dizionario biografico degli Italiani, Bd. 4, Rom 1962, s. v. „Avalos, Cesare Michelangelo d'".

7 Ein Brief von Moles an Joseph I. vom 17. 8. 1707, der es immerhin möglich erscheinen läßt, daß Moles in Mailand auf Genugtuung für die Angriffe gegen ihn bzw. für seine Abschiebung gewartet hat: bei Rafetseder, Bücherverbrennungen, S. 339, Anm. 436.

8 Vgl. ebenda, S. 336, Anm. 428 f.

9 Wr. Diarium, , 20./22. 7. 1707.

10 Post-täglicher Mercurius, 27. 7. 1707.

11 Schlager, Skizzen, S. 159, Anm.

12 Wr. Diarium, 23./26. 7. 1707.

13 Schlager, Skizzen, S. 159; mit kleinen Unterschieden auch ebenda, S. 274.

14 Serponte, Promptuarium, S. 272; vgl. Rafetseder, Bücherverbrennungen, S. 340, Anm. 437 f.

15 Rafetseder, Bücherverbrennungen, S. 341, Anm. 439.

16 Vgl. Otto Peterka, Rechtsgeschichte der böhmischen Länder, Bd. 2, Reichenberg 1928, S. 173 bzw. Codex Austriacus, Bd. 1, T. 1, S. 725 f. – Art. 93 von 1656: nichts über das Vorgehen gegen die Schmähschriften selbst.

17 S. 85 f. der Ausgabe von 1708 bzw. auch des – weitestgehend identen – Druckes Prag 1762.

18 Ebenda, S. 86.

19 Ebenda, S. 95.

20 Vgl. Heinrich Benedikt, Franz Anton Graf von Sporck ⟨1662–1738⟩, Wien 1923, v. a. S. 201.

21 Vgl. S. 207–209.

22 Vgl. S. 236 f. u. S. 241 f.

23 Vgl. S. 180 f.

24 Weidmann am 22. 2. 1715 bei einer Vernehmung in Leipzig, zit. bei [Friedrich] K[app], Beiträge zur Geschichte der österr. Bücherpolizei. In: Archiv für Geschichte des Dt. Buchhandels 8, 1883, S. 304.

25 Ebenda, S. 304 f. (S. 305: die letzten beiden Worte). Vgl. Rafetseder, Bücherverbrennungen, S. 344, Anm. 446 u. S. 345, Anm. 449.

26 Vgl. Rafetseder, Bücherverbrennungen, S. 346, Anm. 450.

27 Vgl. Fuhrmann, Wien, S. 1405 f.

28 Zit. bei Franz Joseph Bratsch, Über [. . .] Ferdinandi des Dritten [. . .] Peinliche Land-Gerichts-Ordnung in Oesterreich unter der Enns [. . .] dienliche Anweisungen [. . .], Wien 1751, S. 243 (Hofresolution vom 29. 11. 1725); Schandbühne − „ad demonstrationem publicam" − für den Winkelschreiber und dessen Auftraggeber, ein halbes Jahr Zwangsarbeit für diesen, Landesverweis für jenen − ebenda, S. 244.

29 Ebenda, S. 242 (Resolution vom 12. 6 1712; vgl. im vorliegenden Text S. 236).

30 Vgl. König, Anmerkungen, S. 180 (Zit.) u. Codex Austriacus, Bd. 1, T. 2, S. 184 f.

31 Vgl. S. 121.

32 NÖLA, Slg. Hüttner, Bd. 13, fol. 139 r. (14. 11. 1714); ebenda, fol. 137 r. die Antwort der Universität vom 30. 3. 1715: sie sei bereit, zusammen mit der Hauptmaut beim Rotenturmtor „die nöthige Veranstaltung vorzukehren".

33 Codex Austriacus, 1. Suppl., S. 790; vgl. im vorliegenden Text S. 83 ff.

34 Zit. bei Gerstlacher, Handbuch, S. 1205; vgl. Rafetseder, Bücherverbrennungen, S. 349, Anm. 458.

35 Vgl. Rafetseder, Bücherverbrennung, S. 349, Anm. 459 (2 Beispiele).

36 Vgl. ebenda, S. 350, Anm. 460 (Verkaufsorte: v. a. Am Hof und Judenplatz); um 1730 bildet der Augsburger Martin Engelbrecht eine „Buchbinderin" und eine „Bilderhändlerin" ab, die u. a. auch Kalender verkaufen − vgl. Taubert, Bibliopola, S. 101 u. S. 105.

37 Vgl. Rafetseder, Bücherverbrennungen, S. 350, Anm. 461.

38 Hofdekret vom 11. 1. 1730, NÖLA, Slg. Hüttner, Bd. 5, fol. 121 r. (ganzes Dekret: fol. 121−130).

39 HHStA, Ungarn, Allg. Akten, Fasz. 222, fol. 216 v.; vgl. Rafetseder, Bücherverbrennungen, S. 351, Anm. 463.

40 So sein Impressum lt. Roswitha Müller, Kremser und Steiner Buchdrucker des 16.−18. Jahrhunderts, Phil. Diss. Wien 1967, S. 55; ebenda, S. 46 ff. mehr über Kopitz, ebenda, S. 51 nur kurz über die Buchhinrichtung.

41 Ebenda, S. 91 (Zensurzuständigkeit), im vorliegenden Text S.   (Verantwortung des Kopitz) u. Rafetseder, Bücherverbrennungen, S. 352, Anm. 465.

42 Müller (wie Anm. 40), S. 97 (1. Zit.) bzw. NÖLA, Slg. Hüttner, Bd. 34, fol. 234 r. u. im vorliegenden Text S. 95 (1728).

43 Wie S. 172.

44 Vgl. NÖLA, Slg. Hüttner, Bd. 51, fol. 398 v. u. Bd. 46, fol. 509 r.

45 Wie S. 195.

46 Zit.: Regest zum betreffenden Stück − NÖLA, Slg. Hüttner, Bd. 46, fol. 509 r. − im Index zu jener Sammlung, Bd. 2, S. 435.

47 NÖLA, Slg. Hüttner, Bd. 5, fol. 121 r.—122 v.; Änderungen des Textes im Codex Austriacus, 2. Suppl., S. 615: vgl. Rafetseder, Bücherverbrennungen, S. 355, Anm. 473.

48 NÖLA, Slg. Hüttner, Bd. 5, fol. 130 v. u. 131 v.; ebenda, Bd. 12, fol. 85 r.—88 v.: spezielles Dekret für die Universität (vgl. Rafetseder, Bücherverbrennungen, S. 356, Anm. 474).

49 NÖLA, Slg. Hüttner, Bd. 5, fol. 122 v.—123 v.; vgl. Codex Austriacus, 2. Suppl., S. 615; „Öffentliche Vertilgung": vgl. S. 46 f.

50 Zit.: vgl. S. 195 unten; verschiedene Erwähnungen dieser Affäre: vgl. Rafetseder, Bücherverbrennungen, S. 357 f., Anm. 477.

51 NÖLA, Slg. Hüttner, Bd. 51, fol. 398 r.—399 r.

52 Vgl. Rafetseder, Bücherverbrennungen, S. 358.

53 Sammlung 1730, S. 829 bzw. im vorliegenden Text S. 86 f.

54 Vgl. Rafetseder, Bücherverbrennungen, S. 359, Anm. 483 f.

55 Vgl. Franz Maschek, Beiträge zur Buchdruckergeschichte von Niederösterreich 1501—1800. In: Unsere Heimat 26, 1955, H. 1—2, S. 13 u. S. 15.

56 Wiesner, Denkwürdigkeiten, S. 87; vgl. Klingenstein, Staatsverwaltung, S. 133 ff. u. Alexis, Bilder, S. 376 (hält das Dekret vom 11. 3. 1730 noch 1833 für die Basis österr. Zensurzustände).

57 Benedikt, Bonneval, S. 14; mehr zur Vorgeschichte ebenda bzw. Rafetseder, Bücherverbrennungen, S. 361 ff.

58 Gachard, Lettre, S. 156 (Orig. frz.).

59 So in der „Relation" — wie im vorliegenden Text S. 200 — S. 3, fast ident ebenda, S. 26 u. S. 56; frz. Orig. auch bei Rafetseder, Bücherverbrennungen, S. 364 f. u. bei Gachard, Lettre, S. 124, Anm. 1.

60 Vgl. Relation, wie im vorliegenden Text S. 200, S. 26 f.

61 König, Anmerkungen, S. 76 f.; vgl. Rafetseder, Bücherverbrennungen, S. 365 f., Anm. 501.

62 Vgl. S. 67.

63 Vgl. Benedikt, Bonneval, S. 57 u. S. 60.

64 Gachard, Lettre, S. 188 („même en les faisant brûler par la main du bourreau").

65 Ebenda, S. 196.

66 Vgl. Max Braubach, Prinz Eugen von Savoyen, Bd. 4, Wien 1964, S. 199 f. u. S. 205 f. (Todesdatum! vgl. Anm. 75).

67 Ebenda, S. 201—204 (Eugen-Rücktritt).

68 Benedikt, Bonneval, S. 61 (Zitat) bzw. S. 66—73.

69 Ebenda, S. 62; frz. Orig.: Relation, wie im vorliegenden Text S. 200, S. 63.

70 Benedikt, Bonneval, S. 83; vgl. Rafetseder, Bücherverbrennungen, S. 369 f.

71 Rafetseder, Bücherverbrennungen, S. 371, Anm. 515—517.

72 Vgl. S. 202, S. 203 bzw. Die Europäische Fama, Welche den gegenwärtigen Zustand der vornehmsten Höfe entdecket, „Theil" bzw. Bd. 28, darin 331. „Theil" bzw. Nr., 1730, S. 572—574 (mit sprachlich geglätteter Fassung des Rufes, sehr ähnlich dem Wr. Diarium).

73 HHStA, Große Korrespondenz, Fasz. 101a, v. a. fol. 413 r., 415 r., 416 r.+v. u. 418 r.+v. (8. 3., 12. 4., 19. 4. u. 24. 5. 1730).

74 WSLA, Handschriften, A 75, fol. 40 r.

75 Ähnliches vermutet Braubach (wie Anm. 66), S. 213. Tabarelli, Panoptikum, S. 50 f. erfindet hier eine Anzeige Priés, den er – als Pointe – am
23. 6. 1730 sterben läßt; vgl. Anm. 66.

76 Nach Ablauf der Festungshaft mußte Bonneval einen Eid ablegen, demzufolge er nicht bloß „dasjenige, was in denen bekannten Sachen [d. h.
beim Brüsseler Skandal] vorgegangen ist", in keiner Weise wieder auf-
greifen dürfe, sondern sich auch sonst „gebührend und ordnungsmäßig
betragen [. . .] solle" (Benedikt, Bonneval, S. 76).

77 WSLA, Handschriften, A 75, fol. 40 f. (Original) „Von der Röm: Kaÿs:
auch zu Hispanien, Hungarn, und Böheimb Königl. Maÿ[estät]: Erz-
Herzogens zu österreich unsers allergnädigstens Herrns wegen durch die
N:Ö: Regirung dem alhießigen Statt und Land-G[erich]t anzuzeügen".

78 Textunterschiede: vgl. Rafetseder, Bücherverbrennungen, S. 375.

79 Österr. Nationalbibliothek, Wien, Signatur 173.732-B.

80 Johann Georg Keyßler, Fortsetzung Neuester Reisen [. . .], Hannover
1741, S. 981 f.

81 Puttemans, censure, S. 167.

82 Gachard, Lettre, S. 122 f., Anm. 1 („para que haziéndole despreciable y
vergonzoso en el concepto de las gentes, tuviese tambien esta especie de
satisfaccion la casa y familia del marqués de Prié").

83 Puttemans, censure, S. 167 f.

84 Vgl. S. 210.

85 Vgl. auch Fama (wie Anm. 72), S. 574.

86 Vgl. Benedikt, Bonneval, S. 97 f. (Mordplan) u. S. 114 ff.

87 Vgl. NÖLA, Slg. Hüttner, Bd. 43, fol. 483, 489 u. 493–495 bzw. S. 244 u.
S. 246 im Bd. 2 des Indexes jener Sammlung.

88 Vgl. Geschichte der evangelischen Kirchengemeinde A. B. zu Pozsony-
Preßburg, Bd. 1, Preßburg 1906, S. 327 u. Stephan Katona, Historia criti-
ca regum Hungariae, Bd. 38, Buda 1806, S. 692–696.

89 Vgl. Benedikt, Neapel, S. 262 ff. (1723: ebenda, S. 268; Ungnade: ebenda, S. 374).

90 Ignaz Aurelius Fessler, Die Geschichten der Ungern und ihrer Landsas-
sen, Bd. 10, Leipzig 1825, S. 53 f.; lat. Orig.: Katona (wie Anm. 88),
S. 696–698.

91 Ignaz Aurelius Fessler, Geschichte von Ungarn. Neubearb. durch Ernst
Klein, Bd. 5, Leipzig 1883, S. 228 f.; vgl. Rafetseder, Bücherverbrennungen, S. 382, Anm. 542.

92 Hormayr, Anemonen, S. 262.

93 Vgl. Rafetseder, Bücherverbrennungen, S. 382, Anm. 542 (Ribini).

94 Klingenstein, Zentralverwaltung, S. 131 bzw. Winter, Barock, S. 116.

95 Für andere Länder: vgl. Rafetseder, Bücherverbrennungen, S. 385,
Anm. 547 u. S. 468 f., Anm. 786 f.

96 Johann Jacob Moser, ca. 1740, zit. bei August Schmid, Das Leben Johann
Jakob Moser's, Stuttgart 1868, S. 546.

97 Winter, Barock, S. 118; vgl. Eduard Winter, Frühaufklärung, Berlin
1966, S. 173 (Verbrennung jener Art 1735 in Podiebrad).

98 Benedikt (wie Anm. 20), S. 217 f.

99 Wiesner, Denkwürdigkeiten, S. 71, d'Elvert, Geschichte, S. 137; vgl.
Rafetseder, Bücherverbrennungen, S. 386, Anm. 551.

100 Rafetseder, Bücherverbrennungen, S. 387, Anm. 554.

101 Vgl. ebenda, S. 387, Anm. 555 zu einer Verbrennung 1721 in Böhmen bzw. (Zitat) Gottwald Caesar v. Stillenau, Leben [. . .] Herrn Frantz Antoni [. . .] Grafen von Sporck [. . .], o. O. 1720, S. 121.

102 Vgl. Benedikt (wie Anm. 20), S. 219 bzw. im vorliegenden Text S. 250 f.

103 Recueil des anciennes ordonnances de la Belgique, Abt. 5, Ser. 3, Bd. 4, Brüssel 1877, S. 261, Anm. 1.

104 Ebenda, S. 94.

105 Rafetseder, Bücherverbrennungen, S.389, Anm. 559–561.

106 Vgl. ebenda, S. 389, Anm. 560 bzw. Puttemans, censure, Abb. bei S. 2.

107 Vgl. Rafetseder, Bücherverbrennungen, S. 390, Anm. 562.

108 Vgl. Puttemans, censure, S. 168, Anm. 2 bzw. S. 168 f.

109 Vgl. Rafetseder, Bücherverbrennungen, S. 391, Anm. 565 (1739) bzw. Puttemans, censure, S. 101.

110 Codex Austriacus, 2. Suppl., S. 855 (Geltungsbereich) und S. 867.

111 König, Anmerkungen, S. 180.

112 Friedrich Wielandt, Pranger und Prangerstrafe in Konstanz. In: Zeitschrift der Savigny-Stiftung für Rechtsgeschichte 67 (Germanist. Abt. 54), 1934, S. 257.

113 Karl Buchegger, Die Verfassung und Verwaltung der Stadt Konstanz im 18. Jahrhundert [. . .], Berlin 1912, S. 67.

114 Vgl. Arneth, Geschichte, Bd. 2, S. 106–110; die Verhandlungsangebote Belle-Isles gehen den Juli über weiter, werden aber von den Österreichern – v. a. nach dem Patent vom „5. 7." – mißtrauisch aufgenommen – vgl. HHStA, Familienkorrespondenz A, Schachtel 36, fol. 526 r.

115 HHStA (wie Anm. 114), fol. 523 f., beiliegend zum Brief Franz Stephans an Maria Theresia vom 17. 1.; Doppelblatt (links dt., rechts tschechisch).

116 Vgl. Rafetseder, Bücherverbrennungen, S. 396 f., Anm. 576.

117 Als fol. 519 r. unter Anm. 119 zit. Brief; vgl. Rafetseder, Bücherverbrennungen, S. 397, Anm. 577 (frz. Orig.).

118 Rafetseder, Bücherverbrennungen, S. 397 f.

119 HHStA, Familienkorrespondenz A, Schachtel 36, fol. 518 r.+v.

120 Ebenda, fol. 522 r. (wie im Anm. 119 zit. Brief nur die Schlußformel eigenhändig: „Euer Maÿestät und Liebden bis in den todt getreüester Diener und Gemahl Frantz").

121 Ebenda, fol. 437 r. bzw. (Datum und Zusatz) 437 v.; bei Arneth, Geschichte, Bd. 2, S. 489, Anm. 42: Zusatz normalisiert.

122 Arneth, Geschichte, Bd. 2, S. 111.

123 Ebenda S. 110 f.; vgl. ebenda S. 489: „,Die unterthänigkeit völlig aufzuheben', heißt es in dem bezüglichen Referat, ,kan nie für thunlich gehalten werden, nachdeme kein Land ist, wo nicht zwischen den Herren und unterthanen ein unterschied eingeführet sich befände, und diesen von denen schuldigkeiten gegen jenen zu befreyen, würde den einen zaumloß und den anderen unzufrieden machen, allerseits aber gegen die gerechtigkeit verstossen'." Bretholz, Geschichte, Bd. 3, S. 134 f. bringt die ganze Episode von vornherein im Zusammenhang mit der „Bauernfrage" (Einleitung ebenda, S. 134: „Merkwürdig, wie Maria Theresia gleich zu Beginn ihrer Regierung an das Elend des böhmisch-mährischen Bauern, an die Verschiedenheit der Stellung der Bauernschaften in ihren Ländern gemahnt wurde, davon sie vorher wohl kaum eine Ahnung gehabt haben dürfte.").

124 HHStA, Familienkorrespondenz A, Schachtel 36, fol. 539 r.

125 August Porges u. Carl v. Rebracha, Der Feldzug in Böhmen 1741–1742, Wien 1901 (= Geschichte der Kämpfe Österreichs. Kriege unter der Regierung der Kaiserin-Königin Maria Theresia, Reihe 1, Bd. 5), S. 613 (Teil eines zu verbreitenden Rundschreibens).

126 Fessler/Klein (wie Anm. 91), S. 300 (Zit.) bzw. Arneth, Geschichte, Bd. 2, S. 489, Anm. 43 (venez.).

127 23. 7.: vgl. auch Frankfurter Meßrelationen, Herbst 1742 – Ostern 1743 („Relationis historicae [. . .] continuatio", S. 37 bzw. Wr. Diarium, 1. 8. 1742, S. 784 u. ebenda, S. 803 (Extrablatt am 4. 8.); 2. 8.: vgl. ebenda, 11. 8. 1742, S. 829.

128 Bretholz, Geschichte, Bd. 3, S. 135 (1. Zit.) bzw. S. 142 (1772).

129 Zur ganzen Affäre vgl. Rafetseder, Bücherverbrennungen, S. 404–413. Exemplar der „Historie": Österr. Nationalbibliothek, Wien, Sign. 227.886-B Adl.

130 Wiesner, Denkwürdigkeiten, S. 112 u. Hilgers, Index, S. 333; „auf eine eclatante Art supprimiren": vgl. Rafetseder, Bücherverbrennungen, S. 410.

131 Je ein Exemplar davon: Wiener Universitätsbibliothek (I 259.171) u. Österr. Nationalbibliothek, Wien (79.Q.122).

132 Vgl. Rafetseder, Bücherverbrennungen, S. 414–417 zur Frage der Autorschaft.

133 Wie S. 219, Bd. 1, S. 157. Die folgenden Seitenangaben im Text beziehen sich auf das Original der „Isecern"-Schrift.

134 Vgl. August Fournier, Gerhard van Swieten als Zensor. In: Sitzungsberichte der phil.-hist. Classe der k. k. Akademie der Wissenschaften in Wien 84, 1876, S. 403, Anm. 2.

135 Klingenstein, Zentralverwaltung, S. 149.

136 Vgl. S. 222 (1. Absatz des Dekretes vom 1. 11.).

137 Rafetseder, Bücherverbrennungen, S. 420 f., Anm. 650.

138 Vgl. ebenda, S. 421, Anm. 651.

139 Codex Austriacus, 3. Suppl., S. 471.

140 Vgl. Katalog zur Strafrechtssammlung des Niederösterr. Landesmuseums im Schloß Greillenstein, Wien o. J., S. 56 u. Bildteil.

141 Vgl. Rafetseder, Bücherverbrennungen, S. 423 f.

142 Joseph Wratislaw v. Monse, Versuch einer kurzgefaßten politischen Landesgeschichte des Markgrafthums Mähren, Bd. 2, Olmütz 1788, S. 54.

143 Klingenstein, Zentralverwaltung, S. 149; Antworten auf die Anfragen: Fournier (wie Anm. 134), S. 403 f.

144 Codex Austriacus, 3. Suppl., S. 514 f.

145 Vgl. Rafetseder, Bücherverbrennungen, S. 428 f., Anm. 667.

146 Vgl. ebenda, Anm. 668 bzw. Hanns Schlitter (Hg.), Correspondance secrète entre le Comte A. W. Kaunitz-Rietberg, ambassadeur impérial à Paris, et le Baron Ignaz de Koch, secrétaire de l'Imperatrice Marie-Thérèse 1750–1752, Paris 1899, S. 11.

147 Justi Lipsi Politicorum sive civilis doctrinae libri sex, augustissimae, & invictissimae Imperatrici Mariae Theresiae, Hungariae, Bohemiae, Dalmatiae, Croatiae, Sclavoniae Reginae humillime consecrati a perillustri domino Ignatio nobili de Menshengen [. . .] dum sub augustissimus ejusdem auspiciis positiones ex universa philosophia in [. . .] universitate Viennensi defenderet, ex praelectionibus [. . .] Wolffgangi Rechtenberg [. . .] Anno M.DCC.LI. Mense [Lücke] Die [fehlt gleichfalls].

148 Ebenda, S. 225 bzw. S. 337 von 1614; vgl. Rafetseder, Bücherverbrennungen, S. 430, Anm. 671.

6. *Die Schlußphase des Phänomens Buchhinrichtung in Europa: Zweite Hälfte des 18. Jahrhunderts*

1 Schnelle, Aufklärung, S. 56; frz. Orig.: ebenda, S. 367 bzw. Rafetseder,
Bücherverbrennungen, S. 432, Anm. 673.
2 Rafetseder, Bücherverbrennungen, S. 432, Anm. 674 f. bzw. im vorliegenden Text S. 230 ff.
3 1711: Frontispiz zu Paul W. Grendler, The Roman Inquisition and the
Venetian Press 1540–1605, Princeton/N. J. 1977; 1764: vgl. Gustave
Lanson, Histoire illustré de la littérature française, Bd. 3, Paris u. London
1923, S. 102 (vgl. Apostelgeschichte 2,3).
4 Porträt des Grafen Ferdinand Hallweil (1741–1773 vorletzter Bischof
von Wr. Neustadt), St. Pöltener Diözesanbibliothek; vgl. Katalog zur niederösterr. Landesausstellung 1979: „Die Zeit der frühen Habsburger",
S. 336 f. („Superstitio", „Ignorantia" u. „Mendacium" – im Katalog
nicht erwähnt).
5 Zit. bei John Herman Randall, The Making of the Modern Mind, Boston
u. a. 1926, S. 273.
6 Vgl. [Johann Jakob Fe(t)zer], Wahrscheinlichkeiten, von einem unpartheyischen Beobachter entworfen, Philadelphia [d. i. Wien] 1785, S. 190
(Kalender) bzw. im vorliegenden Text S. 82.
7 Jean François Marmontel, Belisar, Wien 1768, S. 276; Orig.: Bélisaire,
Paris 1767, S. 209. Voltaire: L'Ingénu – beide Orig.-Stellen: Rafetseder,
Bücherverbrennungen, S. 434, Anm. 680 f.
8 Rafetseder, Bücherverbrennungen, S. 435, Anm. 682.
9 Schneider, Pressefreiheit, S. 38.
10 Vgl. Rafetseder, Bücherverbrennungen, S. 436 f., Anm. 684–688.
11 Ebenda, S. 437 bzw. Mercier, Tableau, Bd. 4, S. 141.
12 Rafetseder, Bücherverbrennungen, S. 438, Anm. 690 f.
13 Vgl. ebenda, S. 439, Anm. 692 bzw. Mercier, Tableau, Bd. 7, S. 117.
14 Vgl. auch S. 93 f. u. S. 240.
15 Gérard Walter, Robespierre, Paris 1946, S. 387; 1795 verbrennen Angehörige der „Jeunesse dorée" in einem Pariser Theater Babeufs Zeitschrift
„Le Tribun du Peuple" – so Haight, Books, S. 43.
16 Vgl. S. 117 (1763); zu Fällen von 1756 u. 1764: Gillett, Books, Bd. 2,
S. 641 f. u. S. 650 f.; 1775 u. 1779: Rafetseder, Bücherverbrennungen,
S. 440, Anm. 695 f.
17 Rafetseder, Bücherverbrennungen, S. 440, Anm. 697 f.
18 Vgl. ebenda, Anm. 698 (auch zu Verbrennungen von bildlich-symboli-
schen Darstellungen politischer Gegner im Rahmen jener Unruhen).
19 Wr. Diarium, 9. 1. 1765.
20 Rafetseder, Bücherverbrennungen, S. 441 f., Anm. 700–702.
21 Vgl. ebenda, S. 442, Anm. 703.
22 Ebenda, Anm. 704 (1772 wohl auch in Brody und Krakau, 1781 in Brody
– bereits unter österr. Oberhoheit).
23 Vgl. ebenda, S. 442 f., Anm. 705.
24 Vgl. ebenda, Anm. 706; Zit.: Wr. Diarium, 21. 4. 1770.

25 Adam Wandruszka, Ein poetisches Gnadengesuch an Papst Pius VI. In: Österreich und Europa. Festgabe für Hugo Hantsch zum 70. Geburtstag, Graz u. a. 1965, v. a. S. 271.

26 Frz. Zeitungsbericht, zit. bei Constantin Photiadès, Les vies du comte de Cagliostro, Paris 1932, S. 413 f.

27 Vgl. Goodrich, Inquisition, passim.

28 Vgl. Rafetseder, Bücherverbrennungen, S. 444, Anm. 708–711 (1770 Zit.: Wr. Diarium, 4. 8. 1770; 1749: Adelung, Geschichte, Bd. 1, S. 64 f.).

29 Rafetseder, Bücherverbrennungen, S. 444, Anm. 712.

30 Vgl. ebenda, S. 445, Anm. 713–715 (Zit.: Berlinische Nachrichten, hierin einer Anweisung Friedrichs folgend – „article pour metre dans les Gazettes – on a brulé ici par le Mains du bouro unlibele Infame Sous le titre de la Diatribe, on a atribue cet ouvrage a Monsieur de Voltaire, il est Contre Monsieur de Mauperthius president de Notre accademie").

31 Vgl. ebenda, Anm. 714 („Aufwallung des Zornes" – Friedrich II. im Gespräch mit de Catt) bzw. S. 446, Anm. 716.

32 Vgl. Einführung von Hans Hattenbauer zu: Allgemeines Landrecht für die Preußischen Staaten, Frankfurt a. M. u. Berlin 1970, S. 22.

33 Vgl. Friedrich Maschek v. Maasburg, Die Organisierung der böhmischen Halsgerichte im Jahre 1765, Prag 1884, S. 22 bzw. im vorliegenden Text S. 185–188 (zur Josephina).

34 Landrecht (wie Anm. 32), S. 691; so auch noch im Bd. 4, Berlin 1804, S. 577 einer Neuauflage.

35 [Christian Julius Ludwig Steltzer,] Critik über Preussens neues Criminalgesetz, Halle 1795, S. 241 f.

36 Vgl. Rafetseder, Bücherverbrennungen, S. 448, Anm. 720.

37 HHStA, Reichskanzlei, Bücherkommission im Reich, Karton 15, fol. 804 v. bzw. auch 877 v.+878 r.; vgl. Edelmann, Selbstbiographie, S. 10 f., S. 462, S. 490 u. S. 513.

38 HHStA, Reichskanzlei, Bücherkommission im Reich, Karton 15, fol. 807 v.+r.; vgl. Rafetseder, Bücherverbrennungen, S. 449, Anm. 723.

39 Rafetseder, Bücherverbrennungen, S. 449, Anm. 724 f.

40 Vgl. ebenda, S. 450, Anm. 726–728.

41 Vgl. im vorliegenden Text S. 48 bzw. Heinrich Hubert Houben, Der polizeiwidrige Goethe, Berlin 1932, S. 1–3.

42 Vgl. Rafetseder, Bücherverbrennungen, S. 451, Anm. 730–734; letztes Zitat: HHStA, Reichskanzlei, Bücherkommission im Reich, Karton 15, fol. 789.

43 Albrecht Weyermann, Neue [. . .] Nachrichten von Gelehrten [. . .], Ulm 1829, S. 15; vgl. Rafetseder, Bücherverbrennungen, S. 452, Anm. 735 f.

44 Rafetseder, Bücherverbrennungen, S. 453, Anm. 737.

45 Vgl. ebenda, Anm. 738.

46 HHStA, Reichskanzlei, Bücherkommission im Reich, Karton 15, fol. 796 v.–798 r. (1771) bzw. Karton 16, fol. 635 r. (Stellungnahme eines Bücherkommissars i. J. 1799).

47 Vgl. ebenda, fol. 325 v.

48 Zit. bei F[riedrich] Hermann Meyer, Eine Visitation der Würzburger Buchläden. In: Archiv für Geschichte des Dt. Buchhandels, Bd. 15, 1892, S. 301.

49 Johann Christian Wiegleb, Geschichte des Wachsthums und der Erfindungen in der Chemie, in der neuern Zeit, Bd. 2, Berlin u. Stettin 1791, S. 478 f.; vgl. Rafetseder, Bücherverbrennungen, S. 454, Anm. 743.

50 1778: Martin Warnke, Von der Gewalt gegen Kunst zur Gewalt der Kunst. Die Stellungnahmen von Schiller und Kleist zum Bildersturm. In: Warnke, Bildersturm, S. 99; Schiller: zit. ebenda.

51 Ebenda.

52 Vgl. Rafetseder, Bücherverbrennungen, S. 456, Anm. 749 (Duellpatent 1752, Handlungs- und Fallitenordnung 1758).

53 Vgl. Ernest v. Kwiatkowski, Die Constitutio Criminalis Theresiana, Innsbruck 1904, S. 14 ff.; benütztes Exemplar der Theresiana: Wien 1769, Universitätsbibliothek Wien, Sign. III.257.576 (mit Geheiminstruktion als Beilage).

54 Ebenda, S. 8 (vgl. S. LI f. der Beilagen) u. S. 142 (vgl. S. LII der Beilagen bzw. Rafetseder, Bücherverbrennungen, S. 457, Anm. 752).

55 Rafetseder, Bücherverbrennungen, S. 274.

56 Vgl. Rafetseder, Bücherverbrennungen, S. 458, Anm. 754.

57 Vgl. ebenda, S. 458 f., Anm. 755−757 (Zit.: Christoph Hupka, Sätze über das peinliche Recht [. . .], Wien 1784, S. 472).

58 Zit. bei Kwiatkowski (wie Anm. 53), S. 38, Anm. 1; 1782: vgl. im vorliegenden Text S. 251 f.

59 Vgl. Philipp Harras v. Harrasowsky (Hg.), Der Codex Theresianus und seine Umarbeitungen, Bd. 3, Wien 1884, S. 377 u. Bd. 4, Wien 1886, S. 517 (Absatz 224 bzw. § 113).

60 Vgl. ebenda, Bd. 5, Wien 1886, v. a. S. 214 bzw. Allgemeines Gesetz über Verbrechen und derselben Bestrafung, Wien 1787, S. 115 − vgl. Rafetseder, Bücherverbrennungen, S. 459, Anm. 760 f.

61 Rafetseder, Bücherverbrennungen, S. 460, Anm. 762.

62 Vgl. ebenda, S. 460 f., Anm. 763 bzw. Wr. Diarium, 11. 7. („Heumonat") 1770 u. Codex Austriacus, 4. Suppl., S. 1349 f.

63 Codex Austriacus, 4. Suppl., S. 988.

64 Friedrich Nicolai, Beschreibung einer Reise durch Deutschland und die Schweiz, im Jahre 1781, Bd. 4, Berlin u. Stettin 1784, S. 852.

65 Ebenda.

66 Ebenda, S. 858 f.

67 Ebenda, S. 854; zu einem ähnlichen Fall 1773 und zu Übernahmen jener Berichte bei anderen Autoren vgl. Rafetseder, Bücherverbrennungen, S. 462 f., Anm. 769 f.

68 Schnelle, Aufklärung, S. 83; Brünn: vgl. d'Elvert, Geschichte, S. 153.

69 Journal encyclopédique [Bouillon], 1771, Bd. 3, Teil 1 (1. 4. 1771), S. 103; vgl. Rafetseder, Bücherverbrennungen, S. 463 (frz. Orig.).

70 Vgl. Eisenhardt, Aufsicht, S. 115. Zu einer Wiener Verbrennungsaffäre rund um die Aufhebung des Jesuitenordens i. J. 1773 vgl. Rafetseder, Bücherverbrennungen, S. 464.

71 Gerson Wolf, Die Verhältnisse der Protestanten in Oesterreich unter Maria Theresia und das Toleranzpatent. In: Historisches Taschenbuch, 5. Folge, 8. Jg. (Leipzig 1878), S. 154.

72 1782: zit. bei Kapp/Goldfriedrich, Geschichte, Bd. 3, S. 353; 2. Zitat: bei Schnelle, Aufklärung, S. 115.

73 Vgl. im vorliegenden Text S. 105 f. bzw. (1826) Hilgers, Index, S. 318.

74 „Blutbad": vgl. S. 82; vgl. weiters Oskar Sashegyi, Zensur und Geistes-
    freiheit unter Joseph II., Budapest 1958, S. 124 f.; im vorliegenden Text
    S. 74 u. S. 231.
75 Brief des Staatskanzlers vom 13. 9. 1790 an den Fürsten Reuss, bei Wolf
    (wie Anm. 71), S. 275 f.
76 [. . .] Franz des Zweyten politische Gesetze und Verordnungen für die
    Oesterreichischen, Böhmischen und Galizischen Erbländer [. . .], Bd. 6,
    Wien 1816, S. 120 (§ 15 der Beilagen).
77 Johann Jacob Moser, Vermischte Berichte von Religions-Sachen, Bd. 1,
    T. 2, Stuttgart 1752, S. 258 f.
78 Ebenda, S. 261; vgl. Rafetseder, Bücherverbrennungen, S. 468,
    Anm. 784 f. u. Rudolf Moser, Schicksale von Transmigranten und
    Exulanten aus der Umgebung von Wels. In: Jahrbuch des Musealvereines
    Wels, 18, 1972, S. 149—215 (v. a. S. 153, S. 172 f. u. S. 193—196).
79 Vgl. Rafetseder, Bücherverbrennungen, S. 468 f., Anm. 786 f.
80 Vgl. Franz Krones, Ungarn unter Maria Theresia und Joseph II.
    1740—1790. Geschichtliche Studien im Bereiche des inneren Staatsle-
    bens, Graz 1871, S. 8—14 (Zit.: S. 13; Indizierung: vgl. Index librorum
    prohibitorum, Mecheln 1855, S. 183 f.; Orig.-Titel: [. . .] de originibus et
    usu perpetuo potestatis legislatoriae circa sacra apostolicorum regum
    Ungariae, Wien 1764).
81 Schreiben eines Abgeordneten an einen Verwandten, zit. bei Arneth,
    Geschichte, Bd. 7, S. 117; vgl. ebenda Stellungnahme des Abgeordneten
    Johann Okolicsány: „man sollte Kollár sammt seinem Machwerke ver-
    brennen".
82 Zit. bei Franz Krones, Handbuch der Geschichte Österreichs, Bd. 4, Ber-
    lin 1879, S. 306 f.
83 Vgl. Rafetseder, Bücherverbrennungen, S. 471, Anm. 794.
84 Krones (wie Anm. 80), S. 20.
85 Ebenda, S. 20 (Ratgeber) bzw. S. 21 (Rest; ebenda, Anm. 1 lat. Orig. des
    letzten Satzes: „Rex noster ligatur legibus nostris, quas solus nec ferre,
    nec abolire potest").
86 Vgl. ebenda, S. 21 f. („Vexatio"-Inhalt), Arneth, Geschichte, Bd. 7,
    S. 135 f. (28. 11. u. 1. 12.; Zit.: S. 136) bzw. Krones (wie Anm. 80), S. 22
    u. Sashegyi (wie Anm. 74), S. 135 (wohl fälschlich wird behauptet, „auch
    Kollars Buch" sei „feierlich in Preßburg verbrannt" worden).
87 So wohl bereits statt dem richtigeren „1765" im Druck Wucherers.
88 Full, Briefe, S. 139 f. bzw. (letzter Absatz) S. 144; Abschluß der Schutz-
    rede: vgl. im vorliegenden Text S. 71 bzw. Rafetseder, Bücherverbren-
    nungen, S. 474, Anm. 807.
89 Rafetseder, Bücherverbrennungen, S. 475, Anm. 808; Zit.: Full, Briefe,
    S. 137 f.
90 Krones (wie Anm. 80), S. 22.
91 [Johann Rautenstrauch,] Oesterreichische Biedermanns-Chronik, Frey-
    heitsburg [d. i. Wien] 1784, S. 245; „Judas": vgl. Bächtold-Stäubli,
    Handwörterbuch, Bd. 4, Sp. 803—807.
92 Vgl. Rafetseder, Bücherverbrennungen, S. 476, Anm. 813.
93 Vgl. ebenda, S. 477, Anm. 814.
94 Biedermanns-Chronik (wie Anm. 91), S. 118 („Ein fähiger, einsichtsvol-
    ler und gutgesinnter Kavalier, der sich dem Dienst des Staats und dem ge-

meinen Beßten sorgfältig widmet, und durch ungeheuchelte Berichte im Religionswesen sich auszeichnet." — Graf Clary).

95 [Karl Franz Guolfinger v. Steinsberg,] Proceß des Kais. Kön. Kommissarius Philipp Grafen v. Kolowrat Krackowsky, bey Gelegenheit der Nonnen-Aufhebung zu Doxan. Nebst Vertheidigung, Nürnberg 1782; Exemplar davon: Österr. Nationalbibliothek, Wien, Sign. 67.836-A; zu den angeblichen Übergriffen: v. a. ebenda, S. 8 u. S. 33—37.

96 Vgl. Rafetseder, Bücherverbrennungen, S. 478, Anm. 819.

97 Wie Anm. 98, S. 169 f. (Prozeß, erweiterte Neuauflage).

98 Vollständiger Prozeß und Vertheidigung des Grafen Philipp v. Kolowrat Krakowsky. Als ein Beitrag zu den noch mächtigen Prälatenkniffen in Oesterreich. [. . .] Nach der ersten Ausgabe des Herrn von Steinsberg, Amsterdam [d. i. Nürnberg] 1783; vgl. Rafetseder, Bücherverbrennungen, S. 479, Anm. 824.

99 Vgl. im vorliegenden Text S. 106 u. Rafetseder, Bücherverbrennungen, S. 479, Anm. 825.

100 Rafetseder, Bücherverbrennungen, S. 479 f., Anm. 826—828.

101 Vgl. ebenda, S. 481, Anm. 830.

102 Vgl. ebenda, Anm. 831.

103 Ebenda, Anm. 832 (vergleichbare Aktionen jener Zeit in Westeuropa) bzw. Georg Forster, Ansichten vom Niederrhein [. . .], Bd. 2, Leipzig o. J., S. 29.

104 Vgl. Rafetseder, Bücherverbrennungen, S. 482, Anm. 833.

105 Zit.: W[ilhelm Amadeus] Arendt, Die brabantische Revolution 1789—1790. In: Historisches Taschenbuch, N. F. 4, Leipzig 1843, S. 270.

106 Guide fidèle pour toute l'étendue du duché de Brabant, pays de Limbourg et le marquisat d'Anvers, avec une esquisse de la constitution et moyens de la conserver, dédié aux états de Brabant par un ami de la patrie, mit den Angaben: London 1788, tatsächlich eher in Amsterdam erschienen; vgl. Rafetseder, Bücherverbrennungen, S. 482, Anm. 836.

107 Rafetseder, Bücherverbrennungen, S. 483, Anm. 837.

108 Vgl. ebenda, Anm. 838 f.

109 Ebenda, S. 483—485, Anm. 840—842; ebenda auch frz. Orig., nach Hanns Schlitter (Hg.), Geheime Correspondenz Josefs II. mit seinem Minister in den österreichischen Niederlanden Ferdinand Grafen Trauttmansdorff 1787—1789, Wien 1902, S. 113 f.

110 Zit. nach Schlitter (wie Anm. 109), S. 115 („Nous venons d'avoir une nouvelle preuve de l'impartialité du conseil de Brabant d'aujourd'hui: ayant demandé qu'il sévisse contre la brochure [. . .] on a porté unanimement la sentence qu'elle devait être fletrie et brûlée publiquement par la main du bourreau").

111 Vgl. Rafetseder, Bücherverbrennungen, S. 485, Anm. 844 f. (ebenda, Anm. 845: flämisches Original-Urteil).

112 Vgl. ebenda, S. 486, Anm. 846.

113 Ebenda, Anm. 847 (frz. Orig., nach Schlitter [wie Anm. 109], S. 117 f.).

114 P[ierre-]A[ugust-]F[lorent] Gérard, Ferdinand Rapédius de Berg, Bd. 2, Brüssel 1843, S. 74 (frz. Orig. auch bei Rafetseder, Bücherverbrennungen, S. 487, Anm. 848).

115 Hubert, Correspondance, S. 351 („Le bourreau a lacéré et brûlé sur un

échaufaud une brochure, incendiaire elle-même, concernant les troubles actuels").

116 „A peine cet ouvrage avoit-il paru, que le Gouvernement le fit brûler par la main du Bourreau, & obtint àcet effet un Décret du prétendu Conseil du Brabant, c'est-à-dire, de quelques menbres asservis au Gouverne-ment, restés à Bruxelles, durant l'exil des autres . . . Cette animadversion du pouvoir prouve mieux que toute autre chose, que le Livre est bon, qu'il contient des raisons fortes & persuasives. . . . & puis brûler n'est pas ré-pondre." − S. 27 der Ausgabe „Londres. MDCCLXXXVIII." (gleicher Titel), im Besitz des Autors; vgl. Rafetseder, Bücherverbrennungen, S. 488, Anm. 852.

117 Rafetseder, Bücherverbrennungen, S. 488, Anm. 853.

118 Briefwechsel zwischen Joseph dem Zweyten und den General von Alton [. . .], Leipzig 1791, S. 83; frz. Orig.: Rafetseder, Bücherverbrennungen, S. 488 f., Anm. 855.

119 Rafetseder, Bücherverbrennungen, S. 489, Anm. 856 f. (mit frz. Orig.).

120 Vgl. ebenda, S. 490, Anm. 858 (frz. Orig.).

121 Ebenda, Anm. 860 (frz. Orig.; „3. 11.": lt. Gérard (wie Anm. 114), S. 371.

122 „La sentence portée et executée contre le manifeste de Van der Noot est aussi juste que naturelle." Schlitter (wie Anm. 109), S. 475.

123 L[ouis]-P[rosper] Gachard (Hg.), Documens [!] politiques et diplomati-ques sur la révolution belge de 1790, Brüssel 1834, S. 379 bzw. (ab „30.000" etc.) S. 381.

124 Vgl. Rafetseder, Bücherverbrennungen, S. 492, Anm. 864 (frz. Orig.-Stellen aus der Proklamation, nach Arendt (wie Anm. 105), S. 405 f., Anm. − „[. . .] à être lacéré et brûlé [. . .] sur le grand marché de notre capitale, au pied du chapeau de liberté") bzw. Anm. 865 (zum Vollzug; Einmarsch: 2. 12. 1790).

7. Öffentliche Schriftenverbrennungen und verwandte Phänomene nach dem Zeitalter der Buchhinrichtungen

1 Kralik, Geschichte, Bd. 1, S. 33 („auf Befehl des Heiligen Offiziums").

2 Carl Venturini, Chronik des neunzehnten Jahrhunderts, Bd. 19, Jahr 1822, Altona 1825, S. 525, Anm. o bzw. Kralik, Geschichte, Bd. 1, S. 286; Berichte der Wr. Zeitung: vgl. Rafetseder, Bücherverbrennun-gen, S. 493, Anm. 867.

3 Venturini (wie Anm. 2), Bd. 18, Jahr 1821, Altona 1824, S. 475 (mit der Randrubrik: „Bücher Auto-da-Fe in Neapel").

4 Vgl. Hilgers, Index, S. 264.

5 Vgl. Eduard Winter, Romantismus, Restauration und Frühliberalismus im österreichischen Vormärz, Wien 1968, S. 145; „Vertilgen": vgl. Rafetseder, Bücherverbrennungen, S. 494, Anm. 871.

6 Vgl. z. B. Eduard Sueß, Erinnerungen, Leipzig 1916, S. 97: Durch einen Zensor bezog ein Bezirksarzt in Wien-Leopoldstadt „die verbotenen Bücher, die in langen Reihen seine Bibliothek füllten".

7 Alexis, Bilder, S. 377.

8 Carl Glossy (Hg.), Aus Bauernfelds Tagebüchern. II. 1849−1879, Wien 1896, S. 138.

9 Vgl. Wr. Zeitung, 25. 9. 1851, Morgenblatt, S. 2777—2782 u. Eduard v. Wertheimer, Graf Julius Andrássy d. Ä., Bd. 1, Stuttgart 1910, S. 56 f. („bildlich, in effigie", obwohl lt. Urteil nur der Namen angeschlagen wird).

10 Visini, Handbuch, S. 393 (Regest Visinis).

11 Vgl. „Kundmachung" der „k. k. vereinigten Einlösungs- und Tilgungsdeputazion" vom 17. 8. 1811, daß „der Betrag von fünf Millionen in Bankozetteln am 26ten l[aufenden] M[onats] August Vormittags in dem Verbrenn-Hause auf dem Glacis [vgl. Tabarelli, Panoptikum, S. 82—84], unter gehöriger Aufsicht und Kontrole, öffentlich wird vertilget werden." (dt.-tschech. Paralleldruck, im Besitz des Autors).

12 Vgl. Rafetseder, Bücherverbrennungen, S. 497, Anm. 879.

13 Ottokar Janetschek, Ingredimini per portas has. In: Heimat. Vorarlberger Monatshefte 8, 1927, H. 9, S. 215 (nach einem — nicht näher genannten — „Chronisten").

14 Vgl. Rafetseder, Bücherverbrennungen, S. 498, Anm. 882 f.

15 Vgl. ebenda, S. 499, Anm. 884.

16 Anton Hye, Der vieljährige Seelsorger auf dem Lande [. . .], Wien 1831, S. 335.

17 Vgl. Rafetseder, Bücherverbrennungen, S. 499 f., Anm. 885 (Sekte der „Santoni"), Anm. 886 (urchristlich gesinnte Sekte) u. Anm. 887 (v. a. nach Hilgers, Index, S. 246 f.).

18 Hans Nabholz u. a., Geschichte der Schweiz, Bd. 2, Zürich 1938, S. 341; vgl. Historisch-biographisches Lexikon der Schweiz, Bd. 2, Neuenburg 1924, S. 332.

19 Benedikt Bilgeri, Geschichte Vorarlbergs, Bd. 4, Wien u. a. 1982, S. 216.

20 So Lorenz Oken i. d. Nr. 195 seiner Zeitschrift „Isis", Sp. 1557; Faksimile: Fuchs, Karikatur, Bd. 1, bei S. 236; vgl. Rafetseder, Bücherverbrennungen, S. 500 f., Anm. 890 f.

21 Vgl. Sauder, Bücherverbrennung, S. 19 f.

22 Vgl. Rafetseder, Bücherverbrennungen, S. 501, Anm. 892 (1846: vgl. im vorliegenden Text S. 45).

23 Vgl. Rainer Wirtz, ›Widersetzlichkeiten, Excesse, Crawalle, Tumulte und Skandale‹. Soziale Bewegung und gewalthafter sozialer Protest in Baden 1815—1848, Frankfurt a. M. u. a. 1981, v. a. S. 179, S. 184, S. 195, S. 249 u. S. 306, Anm. 37 bzw. Oskar Scheurer, Die geschichtliche Entwicklung des Deutschen Studententums in Österreich [. . .], Wien u. Leipzig 1910, S. 158.

24 Vgl. Rudé, Volksmassen, S. 175 (1842) bzw. S. 221 f. („typisch britisch").

25 Vgl. Rafetseder, Bücherverbrennungen, S. 502, Anm. 895.

26 Kralik, Geschichte, Bd. 2, S. 539.

27 Vgl. Rafetseder, Bücherverbrennungen, S. 503, Anm. 897 f. (Clemens v. Brentano, Friedrich Rückert, Ludwig Börne, Bruno Bauer, Eduard Bauernfeld, Johann Nestroy, Richard Wagner, u. a.).

28 Vgl. ebenda, S. 504, Anm. 899—901 (1830: Johannes Schön, 1840/50: Johann Nepomuk Vogel, E. 19. Jh.: Wilhelm Schriefer).

29 David Friedrich Strauß, Voltaire, Leipzig ³ 1872, S. 171.

30 Vgl. Rafetseder, Bücherverbrennungen, S. 506, Anm. 904 f.

31 Vgl. ebenda, S. 506, Anm. 906.

32 Vgl. ebenda, S. 506 f., Anm. 907—910.

33 Ebenda, S. 507, Anm. 911 f.
34 Joseph Weiß, Über das Lesen verbotener Bücher. In: Theologisch-praktische Quartal-Schrift 30, 1877, S. 493 („Soll nicht um so mehr ein katholischer Christ seinen Abscheu vor dergleichen Büchern dadurch bezeugen, daß er sie zum Feuertode verurtheilt?").
35 Vgl. Rafetseder, Bücherverbrennungen, S. 508, Anm. 915.
36 Vgl. ebenda, S. 508 f., Anm. 916–918; 1886 Zit.: Schulthess'Europäischer Geschichtskalender, N. F. 2, 1886 (insges. Bd. 27), hg. v. Ernst Delbrück, Nördlingen 1887, S. 351.
37 W[ladimir] I[ljitsch] Lenin, Ausgewählte Werke in drei Bänden, Bd. 1, Berlin 1976, S. 896 (Vortrag: 9./22. 1. 1917 in Zürich).
38 1871: Robert A. Kann u. Peter Leisching (Hg.), Ein Leben für Kunst und Volksbildung. Eduard Leisching, 1858–1938, Erinnerungen, Wien 1978, S. 27; 1877: Joseph Scheicher, Kirchliche Zeitläufe. In: Theologisch-praktische Quartal-Schrift 30, 1877, S. 530.
39 Vgl. Rafetseder, Bücherverbrennungen, S. 510, Anm. 921.
40 Kralik, Geschichte, Bd. 4, S. 1163.
41 Vgl. Rafetseder, Bücherverbrennungen, S. 510, Anm. 923.
42 Ebenda, Anm. 924.
43 Vgl. S. 134 f.
44 Peignot, Dictionnaire, Bd. 1, S. XXI; Alexis: wie im vorliegenden Text S. 259; Farrer, Books, S. 170.
45 Vgl. Moritz Loeb, Der papierne Feind. Die Weltpresse als Schürer des Deutschenhasses, Augsburg 1918.
46 1936: Kenneth Anger, Hollywood Babylon, Reinbek bei Hamburg 1979, S. 198; 1956: Bernd A. Laska, Wilhelm Reich, Reinbek bei Hamburg 1981, S. 125 (Urteil) u. S. 127 (Durchführung); 1945: vgl. Rafetseder, Bücherverbrennungen, S. 512, Anm. 930.
47 So Brückner, Bildnis, S. 307 in bezug auf bestimmte Fälle von In-effigie-Vorgehen.
48 Vgl. Rafetseder, Bücherverbrennungen, S. 513, Anm. 932.
49 Vgl. ebenda, S. 514, Anm. 934.
50 Ebenda, Anm. 935 (Zit.: Riesenfeld, Bücher, S. 303).
51 Ludwig Windisch-Graetz, Helden und Halunken, Wien ² 1967, S. 108.
52 1920: vgl. Die Fackel, Nr. 531–543 (Mai 1920), S. 187 f.; Irland: vgl. Downs, Freedom, S. 384, S. 389 u. S. 391.
53 Vgl. Haight, Books, S. 75 f. u. S. 69 sowie H[arford] Montgomery Hyde, Geschichte der Pornographie, Frankfurt a. M. u. Berlin 1969, S. 27.
54 Vgl. Internationale Bibliographie der Zeitschriftenliteratur („Dietrich"), Abt. A, Bd. 69A (= Beilage-Bd. 19), Leipzig 1933, Nr. 2, s. v. „Polen".
55 Ellegaard Ellerbek [d. i. Gustav Leisner], Aus deutscher Mutternacht, Hannover [1915], S. 86 f. bzw. S. 13.
56 Freudenthal, Feuer, S. 353 (Bericht eines Wandervogel-Führers von 1928), S. 354 (1930) u. S. 354, Anm. 3 (1929); 1922/Köster: vgl. „Das war ein Vorspiel nur . . .". Bücherverbrennung Deutschland 1933. Voraussetzungen und Folgen. Ausstellung der Akademie der Künste [. . . in West-Berlin, Katalog], Berlin u. Wien 1983, S. 57.
57 So Ernst Jünger, Das abenteuerliche Herz, Hamburg ⁵ 1942, S. 151. Fehlt i. d. 1. Fassung jener Essaysammlung – Berlin 1929; ebenda, S. 250 ist dafür zu lesen: „Es ist nicht mehr die Zeit, in der man Bücher – und nicht die schlechtesten! – durch den Schinder verbrennen ließ. Diese Verbren-

nung kann heute nur im Herzen geschehen, das sich viel zumuten muß."
— Diese Stelle fehlt 1942.

58   Wir Mädel singen. Liederbuch des Bundes Deutscher Mädel, Wolfenbüttel u. Berlin [2] 1939 bzw. Singende Jugend, Salzburg 1948.
59   Hildegard Brenner, Die Kunstpolitik des Nationalsozialismus, Reinbek bei Hamburg 1963, S. 32—35; Zit.: S. 183.
60   So Herrmann später in einem Parteigerichtsverfahren, zit. ebenda, S. 44.
61   Vgl. Hans-Wolfgang Strätz, Die studentische „Aktion wider den undeutschen Geist" im Frühjahr 1933. In: Vierteljahrshefte für Zeitgeschichte 16, 1968, H. 4, S. 349, Anm. 15.
62   Vgl. ebenda, S. 349.
63   Vgl. Rafetseder, Bücherverbrennungen, S. 519, Anm. 946 u. Sauder, Bücherverbrennung.
64   Zit. bei Wulf, Literatur, S. 46 f.
65   Vgl. S. 102 f. bzw. S. 20; Vergleiche mit früheren Verbrennungen: vgl. Rafetseder, Bücherverbrennungen, S. 520, Anm. 948. Zu weiteren kulturpolitischen Aspekten vgl. z. B. den oben, Anm. 56 zit. Katalog sowie Ulrich Walberer (Hg.), 10. Mai 1933. Bücherverbrennung in Deutschland und die Folgen, Frankfurt a. M. 1983, sowie Sauder, Bücherverbrennung.
66   Neue Freie Presse, 9. 8. 1936, Morgenblatt, S. 4.
67   Augenzeugin, in: Die Leute vom Karl-Marx-Hof. Ein Bericht von Marie-Luise Kaltenegger. In: Ohne Maulkorb, ORF, FS 2, 5. 2. 1984.
68   Vgl. Salzburger Volksblatt, 28. 4. 1938, S. 6 f. („Aufruf an die Bevölkerung!"), 29. 4. 1938, S. 7 („Jüdische und klerikale Bücher abgeben!") u. 2. 5. 1938, S. 9 f. („Fort mit dem volksfremden Geistesgut!", mit den einzelnen „Urteilssprüchen").
69   Vgl. Gerhard Botz, Wien vom „Anschluß" zum Kriege. [. . .], Wien u. München [2] 1980, S. 384 (1938) bzw. S. 401 (1939 Zitat).
70   Vgl. Neue Freie Presse, 3. 4. 1938, S. 3 (Radio-Programm: 2. 4., S. 17) bzw. Benedikt Bilgeri, Bregenz. Geschichte der Stadt, Wien u. München 1980, S. 590.
71   Zit. bei Brenner (wie Anm. 59), S. 110 (1939) bzw. S. 153 (1943).
72   A[lfred] M[ax] U[hlmann], Die Flammen jener Scheiterhaufen sind noch nicht erloschen! Zum „Tag des freien Buches" am 10. Mai. In: Börsenblatt für den Dt. Buchhandel, Leipziger Ausgabe 118, 1951, S. 221 f.
73   Helmut Presser, Habent sua fata libelli, Mainz 1967, S. 28 bzw. Mitteilung von Mag. Gabriele Schulte.
74   Michael Balfour, Vier-Mächte-Kontrolle in Deutschland 1945—1946, Düsseldorf 1959, S. 335.
75   Ernst Umlauff, Beiträge zur Geschichte des Buchhandels in Westdeutschland seit 1945, 1. Folge. In: Börsenblatt für den Dt. Buchhandel, Frankfurter Ausgabe 23, 1967, S. 1917 f.; Durchführung: vgl. Rafetseder, Bücherverbrennungen, S. 522, Anm. 955.
76   1948: Uhlmann (wie Anm. 72), S. 222 u. Kamnitzer, Buch, S. 496; 1954: Rubinstein/Farley, Booke, S. 13.
77   Lenin: vgl. Rafetseder, Bücherverbrennungen, S. 506, Anm. 906; Simkovič: Haight, Books, S. 72; „Volk": Jean-Rodolphe v. Salis, Weltgeschichte der neuesten Zeit, Bd. 2, T. 2, Zürich 1955, S. 673.
78   Manès Sperber, Churban oder Die unfaßbare Gewißheit. In: Der Monat 16, 1964, H. 188, S. 18.

79 Peter Gosztony (Hg.), Der Ungarische Volksaufstand in Augenzeugen-
    berichten, Düsseldorf 1966, S. 150 bzw. S. 167; vgl. Abb. in: Neue Freie
    Presse, 22./23. 10. 1966, S. IV.
80 J. Edgar Hoover, Masters of Deceit, New York 1959, S. 157.
81 1940: Haight, Books, S. 69; Talmadge: ebenda, S. 114.
82 Robert B. Downs, The Bookburners Cannot Win. In: Downs, Freedom,
    S. 310.
83 Titel einer Rede Eisenhowers im Dartmouth College New Hampshire,
    am 14. 6. 1953; vgl. Downs, Freedom, S. 303 u. S. 307.
84 Vgl. Rafetseder, Bücherverbrennungen, S. 525, Anm. 963.
85 Charles G. Bolte, Security through Book Burning. In: Downs, Freedom,
    S. 242.
86 Vgl. S. 74.
87 Kurt Horak u. Franz Klar, Hitler ist nicht tot, Wien 1968, S. 10.
88 3. 4. 1965, i. d. Wiedergabe der Arbeiter-Zeitung, 4. 4. 1965, S. 1 f.
89 Die Presse, 20. 1. 1978, S. 4 (ähnlich Volksstimme, 20. 1. 1978, S. 4) bzw.
    Die Presse, 28. 2. 1979, S. 1; vgl. Karikatur ebenda, am 1. 3. 1979, S. 2:
    Jungsozialisten, um einen Scheiterhaufen mit Lateinbüchern tanzend
    (von Ironimus; d. i. Gustav Peichl).
90 Die Presse, 14. 2. 1983, S. 4 („Haßrituale" und „Assoziationskette")
    bzw. 22. 2. 1983, S. 5 (letztes Zitat). Vgl. z. B. Wr. Zeitung, 15. 2. 1983,
    S. 4 (Norbert Tschulik: „Wenn Wagner-Attacke erlaubt ist, ist es Weigel-
    Attacke erst recht") u. Sauder, Bücherverbrennung, S. 34 f.
91 1961: Der Spiegel, 23. 8. 1961, S. 50; „Dokumentation": 88a in Aktion
    oder wie man Bücher verbrennt, ohne sich die Finger schmutzig zu ma-
    chen, Frankfurt a. M. 1976; Hinweis: Michael Konzle u. Dirk Mende
    (Hg.), Zensur in der Bundesrepublik, München 1980, S. 227; 1983: Mar-
    git J. Mayer, Gespenstisch. In: Wiener, Dezember 1983, S. 26 (Beschlag-
    nahme: 18. 11. 1983).
92 Vgl. Rafetseder, Bücherverbrennungen, S. 528, Anm. 969.
93 Zit. in: Kreuz kontra Krieg. Die Brüder Berrigan, München 1971, S. 1;
    vgl. z. B. ebenda, S. 5 f., S. 7 f., S. 14, S. 34 u. S. 89, Photos auf S. 63 u.
    S. 66 sowie das getreu den Prozeßakten geschriebene Schauspiel „Der
    Prozeß gegen die Neun von Catonsville" von Daniel Berrigan, Frankfurt
    a. M. 1972.
94 Der Spiegel, Nr. 43/1965, S. 85 f. (mit Photo), Die Welt, 7., 9. u. 11. 10.
    1965, jeweils S. 2 sowie Erich Kästner, Lesestoff, Zündstoff, Brennstoff,
    in: Kästner für Erwachsene, Hg. v. R. W. Leonhardt, Frankfurt a. M.
    1966, S. 522–524.
95 1964: Arnold Rabbow, dtv-Lexikon politischer Symbole, München
    1970, S. 238; 1966 Djakarta: Stadt Gottes 89, 1965/66, H. 7, April
    1966, S. 212 (mit Photo); China: Wr. Zeitung, 18. 3. 1984, S. 5 u. Robert
    S. Elegant, Mao's Great Revolution, London 1971, S. 226 u. S. 228;
    1973: Die Presse, 25. 9. 1973, S. 3 (mit Photo) u. Frankfurter Allgemeine
    Zeitung für Deutschland 25. 9. 1973, S. 1 u. S. 5; 1976: Die Presse,
    12. 10. 1976, S. 3 (mit Photo).
96 „Bücherstürme" — ORF-Rundfunk-Nachrichten am 20. 8. 1979; Le
    Monde: 15. 8. 1979, S. 1; vgl. Rafetseder, Bücherverbrennungen, S. 529,
    Anm. 973.
97 Die Presse, 24. 7. 1980, S. 10.
98 Zu Fällen von 1979 in Frankfurt a. M., 1982 in Stuttgart u. zu mehreren

Anschlägen in Frankreich vgl. Rafetseder, Bücherverbrennungen, S. 530, Anm. 975.

99 Kurier, 8. 1. 1980, S. 4 (mit Photo).

100 Sauder, Bücherverbrennung, S. 35 (Diese Zuflucht sei „Signatur des ‚Dritten Reiches'").

101 Kurier, 16. 5. 1981, Beilage, S. 19 (mit Photo).

102 Le Soir, 3. 3. 1982, S. 2.

103 Vgl. Rafetseder, Bücherverbrennungen, S. 531, Anm. 977.

104 Vgl. Frankfurter Allgemeine Zeitung für Deutschland, 26. 9. 1973, S. 5 (Federico Willoughby) bzw. Wulf, Literatur, S. 46 u. Sauder, Bücherverbrennung, S. 181 u. S. 255.

105 Ein Dekret ist dabei nichts grundsätzlich anderes als offensichtliche „Literatur"; eine Abgrenzung ist hier praktisch undurchführbar (und meines Erachtens auch unnötig) – man denke etwa an Georg Büchners „Hessischen Landboten".

106 Zit. bei Sauder, Bücherverbrennung, S. 34.

107 Vgl. Hochhuth, Bücher, S. 100 (mit speziellerem Bezug auf Schriftsteller, Komponisten, Maler und Philosophen).

Verwendetes Archivmaterial

Haus-, Hof- und Staatsarchiv (Wien) (zit. als „HHStA"):

Familienkorrespondenz A, Schachtel 36.
Flugschriften 1709—1750, Nr. 7.
Große Korrespondenz, Fasz. 101a.
Reichskanzlei, Bücherkommission im Reich, Karton 2, 11, 15 u. 16. In 2, fol. 15 ff.: Copia decreti, et relatio processus iudicialis S. Fidei Inquisitionis Madritensis, adversus authores et libros famosos contra Societatem Iesu editos, o. O. 1634; in 11, fol. 155—165: Instrumentum Notariale Die auf dem Römer-Berg öffentlich beschehene Verbrennung zweier gedruckten Scandaleusen Pieçen, benanntlich Immirce ou la Fille de la Nature, und la Chandelle d'Arras, betreffend.
Spanien, Korrespondenz, Fasz. 84, Konv. B/2.
Staatskanzlei, Diplomatische Korrespondenz, Preußen, Karton 37.
Geheime Staatsregistratur, Karton 102, Fasz. 9.
Ungarn. Specialia, Fasz. 294, Konv. B.

Niederösterreichisches Landesarchiv (Wien) (Zit. als „NÖLA"):

Hüttnersche Sammlung (zit. als „Slg. Hüttner"), Bd. 5, 9, 12, 13, 34, 43, 46, 48, 51 u. 84.

Wiener Stadt- und Landesarchiv (Wien) (zit. als „WSLA"):

Handschriften, A 75.
Nachlässe, Nachlaß Johann Evangelist Schlager, Schachtel 18, Fasz. 35.

Abgekürzt zitierte Literatur

Matthias Abele [v. Lilienberg], Künstliche Unordnung, Bd. 1, [Nürnberg][2] 1670 u. Bd. 4, Nürnberg 1673 (Titel ab Bd. 2: Vivat oder so genandte künstliche Unordnung).

[Johann Christoph Adelung], Geschichte der menschlichen Narrheit, Bd. 1, 2, 3 u. 6, Leipzig 1785, 1786, 1787 u. 1788.

W[illibald] Alexis [d. i. Wilhelm Häring], Wiener Bilder, Leipzig 1833.

Karl v. Amira, Thierstrafen und Thierprocesse. In: Mitteilungen des Instituts für österreichische Geschichtsforschung 12, 1891, S. 545–601.

Alfred v. Arneth, Geschichte Maria Theresias, Bd. 2 u. 7, Wien 1864 u. 1876.

Gottfried Arnold, Unpartheyische Kirchen- und Ketzer-Historie [. . .], Bd. 1–3, Frankfurt a. M. 1729 (zuerst 1699).

Hanns Bächtold-Stäubli (Hg.), Handwörterbuch des deutschen Aberglaubens, Bd. 1–9, Berlin u. Leipzig 1927–1938; Registerband: Berlin 1942.

Zwi Batscha (Hg.), A. Bergk, J. L. Ewald, J. G. Fichte u. a., Aufklärung und Gedankenfreiheit. Fünfzehn Anregungen, aus der Geschichte zu lernen, Frankfurt a. M. 1977.

Marcel Beck, Anmerkungen zur Geschichte und Psychologie des Biblioklasmus. In: Nordisk tidskrift för bok- och biblioteksväsen 39, 1952, S. 1–17.

Marcel Beck, Von der Macht des Buches. Vier Kapitel zur Kulturgeschichte des Buches, Winterthur 1958.

Adrianus Beierus [d. i. Adrian Beier], De eo quod circa carnifices et excoriatores iustum est. Von Scharfrichtern und Schindern, Jena 1702.

Heinrich Benedikt, Das Königreich Neapel unter Kaiser Karl VI., Wien u. Leipzig 1927.

Heinrich Benedikt, Der Pascha-Graf Alexander von Bonneval 1675–1747, Graz u. Köln 1959.

Beyträge – siehe Nachrichten.

Günter Böhmer, Die Welt des Biedermeier, München 1977.

G[ustav] A[dolph] E[rich] Bogeng, Streifzüge eines Bücherfreundes, Bd. 2, Weimar 1915.

Ray Bradbury, Fahrenheit 451, New York 1953.

Bertold Bretholz, Geschichte Böhmens und Mährens, Bd. 2 u. 3, Reichenberg 1922.

Wolfgang Brückner, Bildnis und Brauch. Studien zur Bildfunktion der Effigies, Berlin 1966.

Ioannes Adolphus Bucherus [d. i. Johann Adolph Bucher] (Praes.: Iustus Henningius Böhmerus [d. i. Böhmer]), Dissertatio juridica de jure circa libros improbatae lectionis, Halle 1726; repr. 1736.

RUDOLF BÜCHNER u. a., Bücher und Menschen. Vom Buch und seinen Wirkungen in Geschichte und Gegenwart, Gütersloh u. a. 1976.

Codicis Austriaci [. . .] pars prima bzw. pars secunda, Wien 1704, mit 4 Supplementbänden, Leipzig 1748, Wien 1752, 1777 u. 1777.

JOHANN AMOS COMENIUS, Pampaedia. Hg. v. Dimitrij Tschiżewskij u. a., Heidelberg 1965.

Copia decreti — siehe Archivmaterial.

FREDERICK H. CRAMER, Bookburning and Censorship in Ancient Rome. A chapter from the History of freedom of Speech. In: Journal of the History of Ideas 6, 1945, Nr. 2, S. 157—196.

PAUL DEDIC, Verbreitung und Vernichtung evangelischen Schrifttums in Innerösterreich im Zeitalter der Reformation und Gegenreformation. In: Zeitschrift für Kirchengeschichte 57, 1938, S. 433—458.

JACOBUS DÖPLERUS [D. I. JAKOB DÖPLER], Theatrum poenarum, suppliciorum et executionum criminalium, oder Schau-Platz derer Leibes und Lebens-Straffen [. . .], Bd. 1 u. 2, Sondershausen 1693 u. Leipzig 1697.

ROBERT B[INGHAM] DOWNS (Hg.), The First Freedom. Liberty and justice in the world of books and reading, Chikago 1960.

JOHANN CHRISTIAN EDELMANN, Selbstbiographie. Hg. v. Bernd Neumann, Stuttgart u. Bad Cannstadt 1979.

ULRICH EISENHARDT, Die kaiserliche Aufsicht über Buchdruck, Buchhandel und Presse im Heiligen Römischen Reich Deutscher Nation ⟨1496—1806⟩. Ein Beitrag zur Geschichte der Bücher- und Pressezensur, Karlsruhe 1970.

CHRISTIAN D'ELVERT, Geschichte des Bücher- und Steindruckes, des Buchhandels, der Bücher-Censur und der periodischen Literatur, so wie Nachträge zur Geschichte der historischen Literatur in Mähren und Oesterreichisch-Schlesien, Brünn 1854.

JOHANN CASPAR EYLENBERGK (Praes.: ANDREAS MYLIUS), De jure carnificium, Leipzig 1682.

JAMES ANSON FARRER, Books Condemned to Be Burnt, London 1892.

CLARENCE A. FORBES, Books for the Burning. In: Transactions and Proceedings of the American Philological Association 67, 1936, S. 114—125.

SIGMUND FREUD, Abriß der Psychoanalyse u. Das Unbehagen in der Kultur, Frankfurt a. M. u. Hamburg 1953.

HERBERT FREUDENTHAL, Das Feuer im deutschen Glauben und Brauch, Berlin u. Leipzig 1931.

HILGER FREUND, Die Bücher- und Pressezensur im Kurfürstentum Mainz von 1486—1797, Karlsruhe 1971.

EDUARD FUCHS, Die Karikatur der europäischen Völker vom Altertum bis zur Neuzeit, Berlin 3 1904 bzw. Die Karikatur der europäischen Völker vom Jahre 1848 bis zur Gegenwart, Berlin [1903].

MATTHIAS FUHRMANN, Alt- und Neues Wien, Bd. 2, Wien 1739.

[FULL] [D. I. JOHANN JACOB FE(T)ZER?], Briefe über den gegenwärtigen Zustand der Litteratur und des Buchhandels in Oesterreich, [Zürich?] 1788.

[LOUIS-PROSPER] GACHARD (Hg.), Lettre du marquis de Prié au prince Eugène de Savoie, contenant une relation détaillé de son démêlé avec le général comte de Bonneval (29. 4. 1724). In: Compte rendu des séances de la Commission Royale d'Histoire ou Recueil de ses bulletins, Serie 3, Bd. 7, Brüssel 1865, S. 121–208.

Jo. Fridericus [. . .] Gerhardus [d. i. Johann Friedrich Gerhard] (Praes.: Georgus Adamus Struvius [d. i. Georg Adam Struve]), Dissertatio historico-juridica de executione in effigie, [Jena] 1699 (zuerst 1675).

Carl Fridrich Gerstlacher (Hg.), Handbuch der teutschen Reichsgeseze [. . .], Bd. 9, Karlsruhe 1788.

Charles Ripley Gillett, Burned Books. Neglected chapters in British history and literature, Bd. 1 u. 2, New York 1932; repr. Port Washington/New York 1964.

C[ornelius] J[acobus] Gonnet (Hg.), Briefwisseling tusschen de gebroeders van der Goes ⟨1659–1673⟩, Bd. 1 u. 2, Amsterdam 1899 u. 1909.

Luther Carrington Goodrich, The Literary Inquisition of Ch'ien-lung, Baltimore 1935.

Jacobus [d. i. Jakob] Gretser, De jure et more prohibendi, expurgandi, et abolendi libros haereticos et noxios [. . .], Ingolstadt 1603.

Hippolytus Guarinoni, Die Grewel der Verwüstung menschlichen Geschlechts, Ingolstadt 1610.

Anne Lyon Haight, Banned Books. Informal notes on some books banned for various reasons at various times and in various places, New York u. London 3 1970.

W[illiam] H[enry] Hart, Index expurgatorius Anglicanus, or a descriptive catalogue of the principal books printed, or published in England, which have been suppressed, or burnt by the Common Hangman, or censured, or for which the authors, printers, or publishers have been prosecuted, London 1872–1878; repr. New York [1969].

Arthur Henkel u. Albrecht Schöne (Hg.), Emblemata. Handbuch zur Sinnbildkunst des XVI. und XVII. Jahrhunderts, Stuttgart 2 1976.

Georg Herlitz u. Bruno Kirschner (Begründer), Jüdisches Lexikon, Bd. 1 u. Bd. 4, T. 2, Berlin [1927] u. 1930.

Nicole Herrmann-Mascard, La censure des livres à Paris à la fin de l'Ancien Régime ⟨1750–1789⟩, Paris 1968.

Eduard Hertz, Voltaire und die französische Strafrechtspflege im 18. Jahrhundert, Stuttgart 1887.

Joseph Hilgers, Die Bücherverbote in Papstbriefen. Kanonistisch-bibliographische Studie, Freiburg i. Br. 1907.

Joseph Hilgers, Der Index der verbotenen Bücher, In seiner neuen Fassung dargelegt und rechtlich-historisch gewürdigt, Freiburg i. Br. 1904.

Rolf Hochhuth, Verbrannte Bücher — verbrannte Menschen. In: Wespennest 52, 1983, S. 99–108.

Eduard Pötzl (Hg.), Wien. 2. Bändchen: Eduard Hoffmann, Alt-Wiener Studien, Leipzig 1886.

Peter R. Hofstätter (Hg.), Das Fischer Lexikon/Psychologie, Frankfurt a. M. 1957.

[Joseph v. Hormayr,] Anemonen aus dem Tagebuch eines alten Pilgermannes, Bd. 1, Jena 1845.

Eugène Hubert (Hg.), Correspondance des ministres de France accrédités à Bruxelles de 1780 à 1790, Bd. 1, Brüssel 1920.

338

Instrumentum — siehe Archivmaterial.

Hubert Jedin (Hg.), Handbuch der Kirchengeschichte, Bd. 4, Freiburg i. Br. u. a. 1967.

Erich Kästner, Über das Verbrennen von Büchern [Ansprache auf der Hamburger PEN-Tagung am 10. 5. 1958]. In: Gerhard Szczesny (Hg.), Club Voltaire I. Jahrbuch für kritische Aufklärung, Bd. 1, München 1962, S. 215—221.

Heinz Kamnitzer, Das brennende Buch. In: Aufbau 14, 1958, H. 5/6, S. 492—498.

Friedrich Kapp [Bd. 1] u. Johann Goldfriedrich [Bd. 2—4], Geschichte des Deutschen Buchhandels, Bd. 1—4, Leipzig 1886, 1908, 1909 u. 1913.

Max Kemmerich, Aus der Geschichte der menschlichen Dummheit, München 1912.

Rudolf Kink, Geschichte der kaiserlichen Universität zu Wien, Bd. 1, Th. 1 u. 2 sowie Bd. 2, Wien 1854.

Grete Klingenstein, Staatsverwaltung und kirchliche Autorität im 18. Jahrhundert. Das Problem der Zensur in der theresianischen Reform, Wien 1970.

Io. Christianus Klozius [d. i. Johann Christian Klotz] (Resp. Ioannes Ernestus Grabergius [d. i. Johann Ernst Graberger]), [. . .] De libris auctoribus suis fatalibus, Wittenberg 1728; erweiterte Neuausgabe: Leipzig 1768.

B[runo] Emil König, Ausgeburten des Menschenwahns im Spiegel der Hexenprozesse und der Autodafés, Berlin-Friedenau [ca. 1930].

Franciscus Antonius [d. i. Franz Anton] König, Anmerkungen über dem von [. . .] Maria Theresia [. . .] allergnädigst bestättigten Kriegs-Articuls-Brief Leopoldi I. [. . .] cum additamento ex regulamento de Anno 1737 [. . .], Wien 1745.

Oskar Kokoschka, Comenius. In: O. K., Das schriftliche Werk. Hg. v. Heinz Spielmann, Bd. 1, Hamburg 1973.

Reinhold Koser (Hg.), Briefwechsel Friedrichs des Großen mit Grumbkow und Maupertuis, Leipzig 1898 (= Publicationen aus den k. preußischen Staatsarchiven, Bd. 72).

Reinhold Koser u. Hans Droysen (Hg.), Briefwechsel Friedrichs des Großen mit Voltaire, Bd. 2 u. 3, Leipzig 1909 u. 1911 (Publicationen aus den k. preußischen Staatsarchiven, Bd. 82 u. 86).

Richard v. Kralik, Allgemeine Geschichte der Neuesten Zeit von 1815 bis zur Gegenwart, Bd. 1—6, Graz u. Wien 1915, 1916, 1918, 1920, 1922 u. 1923 (= Bd. 23 ff. bzw. Fts. v. Johann Baptist v. Weiß, Weltgeschichte).

Josef Kropatschek (Hg.), Sammlung aller k. k. Verordnungen und Gesetze vom Jahre 1740 bis 1780 [. . .], Bd. 6, Wien 1787.

Horst Kunze u. Gotthard Rückl (Hg.), Lexikon des Bibliothekswesens, Bd. 1 u. 2, Leipzig ² 1974 u. 1975.

Heinrich Lhotzky, Der Mensch und sein Buch, Ludwigshafen am Bodensee 1918.

Johann Loserth (Hg.), Akten und Correspondenzen zur Geschichte der Gegenreformation in Innerösterreich unter Ferdinand II., Bd. 2, Wien 1907 (= Fontes rerum Austriacarum, Abth. 2, Bd. 60).

[Hıob Ludolff (Hg.),] Allgemeine Schau-Bühne der Welt, oder: Beschreibung der vornehmsten Welt-Geschichte, so sich vom Anfang dieses Sie-
  benzehenden Jahr-Hunderts biß zum Ende desselben [. . .] begeben [. . .],
  Bd. 1–5, Frankfurt a. M. u. Leipzig 1699, 1701, 1713, 1718 u. 1731.
Martin Luther, Werke. Kritische Gesammtausgabe, Bd. 7, Weimar 1897.

René Marcic, Das Buch und sein Verwalter, Sentenzen und Fragmente über
  ein Baugesetz der menschlichen Gesellschaft, Wien 1966.
Louis-Sébastien Mercier, Tableau de Paris, Bd. 4 u. 7, Amsterdam ² 1782.
John Milton, Areopagitica. Preceded by illustrative documents. Hg. v. Edward Arber, London o. J.

Unschuldige Nachrichten von alten und neuen theologischen Sachen [. . .],
  Leipzig 1702–1719; Fortgesetzte Sammlung von alten und neuen theologischen Sachen [. . .], Leipzig 1720–1750 u. 1759–1761; Neue Beyträge
  von alten und neuen theologischen Sachen [. . .], Leipzig 1751–1758.
  Nicht zit.: der 1. Bd., der 1701 u. d. T. „Altes und Neues aus dem Schatz
  theologischer Wissenschaften" erschien.

Io. Carol. Conr. [d. i. Johann Karl Konrad] Oelrichs, [. . .] de bibliothe-
  car[um] ac libror[um] fatis, in[itio?] primis [:] de libris comestis. [Vorwort
  zu:] Catalogus partis bibliothecae [. . .] [Jacobi de Perard] publica auctio-
  nis lege III. Kal. Dec. et seqq. 1756 Berolini in aedibus Stephani de Bour-
  deaux [. . .] divendendae, Stettin 1756.

Franz Palacky [d. i. František Palacký], Geschichte von Böhmen, Bd. 3,
  Abth. 2, Prag 1851.
[Etienne-]G[abriel] Peignot, Dictionnaire critique, littéraire et bibliogra-
  phique des principaux livres condamnés au feu, supprimés ou censurés,
  précédé d'un discours sur ces sortes d'ouvrages, Bd. 1 u. 2, Paris 1806.
Michaelus Piccartus [d. i. Michael Piccart], Observationum historico-po-
  liticarum decades sex posteriores, Nürnberg 1616.
André Puttemans, La censure dans les Pays-Bas autrichiens, Brüssel 1935
  (= Académie royale de Belgique, Classe des lettres et des sciences morales
  et politiques, mémoires, collection in – 8°, 2. Serie, Bd. 37, Teil 1).

Hermann Rafetseder, Öffentliche Bücherverbrennungen durch den Henker.
  Versuch einer allgemeinen Theorie sowie Darstellung der historischen
  Entwicklung unter besonderer Berücksichtigung in Wien bzw. von Wien
  aus durchgeführter Fälle, Geisteswiss. Diss. Wien 1982 (Approbation:
  17. 3. 1983).
István Ráth-Végh, Die Komödie des Buches, Budapest 1964 (zuerst – unga-
  risch – 1937).
Rudolf Reuss (Hg.), Strassburgische Chronik von 1667–1710. Memorial des
  Ammeisters Franciscus Reisseissen, Straßburg 1877.
[Josuah Joseph v. Rief(fe)l (Hg.),] Der Reichshofrath in Justiz-Gnaden- und
  andern Sachen, Th. 4, Augsburg 1798.
Kurt Riesenfeld, Bücher auf dem Scheiterhaufen. In: Die Sammlung. Zeit-
  schrift für Kultur und Erziehung 11, 1956, H. 6, S. 295–304.
Luise Rinser, Geist contra Caesar. In: Wespennest 52, 1983, S. 96–98.

340

HENRICUS ROCHUS [D. I. HEINRICH ROCH], Neue Laußnitz- Böhm- und Schlesische Chronica, Leipzig 1687.

JACOBUS (Rosolenz, Propst zu Stainz), Gründlicher Gegen Bericht auff den falschen Bericht unnd vermainte Erinnerung Davidis Rungii, Wittenbergischen Professors, von der tyrannischen bäpstischen Verfolgung deß H. Evangelii in Steyermarckt, Kärndten und Crayn [. . .], Graz 1606.

(JOSEPH RUBINSTEIN U. EARL FARLEY), He Who Destroyes a Good Booke, Kills Reason Itselfe. [Catalogue to] An Exhibition of books which have survived fire, the sword and the censors, [Lawrence/Kansas] ² 1955.

GEORGE RUDÉ, Die Volksmassen in der Geschichte, Frankfurt a. M. u. New York 1977.

Sammlung — siehe Nachrichten.

GERHARD SAUDER (Hg.), Die Bücherverbrennung. Zum 10. Mai 1933, München u. Wien 1983.

JO. GEORGIUS SCHELHORNIUS [D. I. JOHANN GEORG SCHELHORN], Amoenitates historiae ecclesiasticae et literariae, Bd. 1 u. 2, Frankfurt a. M. u. Leipzig 1737 u. 1738.

[JOHANN GEORG SCHELHORN,] Amoenitates literariae, Bd. 2, 7, 8 u. 9, Frankfurt a. M. u. Leipzig 1725, 1727, 1728 u. 1728.

JOHANN GEORG SCHELHORN, Ergötzlichkeiten aus der Kirchenhistorie und Literatur, Bd. 1—3, Ulm u. Leipzig 1762, 1763 u. 1764.

J[OHANN] E[VANGELIST] SCHLAGER, Wiener Skizzen aus dem Mittelalter, N. F., Bd. 2 (= Bd. 4 des gesamten Werkes), Wien 1842.

WERNER SCHLEGEL, Dichter auf dem Scheiterhaufen, Berlin 1934.

FRANZ SCHNEIDER, Pressefreiheit und politische Öffentlichkeit. Studien zur politischen Geschichte Deutschlands bis 1848, Neuwied a. Rh. u. Berlin 1966.

KURT SCHNELLE, Aufklärung und klerikale Reaktion. Der Prozeß gegen den Abbé Henri-Joseph Laurens. Ein Beitrag zur deutschen und französischen Aufklärung, Berlin 1963.

FRANZ FERDINAND V. SERPONTE, Promptuarium, Prag 1678.

WOLFGANG SPEYER, Büchervernichtung und Zensur des Geistes bei Heiden, Juden und Christen, Stuttgart 1981 (erweiterte Fassung des Nachtragsartikels „Büchervernichtung" zum Reallexikon für Antike und Christentum, in: Jahrbuch für Antike und Christentum 13, 1970, S. 123—152).

EARL STANHOPE [D. I. PHILIPP HENRY, LORD MAHON U. EARL STANHOPE], History of England Comprising the Reign of Queen Anne until the Peace of Utrecht, Bd. 2, Leipzig 1870.

JOHANN V. STAUFFENBERG, Gründliche warhafftige und unpartheyische Relation des blutigen Treffens [. . . v. 1. 8. 1664 bei St. Gotthard bzw. Mogersdorf], Regensburg 1665.

OTTO STÖBER, Gutenbergs Schwarze Chronik. Eine ereignisreiche Kulturgeschichte des Buches, Linz u. a. [1948].

FRIEDRICH STURM, Symbolische Todesstrafen, Hamburg 1962.

HANS V. TABARELLI, Altwiener Panoptikum, 3 Dutzend neue Geschichten, Wien 1945.

SIEGFRIED TAUBERT (Hg.), Bibliopola. Bilder und Texte aus der Welt des Buchhandels, Bd. 2, Hamburg 1966.

Keith Thomas, Religion and the Decline of Magic. Studies in popular beliefs in sixteenth- and seventeenth-century England, Harmondsworth 1973.

Attila Friedrich Frommhold [d. i. Christian Thomasius], Rechtsgegründeter Bericht [. . .]. In: C. T., Allerhand bißher publicirte kleine teutsche Schrifften, Halle ³ 1721, S. 377—410 (Zuerst Freyburg [d. i. Halle] 1691).

Moritz August v. Thümmel, Reise in die mittäglichen Provinzen von Frankreich. In: M. A. v. T.'s sämmtliche Werke, Bd. 2, Leipzig 1856.

Andreas Visini, Handbuch der Gesetze und Verordnungen [. . . bezügl. des Österr. StGB v. 1803], Wien 1832.

Martin Warnke (Hg.), Bildersturm. Die Zerstörung des Kunstwerks, Frankfurt a. M. 1977 (zuerst München 1973).

Adolph Dieterich Weber, Ueber Injurien und Schmähschriften, Bd. 1—3, Schwerin u. Wismar ² 1797, 1798 u. 1800.

Hans-Ulrich Wehler (Hg.), Geschichte und Psychoanalyse, Frankfurt a. M. u. a. 1974 (zuerst Köln 1971).

Andreas Westphalius [d. i. Andreas Westphal], Epistola I. ad fratrem Christianum Westphalium, qua libri publica auctoritate combusti recensentur atque exhibentur u. Epistola II. ad fratrem Christianum Westphalium, sistens decadem librorum publice auctoritate combustorum — zuerst Stettin 1709 u. 1710, dann „statt einer Vorrede [. . .] abgedruckt" in: Johann Jacob Bauer, Bibliotheca librorum rariorum universalis, Th. 2, Nürnberg 1771.

Adolph Wiesner, Denkwürdigkeiten der Oesterreichischen Zensur vom Zeitalter der Reformazion bis auf die Gegenwart, Stuttgart 1847.

Eduard Winter, Barock, Absolutismus und Aufklärung in der Donaumonarchie, Wien 1971.

Joseph Wulf, Literatur und Dichtung im 3. Reich, Gütersloh 1963.

Francescantonio Zaccaria, Storia polemica delle proibizioni de'libri, Rom 1777.

„Zedler": Grosses vollständiges Universal-Lexicon aller Wissenschaften und Künste [. . .], Bd. 1—64 u. Suppl. 1—4, Halle u. Leipzig, Leipzig u. Halle bzw. nur Leipzig 1732—1754.

Verzeichnis und Nachweis der Abbildungen

lei, Bücherkommission im Reich, Karton 2, bei fol. 15 ff. (Vgl. im Text S. 113 f. u. 117.)

T. 8: Konzil von Nizäa 325 n. Chr.: Verbrennung arianischer Schriften. Abb. aus dem frühen 9. Jh. In: Wolfgang Speyer, Büchervernichtung und Zensur des Geistes bei Heiden, Juden und Christen, Stuttgart 1981, S. 149. (Vgl. im Text S. 135 f.)

T. 9: Brand der alexandrinischen Bibliothek 47 v. Chr. aus der Sicht des Spätmittelalters. Abb. aus der Schedelschen Weltchronik. In: Joseph Rubinstein u. Earl Farley, He Who Destroyes a Good Booke, Kills Reason Itselfe, Lawrence/Kansas [2] 1955, S. 1. (Vgl. im Text S. 136.)

T. 10: „Verbrennung der Eitelkeiten" 1452 in Nürnberg. Holzschnitt von Hans Schäufelein. In: Moriz Bermann bzw. Karl Eduard Schimmer (Neubearb.), Alt und Neu Wien, Bd. 1, (Wien und Leipzig 1904), S. 456. (Vgl. im Text S. 141.)

T. 11: „Ich, Mikuláš Drabík aus Straßnitz . . ." − Beginn seines Widerrufs, den er zuerst „schwachheit halber" nicht fertigschreiben konnte. HHStA, Ungarn, Specialia, Fasz. 294, Konv. B, bei fol. 33. (Vgl. im Text S. 169.)

T. 12: Eines von vielen ähnlichen Urteilen des Pariser Parlamentes, aus dem 18. Jh. In: Georg Holmsten, Voltaire in Selbstzeugnissen und Bilddokumenten, Reinbek 1971, S. 54. (Vgl. im Text S. 153 u. 180.)

T. 13: Titelkupfer des „Index librorum prohibitorum" von 1711. Frontispiz bei Paul Grendler, The Roman Inquisition and the Venetian Press. 1540−1605, (New Jersey [1977]). (Vgl. im Text S. 180.)

T. 14: Der Neue Markt in Wien um 1724; Schauplatz der Buchhinrichtungen von 1707, 1730 (zweimal) und 1749. Nach einer Zeichnung Salomon Kleiners gestochen von Georg Daniel Heumann. In: Salomon Kleiner, Das florierende Wien, (Dortmund 1979), Abb. 18 (Orig.: „Wahrhaffte und genaue Abbildung aller Kirchen und Klöster", 1. Teil). (= Die bibliophilen Taschenbücher, Nr. 104). (Vgl. im Text S. 184 f., 194 f., 202 f. u. 223.)

T. 15: Erste Seite des Verbrennungsbefehls an das Wiener Stadt- und Landgericht vom 19. 6. 1730. Wiener Stadt- und Landesarchiv, Handschriften, A75, fol. 40r. (Vgl. im Text S. 201 f.)

T. 16: Zeitgenössischer Vermerk auf einer 1730 hingerichteten Schrift („Relation des démêlez" etc., Nationalbibliothek/ Wien, Sign. 173.732-B, S. 1). (Vgl. im Text S. 203.)

T. 17: Schluß eines Briefes Maria Theresias an Franz Stephan vom 21. 7. 1742. HHStA, Familienkorrespondenz A, Schachtel 36, fol. 437 v. (Vgl. im Text S. 215 f.)

T. 18: Titelblatt des letzten in Wien regelrecht hingerichteten Buches. Rochezang von Isecern (Pseud.), Historische und Geographische Beschreibung des Königreiches Böheim, Erster Theil [. . .], Frankfurt und Leipzig 1746. (Vgl. im Text S. 219 ff.)

T. 19: Paris 1764. Das Parlament verurteilt ein antigallikanisches Mandat des Pariser Erzbischofs. Zeitgenössische Abbildung (mit Bezug auf die Apostelgeschichte 2,3). In: Jean Portefaix, Histoire de la Justice, Paris 1963, S. 34. (Vgl. im Text S. 229.)

T. 20: Titelblatt einer 1788 in Brüssel hingerichteten Schrift (ergänzte Neuauflage). (Vgl. im Text S. 253 ff.)

T. 21: Bericht über das Wartburgfest in Lorenz Okens Zeitschrift „Isis", Nr. 196, 1817, Sp. 1557 f. Faksimile in Eduard Fuchs, Die Karikatur der europäischen Völker vom Altertum bis zur Neuzeit, (Berlin [3] 1904), bei S. 236. (Vgl. im Text S. 262.)

T. 22: Die Salzburger Bücherverbrennung vom 30. 4. 1938. Photo von Franz Krieger. Archiv F. Krieger, Salzburg. (Vgl. im Text S. 271.)

T. 23: Djakarta 1966 – ein typischer Akt „politischer Lynchjustiz". Photo: Stadt Gottes, April 1966 (89. Jg., Nr. 7), S. 212. (Vgl. im Text S. 278.

T. 24: Düsseldorf 1965 – Nachfolger der Epheser (Apostelgeschichte 19,19) oder der Nationalsozialisten? Photo: Lachmann. Exponat der Ausstellung „Bücherverbrennung. Deutschland 1933. Voraussetzungen und Folgen" in der Österr. Nationalbibliothek, 9. 3.–4. 4. 1988. (Vgl. im Text S. 278 bzw. S. 39 f. u. S. 270 ff.)

Für die engagierte Mitarbeit am Bildteil dankt der Verlag Mag. A. H. G. Popp und Norbert Schwarz.

345

Personenregister

(Hier sei auch auf das doppelt so umfangreiche Register der Personen und geographischen Namen in der Dissertation verwiesen, die dieser Arbeit zugrunde liegt.)

347

353

Topographisches Register

355